新世纪会计学专业精品教材

INTERNATIONAL ACCOUNTING

国际会计学

（第三版）

王善平　谭雪　等　编著

东北财经大学出版社·大连
Dongbei University of Finance & Economics Press

图书在版编目（CIP）数据

国际会计学 / 王善平，谭雪等编著．—3版．—大连：东北财经大学出版社，2022.6（2024.6重印）
（新世纪会计学专业精品教材）
ISBN 978-7-5654-4442-5

Ⅰ．国…　Ⅱ．①王…②谭…　Ⅲ．国际会计-高等学校-教材　Ⅳ．F811.2

中国版本图书馆CIP数据核字（2022）第022702号

东北财经大学出版社出版
（大连市黑石礁尖山街217号　邮政编码　116025）
网　　址：http://www.dufep.cn
读者信箱：dufep@dufe.edu.cn

大连图腾彩色印刷有限公司印刷　　东北财经大学出版社发行

幅面尺寸：185mm×260mm　字数：430千字　印张：20.25　插页：1
2022年6月第3版　　2024年6月第4次印刷

责任编辑：李智慧　李　栋　　责任校对：王　莹　王芃南　周　晗　孔利利　刘晓彤
封面设计：张智波　　版式设计：原　皓

定价：45.00元

教学支持　售后服务　联系电话：（0411）84710309

如有印装质量问题，请联系营销部：（0411）84710711

第3版
前言

3RD EDITION

2008年美国次贷危机引发的全球性经济危机，进一步加深了人们对经济全球化的认识。经济全球化必然要求资本流动全球化和作为经营管理工具的会计走向国际趋同，会计处理的业务不再局限于本国业务，需要面对复杂的国际环境和崭新的国际会计业务。

国际会计曾经在20世纪80年代非常火热，经过几十年的发展，日趋成熟。虽然我是在国际会计最热的时候接触国际会计，并一直负责国际会计课程的本科生和硕士生教学，也在20世纪90年代出版过《国际会计学》教材和《国际会计研究》专著，但自东北财经大学出版社李智慧老师嘱咐我写一本国际会计的教材之后，由于杂事缠身，再加上我国企业会计准则、国际会计准则、一些国家的会计准则变化很大，所以一年后才交稿，好在东北财经大学出版社的李智慧老师特别体谅，一方面给了我做好此书的自由，另一方面也给了我拖沓的空间。尽管如此，作为一个年过半百的人，不好无为，不过心虽如此，但结果如何，时待读者评说，也乐意接受读者的批评！

本书以我在20世纪90年代提出的"国际会计是关于国际企业特殊问题的会计"的观点为指导，构建内容体系，进而认为国际会计应该由会计的国际比较与趋同、国际财务会计、国际管理会计和国际税务会计四部分组成，特别是后三个部分紧扣国际企业战略管理与日常管理对会计的特殊需要来组织和阐述相关内容，使本书更实用。同时，读过我在西南财经大学出版社出版的《国际会计研究》和在中国经济出版社出版的《国际会计学》教材的读者，会发现本书同时继承了两本书的优点和框架，还将国际会计准则、中美等国的会计准则的最新内容，以及其他相关学术研究与实践的近期成果融入其中。因此本书比较适合作为会计学专业的硕士研究生、本科生学习国际会计的专业教材，也可作为国际企业管理工作者的参考读物。

本教材自2013年首次出版，并经2016年修订以来，国际经济形势和国内外会计准则与实践又发生了很大变化，本次修订由湖南师范大学的谭雪博士主要对第3章的3.3，第4章的4.3，第7章的7.3和7.4进行了补充和完善，同时还修订了章后练习题、思考题和讨论题，并在有关章节融入了思政元素。此外，谭雪、王善平还对第2章的2.3、第3章的3.3进行补充、更新和完善。修订过程中，本人的硕士生陈依依、黄瀚琛、卢鸿康、李可、李柯逸、姜佳等做了一些资料收集与整理工作。本人对全部章节进行了系统梳理、订正和总纂。

对于本书存在的疏漏和不足，欢迎诸位读者提出批评和建议！

王善平

2022年2月于湖南师范大学

PREFACE

第1版
前言

1ST EDITION

2008年美国次贷危机引发的全球性经济危机，进一步加深了人们对经济全球化的认识。经济全球化必然要求资本流动全球化和作为经营管理工具的会计走向国际趋同，会计处理的业务不再局限于本国业务，需要面对复杂的国际环境和崭新的国际会计业务。

国际会计曾经在20世纪80年代非常火热，经过30余年的发展，日趋成熟。虽然我是在最热的时候接触国际会计，并一直担任国际会计课程的本科生和硕士生教学，也在20世纪90年代出版过《国际会计学》教材和《国际会计研究》专著，但自东北财经大学出版社李智慧老师嘱咐我写一本国际会计的教材一年多来，由于杂事缠身，再加上我国会计准则、国际会计准则、美国等国家的会计准则变化很大，所以书稿一直拖到现在，好在东北财经大学出版社智慧女士特别体谅，一方面给了我做好此书的自由，另一方面也给了我拖沓的空间。尽管如此，作为一个快年过半百的人，不好无为，不过心虽如此，但结果如何，时待读者评说，也乐意接受读者的批评！

本书以我在20世纪90年代提出"国际会计是关于国际企业特殊问题的会计"的观点为指导，构建内容体系，进而认为国际会计应该由会计的国际比较与趋同、国际财务会计、国际管理会计和国际税务会计四部分组成，特别是后三个部分紧扣国际企业战略管理与日常管理对会计的特殊需要来组织和阐述相关内容，使本书更实用。同时，读过我在西南财经大学出版社出版的《国际会计研究》和在中国经济出版社出版的《国际会计学》教材的读者，会发现本书同时继承了这两部书的优点和框架，还将国际会计准则、中美等国的会计准则的最新内容，以及其他相关学术研究与实践的近期成果融入其中。因此本书比较适合作为会计学专业的硕士研究生、本科生学习国际会计的专业教材，也是国际企业管理工作者的有价值的参考读物。

本书由我构建框架，并编著了第1至6章，湖南财政经济学院会计系唐红教授编著了第7至9章。我指导的湖南大学的硕士研究生谢妙、金妍希、周怡、丰冠华、王晶晶、赵艳娥、张平、王鑫娟做了大量的资料收集与整理工作，我指导的湖南师范大学的硕士研究生帮我做了细致的校对工作，最后我对本部书稿进行了总纂。

感谢对本书有贡献的人们！

期待读者的意见和建议！

王善平

2013年1月于长沙市岳麓山下

PREFACE

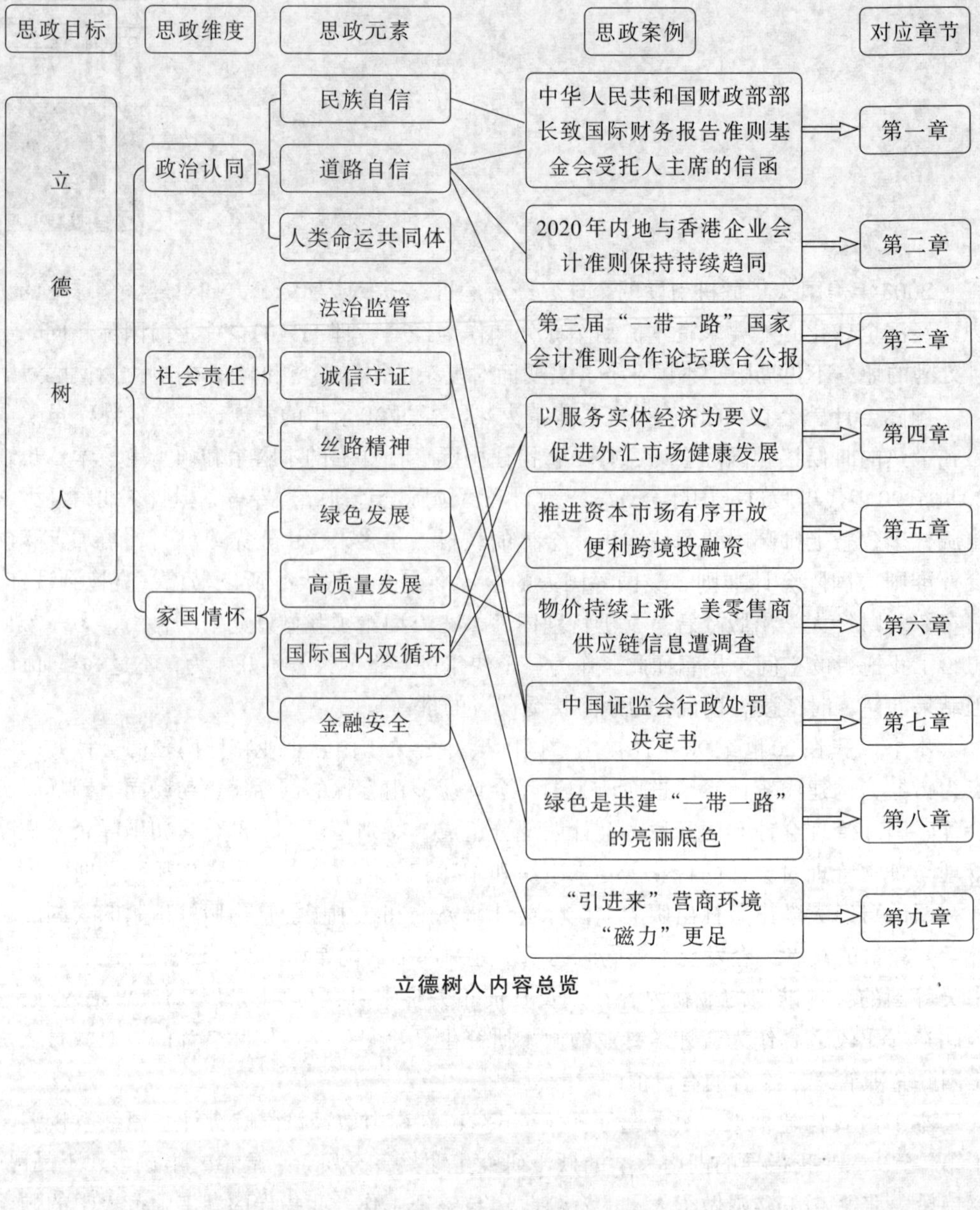
思政目标
思政维度
思政元素
思政案例
对应章节
立德树人
政治认同
社会责任
家国情怀
民族自信
道路自信
人类命运共同体
法治监管
诚信守证
丝路精神
绿色发展
高质量发展
国际国内双循环
金融安全
中华人民共和国财政部部长致国际财务报告准则基金会受托人主席的信函
2020年内地与香港企业会计准则保持持续趋同
第三届“一带一路”国家会计准则合作论坛联合公报
以服务实体经济为要义 促进外汇市场健康发展
推进资本市场有序开放 便利跨境投融资
物价持续上涨 美零售商供应链信息遭调查
中国证监会行政处罚决定书
绿色是共建“一带一路”的亮丽底色
“引进来”营商环境“磁力”更足
第一章
第二章
第三章
第四章
第五章
第六章
第七章
第八章
第九章

立德树人内容总览

Contents

目录

目录

Contents

Contents

目录

第1章
国际会计的概念框架

国际会计学

International Accounting

目标引领

思政引领

通过学习本章，深刻认识国际会计如何影响经济高质量发展，树立全球视野，坚定道路自信。

知识引领

通过学习本章，读者应了解国际会计产生与发展的原因；熟悉国际会计的特点、内容体系、与会计国际化的区别和联系；掌握国际会计目标及对其内容体系的影响。

教学重点与难点

国际会计目标及对其内容体系的影响。

从实践中提炼有关具体现象的实质和特征，进而形成一系列概念，是理解和掌握事物的钥匙。认识国际会计也不例外，国际会计的概念框架就是关于国际会计的定义、目标、对象和内容体系等基础理论要素及其相互关系的总和。要阐述清楚它确实很困难，却又非常重要。本章将对国际会计的有关概念及其相互关系的现有认识进行系统剖析，进而阐述我们的一些见解，以帮助读者更好地认识与运用国际会计，服务于我国的改革开放和企业的国际化经营。

1.1　国际会计究竟是什么

1.1.1　常见的认识

国际会计是第二次世界大战以后，应跨国公司的海外扩张、国际贸易的日益频繁和资本投资的日趋国际化对会计的特殊需要而逐步发展起来的。至于它究竟是什么，可谓仁者见仁，智者见智，至今仍无定论。

1971年，T.R.韦里奇（Weirich）、C.G.艾夫里（Avery）和H.R.安德森（Anderson）在《国际会计杂志（秋季号）》上发表了题为《国际会计：不同的定义》的论文，文中指出，国际会计包括三种不同的概念：（1）世界性的制度；（2）一种旨在描述或收集各国会计方法和会计准则的方法；（3）母公司和国外子公司的会计实务。依照这些概念，他们进一步依次推出了“世界会计论”、“多国会计论”和“国外子公司会计论”。

1）世界会计论

世界会计论认为国际会计是可以被所有国家采纳的世界性制度，应制定一套世界范围内公认的会计准则、会计惯例。换言之，国际会计是世界统一的会计，是全球会计。人们从欧盟统一、经济国际化日益加强、国际会计准则被越来越多的国家特别是一些经济强国日益认同等方面，似乎看到了这种观点成为事实的某种曙光。事实上，如果将这作为国际会计的奋斗目标，是有价值的。但是如果将它作为国际会计的一种客观描述，或许太理想化了。因为要使世界上每个国家都遵守统一的会计准则，几乎是不可能的。先避开影响各国采用的会计准则的重要因素——经济制度、经济发展水平、对外开放程度、文化与法律上的差异不说，只讲各国的自我利益保护，就会使会计准则的世界统一困难重重。没有哪一个主权国家会愿意将自己能决定的事情让别人来左右。表面上看，会计准则是用来规范会计工作的，但实际上，会计准则却在规范着不同利益主体间的利益分配。正如英国会计学家J.D.卡迪在《联合王国的准则》中所说的："审计师希望的是能维护他们的声誉和收入的准则，而不是那种足以使他们与希望避开这一问题的客户发生冲突的准则；产业界的会计师之所以希望有准则，是为了能迫使非会计主管去改进会计方法，但他们喜欢的却是能掩盖其公司内部可能出现的灾难的'盾牌'；证券交易所希望准则能保护证券交易所的声誉，但又不希望在执行准则时过于严格……"。

■ 2）多国会计论

多国会计论认为要制定出一整套世界性的、完整的会计准则是不现实的；国际会计不过是有关各国会计准则、方法和程序的集合；它可以采用收集或比较的方法来完成对各国会计准则、方法和程序的集结。

其实，这种观点下的国际会计是典型的国际比较会计。从实际效果上看，没有对各国会计准则的收集和比较，会计就无法满足企业的国际经营对会计的特殊需要，因而，国际比较会计是国际会计不可缺少的一部分。

■ 3）国外子公司会计论

国外子公司会计论认为，国际会计是伴随着母公司海外业务的发展而逐步发展起来的，国际会计是关于母公司及其子公司的会计实务；有效的国际财务会计报告应以一个特定的会计准则为标准，编制那种能综合反映母公司及其子公司的经营成果、财务状况及其变化情况的会计报告，与经营仅限于一国的会计相比，国际会计的核心问题是如何把国外子公司（含国外分支机构）的会计报表纳入母公司的财务会计报告体系内，实现有效的财务会计报告的国际列报。

这种主张的主要缺陷是将国际会计的一部分——国外子公司会计视为国际会计的全部。随着国际资本市场的发展和"地球村"的逐步形成，任何有跨国经营业务的大企业，都不能只关注本国的母公司或海外的子公司，而应以母、子公司的整体理念和全球战略来指导生产经营。在会计上，只关注本国的或者海外子公司所在东道国的会计信息需求者的需要，都是不全面的，因而，会计的国际比较、协调、趋同，是国际会计不可或缺的有机组成部分。此外，国际会计不应仅将海外子公司报表的折算、合并作为自己的主要实务，至少还应将消除会计信息的物价变动影响、跨国投资与融资管理，以及跨国税务的会计策略等业务，也纳入实务范畴。

此外，F.D.S.乔伊和G.G.米勒认为，应从如下4方面来认识国际会计：（1）比较国际会计；（2）准则化国际会计（主要反映在国际会计准则的工作中）；（3）经营性国际会计（包括多国公司经营活动对会计的特定要求）；（4）政治化国际会计（为协调各国会计重要差异而努力的世界性政治组织的会计协调活动）。可见，F.D.S.乔伊和G.G.米勒已经前进了一大步，在他们的眼中，国际会计是用来阐述由于跨国经营活动而引起的特定会计问题的，它必须研究各国会计（特别是会计准则）的差异与国际协调，以及由多国经营而引发的特定的会计计量与报告问题。

1.1.2 国际会计再认识：关于国际企业特殊问题的会计

综上所述，国际会计既不是世界会计，也不是多国会计、国外子公司会计。但是，世界会计论、多国会计论和国外子公司会计论，都有某种合理的成分，为我们正确认识国际会计奠定了基础。

我们认为，要正确认识国际会计，需要从国际会计产生与发展的成因、与其他会计的关系、应重点解决的问题等方面来展开。

国际会计的产生和发展是内因与外因共同作用的结果。其内因主要有：(1) 会计技术的国际共享性。一般情况下，管理会计是纯技术性的，对任何国家的任何利益主体的效应都是无差别的，生来就是国际共享的。然而，财务会计的技术本身并没有国界，但是否选用这些技术，会受到它们是否对该国的主要利益集团有利的限制，若有利，则为该国所采用；否则，将被拒之于国门之外。也许正是在这一意义上，人们将会计敬称为“国际通用商业语言”。(2) 财务会计信息的投资导向性。现代财务会计信息主要来源于现代财务会计报告，而现代财务会计报告又主要是根据现代资本输出者对会计信息的基本需求来设计的，反映出受托经营者的受托经济责任（stewardship responsibility）的完成情况，以便为资本输出者作出有效决策提供有用信息。

其外因主要有：(1) 跨国公司，特别是资本输出的产生与发展。19世纪末20世纪初就已经产生了第一代国际化的垄断组织，第二次世界大战以后，跨国公司得到了迅速发展，不仅资本输出取代了商品输出而成为垄断资本主义的基本特征，而且资本输出更多地采用了企业形式而不是借贷形式，这样，在资本输出之前，资本输出者要充分分析资本输入方及其相关者的财务会计信息，以便决定投放资本的方向、数量和时间；在资本输出以后，资本投放者要跟踪监控已投放的资本的实际运营效果和发展趋势，这就必然要求对国外企业进行必要的会计控制，从而会遇到国内会计不会遇到的特殊会计问题，如编制跨国公司合并报表之前的外币会计报表的折算问题、不同国家的物价变动对财务会计信息的影响与消除问题，以及交互影响问题、国际税务的恰当安排问题、国际金融风险的规避与利用问题等，进而强烈要求建立一套用来处理这些特殊会计问题的专门理论与方法。(2) 各国对国际合作的积极参与和支持。第二次世界大战以后，“发展经济”、“平等互利”和“和平共处”成为时代的主旋律，在这种主旋律下，各国（无论是发达国家还是发展中国家）的经济合作达到了前所未有的水平，在引进和输出资本的过程中，加深了在各方面的了解，为会计的国际协调乃至趋同创造了良机；同时，各国从维护本国利益出发，为更好地适应他国资本的输入和本国资本的输出，也主动地或被动地修正自己的会计准则、努力向国际会计惯例靠拢，这显然为国际会计的迅猛发展注入了各国统治者或国家的意志。

纵观国际会计产生和发展的内因与外因，我们至少可以得到以下三点启示：第一，资本输出者对会计的特殊需要是决定国际会计特质的基础性力量。一般而言，资本输出者为更好地制定和实施跨国公司的全球战略，主要在如下方面对国际会计提出了一些不同于业务仅限于本国的会计问题：(1) 为在海内外筹资或解释和解除受托经济责任，应以哪国的会计准则为标准，恰当地报告本国母公司、海外子公司和海内外母子公司整体获取现金流量顺差的能力、盈利能力和偿债能力的信息等；（2）应怎样对外汇风险实施适度的会计控制；（3）应怎样利用跨国税务的财务效应；（4）应如何确定和评估国际筹资和投资抉择。第二，国际会计不过是一般会计（处理的业务仅限于本国）理论与实务的逻辑延伸。显而易见，F.D.S.乔伊和G.G.米勒主张“把国际会计置于整个会计学科的内容之中”是有益的，“它并不谋求现存的会计理论和实务”是很有见地的。第三，国际会计应跨国经营控制的需要而产生、发展，并且成为跨国经营控制不可缺少的一部分。

这样，国际会计仍然是会计大家庭的一员，既具有一般会计的一般特性，又具有其独特的性质，这种一般性主要表现在：它仍然要以货币为主要量度、以财务会计报告为载体来传输对使用者决策有用的会计信息；仍然是一种经济控制系统。

与国内会计相比，国际会计的独特性主要体现在：（1）国际会计的主体，不同于业务仅限于本国或海外的企业，也不同于一般意义上的集团，而是一种集海内外的母公司、子公司于一体的新型集团，这种集团要求其决策者以全球经营战略为目标，着眼于世界范围内生产要素和资源的优化组合和利益最大化。国际会计作为提供对决策有用信息的控制系统，应体现出这一特定的要求。人们通常将这一集团限定在那种总部设在一个母国、在海外有许多分支机构或子公司、年营业额在1亿美元以上的大财团，即跨国公司（transnational corporation），以及由跨国公司与东道国或其他国家共同主办的合资经营企业，称为多国公司（multinational corporation），从而将一些在海外有直接投资但规模不大的中小企业排除在国际会计的主体之外，这是不能完整地反映世界经济一体化和企业国际化的，因而国际会计主体应从跨国公司扩充到国际企业。总而言之，国际企业不是一般意义上的在海外有经营活动的企业，而是一种以全球战略为目标，为实现生产要素和资源在世界范围内的优化组合和利润最大化而进行国际直接投资，并在海外开办了从事生产经营的子公司或分支机构的经济组织。（2）国际会计的确认，主要着眼于会计的再确认，也就是说，为服务于国际企业的全球战略，国际会计应对所有相关公司的经济事项是否应反映以及如何反映在国际财务会计报告上作出进一步的判断、分类和综合等，国际会计没有必要对国际企业的经济事项进行初次确认。（3）国际会计的计量，主要不是对国际企业所发生的经济业务的初始的货币衡量，而主要是对国际企业各组成部分的报表项目的再计量，这就是外币会计报表的折算、编报合并报表时的调整、有关国家物价变动对国际财务会计报告影响的消除、国际融资与投资战略的确定与考评等。（4）国际会计的报告，受到来自主要使用者所要求的会计准则重大差异的严峻挑战。国际企业的财务会计报告使用者分布在不同的国家，适用不同的会计准则，为加强国际筹资、投资的管理，会计的国际协调与趋同也成为国际会计一项必不可少的工作。

如果我们将国际会计理解为一项工作，那么，它就是通过提供具有全球观念的会计信息，来参与有关国际企业的国际经营战略和理财战略的制定、修正、实施与评估的国际性企业管理活动，因此，于晓镭博士在他的专著《跨国经营与国际会计》中提出，国际会计具有“预测国际经营前景，参与国际经营战略及规划的制定”、“参与国际经营决策”、“控制国际经营过程、监督国际经营活动”和“考核国际经营成果”的功能。

如果我们将国际会计理解为一门学科，那么，它就是将一般目的的、面向本国的会计在最广泛的含义上扩展到面向全球的、服务于国际企业经营管理的新学科。应该说，这一新学科主要是关于国际企业经济管理对会计（特别是财务会计）提出的特殊要求的能动反映。

简而言之，国际会计是会计学的新领域，主要是应国际企业经营管理对会计提出的特殊要求而产生，是以货币为主要计量尺度，按国际企业的主要使用者所在国所认可的会计准则为标准，提供有益于认定国际企业经营管理者的受托经济责任的完成情况和有利于资源提供者管理决策的财务会计报告，并参与国际企业的有关国际经营战略和理财战略的制定、修正等工作的经济控制系统。

1.2　国际会计的目标

国际会计并不谋求取代现存的会计，在包括目标在内的许多方面，国际会计既有特殊性，也有一般性。

1.2.1　会计基本目标：决策有用学派与经管责任学派的论争

会计目标是在一定历史环境条件下，人们通过会计实践活动而期望达到的境地或结果，主要是指人们编制财务会计报告的目标（俗称财务会计报告的目标）。表面上，会计目标是主观性很强的东西，但实质上，脱离客观实际的期望是不能实现的。

20世纪各国会计的研究史表明：20世纪50年代以前，人们对会计目标的研究是肤浅的、零星的；20世纪60年代，人们将会计理论研究的逻辑起点从会计假设转移到会计目标；20世纪70年代以来，学者们普遍采用了以会计目标为起点研究会计的理论框架，并就会计目标形成了“经管责任学派”和“决策有用学派”。

经管责任学派的主要代表人物是美国会计学家井尻雄士（Yuji Ijiri）、厄里思特·J.帕罗科（Ernest J.Parlock）等。该学派的主要观点是：（1）会计应恰当反映资源受托者的受托经管责任及其完成情况；（2）会计人员应从客观的立场上参与到委托—受托责任关系中，不是“仆从”，而是“主人”；（3）强调会计系统整体的有用性而不仅是会计报表的有用性；（4）强调在提供会计信息时应有所取舍，但这种取舍应限定在有关组织规则和法律允许的范围内；（5）强调会计信息的可靠性甚于相关性，偏爱历史成本计量模式和会计信息的精确性。

决策有用学派的主要代表人物是罗伯特·N.安东尼（Robert N.Anthony）、罗伯特·T.斯普罗斯（Robert T.Sprouse）等，他们的主张得到了美国会计学会（AAA）和财务会计准则委员会（FASB）的强力支持。该学派认为：（1）会计目标就是为其使用者提供决策有用的数量化的信息；（2）信息使用者是会计的中心，会计人员不过是提供有用会计信息的“仆从”；（3）会计的生命在于财务会计报告本身对使用者决策的有用性；（4）由于使用者各不相同，因而，为提高会计信息的有用性，强调提供的信息多多益善；（5）强调会计信息的相关性甚于可靠性，偏爱非历史成本计量模式（如现行价值模式、公允价值模式等），允许会计信息有一定的模糊性。

乍一看，这两大学派确实水火不容。其实，自人类进入信息时代以来，它们既有融合的必要，也有融合的可能。

尽管在当今学术界，受托经管责任的内涵尚不统一，但是，在如下方面已有了几乎一致的认识：（1）受托经管责任的制度基础是“两权分离”制度；（2）受托经管责任的基本内涵包括受托财务责任与受托社会责任，其中，受托财务责任又包括受托财产保管责任、受托财产增值责任和保持受托财产变现能力责任等，并成为现代会计计量、记录和报告的主要任务，受托社会责任也越来越受到人们的关注。可见，将“受托经管责任”作为会计的目标是有其历史渊源的。事实上，经管责任学派的思想早在会计产生之初就已产生，而成熟于公司制度盛行之后。只要“两权分离”制度还存在、还在发挥作用，那么，财务会计报告就应恰当地反映受托经管者的受托经管责任的完成情况。因为财产经管者有义务提供这种信息，同时，财产委托者也不可能不考察其托付的财产的保值、增值与变现能力等就随意地决定其资本的投资方向，或决定是否续聘现在的受托经管人员。诱发1929—1933年的世界经济大危机的重要原因之一，就是解释、解除企业的“受托经管责任”不规范、不严格，因此唤醒了会计理论界和实务界的警觉，并使美国着手研究、颁发旨在规范认定受托经管责任的会计程序、会计原则或会计准则。如果会计的目标不包括对受托经管责任的认定的话，那么，各国会计准则的制定与修正就不会如此这般的复杂和艰辛。

当然，我们说认定受托经管责任是会计的目标，并不意味着提供决策有用信息就不是会计的目标，事实上，后者成为会计的目标也有其特定的历史经济背景和理论基础。

就其历史经济背景而言，大约在20世纪60年代前后，证券市场日益发达、健全，企业的兼并、联营等得到了大力发展，投资前的有效预测和抉择必不可少，于是，财务会计报告应提供有用信息的呼声与实践就应运而生了。

就其理论基础而言，信息论、控制论、系统论等得到了广泛应用，也为决策有用学派提供了强有力的方法论支持。在20世纪70年代，由于人们（特别是AICPA、FASB）的努力，学者把对会计概念结构（concept framework）的研究基本上导入了“目标导向”的轨道。然而，在决策有用学派诞生后，既没有组织或机构声称应用决策有用学派替代经管责任学派，也没有事实表明应由决策有用学派取代经管责任学派。

进一步的分析发现，“两派”有着共同的理论前提：利益驱动机制是推动人类社会向前发展的永恒机制。无论是财产的受托人，还是财产的委托人，保护自身权益不受侵害是人们的一种本能，这样，对财产的委托者而言，认定受托者的受托经管责任，只是保护自身权益的第一步，而紧随其后的是进行有效的经济决策和是否续聘经管者的决策。换言之，委托者首先必须依据历史成本信息（这正是“经管责任学派”所强调的）认定现在的受托者是否完成了受托经管责任，判断目前企业经营与财务状况是否良好，然后，再依据现行价值信息（这恰好是“决策有用学派”所要求的）进行管理决策。

决策有用学派与经管责任学派一样，都是特定历史条件的产物。在“两权分离”制度不断完善的情况下，“两派”的共存与互补也将是历史的又一种必然选择。这是因为：（1）利益驱动是市场经济社会共有的运行机制，这种机制将自发地启动人们对自身利益的维护，从而在企业中自觉地嵌入了某些约束机制，如股东大会制度、定期呈报财务会计报告制度和对经营管理人员实行非终身聘用制度等。（2）所有者与经管者总存在着潜在利益冲突。这种矛盾自受托关系存在之日起就已存在，并包含这样两个含义：一是所有者与经管者无根本利益冲突；二是在受托经管期间，因信息不对称和信息不完全，可能发生“逆向选择”和“道德风险”，必然要求独立的第三方（注册会计师）提供专业的鉴证服务。

在利益驱动机制和潜在利益冲突假设发生作用的条件下，一方面人们在投资决策之前，对有关财产投放的科学性、有效性等进行决断；另一方面在投资以后，又要对委托财产的运营情况进行考察，以便决定新的投资方向抑或是否继续聘用现有的经管人员。显然，前者恰好是决策有用学派所期望的，而后者恰好是经管责任学派所期望的。我们所处的这个时代并没有赋予“两派”相互替代的任务，却赋予了其互相配合的使命，并为此提供了更为良好的社会经济环境。

“两派”分歧的焦点最终外化为计量属性的选择和计量信息真实性的论辩。现代信息技术的飞速发展和广泛应用，为低成本、高效率地在同一报表上既反映面向受托经管责任的历史成本信息，又反映面向决策有用的现行价值信息，提供了技术支持。资本市场的成熟和日益扩展，又提高了会计计量的真实性和相关性。

融合“两派”具有必要性，其主要理由在于：（1）“两派”的基本内涵一致，相互融合更有益于全面、科学地认识会计的一般目标。很难想象，投资者在不考察受托经管责任完成情况的条件下就决定是否继续投资，或是否继续聘用现有的受托经管人员。而目前的经营和财务决策又是形成新一轮受托经管责任的前提或基础。受托经管责任信息，虽然在本质上是面向过去的，与决策这种面向未来的行为是不甚相干的，但现在是过去的将来，而将来又是对现在的自然的逻辑延伸。因此，“人们在强调财务会计报告信息必须对‘决策有用’的同时，也强调‘决策有用’作为财务会计报告的目标……不应排斥经管责任目标”。（2）“两派”各有优劣，相互补充更有益于会计学科和会计实务的发展。要正确反映受托经管责任，就必须采用历史成本，强调可信性与一致性；而要对决策有用，则更多地应具有面向未来的属性，必须强调相关性，在计量属性上应采用非历史成本属性，如现行成本、现行市价、现值等一些代表未来情况的且很难估计其偏离实际的“度”。在本原的意义上，两者是矛盾的，但令人高兴的是，它们的优劣正好相反，为扬长避短，将它们融合起来，显然是合乎逻辑的选择。

至此，我们不妨这样来描述会计的一般目标：为现在的和潜在的使用者提供受托经管责任和决策有用信息，简称为“有效管理信息论”。

1.2.2 国际会计的基本目标

国际会计的目标就是人们通过国际会计活动所期望达到的境地。之所以要研究国际会计目标，是因为：(1) 国际会计是一种人造系统，而只要有人参与的活动，就有特定的目标。(2) 虽然现代会计理论的研究方法很多，如归纳法、演绎法、实证法、事项法和社会学方法等，但演绎法仍有着不可替代的作用，在这一方法下，只要命题设计合理，推证逻辑严密，那么，就可以得出一些有用的结论，比如，FASB应用演绎法得出的一系列财务会计概念公告（SFAC）和财务会计准则公告（SFAS）就是成功的典范，学术界称这种研究为规范研究。(3) 将国际会计的目标作为国际会计理论研究的逻辑起点，有利于构建一种结构严谨、体系合理的国际会计理论体系，在国际会计基本目标的正确导向下，国际会计理论研究将依照国际会计信息使用者的需要来规划国际会计的内容，以及国际财务会计报告的种类、结构和内容等，并使它们具有发展性，从而使国际会计永葆青春。

在确定国际会计的目标时，应遵循如下基本原则：(1) 要体现会计的一般目标的基本特性，就要针对财务会计报告主要使用者的共同需要，既反映受托经管责任信息，又提供决策有用信息。(2) 要集中体现国际会计的特点，如果在目标上都不能体现国际会计与一般会计的主要差别，那么，在其他方面体现出的某种差别，也就没有意义了。

总而言之，国际会计的基本目标就是要提供有助于国际企业会计信息的主要使用者进行全球战略管理的经济信息，现简称为“全球战略管理有效信息论”。显然，“全球战略管理有效信息论”是对“有效管理信息论”的国际扩展。其具体含义包括：国际会计提供的国际财务会计报告的主要服务对象是国际企业的主要利益主体。该主体主要包括国际企业的现实和潜在的股东与债权人，以及国际企业各组成部分所在地的政府等。之所以将国际企业各组成部分所在地的政府也列入国际会计信息的主要使用者，是由于没有一个政府会放弃对外来的和本国的国际企业的生产经营和投资、融资等重要活动的监管。

1.2.3 国际会计的具体目标

为实现国际会计的基本目标，就需要国际会计具体目标的密切配合。假如国际会计包括国际财务会计、国际管理会计、国际税务会计和会计的国际比较与协调、趋同，那么国际会计的基本目标将被分解为国际财务会计的目标、国际管理会计的目标、国际税务会计的目标和会计的国际比较与协调、趋同的目标。

国际财务会计的目标，是关于国际会计对外的目标。国际财务会计作为一般财务会计的逻辑延伸，在目标上，既有继承，又有发展。具体而言，国际财务会计既要向国际企业的主要外部使用者提供有助于他们进行全球投资战略抉择的信息，又要提供便于考评国际企业的受托经管人的受托经管责任的信息。为此，要研究国际企业的财务会计报告的使用者是谁，谁是主要的使用者，他们分布在哪里，习惯于何种会计准则或会计制度，他们需要什么，国际财务会计又能提供什么信息。由于国际企业财务会计报告的外部使用者实质上就是国际投资人或贷款人，因而从全球的角度考虑他们的投资与贷款，争取在保证现有财产的安全性的前提下提高资本收益率是尤其重要的。然而，他们要面对比本国市场更为复杂多变的社会环境，因此，对一家国际企业而言，也许此时其财务会计报告的主要使用者在中国和美国，但彼时却在法国和日本，从较长的时间来看，编制国际财务会计报告的制度基础、国际财务会计报告的内容、种类、结构与重点等，都将具有某种不确定性，而国际财务会计报告不可能对此熟视无睹（因为国际企业向外界提供主要使用者所需的国际财务会计报告的主要原因之一是顺利地从国际资本市场上筹集到所需的资金）。这也就是国际会计的"三大难题"（外币会计报表折算、国际报表合并、消除国际物价变动的会计影响）集中在国际财务会计中的原因之一。

国际管理会计主要应国际企业的内部经营管理者的管理需要而产生与发展，这些经营管理者受托于国际企业的所有者，国际企业的所有者投入到国际企业的资本的保值与增值，基本上取决于这些受托经管者的经营业绩，而受托经管者为完成国际企业的所有者交给的任务，不能不依赖于国际管理会计信息。相对于一般企业的内部管理而言，国际企业的内部管理更复杂、更重要，对会计信息的利用也更必要、更困难，这是因为只有通过他们的努力，才能使国际企业可以动用的经济资源在世界范围内得到优化组合，并使其所有者利益最大化。在决定和实施战略决策时，会受到国际企业各组成部分所在国的法律、行为习惯、企业的组织结构、外汇风险、物价变动和政治风险等因素的影响。因此，国际管理会计的基本目标就是要通过对国际财务会计信息等有关资料的深加工，来向国际企业的受托经管人提供有助于他们的战略抉择和日常管理的有用信息。与国际财务会计信息相比，这种信息的使用者的需求更直接也更多样化，这类信息更具针对性，基本上不是某种规定范式的结果，应帮助国际企业的经管者在全球范围内正确决策，修正其经营模式、经营规模、经营结构、融资或筹资战略市场营销的构建与运作，加强外汇风险管理等。

国际税务会计，是关于国际企业的税收计算、缴纳和筹划情况的经济控制系统。其目标就是向有关管理层提供国际企业有关税收的信息，具有双重性：一是向国际企业各组成部分所在国税务机关提供其应付与实付税收额等信息，以取得所在国政府的支持；二是向国际企业的内部管理者提供有助于提高国际企业在全球范围内的税收的理财效益的信息，为国际企业的税务筹划服务。

然而，要实现国际财务会计的目标、国际管理会计的目标和国际税务会计的目标，就必须掌握有关国家的会计准则或会计制度与税收制度等，这又有赖于会计的国际比较、协调乃至趋同的帮助，因此，会计的国际比较、协调与趋同的最低目标可定位在：为国际企业管理揭示有关国家会计准则（或会计制度）、税收制度与本国的有关情况的主要差别。

1.3　国际会计的内容体系

国际会计作为一门独立的学科，除了有自己特有的目标外，还必须有自己特有的研究对象和内容体系。

1.3.1 国际会计对象的含义与特性

作为会计“大家庭”的成员，国际会计在对象上也是对“一般会计”对象的逻辑拓展。

在我国对“一般会计”对象研究的历史长河中，已历经了“过程论”、“资金运动论”、“价值运动论”和“价值运动两分论”。葛家澍教授的“价值运动两分论”有着广泛的指导意义，他认为“一般会计”的对象应包含两个层次：会计的反映对象和会计的处理对象。会计的反映对象是企业的价值运动，而会计的处理对象就是企业价值运动发出的信息（简称为“价值运动信息”）。

在“价值运动两分论”的指导下，确定国际会计对象要在着重考虑国际企业管理对国际会计的特殊要求、国际会计的目标和国际会计本身的能力等的影响后综合决定。

国际企业经济管理对国际会计的要求是影响国际会计对象确定的基础力量，也是决定国际会计对象的现实基础。因为它在决定国际会计产生与发展的同时，也就基本上决定了国际会计要做些什么，从另一个角度看，也基本上决定了国际会计的目标是什么。换言之，国际企业经济管理对会计信息的特殊要求，是对国际会计确认、计量和报告的“命令”，而国际会计的对象就是对这种确认、计量和报告的内容的一般概括或抽象。

从一般规范性研究的逻辑出发，国际会计的目标应该成为决定国际会计对象的理论基础。比如，FASB颁发的1~6辑《财务会计概念公告》（SFAC）完全称得上规范性研究的典范。从整体上看，它的逻辑思路是：会计的目标→会计信息的质量特征→会计报表的各种要素→会计报表各要素的确认与计量。依照这样的思路，不同的会计目标需要不同的会计信息质量特征与会计报表要素及其确认、计量和报告来实现，而会计信息的质量特征又是约束会计报表确认、计量和报告的标准，也就是约束会计所要反映和监督的具体内容的标准。因此，可以说，有什么样的国际会计的目标，就相应地有什么样的国际会计对象予以辅佐。在某种意义上，国际会计对象的确定要受到国际会计目标的影响，但这种影响一般不是决定性的。原因是，严格地讲，国际会计的目标是一种无法脱离主观成分的范畴，而国际会计的对象与其他会计对象一样，是一种客观性的东西。

国际会计本身的能力，也影响着国际会计对象的确定。就国际企业财务会计报告的使用者而言，他们总希望国际会计能反映国际企业的一切经济活动及其结果。然而，国际会计应反映什么，会受到会计计量尺度、会计计量属性、传输会计信息技术等因素的限制，不能使国际会计信息的使用者“事事如意”。在这里，如下两点尤其需要得到重视：（1）能代表会计计量特征的是企业经济事项的货币化，然而，“货币化经济事项”并不总是万能的。因为有些经济事项是不能货币化的，即使在多数情况下货币化信息特别有价值，有时定性信息和非货币化信息也同样不可或缺。因而，国际会计反映和监督的内容，主要应是能以货币计量的经济事项。（2）国际会计的对象会随着国际会计本身的能力的增强而发展，实际上主要是随着信息技术的发展而增强。比如，在信息技术不发达的时代，由于人们难以判别未来经济事项的可实现程度，因而，此时国际会计信息的主要使用者就更偏爱会计信息的可信性，于是国际会计反映和监督的主要内容应是国际企业已发生的而不是未发生的经济业务；而在现代技术被广泛应用的今天，人们很容易获得和验证包括未来经济数据在内的各种信息，国际会计信息的主要使用者对会计信息的决策有用性的需求也容易得到满足，于是，国际企业的未来发展情况，将是国际会计反映和监督的主要内容；从发展趋势看，同时反映和监督国际企业已发生和未发生的经济事项，将变得越来越重要。国际会计将把国际企业已发生的和未发生的经济事项作为自己反映和监督的内容。

因此，国际会计的对象是国际会计的反映对象和国际会计的处理对象的集合。前者是指国际企业价值运动的特殊问题；后者是指国际企业价值运动信息的特殊问题。

总体来说，国际企业价值运动的特殊问题主要表现在：(1) 国际企业的各种资产来源于世界各国，也运用于世界各地；(2) 国际企业的资本追求的是世界范围内的价值最大化；(3) 国际企业的价值运动会受到来自多种难以预期和控制的风险（如汇率风险、东道国经济政策变动风险、政治风险、战争风险、文化传统风险等）的严重影响。换言之，能体现国际会计反映对象特征的经济业务有：国外主体的日常业务与期间营运结果的集合、国际物价变动对国际资本营运的影响、东道国税收制度的财务效应、国际资本的整合和分散等。

针对国际会计反映对象的上述特征，国际会计的处理对象——国际企业价值运动信息的特殊问题将表现为如下基本特点：(1) 计量单位的多国货币化和统一化。比如，一个国际企业在A国、B国各有一家企业M、N，它们在记录经济业务时，将分别以A国、B国的货币为记账本位币进行初始计量，而在提供国际财务会计报告进行再计量时，又需要使用统一的计量单位（一般为国际财务会计报告的主要使用者所在国的通用货币，多数情况下为母公司所在国的通用货币）。(2) 确认、计量和报告标准的多样化与标准化。一方面，国际企业各组成部分在处理其各自会计业务时，应采用所在国的确认、计量和报告准则或制度；另一方面，为反映国际企业这一整体的经营成果和财务状况及其变动情况，又需要依照某种令国际财务会计报告的主要使用者可接受的会计准则或会计制度来重新确认、计量和报告。(3) 计量结果的不确定性较高。虽然一般会计为降低会计计量结果的不确定性，采取了诸如设定会计假设、统一重要的会计政策等措施，但这些措施在国际会计领域受到了空前的挑战，比如，货币计量假设就面临着应以哪种货币为主来进行记账和报告的艰难选择的考验，如果要反映国际企业这一整体的财务信息，就需要将处在正常经营状况下的各组成部分都纳入合并报表的范围，这就需要对国外主体的财务会计报告进行折算，而在历史成本模式下，尚找不到能使外币折算方法和合并报表编制目标没有矛盾的程序和方法，这样，国际财务会计报告将难以真正完整地反映国际企业这一整体的情况，此外，在编制国际财务会计报告时还要借助其他一些对不确定因素的确定化假设来再确认和再计量，相对一般会计信息而言，国际会计信息具有更大的模糊性。

因此，国际会计是主要关于国际企业的价值运动的再确认和再计量的学问，实际上，也就是对国际企业的有关财务会计报告的转换、调整和战略性利用。

1.3.2 国际会计的基本构成与结构体系

在有关国际会计基本构成与结构体系的研究成果中，有代表意义的是“乔伊-米勒模式”和“霍尔泽模式”。前者又有“早期的”和“修正的”之分。

早期的乔伊-米勒模式成熟于1978年。乔伊和米勒在他们合著的《多国会计导论》(An Introduction to Multinational Accounting) 中指出，国际会计应包括如下9个部分：(1) 国际会计的类型，主要讨论会计模式的分类问题；(2) 外币折算和通货膨胀会计，主要讨论有关外币折算的各种方法，通货膨胀影响的会计确认，以及对国外子公司报表合并问题的描述与分析等；(3) 跨国财务会计报告问题，重点讨论主要向股东和债权人提供的国际合并会计报表、向国际投资者提供的多样化财务会计报告（包括按母公司所在国的会计准则、文字和货币编制的基本会计报表，按其他国家的会计准则、文字和货币编制的辅助会计报表）和专门报告（一种依照特定的会计准则编制的、向特定的组织报送的财务会计报告）；(4) 国际会计准则和国际会计组织；(5) 欧洲经济共同体会计；(6) 多国经营活动的理财计划（包括国际财务管理、国际资本筹集方式的选择、国际风险的预计与管理）；(7) 管理信息系统和控制（关于多国经营活动的信息系统、职能组织、控制和管理审计）；(8) 多国税务和转让价格；(9) 当前的问题和今后的发展（多国公司的控制与社会责任、发展中国家会计、公共部门会计、各级收支等）。

修正的乔伊-米勒模式，又叫后乔伊-米勒模式。该模式成熟于1984年，是他们对1978年出版的《多国会计导论》的修正，共分12章：第1章，会计的国际面，主要论述了国际会计的定义，以及国际会计产生与发展的原因。第2章，概念的发展，主要阐述了会计发展的几个时期，会计向前发展的原因，会计研究的发展从理论化向概念化的转变历程、方法和主要成果等。第3章，比较会计惯例，主要对10个国家的财务会计制度的重要方面进行了比较，突出了它们之间的重要差异。第4章，外币折算，主要讨论了远期外币交易的折算方法，外币会计报表的折算程序和折算方法的选择等问题。第5章，通货膨胀会计，主要研究的课题是通货膨胀会计的主要模式，几个发达国家的通货膨胀会计模式的主要特征等。第6章，更多的方法问题，主要研究其他文献没有论述但又很重要的合并、合并报表和权益法会计、养老金会计、租赁会计、研究与开发会计、所得税会计、财产剥夺与增值税等问题。第7章，财务会计报告与揭示，主要讨论怎样将多国公司的会计计量的结果传输给外国读者。第8章，分析外国会计报表。第9章，审计，主要讨论了有关国家的独立审计的差别。第10章，管理审计，主要讨论了服务于多国公司的管理决策的审计问题。第11章，转让价格和国际税务。第12章，国际会计准则与国际组织，主要阐述了对各国会计差异进行协调的有关国际组织及其重要活动。

霍尔泽模式，是H.P.霍尔泽等学者在1984年出版的《国际会计学》(International Accounting) 中提出的。在这本书中，他们列示了如下内容：会计的国际面引言，欧洲会计史，国际企业经营活动的财务会计与财务会计报告，多国企业合并会计报表的记账单位，多国企业来自国外所得的美国税收，国际公司税收概述，跨国公司管理会计问题，审计，美国财务会计准则的发展，会计在英国，会计在工业化的联邦国家，会计在法国，德国财务会计报告，联邦德国的执业会计，会计在荷兰，财务会计和会计报表在日本，会计在欧洲经济共同体，会计在社会主义国家，会计在第三世界。

实事求是地说，后乔伊-米勒模式与霍尔泽模式都为我们科学地研究国际会计的内容体系做了不可或缺的奠基性工作，正如事物的发展难以一步到位一样，人们对事物的认识也需要更新。乔伊-米勒模式比较关注会计的国际比较和协调、多国公司的外币业务折算和报表合并问题、国际物价变动对国际财务会计报告的影响的消除、国际税务和国际财务会计报告信息在多国公司的管理决策中的应用等；但是，这一模式似乎把国际会计理解得过于宽泛，把会计报表分析和审计这一已独立成科的内容也纳入其内。而霍尔泽模式认为国际会计应更多地关心会计的国际比较和多国企业的会计报表的合并问题，但把多国税收制度也纳入国际会计，似乎是欠妥的。同时，将国际会计的研究主体定位在“多国企业”上，现在看来，似乎更应扩充到“国际企业”这一更有包容性的利益主体上来。

在重构国际会计的内容体系的过程中，我们应坚持如下原则：(1) 以满足国际企业经营管理对会计信息的客观需要为基本出发点。这集中体现在国际会计应主要为国际企业的有关利益主体的理财战略决策和经营战略决策提供有用信息。(2) 体现国际会计的特点。虽然国际会计依然还是会计这一“大家庭”的一员，但在许多方面已不同于一般会计，这正是国际会计所要体现的，也是国际会计之所以能独立发展的关键因素。如果国际会计没有自己的特点，那它就无法屹立于“会计之林”。简而言之，国际会计的基本特点是着重研究国际企业发生的经济业务的再确认、再计量和国际会计信息的提供及其利用问题。(3) 反映国际会计的内在逻辑结构。作为内容体系，应该是依照一定的逻辑结构由若干具有特定功能的要素构成的集合。依照现代会计研究的基本方法，结合国际会计所依赖的内、外部环境，应沿着这样的思路展开：国际会计信息的主要需求者基本需要→国际会计的基本目标→报告国际会计信息的主要载体及其构成要素→国际企业经济业务的再确认与再计量及其相关标准的确立→国际会计信息在国际企业经营管理中的应用。

这样，国际会计应是会计的国际比较、协调和趋同与国际企业经营会计的集合。其中，前者是基础或前提，后者是国际会计的核心或重心。若没有会计的国际比较，就无法知道应怎样满足国际财务会计报告的国外使用者的基本需要，也无法科学地确定国际企业经济业务的再确认与再计量的标准，国际筹资与投资将无法进行，国外经营的日常管理也将寸步难行。同样，若没有会计的国际协调，就会加大获取和利用国际会计信息的成本，降低国际会计的应有效应。

1.4　国际会计与会计国际化

表面上看，国际会计与会计国际化似乎是对同一事物的两种不同称呼。其实，它们是两种不同的事物，既有区别，又有联系。

1.4.1 对会计国际化的一般认识

关于会计的国际化，学术界认识不一致，主要的分歧表现在：会计国际化的本质、财务会计国际化的基本目标、财务会计国际化所依据的标准等。

■ 1）会计国际化的本质：是趋同还是沟通、统一

会计是随着经济发展及其管理的需要而产生、发展的，当然，会计的国际化也会随着各国经济的国际化而国际化。但学术界对什么是会计的国际化，认识尚不统一，代表性的观点有：（1）"沟通观"，认为会计的国际化就是通过对各国会计方法、程序等的比较，以明白差异，达到相互了解的目的。（2）"趋同观"，认为会计的国际化就是通过有关国际组织的国际协调，达到尽量缩小差异、增强财务会计信息的可比性的过程与结果，协调的最终目的是尽可能地一致，也就是趋同。（3）"统一观"，认为会计的国际化就是实现各国会计的统一化和标准化。

显然，之所以产生会计的国际化，是因为各国在国际经济交往中存在着由于财务会计的确认、计量和报告差异而导致国际资本流动不畅的事实。

然而，在"沟通观"下，会计的国际化并不能消除财务会计信息差异对国际资本流动的障碍，不能体现现代经济发展对会计国际化的基本要求，是人们关于会计国际化的"朴素"的认识。

"统一观"希望消除世界各国会计的差异，愿望虽好，但会迎来各国经济、政治、法律、文化和在国际经济交往中受益程度的差异的严峻挑战，而变得有违现实，这种观点作为会计国际化的"最高理想"，显然很有价值。

相对而言，"趋同观"更科学、更理性，因为它综合地考虑了支持和阻碍会计国际化的各种因素。虽然它不能满足国际资本所有者对会计信息的全部需要，但是，它对国际资本投资决策提供了有效的、可选择的基础，对一些暂时不能趋同的重要差异，可另用国际资本投资者所惯用的会计准则为标准、以某种更有效的形式予以补充。因此，会计国际化的本质是对各国重要会计差异的趋同而不是消灭。

■ 2）财务会计国际化的基本目标：是多国共享还是于我有利

从操作机制上看，财务会计是关于特定会计主体的财务数据的"输入—贮存—输出"的过程和结果，但在这些财务数据的背后却蕴藏着有关利益主体的财务关系的规范与协调。从而，会计的国际化主要是关于财务会计的国际化；财务会计信息的多国共享便成了国际资本顺畅流动的必然要求，但这种"多国共享"有时却与"于我有利"矛盾。

在会计国际化的初期，各国为将国际资本引入"我"国而有意识地将其会计报表按其使用者指定的会计准则重新表述；在会计国际化高度发达的今天，各国又为"留住"现有的国际资本和"引来"新的国际资本而尽可能地按照国际公认的会计标准进行"我"的会计循环。换言之，"于我有利"，始终是推动会计国际化的第一动力，并总是在与"多国共享"的矛盾运动中发展，因此，各国会计准则的制定者在制定本国的会计准则时，总是审慎地对待国际会计惯例，总期望在"于我有利"的前提下尽可能实现"多国共享"。

■ 3）公认国际会计标准：是发达国家的会计准则还是国际会计准则

会计的国际化，说到底，主要是财务会计的国际化，进而主要是会计准则的国际化。从词义上看，“国际化”就是某事物慢慢地向某种业已存在的先进标准看齐的过程。在会计国际化的漫长过程中，发展中国家由于其经济及管理上的落后性，致使其会计准则不能成为各国会计准则看齐的标准。在世界范围内，各国会计国际化的历史主要是各国会计准则或会计制度向发达国家的（特别是美国的）会计准则靠拢的过程，但这种以国家主义为特征的国际化毕竟是有限的，因为国家主义的本质是“排外的”，因而，这一标准逐渐为国际会计准则所代替。然而，从实际运作的效果上看，国际会计准则要想成为各国会计准则看齐的唯一标准，还有很长的路要走，这主要是因为：第一，要彻底抛弃“亲美主义”和“完全统一全球会计”的思想；第二，应尽可能地取得各国会计准则制定机构的广泛合作与支持；第三，要设法取得国际会计准则的灵活性与统一性的复杂平衡。

■ 4）会计国际化的另一面：会计的国家化

正如前述，“会计国际化”就是某国会计慢慢地向国际公认会计标准看齐的过程。显然，在这一过程中，从总趋势上看：一方面，国际公认会计标准对各国会计的规范作用越来越大；另一方面，具有各国会计特色的问题又日益突出。前者就是会计的国际化，后者就是会计的国家化，这样，会计的国际化与会计的国家化是同一事物——会计的科学化的两个方面，两者相辅相成。因此，要讨论会计的国际化，就离不开当时的国际与国内环境。只要是有利于各国经济发展、有利于完善各国的经济管理，就不应去争论其是本国特色的还是国外特色的，都应认为是应该的、科学的；相反，就是错误的、伪科学的。

综上所述，会计的国际化主要是指财务会计的国际化，是特定的主权国家在“于我有利”的前提下，为扫除本国财务会计信息对国际资本顺利流动的障碍，逐渐地、尽可能地向国际公认会计标准看齐的过程和结果。

1.4.2　国际会计与会计国际化的区别与联系

依照前面的有关论述，我们不难发现，国际会计与会计国际化之间的主要区别是：（1）主体不同。国际会计的主体是国际企业，即在国内外都有直接投资，并期望在全球范围内获取最大利益的特殊集团；会计国际化的主体是特定的主权国家的会计管理机构，如我国的财政部、美国的证券交易委员会（SEC）和财务会计准则委员会（FASB），对每一会计主体而言，是无所谓会计的国际化的，这就是说，会计国际化实际上就是各国会计的国际化。（2）客体不同。国际会计的客体，即国际会计的研究对象，也就是国际企业价值运动的特殊问题；会计国际化的客体，从结果上看，应是会计信息（特别是财务会计信息）的国际化，但从本源上看，应是会计准则或会计制度的国际化，这是因为，财务会计信息是会计人员依照法定的会计准则或会计制度运作的结果，蕴藏着各种财务关系，最重要也最复杂、最难国际化。要实现国际资本的顺畅流动，就必须实现各国会计信息的国际化，而实现各国会计信息的国际化最便捷的方式就是实现各国会计准则或会计制度的国际化。（3）目标不同。国际会计的目标就是向国际企业的主要利益主体提供有关其进行“全球战略管理”所需的有效信息；会计国际化的目标就是要在“于我有利”的前提下实现财务会计信息的“多国共享”，也就是各国要尽可能地使其会计准则或会计制度向国际公认会计标准看齐。

国际会计与会计国际化也有某些联系，这主要表现在：都为特定国家的国际经济合作而展开，国际会计受益于会计国际化。严格地讲，人们对外提供财务会计报告的主要动机主要有二：一是为向现有的出资人解释其受托经管责任的完成情况，以“留住”现有的资本、保住现有的经管权力；二是为“引来”新的资本。在资本运营日益国际化的今天，筹资者的这些愿望能否实现，在很大程度上取决于其提供的财务会计报告能否为现实的和潜在的出资者所理解和接受，而这种理解和接受又在很大程度上受到了编制财务会计报告的依据——相关会计准则的约束，这样，本国的会计国际化程度越高，企业（包括国际企业）财务会计报告为国外使用者所理解和接受的可能性越大，换言之，国际会计受益于会计国际化的程度也越大，这就是为什么在会计国际化水平越高的国家，其国际企业的经营搞得越好，国际会计也越先进的一个重要原因。

总结与结论

国际会计随经济国际化而发展起来，并不谋求替代业务范围仅限于本国的一般会计。与一般会计相比，既有共性，又有自身特点。国际会计应该是关于国际企业特殊问题的会计，由会计国际比较与趋同、国际经营会计共同构成，其中前者是基础，针对国际企业经营管理提出的特殊会计问题揭示了相关国家和地区的重要会计差异，并尽可能地从制度层面缩小差异，实现会计的国际趋同；后者可进一步细分为国际财务会计、国际管理会计和国际税务会计。其中，国际财务会计是难点，也是重点，包括外币交易会计、外币会计报表折算、国际合并财务报告和国际物价变动会计等。

关键概念

财务会计概念框架（financial accounting conceptual framework）
决策有用学派（the decisional usefulness school）
经管责任学派（in charge of the responsibility school）
有效管理信息论（effective management information theory）
国际企业（international enterprises）
国际会计体系（international accounting system）
会计的国际化（internationalization of accounting）

章后练习

一、复习思考题

1. 人们对国际会计的认识经历了哪些变化？
2. 影响国际会计产生和发展的经济背景有哪些？
3. 国际会计目标的框架结构是什么样的？

4.国际会计的对象是什么？有哪些特点？

5.请简要描述国际会计的内容体系。

6.会计国际化和会计国家化的矛盾在哪里？你认为应如何缓解该矛盾？

二、分组讨论题

1.本章介绍了有关国际会计的多种认识，请谈谈：

（1）您对国际会计的认识是怎样的。

（2）国际会计与我国经济发展之间的关系，我国经济发展对国际会计趋同的贡献。

三、进一步阅读

影响国际会计准则的关键因素之一：大国博弈[①]

【摘要】在IASB成立20周年之际，结合笔者十年参与制定IFRS的经验，聚焦于主要国家和地区对IASB和IFRS的影响，归纳、分析得出以下世界五大经济体在国际会计准则制定过程中地位与影响的变化：逐步衰退的美国影响，稳中有升的欧盟影响，至关重要的英国作用，长期稳定的日本影响，稳步增长的中国影响。

【关键词】国际会计准则趋同；IFRS；IASB；大国博弈

1973年，国际会计准则委员会（IASC）成立；2001年，IASC改组为国际会计准则理事会（IASB）。2007年，笔者成为第一位来自中国、第二位来自亚洲的IASB理事，直到2017年。这十年是IASB历史上非常特殊的十年：IASB制定的国际财务报告准则（IFRS）[②]成为全球公认和普遍采用的高质量会计准则[③]；IASB经历了与美国全面展开趋同合作以使美国最终采用IFRS，到美国最终放弃趋同目标的转变；在基本理论上经历了由资产负债表观和现时价值至上，到兼顾资产负债表和利润表观及兼顾多重计量基础的转变。在IASB成立20周年之际，笔者将根据自己十年参与制定IFRS的经验，归纳、分析这套准则在形成过程中受哪些关键因素的影响。本文是系列文章之一，聚焦于主要国家和地区对IASB和IFRS的影响。

（一）逐步衰退的美国影响

1.美国与IASB大家庭的蜜月期

在1973年IASC成立之初，美国对制定IFRS并不那么热心。但到了20世纪90年代，美国开始积极地支持会计准则的国际协调与趋同，并成为2001年IASC改组为IASB的主要推动者。一个重要原因是：20世纪80年代初，全球资本自由流动加速，美国成为全球金融中心，各国公司纷纷去往美国上市，而美国的业界人士和监管机构也无法面对外国公司基于本国准则的财务信息。

---

① 张为国．影响国际会计准则的关键因素之一：大国博弈［J］．财会月刊，2021（2）：3-11.

② IASC从1973年起制定的准则称为国际会计准则（International Accounting Standards，IAS）。IASB从2001年成立后新制定的准则称为国际财务报告准则（International Financial Reporting Standards，IFRS）。在IASB对IAS做出修改，或以新的IFRS替代之前，旧的IAS仍然有效。为简化起见，本文统称IFRS，特别说明除外。

③ 按IASB网站公布的资料，截至2018年，受IASB调查的166个国家和地区中：144个（占87%）要求所有或大部分上市公司按IFRS编制财务报表；12个允许所有或大部分上市公司按IFRS编制财务报表；9个只用本国的准则，但其中大多在向IFRS趋同；1个只要求金融机构按IFRS编制财务报表。

IASB成立后的第一个十年，其工作目标是双重的：一是不断制定、修订IFRS，使之成为被主要利益相关方广泛认可，并被各国普遍采用的全球统一高质量会计准则；二是推动与美国准则的逐步趋同，促使美国最终采用IFRS。这十年，IASB的准则制定工作重点在于与美国准则的趋同。为此，IASB和美国的会计准则制定机构——财务会计准则委员会（FASB）于2002年签订双方准则趋同工作的协议，以协调双方的工作计划，实现IFRS与美国公认会计准则（US GAAP）的趋同[1]。

2006年，IASB和FASB又签订了备忘录，主要基于两个目标：目标之一是在IFRS和US GAAP充分趋同的前提下，美国允许外国公司在美国市场上向美国的投资者提供按IFRS编制的财务报表，且这些公司不再需要提供US GAAP和本国会计准则间差异的调节表；目标之二是长远而言，需制定一套共同的高质量会计准则[2]。这十年中，IASB和FASB几乎每个月都会轮流在IASB或FASB的办公地点召开联席会议。IFRS和US GAAP的趋同过程，可被简单比喻为全球各国（采用IFRS）与美国（采用US GAAP）间的谈判过程。不可否认的是，与世界上其他任何一个国家相比，美国制定会计准则的历史最长，美国的准则体系相对更完备、详尽。总体而言，IFRS向US GAAP趋同更多。同时，由于IFRS要为世界各国所采用，US GAAP中许多行业特征明显的、有明确数量界限的以及明显受美国特定环境影响的具体规则难以吸收到IFRS中。

2. 美国采用IFRS的路线图计划

在IASB和FASB积极推进双方准则趋同工作的同时，美国证监会（SEC）也在考虑是否以及如何要求或允许国内外公司向美国市场的投资者提供以IFRS为基础的财务报表问题。SEC在2007年11月15日做出决定，若外国公司向美国市场的投资者提供基于IFRS的财务报表，就不再需要提供IFRS与US GAAP所导致财务数据差异的调节表[3]。关于美国本国公司向美国市场的投资者提供基于IFRS的财务报表，SEC曾考虑过以下四种方案。

第一种方案，要求美国公司向美国市场的投资者提供按IFRS编制的财务报表。这是SEC最初的想法。与有些国家一步到位的做法不同的是，SEC曾设想从2014年起分3年逐步让美国公司过渡到这一制度。但这一方案很快被SEC放弃。

第二种方案，允许而非强制要求美国公司向美国市场的投资者提供按IFRS编制的财务报表。SEC曾在2008年11月提出允许美国公司从2010年起这样做的设想[4]，但此方案普遍不受欢迎，因为部分美国公司这样做会有损美国资本市场财务信息的可比性。而美国公司也不愿主动这样做，有公司担心SEC以后改变想法，公司因此浪费大量人力和财力，甚至可能得罪SEC和其他不赞成这样做的机构或个人。

第三种方案，将IFRS吸收进美国的财务报告体系。SEC在2008年11月发布了美国证券发行者按IFRS编制财务报表的路线图[4]。这一文件生不逢时。一方面，美国及其他西方主要国家的金融危机愈演愈烈，各方都将精力集中于应对这一危机；另一方面，总统换届导致美国整个行政当局改朝换代，包括SEC主席及其他委员也被替换。在此背景下，美国从上到下对采用IFRS的态度发生了根本性变化。SEC也放弃了“全面采纳”IFRS的目标，代之以“将IFRS纳入美国的财务报告体系”（incorporate IFRS into US financial reporting system）的思想。这一思想更像中国至今采用的保留自身准则结构、体例、表述特色的趋同模式。可惜的是，2012年7月13日SEC颁布了将IFRS纳入美国证券发行者财务报告体系工作计划的最终报告[5]。此文件既标志着美国终止了与IFRS趋同的工作，也标志着美国不再考虑要求本国公司向美国市场的投资者提供基于IFRS的财务报表。此后，FASB与IASB逐步减少联席会议并最终取消了联席会议制度，美国也不再将建立全球统一高质量会计准则作为长期目标，而一再强调以保护本国投资者为首要目标，致力于提高US GAAP和IFRS间的可比性。

第四种方案，允许美国公司提供基于IFRS的补充财务信息。SEC决定终止与IFRS趋同的工作后，时任SEC首席会计师James Schnurr提出了第四个方案，即允许美国公司在提供基于US GAAP的法定财务报表的同时，提供基于IFRS的补充财务信息[6]。但这一建议因普遍不受欢迎而很快销声匿迹。

3.美国最终放弃趋同目标的主要理由

对于美国产官学界为何不再热衷于国际会计准则趋同，也不再考虑采用IFRS，有人试图从竞争理论角度证明，若全球只存在一套准则，可能导致因垄断产生的一系列弊端。2008年爆发金融和经济危机后，美国出台了许多重大改革措施和法规，亟待落实，会计准则国际化工作的重要性明显下降。

4.美国对IASB的贡献与影响逐步减弱

伴随着美国与IFRS渐行渐远的是美国对IASB的贡献与影响的逐步减弱。主要表现包括：

第一，美国在IASB的重要岗位逐渐减少。IASB在2001年成立，IFRS基金会①首任主席是美联储前主席保罗·沃尔克（Paul Volcker）。2006年，被誉为欧元之父的意大利人托马索·帕多阿-斯乔帕（Tommaso Padoa-Schioppa）接任基金会主席之职，但他上任不久即被任命为意大利经济和财政部部长。来自美国的安永会计师事务所全球主席菲利普·拉斯克维（Philip Laskawy）随即代理基金会主席一职，直到2007年年底。此后，不再有美国人出任基金会主席。2001年基金会19位受托人中有5位来自美国，现在基金会22位受托人中只有3位来自美国。2001年新成立的IASB的14位理事中有5位是美国人，而现在IASB的13位理事中只有2位是美国人。类似地，美国在IASB的咨询委员会、解释委员会等机构中的人数也明显减少。

第二，全球与美国谈判演变为美国仅是向IASB提供技术意见者之一。诚如前述，IASB在2001年成立后第一个十年的工作目标之一是推动与美国准则的趋同，促使美国最终采用IFRS。为此，IASB和FASB几乎每月召开联席会议，呈现出全球与美国谈判的格局。美国在2012年完全放弃趋同和采用IFRS的目标后，IASB在2013年成立由12个主要国家和地区会计准则制定机构代表组成的会计准则咨询论坛（ASAF），

① 2001—2009年曾被称为IASC基金会。为简便起见，本文统称IFRS基金会。

其主要职责是为IASB制定准则提供技术咨询意见，美国只是其中一员[1]，已难以起到左右IASB重大技术决策的作用。

第三，美国从IASB的最大捐款户转变为难以保证每年的捐款额。IASB在2001年成立时，来自世界各国的3年至5年捐款承诺中有20%来自美国。2007—2011年，美国一直是IASB最大的捐款户，2011年仍占基金会总捐款额的8%。但2012年美国完全放弃趋同和采用IFRS的目标后，当年美国的捐款额就降为此年第一捐款国日本的一半左右。之后美国一直声称在美国并没有向IASB捐款的制度保障，2019年美国仅捐款40万英镑，名列第13位，只是中国捐款额的16%，在总捐款额中仅占2%。

第四，US GAAP不再成为各国会计准则趋同的基准，也不再被各国在本国市场采用，除个别日本公司外（见下文）。

（二）稳中有升的欧盟影响

自2001年IASB成立起，欧盟始终是影响IASB的重要力量之一。美国在2012年完全放弃趋同和采用IFRS的目标后，欧盟对IASB的影响稳中有升，且一直居于首要影响者的地位。欧盟这一影响和地位的取得归功于如下四大因素：

1.政策保障

欧洲大陆国家属于大陆或成文法系，传统上其会计制度受到税法、公司法等的影响较大，语言文化也存在很大差异。因此，自1973年IASC成立至2001年IASB成立，欧洲大陆国家在会计准则国际协调与趋同的立场上一直严重有别或落后于资本市场导向的英美法系国家。在欧洲大陆国家中，荷兰更偏向英美法系国家。但是，欧盟在2002年做出集体决定，要求欧盟内各国上市公司自2005年开始按IFRS编制合并财务报表。欧盟的这一决定骤然使得作为欧盟成员的数十个国家都成为IFRS的全面采纳者，其中包括G7集团中的四个国家：英国、法国、德国、意大利。欧盟做出这一决定后，澳大利亚、南非和中国香港也做出了上市公司从2005年年报起按IFRS编制合并财务报表的决定。可以毫不夸张地说，若没有欧盟和这三个经济体（澳大利亚、南非和中国香港）的决定，IFRS很难成为全球公认并被广泛采用的唯一高质量会计准则。欧盟的这一决定一直坚持至今，这无疑成为欧盟巩固、提高其在IASB中影响力的政策保障。

2.组织保障

自IASB在2001年成立起，欧盟始终在IASB的治理结构和各种准则制定机制中居于举足轻重的地位，这种地位又因美国对IASB影响力的下降而进一步提高。IASB在2001年成立初期，美国人先后任IFRS基金会主席和代理主席，但自2007年起，基金会主席一直由欧洲人担任，除前面提及的被誉为欧元之父的意大利人托马索·帕多阿-斯乔帕外，还有荷兰财政部原部长吉瑞特·佐姆（Gerrit Zalm）、法国证监会原主席米歇尔·普拉达（Michel Prada），以及芬兰央行原行长埃尔基·李克能（Erkki

① 目前ASAF的其他成员来自中国、日本、韩国、法国、英国、德国、加拿大、美国的会计准则制定机构，另有几个代表来自地区会计准则制定者团体，它们是亚洲-大洋洲会计准则制定机构组（Asian-Oceanian Standard-Setters Group，AOSSG）、欧洲财务报告咨询组（European Financial Reporting Advisory Group，EFRAG）、拉美会计准则制定机构组、泛非会计师联合会。

Liikanen)。自2001年成立起，IASB先后有过两位主席：前十年的主席是英国会计准则委员会原主席戴维·特威迪（David Tweedie）；2011年7月至今，IASB主席一直为荷兰财政部原部长和证监会原主席汉斯·胡格沃斯特（Hans Hoogervorst）。2020年11月12日，IFRS基金会受托人任命现任德国会计准则理事会主席安德烈亚斯·巴尔科（Andreas Barckow）为IASB第三任主席，任期自2021年7月起。2009年1月，作为连接IFRS基金会和各政府机关纽带的监督委员会成立，欧盟代表是最早的五个成员之一[①]。

3.财务保障

按单个国家计，美国2001—2011年一直是IFRS基金会最大的捐款国。但自2011年起，欧盟作为一个区域组织始终是最大的捐款方，在IFRS基金会各年捐款总额中一直达15%～20%。除欧盟作为一个捐款整体外，德国、英国、法国、意大利、荷兰、西班牙等还单独捐款，且一直是捐款大户。2014年起，中国捐款额迅速提升，并逐步成为捐款额名列第一的国家[②]，其中2019年达12%，但欧洲的捐款比例仍最高，其中2019年达41%。

4.技术保障

欧盟成为对IASB影响最大的经济体，也是建立在以EFRAG为中心的强有力的技术保障基础之上的。EFRAG成立于2001年，旨在通过提供有关IFRS技术质量改善的建议，协助欧洲做出认可由IASB发布的IFRS的决定。EFRAG的核心是由11人组成的技术专家组（Technical Expert Group，TEG），这些成员来自整个欧盟，背景各异。他们将30%～50%的时间用于EFRAG的工作，包括每月召开三天的会议，讨论IASB正在制定或修订的IFRS及其解释。EFRAG TEG的工作受EFRAG创始机构代表组成的监事会（Supervisory Board）监督，但EFRAG TEG基于应循程序，以透明的方式独立运作，其决策独立于监事会和其他利益相关者。EFRAG办公室设有秘书处，由秘书长、技术总监、研究总监、项目经理等人员组成。EFRAG积极参与IASB制定准则的过程，它不仅对IASB建议的准则或准则解释等文件提出意见，也参与所有准则及准则解释等的制定过程，还与法国、德国、意大利等一同参与IASB的联络会议。EFRAG TEG召开会议时，IASB也派理事和技术人员参加。EFRAG确实是一个务实高效的机构，它为欧盟维持并提高其在IASB中的地位和影响力提供了强有力的技术保障。EFRAG一直坚持进行高质量的专题研究，至今出版的专题研究报告已有近50份。这些报告为EFRAG向IASB提供技术意见，以及欧盟对制定全球统一高质量会计准则做出贡献奠定了坚实的基础。

应当指出的是，尽管欧盟对IASB的影响一直很大，但欧盟一直积极参加IFRS章程修改、IFRS基金会治理结构改善和IASB应循程序修改等，以进一步扩大其影响。

① 另四个代表来自如下机构：美国证监会、日本金融厅、国际证监会组织（International Organization of Securities Commissions，IOSCO）的技术委员会和新兴市场委员会。

② 中国的捐款额近年来迅速上升，并已成为捐款额名列第一的国家的原因有三：一是由于中国国民生产总值已在世界名列第二；二是由于早年发展中国家的捐款是在按国民生产总值计算的基础上打一定折扣确定，以后这一折扣被取消；三是国民生产总值名列世界第一的美国自2012年起捐款锐减。

欧盟特别强调的一点是：会计准则与公共利益的关系。由欧盟推动的重大改革包括：2009年在IASB原有治理架构基础上增设监督委员会；提高IFRS基金会捐款的透明度；在受托人中成立IASB应循程序监察委员会；规定IASB在制定每个重大准则时要做效果分析（effect analysis）及对各方意见的反馈报告（feedback statement）等。

除上述通过改革IASB的治理结构等来增强欧盟对IASB的影响外，欧盟也力图通过改革EFRAG的治理结构扩大对其的政治影响，从而更有利于通过EFRAG来影响IASB。其中特别值得一提的是梅斯塔特报告及其诱发的改革。考虑到会计政策选择会影响公共利益，如与银行或保险公司审慎监管要求的关系、与有关影子银行监管规则的关系、对长期投资的影响以及对中小企业融资渠道的影响等，2013年3月负责欧盟内部市场和服务的欧盟理事米歇尔·巴尼耶（Michel Barnier）委托时任比利时政府经济部长、财政部部长和副总理、欧洲投资银行行长的菲利普·梅斯塔特（Philippe Maystadt）研究如何强化欧盟对IFRS的贡献以及如何改善EFRAG的治理结构。当年10月，梅斯塔特提交了报告[7]。据此，欧盟对EFRAG的治理结构及影响IASB的程序做了重大改革，主要包括：

第一，将原EFRAG监事会（Supervisory Board）改组为更有代表性的EFRAG理事会（EFRAG Board）。理事会由8个与会计准则利益攸关的专业团体的代表，以及8个国家会计准则制定机构的代表组成。此外，欧盟理事会、欧盟证监局、欧盟银监局、欧洲央行、欧盟保险和职业养老金监管局都是理事会的观察员。这一调整有助于提高EFRAG及其理事会的权威性。

第二，改组以前，EFRAG的技术决策都由EFRAG TEG做出，而在新的治理结构下，决策权上升至EFRAG理事会，也即EFRAG对欧盟采纳IFRS的建议、对IASB文件的意见等都由EFRAG理事会决定并递交，而TEG则负责技术问题的讨论并提出建议，供EFRAG理事会决定。

第三，EFRAG在向欧盟提交采纳IFRS的建议以及对IASB文件提出意见时，除考虑技术因素外，将在更大程度上对公共利益、公共政策等进行战略考量。

（三）至关重要的英国作用

谈到欧盟对IASB的影响，还应单独讨论一下曾为欧盟成员的英国所起的至关重要的作用，以及英国脱欧的影响。

第一，在近五十年的会计准则国际协调和趋同，以及建立全球统一高质量会计准则的过程中，IASC和IASB的办公地点一直在伦敦，英国政府和民间组织都为这两个机构创造了良好的运行条件。

第二，随着国际会计准则的协调和趋同，现在的IFRS已充分吸收了来自世界各国的意见。特别是自20世纪90年代起，IFRS受到US GAAP的严重影响，变得更为全面、具体。但不得不承认，IFRS在基本理念、内容、结构、体例、用词等方面均继承了英国的传统。

第三，英国人始终在IASC和IASB中占据重要位置。曾任英国影响最大的会计师组织英格兰和威尔士会计师公会（Institute of Chartered Accountants in England and Wales，ICAEW）会长的亨利·本森（Henry Benson）被公认为是对创立IASC贡献最大者。任职时间较长且贡献较大的IASC两位秘书长戴维·凯恩斯（David Cairns）、布兰·卡斯伯格（Bryan Carsberg），以及IASB第一个十年的主席特威迪，都是英国人。IFRS基金会受托人、IFRS解释委员会、IFRS咨询委员会、ASAF等机构，报表编制者和使用者的咨询团体，以及IASB为重点准则项目设立的工作组中始终都有英国的代表。尽管IASB现已成为一个国际大家庭，工作人员来自二三十个国家，但IASB的高级技术人员和行政人员大多数是英国人。

第四，与IFRS密切相关的英国企业或专业团体都积极参与制定和修订IFRS的工作。这些团队不仅包括会计界的，也包括报表使用者、公司治理等各方面的。以会计界为例，ICAEW、苏格兰特许会计师公会等都曾出版大量有关IFRS的研究报告，多次举办有关IFRS的研讨会，召开与IASB成员的对话会等，以在保持与IASB间充分沟通的基础上，使IASB所制定或修订的IFRS既能反映英国各方的诉求，又能被各方接受并有效使用。

第五，IASC和IASB办公地点一直在伦敦，因此国际大型会计师事务所大多在其伦敦办公室设立了IFRS技术总部，以集中全球各地的问题和意见，形成所内执行IFRS的统一规范，并成为与IASB沟通的中枢。

第六，英国会计准则制定机构在推动会计准则国际协调和趋同以及建立全球统一高质量会计准则中发挥了重要作用。特别是特威迪在1990—2000年任英国会计准则委员会（Accounting Standards Board，ASB）主席期间，对推动IASC在1990—1994年完成提高IAS可比性项目、1995年完成制定核心准则项目，以及推动IASC改组为IASB发挥了关键的作用。正因如此，他成为IASB第一个任期为十年的主席。2004年澳大利亚原证监会首席会计师英·麦肯托什（Ian Mackintosh）开始任ASB主席，直至2011年被任命为IASB副主席。此间他还担任论坛性的各国准则制定机构组织（National Standards Setters，NSS）的主席。非常可惜的是，Ian就任IASB副主席不久，ASB在2012年7月被并入英国财务报告理事会（Financial Reporting Council，FRC）。由于该理事会还负责审计准则、保险精算准则、公司治理准则的制定以及会计师行业的监管工作，因此会计准则制定工作的重要性被削弱，原ASB集中的、精干的会计准则专家队伍也逐步消失。

由于接连爆发严重的虚假财务信息披露和审计失败案件，英国连续发布了几个改革FRC、强化审计监管的专题报告。其中，英国政府商业、能源和工业战略国务部长邀请约翰·金门所作的研究报告[8]，建议以有更强监管责权的“审计、报告和公司治理监管局”（Auditing、Reporting and Governance Authority）来取代FRC。FRC已开始向强化监管的方向发展。在这种背景下，会计准则制定工作是否会被进一步淡化尚难估计。

还需强调的是，作为欧盟成员国时，英国在推动欧盟要求其成员国的上市公司从2005年起按IFRS编制合并财务报表，在推动EFRAG积极参与IASB制定IFRS的工作，以及在推动欧盟认可IFRS的工作中都起到了非常关键的作用。通常情况下，EFRAG其他成员对IASB及IFRS有较大意见时，英国基本上会站在IASB一边，或努力调和欧盟与IASB的矛盾。2020年年初，英国正式脱欧，英国与IASB间、EFRAG

与IASB间、英国与EFRAG间的关系将如何发展都是未知数。如英国会否重新强化自身的会计准则制定力量；英国及EFRAG和IASB的分歧会否增加；FRC已开始组建认可IFRS的委员会，以后英国准则制定机构及EFRAG在是否支持认可IASB制定的准则方面会否协调一致。一种较大的可能是英国的IFRS利益相关者仍会直接积极参与IFRS的制定工作，对建立和执行好IFRS继续发挥重要作用，而英国准则制定机构的直接作用将相对有限。

（四）长期稳定的日本影响

第二次世界大战后，尤其是20世纪60年代日本经济开始振兴后，日本一直在各种国际组织中投入大量资源，努力在其中发挥重要作用，对会计准则的国际协调与趋同工作也一样。主要表现如下：

1. 在IASC和IASB组织中占据重要位置

自IASC在1973年成立至IASB在2001年成立，日本始终都在这两个组织及其各类机构中占据重要位置。2000年5月，首届IFRS基金会开始组建，其成员中除美国有五个代表外，唯有日本有两个代表，其他国家或地区都只有一个代表。日本席位的这一安排一直维持至今。基金会成立后，日本代表还多次担任其副主席。IASB、IFRS解释委员会和IFRS咨询委员会中也一直有日本的代表。其中早期IFRS解释委员会还有两位日本代表，IFRS咨询委员会也有多名日本代表。日本代表也曾任IFRS咨询委员会的副主席。以后，IASB为重大准则项目而成立工作组，或成立报表编制者组织、使用者组织等专业性的组织等时，也同样都有日本的代表。日本金融厅、美国证监会和欧盟还在IFRS的发展中获得了一个特殊待遇，即几乎在所有IASB临时或常设机构中都是官方观察员。2009年IASB原有治理结构之上的监督委员会成立，日本金融厅也是最初参加的五个机构之一，日本金融厅的代表河野正道（Masamichi Kono）担任该委员会的主席多年。

2. 始终如一慷慨资助IFRS基金会

日本地位的取得相当程度与其保持对IFRS基金会高比例的稳定捐款相关。自IASB在2001年成立起，日本的捐款一直占总捐款额的10%左右。按单个国家计，日本在绝大多数年份捐款一直名列第二；美国减少捐款后，日本的捐款数额曾名列第一，最近几年被中国超越。

3. 积极参与IASB的各种会议

与其他非英语国家的代表一样，日本代表在IASB各种机构中发言的频率、质量和效果当然不能与以英语为母语的国家或地区的代表相比。但总体而言，日本代表发言仍是比较积极的，质量也较高。日本会计准则委员会（Accounting Standards Board of Japan，ASBJ）对IASB的重要项目，尤其是与日本密切相关的项目，总会作精心准备，充分发表意见。如新金融工具准则有关股权投资“公允价值变动进其他综合收益”类的规定，主要是考虑到日本方面的强烈要求。又如，日本会计准则仍采用商誉摊销加减值的模式，因此，日方仍一直在努力推动IASB恢复商誉摊销。当然，日方也有些反映强烈的建议没被采纳。如日方曾强烈建议在概念框架的要素章明确损益与其他综合收益的关系，也曾强烈要求将概念框架的计量章写得更具体明确，以约束

IASB今后制定IFRS的行为。但这些要求都没被采纳。

4.努力促使日本准则与IFRS间的趋同

欧盟成员国等决定从2005年起按IFRS编制合并财务报表后，IASB开始将工作重心之一转向推动中国、美国和日本采用IFRS。日本所执行的是两条腿走路的基本政策：一是努力实现日本会计准则与IFRS间的趋同；二是允许日本公司在本国市场提供基于IFRS的财务信息（这一政策中国和美国至今没有采用）。由ASBJ和IASB合作开展的趋同工作是从2005年初开始的。2005年1月21日ASBJ和IASB发布新闻稿，宣布消除日本准则和IFRS间差异的工作正式开始[9]。工作分阶段进行，第一阶段限于2004年3月31日双方认可的准则，但不包括IASB与FASB合作项目中的准则、由于各自的概念框架或基本理念不同而存在差异的准则、当前在日本不适用的准则。此后，ASBJ和IASB每半年开一次协调会，以推进趋同工作。ASBJ和IASB颁布新的准则趋同协议[10]，商定双方将努力在2008年内消除2005年7月欧盟在评估日本准则是否与IFRS等效时认定的差异，其余的差异将努力在2011年6月30日前消除。协议不包括当时IASB正在制定的重大准则，但双方承诺在制定这些准则过程中加强合作。ASBJ和IASB半年一度的趋同会议制度一直持续到2013年。

5.全面采纳IFRS的路线图计划

与中国、美国、印度等大国一样，日本在如何采用IFRS的基本方针上比较谨慎。2002年欧盟决定要求其成员国的上市公司自2005年起按IFRS编制合并财务报表；2005年中国决定走与IFRS实质趋同的道路；2007年美国宣布，若外国公司向美国市场的投资者提供基于IFRS编制的财务信息，就不再需要披露准则差异调节表，此时日本仍处在首相不断更换的政治不稳定时期，也没决定如何采用IFRS的政策。

2008年美国SEC就采用IFRS的路线图公开征求意见后，日本金融厅下的企业会计审议会在2009年颁布日本采用IFRS的路线图计划[11]。据此，日本从2010年起允许部分公司自愿按IFRS编制合并财务报表，在2012年做出有关在日本采用IFRS的最终决定。若做出全面采纳IFRS的决定，则从2016年起所有本国公司在日本市场上都必须按IFRS编制合并财务报表，也不再允许在日本市场提供以US GAAP①为基础的财务报表。但在美国考虑放弃路线图计划后，日本也在2011年6月宣布放弃全面采纳IFRS的计划。

6.走出在本国市场采用IFRS的独特道路

在放弃路线图计划后，日本一方面坚持开展与IFRS的短期趋同项目，以为欧盟持续评估与日本准则的等效性奠定基础，另一方面，从2010年起允许日本公司在本国市场提供以IFRS为基础的合并财务报表。这项政策取得了明显的正面效果。根据东京证券交易所的资料：按IFRS编制合并 财务报表的日本上市公司已由2010年12月的3家上升到2020年6月的225家；此类公司占该交易所股票总市值的比例也由2010年12月的0.5%上升到2020年6月的41.8%，相反，按US GAAP编制合并财务报

① 日本有些特大型公司既在日本资本市场也在美国资本市场上市，且在两个市场都向投资者提供按US GAAP编制的财务报表。

表的公司由2010年12月的33家减少到2020年6月的10家；此类公司占该交易所股票总市值的比例也由2010年12月的23.1%下降到2020年6月的4.5%。根据该交易所披露的资料，前述2020年6月采用IFRS的225家公司包括198家已采用了IFRS的公司，16家已决定采用IFRS的公司，以及11家计划采用IFRS的公司，按IFRS和US GAAP编制合并财务报表的公司数仅占日本上市公司总数的6.4%，但这些公司的市值却占日本上市公司总市值的46.3%，说明采用这两套准则的都是规模较大的公司，而采用日本准则的都是规模较小的公司。

7.努力推动亚太地区会计准则国际协调与趋同工作

IASB在2001年成立后初始几年，除澳大利亚和新西兰外，日本在推动亚太地区会计准则国际协调与趋同中发挥了重要作用，主要包括：与IASB理事、高级技术人员一起去中国、韩国等地宣传IASB及IFRS，帮助这些国家确定采用IFRS的政策；经常承办IASB在亚太地区召开的会计准则圆桌会；与中国、澳大利亚、韩国等一起在2009年发起成立了AOSSG，以协调本区域对IASB技术工作的意见，推动本区域各国采用IFRS，推动一致执行IFRS的政策，提高本区域财务报告的质量；资助在东京建立IFRS基金会亚洲-大洋洲区域办公室，以成为基金会和IASB在本区域的联系点、研究中心以及本区域利益相关者深度合作的平台。

上述IFRS基金会亚洲-大洋洲区域办公室，是AOSSG于2011年11月在澳大利亚墨尔本召开第三次年会时由来自日本的IFRS基金会受托人提议建立的。尽管成立10年来该办公室已做出了一些有益的工作，但有关此办公室的定位和具体工作一直有争议，包括与AOSSG的功能是否有重叠，本区域各国经此办公室与IASB联系是否会使效率下降。日方曾希望此办公室成为AOSSG的固定办公点，但此建议没被AOSSG成员、IFRS基金会及IASB成员接受，因为AOSSG是本区域各国或地区准则制定机构自发成立的组织，而本办公室是IFRS基金会的区域办公室，合二为一显然存在利益冲突。

（五）稳步增长的中国影响

2005年中国确立制定与IFRS实质趋同的会计准则的方针。2006年2月，财政部颁布了整套新的与IFRS实质趋同的企业会计准则，并要求从2007年起在所有上市公司和部分大型企业中采用。伴随着中国会计准则与IFRS的持续趋同，中国在IASB中的影响也在稳步提升。中国的努力主要体现在如下几方面：

1.巩固和提升在IASB各级组织和准则制定过程中的参与度与影响力

2005年之前，中国只在IASB的咨询委员会中有一名代表。2005年，财政部原部长、时任中国注册会计师协会（中注协）会长的刘仲黎成为来自中国的第一位IFRS基金会的受托人。以后任此职的中方代表包括财政部原副部长和中注协原会长李勇、财政部原副部长（中金公司董事长）金立群、财政部原副部长（现中国会计学会会长）朱光耀。2015年，财政部副部长余蔚平成为IFRS基金会监管委员会成员。目前担任IFRS基金会受托人一职的是财政部副部长程丽华。

2007—2017年，笔者成为第一位来自中国、第二位来自亚洲的IASB理事。其后，任IASB理事的是来自财政部会计司的陆建桥博士。2010年，时任中海油财务总监的李飞龙成为第一位来自中国的IFRS解释委员会成员，新华人寿副总裁兼财务总监杨征现为第二个来自中国的该委员会成员。中国在1997年加入IASC后，财政部会计司司长冯淑萍，财政部副部长王军，财政部会计司司长刘玉廷、杨敏和高一斌先后担任IFRS咨询委员会委员。2012年起，该委员会增加了一个来自中国会计学术界的代表，先后担任此职的是厦门国家会计学院院长黄世忠、上海财经大学副校长陈信元和厦门大学会计系教授刘峰。

中国于2013年成为ASAF的创始成员，先后作为中方代表的是来自财政部会计司的刘光忠、陆建桥和陈瑜。中国专业人士还参加了各种IASB项目工作组，其中中国工商银行的谷澍和中国银行的于肖为参加了金融工具减值准则工作组；太平洋人寿保险公司的王莺参加了保险合同准则工作组；财政部会计司的常琦和天职会计师事务所的阎磊参加了中小企业IFRS应用组；财政部会计司的冷冰参加了企业会计准则通用分类标准工作组；中石油的张少峰参加了全球编制者论坛；瑞信中国的唐臻怡参加了资本市场咨询委员会。此外，还有不少中国专业人才参加过其他咨询小组，这里不一一赘述。

在越来越多来自中国的代表参加IASB各机构活动的同时，中国对IFRS基金会的财务支持也在增加。笔者成为IASB理事的2007年，中国捐款仅9万英镑，占基金会所获总捐款的1%；之后，中国捐款逐步增加，最近几年几乎每年都名列第一。中国对IFRS基金会的捐款与中国对一些大的国际组织的捐款相比金额较小，但对逐步提升并巩固中国对IASB的影响力起到了坚实的作用。

在以上条件下，IASB在过去十多年通过修订IFRS等满足了中方的诉求，解决了来自中国的一系列问题，这也体现了财政部在2005年确定的“互动”的原则。

2.推动多边会计准则交流和合作

在推动会计准则国际协调和趋同的过程中，中国倡导并积极参与了许多多边交流合作。其中主要有如下三个机制：

（1）中日韩三国会计准则制定机构会议（三国会议）。这是中日韩三国为顺应会计准则国际协调和趋同的新形势而于2002年初建立的促进区域交流与合作的机制。会议由三国轮流承办，每年召开1次，会期1天，与会成员包括来自中国内地、日本、韩国、中国香港、中国澳门的会计准则制定机构代表，以及IASB代表。会议主要交流各个国家和地区采用IFRS的最新进展和面临的问题，协调会计准则国际趋同的立场。这一机制建立之初，采用IFRS的国家和地区寥寥无几，除日本外，中国和韩国还很少参加IASB的活动。这一机制对中国在2005年确立实行与IFRS实质趋同的方针，对IASC基金会在2005年任命了第一个来自中国的受托人，在2006年任命了第一个来自中国的IASB理事等起了很大的促进作用。之后中日韩三国都确定了各自采用IFRS的方针，也成为IASB各种组织的成员，加之AOSSG在2009年成立，这一机制的作用已不那么明显，但三国仍决定保留这一机制，以保持一条沟通的渠道。

（2）AOSSG。2008年10月三个与IASB相关的会议在北京召开，分别是IASC基金会召开的受托人会议、IASB举办的IFRS论坛及中日韩三国会议。此间，主要是在中方的积极推动下，三国代表和亚洲-大洋洲其他国家和地区的代表，以及来自IASB

的代表沟通，建议成立亚洲-大洋洲地区交流合作机制。之后，三国会计准则制定机构正式联合去信澳大利亚、印度、马来西亚、新加坡、新西兰、中国香港和中国澳门的会计准则制定机构，建议成立AOSSG。在得到各方积极响应后，2009年4月，来自这些机构的代表会聚于北京，召开成立AOSSG的预备会议（印度代表报了名，但最终没参加）。2009年11月，第一次AOSSG会议在马来西亚首都吉隆坡召开。现AOSSG已有成员27个，这一机制的创始国则一直是该组织主席咨询委员会的成员。2013年，IASB成立了由主要国家和地区会计准则制定机构代表参加的ASAF。AOSSG主席或副主席国的代表也轮流参加ASAF会议。

（3）新兴市场经济体工作组（Emerging Economies Group，EEG）。2011年，在中国的积极倡导下，IFRS基金会受托人决定成立EEG，以提升新兴经济体在IFRS形成过程中的参与度。EEG聚焦于新兴经济体执行IFRS中面临的问题。目前，参加EEG的国家共有12个，其中11个是参加G20峰会的新兴经济国家，唯一例外的是马来西亚。EEG主席一直是IASB理事或高级技术总监，但副主席一直是中国财政部会计司司长。自成立起，EEG的秘书处一直设在中国，足见中国对这一机制的贡献之大。

3.确保中国会计准则与国际会计准则持续趋同

2010年，财政部发布了《中国会计准则与IFRS之间持续趋同的路线图》[12]。据此，财政部通过修订现有准则、制定新准则、颁布应用指南与解释等，努力确保中国准则与IFRS一致。2006年我国颁布的企业会计准则比完整的IFRS要简单，主要基于两方面原因：一方面是因为时间紧，另一方面是因为我国当时的经济业务比发达国家简单得多。然而，从2014年开始，在根据新的或修订的IFRS制定或修订中国会计准则时，财政部一直在努力使中国会计准则尽可能接近完整的IFRS。可能是担心IFRS中的披露要求与中国证监会的规定重复或相抵触，2006年版的中国会计准则有关披露的规定非常有限，而自2014年起新颁布的中国会计准则，几乎吸收了新的IFRS中的所有披露要求。

4.寻求等效地位

2007年中国内地和中国香港签署了联合声明，宣布两地已实现会计准则等效[13]。联合声明的附录包括双方如何使两套准则保持等效的程序。经过双方共同努力，自2010年起香港联合交易所允许在中国香港上市的中国内地公司向投资者提供基于中国会计准则的财务信息。2019年披露年报时，119家AH公司中有44家选择在中国香港资本市场发布基于中国会计准则的财务报表。两地财务报告互认的前提是会计准则等效，这对推动中国会计准则与IFRS的持续趋同起到了非常积极的作用。2012年4月11日，欧盟也宣布了中国会计准则与欧盟市场上市公司使用的IFRS在合并财务报表层面的等效性[14]。

5.施加严厉的监管

为保障趋同准则的有效实施，确保投资者从上市公司获得高质量的财务信息，财政部、中国证监会、沪深证券交易所、中注协以及其他监管机构都努力对会计准则的执行施加严厉的监管，具体包括：每年都在年度报告和半年度报告公布前对企业和审计师等提出严格的要求；在这些报告公布后，全面深入分析执行会计准则的情况，然后根据相关法律或法规对不符合准则者实施制裁。严格执法有助于各方正确理解和执行与IFRS实质趋同的中国会计准则。这反过来又可推动我国各方更积极地参与IFRS的制定，为建立全球统一高质量会计准则作出更大贡献。

本文重点研究了世界主要国家在制定IFRS过程中的地位与影响，但IFRS的形成过程不纯粹是大国博弈的过程。事实上，各国在努力推动国际会计准则协调与趋同，制定IFRS这一全球统一高质量的会计准则的过程中，最先面对的是围绕会计基本理论展开的争论，系列文章之二将对此进行分析、讨论。

【主要参考文献】

[1] FASB and IASB. Memorandum of Understanding: The Norwalk Agreement, 2002-09-18.

[2] FASB and IASB. A Roadmap for Convergence between IFRSs and US GAAP-2006-2008, Memorandum of Understanding between FASB and IASB, 2006-02-27.

[3] SEC. SEC Takes Action to Improve Consistency of Disclosure to U. S. Investors in Foreign Companies, 2007-11-15.

[4] SEC. Roadmap for The Potential Use of Financial Statements Prepared in Accordance with International Financial Reporting Standards by U.S. Issuers, 2008-11-14.

[5] SEC. Work Plan for the Consideration of Incorporating International Financial Reporting Standards into the Financial Reporting System for U.S. Issuers Final Staff Report, 2012-07-13.

[6] Schnurr James. Remarks before the 2014 AICPA National Conference on Current SEC and PCAOB Developments, 2014-12-08.

[7] Maystadt, Philippe. Should IFRS Standards be More "European"? Mission to Reinforce the EU's Contribution to the Development of International Accounting Standards, 2013.

[8] Kingman, John. Independent Review of the Financial Reporting Council, 2019 (12).

[9] ASBJ and IASB. Agreement on the Joint Project to Reduce Differences between Japanese Accounting Standards and IFRS, 2005-01-21.

[10] ASBJ and IASB. The ASBJ and the IASB Announce Tokyo Agreement on Achieving Convergence of Accounting Standards, 2007-08-08.

[11] Business Accounting Council. Opinion on the Application of IFRS in Japan, 2009-06-30.

[12] 财政部. 中国会计准则与 IFRS 之间持续趋同的路线图，2010.

[13] 中国会计准则委员会和香港会计师公会. 中国会计准则委员会和香港会计师公会关于内地企业会计准则和香港财务报告准则等效的联合声明，2007.

[14] European Commission. Commission Implementing Decision of 11 April 2012 Amending Decision 2008/961/EC on the Use by Third Countries' Issuers of Securities of Certain Third Country's National Accounting Standards and International Financial

Reporting Standards to Prepare Their Consolidated Financial Statements，2012-04-11.

进一步阅读二：张为国．影响国际会计准则的关键因素之二：理论之争（上）[J]．财会月刊，2021（4）：3～12.

进一步阅读三：张为国．影响国际会计准则的关键因素之二：理论之争（中）[J]．财会月刊，2021（6）：3～11.

进一步阅读四：张为国．影响国际会计准则的关键因素之二：理论之争（下）[J]．财会月刊，2021（8）：3～11.

进一步阅读五：张为国．影响国际会计准则的关键因素之三：业绩报告（上）[J]．财会月刊，2021（10）：3～11.

进一步阅读六：张为国．影响国际会计准则的关键因素之三：业绩报告（下）[J]．财会月刊，2021（12）：3～11.

进一步阅读七：张为国．影响国际会计准则的关键因素之四：理事倾向（上）[J]．财会月刊，2021（14）：3～15.

进一步阅读八：张为国．影响国际会计准则的关键因素之四：理事倾向（中）[J]．财会月刊，2021（16）：3～13.

进一步阅读九：张为国．影响国际会计准则的关键因素之四：理事倾向（下）[J]．财会月刊，2021（21）：3～14.

思政园地

第2章

国际比较会计

国际会计学
International Accounting

目标引领

思政引领

通过学习本章，分析比较各主要国家与地区会计模式的特征与差异，了解我国会计制度的历史沿革和改革创新所取得的巨大成就。

知识引领

通过学习本章，读者应了解会计模式的含义、影响会计模式的重要因素、会计模式的类别；熟悉各主要国家与地区会计模式的基本特征；掌握与我国有重要经贸往来、重大投融资项目和活动的国家与地区的会计模式的特点、影响因素及与我国会计模式、国际准则的重要差异。

教学重点与难点

会计模式的含义与影响因素，特别是与我国有重要经贸往来、重大投融资项目和活动的国家与地区的会计模式的特点、影响因素及与我国会计模式、国际准则的重要差异。

2.1　研究国际比较会计的基本方法

国际比较会计，又称会计的国际比较，是为加强国际企业的会计管理和各国经济的国际合作，以各国会计管理体制、会计准则或会计制度、会计信息的披露等为研究对象，以比较法为研究方法，旨在得出各国会计理论与实务的主要特征及其形成原因的会计学领域。它有自己特有的研究方法和价值。

研究国际比较会计的方法，总体来说，就是比较法，也就是将两个或多个国家（或地区）的会计理论与会计实务进行对比，以寻求其重要差异及其形成原因的方法，可细分为简单描述法与类别比较法两类。

2.1.1　简单描述法

简单描述法，就是将各国的会计管理体制、重要的会计确认与计量原则和方法、会计信息的披露制度等内容进行汇集的方法。这种方法的优点是，有利于直截了当地掌握各国的重要会计规范，具有明显的实用性。但是这种方法并不把其收集的对象与某国的相关情况进行对比，也不总结各国的重要会计差异与各国会计的基本特征，因而不便于发现各国重要会计差异的形成原因与内在规律。

2.1.2　类别比较法

类别比较法，是研究国际比较会计的常用方法，既便于展示、总结各会计模式的特点，又可以揭示各会计模式与其他会计模式之间的重要差异及其形成原因，是一种科学的比较法，一般应包括如下步骤：

第一步，收集并选出比较样本。在选择样本时，应遵循重要性原则。这里的重要性有两层含义：一是重要的国家或地区，即与我国有重要经贸往来和投融资活动的国家或地区，包括发达的和正在迅速发展的发展中国家或地区。这是因为，国际比较会计是一门实用性很强的工具，我们研究国际比较会计，就是为我国的国际经济建设服务，不可能也不必要对世界各国的会计都进行比较，而应该从本国的利益出发，研究那些有重要影响的国家或地区的重要会计特征。二是重要的会计理论与实务，如前所述，我们研究国际比较会计是为国际企业管理服务的，因此，比较有关国家或地区的重要会计理论，特别是其用来规范会计实务的标准——会计准则或会计制度（以下简称会计规范），是国际比较会计的根本任务，深入、系统地比较各国或各地区的会计管理体制、会计确认和计量规范、信息披露制度和监管制度等，乃是国际比较会计的重中之重。

第二步，按既定的分类标准对样本进行分类。主要分类标准包括：企业的经营环境、国家的经济共性、经济体制的相似性、会计保护谁的利益、等级体系、文化的相似性等。若依据的分类标准不同，即使对同一样本，也可以归入不同的类别，每一类都被称为一种会计模式。

第三步，总结各类别间会计模式的差异及其形成原因。为此，应选择一种用于比较的参照物，以便进行科学的对比，还应从经济、政治、法律与文化等多方面研究形成这些差异的主要原因。一般来说，能够充当参照物的可能有本国的会计模式、国际会计准则模式和美国会计模式等。以本国会计模式为参照物，具有很强的实用性，容易发现本国会计模式与他国会计模式的差异及其原因；以国际会计准则模式为参照物，容易找到各研究对象与国际流行趋势的差异；以美国会计模式为参照物，将有利于找到各研究对象与美国会计模式的差异。

2.1.3 国际比较会计的意义

■ 1）有利于国际企业加强会计管理

任何国家或地区都不会轻易放弃对本国会计，特别是财务会计规范的制定权和管理权。换言之，任何企业都必须遵循东道国的会计规范，因此，国际企业就必然面临如下两个难题：一是国外子公司所在国的会计准则或会计制度与本国会计准则或会计制度究竟存在哪些重要差异，这些差异对国际经营和财务会计报告究竟有何影响，以及如何发生影响等；二是如何有效报告国内母公司与国外子公司的经营成果、财务状况及其变动情况。可见，国际比较会计既是国际会计的必要组成部分，又是国际会计实务工作不可或缺的一环。

■ 2）有利于提高我国的会计管理水平

用会计规范加强企业会计管理是每个国家或地区的重要经济管理工作，而制定这些会计规范需要依据一定的社会经济环境，需要花费相当长的时间和相当多的人力、物力和财力，也需要经历较长时间的会计实践的检验。然而，比较有关国家的会计模式的过程，本身就是全方位认识和借鉴各国在会计管理方面的经验和教训的过程。通过会计的国际比较，可以较容易地获取他国管理某一会计事项的规范及其成败之处，这样，既可以节约我们进行会计管理的成本，也可以提高我们进行会计管理的质量，同时，也便于我们的会计管理进入世界大家庭。

■　3）有利于提高我国的会计理论研究水平

会计管理的形式、内容与作用机制等，都有不同社会、不同国家、不同时期的差异性，也有理论与方法上的某些普遍性与继承性。如果将世界各国的会计纳入研究的范围，就更有利于深刻地揭示矛盾、探索规律与发展会计理论。资本主义国家的许多会计理论与经验，是它们从长期的市场经济建设中总结出来的，对我们正在建设的有中国特色的市场经济，无疑是有重要的借鉴意义的。我们不仅应借鉴发达资本主义国家会计理论研究的成果，以便我们“登高望远”，而且应借鉴其科学研究方法等。在研究会计的国际比较的过程中，会发现国与国之间的一些会计差异，并会追究形成这些差异的原因，从而在这些研究中得到一些难得的建设我国会计的思想和方法，这些启迪或许是让我们将会计理论研究做得逻辑严密、密切联系实际的某种源泉。比如，通过对美国会计准则的研究，我们也走上了“目标导向”的会计准则研究的大道；又比如，通过对发达国家会计理论研究方法的比较，我们发现，实证研究法是不可或缺的会计理论研究方法，并逐渐将这种方法应用于我国的会计理论研究，这对于完善我国的会计规范体系和资本市场监管制度等，具有不可替代的作用。

2.2　会计模式及其分类

2.2.1　模式与会计模式的含义

模式（model），首先最广泛地运用于物理学，是人们对所研究的物理现象或过程的定量或结构的描述。后来，模式被广泛用于社会学研究之中，其含义也随之扩大到包括社会现象在内的所有事物或过程，指的是某种事物或过程的标准形式或已确定的形式。其中，标准形式，应能较典型地表现该事物或过程的内在特征。人们必须通过仔细观察、深入研究，才能发现事物的基本特征，并用若干要素加以定性描述或定量表现。这些要素必须能组合起来，相互联系地成为一个有机整体。

将这些基本认识运用到会计领域，会计模式是对一定国家或地区的标准化会计实践活动的综合描述。其构成要素主要包括：该国家或地区的会计管理体制、会计规范的制定与实施、会计信息披露制度、会计监督体制等。这些要素都被会计的目标所左右，因而，描述某国的会计模式就不能忽视对该国会计目标的研究。从表面上看，会计模式是对确定的会计实务的描述，但实际上，无一例外地都描述了特定的会计思想与理论。会计模式具有如下特征：

■　1）主观见于客观的特性

会计模式是对一定国家或地区在一定社会经济环境下人们具有目的性的会计实践活动的描述，具有客观性。但另一方面，会计实践活动丰富多彩，会计模式不可能包罗万象，只有进行一定的抽象，才能概括出一定会计模式的特征，又具有主观性。当然，这种主观判断与综合概括不能脱离实际。

■　2）综合性

会计模式是对能表现各国会计特点的诸多要素的整合。会计模式的诸多组成要素不是相互割裂的，而是相互依存的，在这些要素中会计目标居主导地位。

■ 3）发展性

组成会计模式的各要素会随着社会的发展而变化，因此，任何会计模式都不是一成不变的，只不过有的变化巨大，有的变化甚微而已。此外，各国会计模式还常常相互影响。

2.2.2 影响会计模式形成的主要因素

特定的会计模式总是一定的社会经济环境的产物，也服务于这种社会经济环境。一般而言，社会经济环境的构成要素很多，并且相互关联地成为一个整体，共同影响会计模式，其中主要的影响因素包括：经济、政治、法律与社会文化等。

■ 1）经济

经济要素又由若干分要素组成，如经济体制、经济发达程度、企业的资本结构与对外开放的程度，都以某种方式影响着构成会计模式关键要素的会计目标、会计管理体制、会计规范和会计监督体系等某一或某几个要素。

会计目标是会计模式的核心要素，各会计模式下会计目标的具体差别主要是由特定经济要素的不同引起的。一般而言，经济体制影响着会计目标的立足点；资本市场的发达程度与企业的资本结构决定着会计目标的某些倾向；税收体制在很大程度上决定着企业会计是否为税收服务或以税收为导向。比如，在美国，实行竞争性市场经济，公有化程度低，证券市场发达，企业的权益性资本比重较大，强调财务会计的独立性。相应地，其会计目标主要是为保护权益性资本投资者的利益服务，强调充分披露且不受税法限制，即企业会计不以税收为导向。而在德国，实行社会市场经济，公有化程度低，证券市场相对不发达，企业的债务性资本比重较大，国家对资源配置的作用强，强调计税按会计利润进行。相应地，其会计目标主要是为宏观经济服务，强调保护债权人（特别是银行）的利益，并以税收为导向，重视企业的社会责任。

在会计管理体制方面，若政府对社会经济活动的影响强大、直接，那么该国一般对企业会计的管理实行政府导向，政府对会计的直接管理程度就强；反之则弱，即实行行业自律。比如，美国政府决策的集中程度弱，政府对资源配置的力量弱，所以，美国政府对会计管理较弱，主要由民间会计团体来完成；而德国则通过立法由政府和民间会计团体共同管理全国会计工作；法国和日本的会计管理则更严格地由政府掌握。

在会计规范方面，政府对社会经济活动的影响越大、越直接，则政府在制定会计规范中担任的角色就越重要，有关会计规范也主要存在于相关法律法规中，注册会计师的独立审计欠发达。反之，政府在会计规范制定过程中发挥的作用则越弱，主要由民间力量来制定会计规范，注册会计师独立审计较为发达。比如，美国的会计规范，主要由美国会计程序委员会发布的《会计研究公告》和会计原则委员会发布的《会计原则委员会意见书》，以及财务会计准则委员会发布的《财务会计准则公告》和《财务会计准则解释》构成；德国没有成文的会计准则，其会计准则寓于各相关的法律之中；法国的《会计总方案》由政府的职能部门——财政经济事务部制定并颁布；日本的会计准则由日本财务省下属的企业会计评议会以《企业会计原则》的形式发布。

在会计监督体系方面，美国的注册会计师制度非常发达，这是因为美国不主张政府过多干预经济，而且通常政府的干预也仅仅是间接地进行，相对而言，其他国家的政府对经济的干预较多，民间对企业行为的监督相对较少，注册会计师队伍不够强大，有的甚至很少。

■ 2）政治

从词义上说，政治是政府、政党、社会团体和个人在内政与外交方面的活动，这些活动无一例外地为本位利益服务。财务会计作为企业一项以为企业投资人、债权人和政府有关部门提供企业财务状况与盈利能力等经济信息为主要目标而进行的经济管理活动，也必然要为特定的利益主体服务。英国会计学家J.D.卡蒂在《联合王国的准则》一文中明确指出："（会计和审计）准则的制定是一个政治过程，这是就其结果将是不同集团的目标之间和同一集团的不同目标之间的折中而言的。"美国1982年2月11日刊登在《会计时代》上的一篇文章认为"美国会计职业界内部的竞争起了'削弱会计准则基础'的作用"，从另一个侧面反映了会计模式的运行过程实质上就是一个政治过程的事实。由此印证了这样一种常识：没有纯粹的经济，也没有纯粹的政治，政治与经济常相伴而行。因而，在经济对会计模式的影响中，我们不难看到政治对会计模式影响的某种踪迹。但是，并非所有政治环境因素都对会计产生直接影响，有的是潜移默化地影响人们的行为或最终导致国家政权的变革并对会计产生实质性的影响。

具体而言，政治环境对会计模式的主要影响是，企业会计对会计政策的选择余地的大小。一般情况下，在政府对国民经济活动实行全面干预的国家，企业的会计活动受到国家制定的各项有关会计规定的严厉约束，企业对会计程序、方法等的选择余地很小；相反，在政府对国民经济直接干预不多的国家，企业在运用会计实务惯例时有较大的选择余地，有关会计方面的法规也主要不是政府制定的，而是民间会计团体或其他机构组织制定的。

■ 3）法律

当今世界存在两大法律体系，即大陆法系与英美法系。这两大法系存在明显差异，这些差异在某种程度上导致了相关会计模式的重要差异。

大陆法系与英美法系的主要差异表现为：（1）立法者的思维方式和工作方式不同。大陆法系强调法律条文的完整性、系统性和逻辑性，其法规具有成文的特点。英美法系强调对社会经济生活的具体问题的法律规定，习惯沿用前人对法律问题的处理方法和结果，因而，其法律多为先前法官所做的"判例"，具有"继承性"。（2）法律结构不同。大陆法系的法律结构一般包括基本原则和细则，从内容到体系包罗万象，自成一体，形式比较完整，内容比较严谨，条款比较符合原则。英美法系的法律结构是由许多形式不同、来源不一的法律集合而成的，判例法是该法系的显著特点。（3）对社会经济活动的管制程度不同。实施大陆法系的国家政府往往借助于法律手段对经济活动进行全面干预，整个社会的经济活动都处于国家详尽而完备的法律管制之下，企业的自主权受到限制。实施英美法系的国家，法律对企业经济活动的约束比较笼统、灵活，经济活动得以在比较宽松的条件下进行。

美国实施英美法系，在这种法律体系下，其会计模式突出了如下的特征：(1) 法律对会计的影响是间接的、不具体的，但有关法规（无论是证券法还是证券交易法）都没有对会计实务作出明确的规定；(2) 会计实务处理程序和方法往往具有较大的灵活性和选择性，注重会计“惯例”，企业可根据自己的情况选择会计处理程序或方法。

日、法、德等国家实施大陆法系，在这种法律体系下，其会计模式原则上表现出了这样的特征：(1) 会计往往受到政府的严格管制，会计人员所应用的会计规范，一般体现在政府的法律、法规之中；(2) 会计规范以法律形式颁布，具有指令性、强制性和统一性的特点。

■ 4）社会文化

文化是特定国家或地区在社会历史发展过程中形成的各种物质财富和精神财富的总和，一般情况下，特指精神财富，如人们的价值观、人生观等。美国著名社会学者霍夫斯泰德（Hofstede）认为，应从“崇尚集体主义还是个人主义”“权力距离的大小”“对不明朗因素的反映的强弱”“阳刚还是阴柔”等方面来分析各国文化。比如，美国就是一个崇尚个人主义的、权力距离较小的、对不明朗因素反映较弱的、阳刚的社会，在这样的社会里，人们强调自由、有序、平等地生活，美国会计模式强调专业导向、行业自律和充分披露等。再如，我国就是一个讲究集体主义的、权力距离较大的、对不明朗因素的反映较强的社会，由此，在会计规范的制定与实施及管理上，表现为较强的行政管制依赖，在会计确认与计量（如利润及其分配）以及报告上，强调走“中庸之道”。

越来越多的事实表明，经济、政治、法律和文化总是相互影响、融为一体的。任何国家的会计模式都是特定时期该国经济、政治、法律与文化共同作用的综合结果。比如，在20世纪的五六十年代，为维护我国高度集权的中央经济，就必须形成绝对权威的政治、实施绝对统一的计划控制、崇尚“人治”优于“法治”，在会计上就表现为利润核算服从政治需要，只有统一性，没有灵活性。在实施市场经济的20世纪90年代，为最大限度地发挥各方面的积极性，就需要在政治上讲究灵活务实、实施宏观调控、以“法治”替代“人治”，从而在会计行为上表现为准则化与国际化，会计处理方法的可选择性在加强等；但不管怎样变化，中国文化的某些精髓依然在目前中国会计模式中有所表现，如均衡地确认和分配利润、适度地披露会计信息等。

2.2.3 会计模式的类别

会计模式的主要分类标准有：会计保护谁的利益，会计概念的发展模式，各国经济的影响范围，经济体制的相似性，人们的价值趋向的相同性，等级体系等。因而，主要的分类方法有：P.H.阿伦分类法，格哈特·米勒分类法，H.M.A.杰伯特分类法，经济体制分类法，R.Carrol分类法和C.W.诺贝斯分类法等。

■ 1）P.H.阿伦分类法

P.H.阿伦（P.H.Aron）博士根据会计保护谁的利益，将世界各国的会计归为五类。这种分类法的主要优点是突出了每一类会计模式的会计目标，使人们较容易理解此类会计模式与彼类会计模式在会计实务上的重要差别。然而，由于分类标准过于单一，使某些国家的会计模式介于两种或多种会计模式之间，如加拿大、澳大利亚和以色列等国的会计模式处在美国会计模式与英国会计模式之间。

（1）美国会计模式。强调企业会计应主要保护权益性证券投资者的利益，要合乎公认会计原则（GAAP）的要求，充分披露对使用者决策有用的会计信息。菲律宾、日本、以色列等国家的会计模式都具有美国会计模式的主要特征。

（2）英国会计模式。强调企业会计应主要保护旨在获得固定收益的投资人和债权人的利益，应按照“真实与公允”（true and fair）的观点提供会计信息。印度、巴基斯坦、新加坡和南非等国家的会计模式都具有英国会计模式的主要特征。

（3）法国会计模式。强调国家对企业及其会计的管理，企业会计应主要保护国家税收的利益，主要受法国重商主义和《拿破仑法典》的影响。西班牙、意大利、比利时和一些地中海国家，以及从前隶属于这些国家的殖民地国家的会计，都具有法国会计模式的主要特征。

（4）德国会计模式。强调企业会计应主要保护企业的利益，允许企业自由地提出各种“准备金”，并可尽量少地对外提供企业会计信息。荷兰、瑞士、挪威、瑞典、丹麦和芬兰等国家的会计都具有德国会计模式的主要特征。

（5）苏联会计模式。强调企业会计应主要为中央集权经济服务，几乎没有对会计方法的选择权。改革开放之前，中国的会计模式具有苏联会计模式的某些特点。

■　2）格哈特·米勒分类法

1967年，格哈特·米勒（Gerhard Mueller）教授根据企业经营环境的不同，通过对世界范围内会计概念化的发展方式的分析，将各国会计模式分为下述四类。这种分类法的突出贡献在于，强调了各国会计模式是各国政治经济和其他环境的综合产物，不是就会计论会计，而是应用发展的眼光，综合地、全面地分析影响各国会计模式的各种因素。然而，这种分类方法并不直接指出各国标准会计实践的不同，而只是从经济学观点出发，间接地依照在特定的制度发展中的政治、经济等对会计模式影响的重要程度来对会计模式进行分类，没有等级差别，并且各类别之间还有一定的交叉，如美国的公用事业会计使用的就不是独立学科模式而是统一会计模式，德国会计模式兼有宏观经济模式和统一会计模式的特点。

（1）宏观经济模式。如瑞典会计模式等，其依从于这样三个命题：一是企业是国家经济结构的基本单位；二是企业应协调好它的经营活动与作为其环境的国家政策之间的关系，以实现其目标；三是如果企业会计与国家经济政策紧密联系，就可以使公众利益最大化。在这三项命题的指导下，企业会计便是国家宏观经济政策的重要工具，必须为公共利益服务；国家经济政策对企业会计有直接影响，企业应尽量采用与国家经济政策的宗旨相一致的会计处理程序和方法；国家经济政策比较强调社会经济持续均衡地发展、人人对社会负责和总的社会价值等，因而企业会计应对典型商业循环的整个期间的经营收益实施平稳化计量和报告，并且比较注重计量和报告企业对社会的贡献和应负的责任。

(2) 微观经济模式。如荷兰会计模式等，受微观经济学的影响很深，其依从于如下四个命题：一是一个国家的商业活动的中心在个别企业；二是企业的主要方针是保证企业继续存在；三是经济观念的最优化是企业的最佳生存策略；四是会计作为经济学的一个分支，从经济分析中推导出概念和应用方法。这必然要求企业会计实现实体资本保持，即应按真实价值计量和报告资本与收益。

(3) 独立学科模式。如美国会计模式等，依据这样的理念：会计应主要为商业提供有效率和有效果的服务；会计惯例和商业惯例应有相同的基础和发展模式；会计与商业一样，可以在发展中形成自己的概念和方法。在这样的理念下，企业的会计概念、程序与方法，是在企业经营实践中逐步形成的；要求通过建立完善的、独立的会计准则来规范企业会计实务；强调确保企业收益决定的现实性和会计信息披露的充分性、公正性与连续性。

(4) 统一会计模式。如法国会计模式等，通过统一规范企业的会计科目、记账方法、账务处理程序、会计报表的种类与格式及内容等，达到集中统一管理全国的会计活动的目的。该模式有利于中央经济计划工作和规章制度的全面贯彻，也有利于企业间、行业间的业绩评估与财务状况比较。总体上，统一会计模式表现为三种形式：一是行业化统一会计模式，就是在充分考虑某行业的特征与环境的条件下，制定并实施合乎本行业的会计数据收集、处理、储存和传输的会计制度；二是经济政策化统一会计模式，它将在全国范围内实行的统一会计制度寓于有关的法律与行政政策之中，在这一构思中，更多地考虑集中在国家政策的有效性而不是会计的技术性，德国在1937—1945年，为战争之需，使用了这种统一会计模式；三是技术化统一会计模式，是从会计技术的角度，试图统一全国会计科目、会计处理程序、会计方法和会计报告等，如法国的《会计总方案》就是成功的案例。一些实行集权的计划经济的国家，或在某一部门或某一行业，或在全国范围内使用过统一会计模式。

■ 3) H.M.A.杰伯特分类法

H.M.A.杰伯特（H.M.A.Jbarah）根据各个国家和地区在经济上的相似性，通过采用8个变量和统计分析的方法，将世界各个国家和地区会计分为8类。这种分类法的理论依据是：经济是影响各个国家和地区会计的最重要的因素，经济上的相似性意味着会计上的相同性。这些经济因素包括人均国民收入、私人消费占国民生产总值的百分比、资本形成总额占国民生产总值的百分比、净出口额占国民生产总值的百分比、国内生产总值的农业产值、按要素成本表示的实际国内生产总值的增长率、汇率的变化、消费物价指数的变动。

第一类，亚洲的缅甸、塞浦路斯、叙利亚、泰国、中国台湾地区，非洲的埃及、毛里求斯、南非、突尼斯，欧洲的希腊、爱尔兰、葡萄牙、西班牙，美洲的哥斯达黎加、圭亚那、牙买加、尼加拉瓜、巴拿马、秘鲁、特里尼达等20个国家和地区。

第二类，亚洲的斯里兰卡、伊朗、马来西亚、菲律宾、土耳其，非洲的塞拉利昂、科特迪瓦、肯尼亚、摩洛哥、喀麦隆，美洲的玻利维亚、哥伦比亚、多米尼加、厄瓜多尔、萨尔瓦多、危地马拉、洪都拉斯、墨西哥、巴拉圭等。

第三类，亚洲的日本，欧洲的奥地利、比利时、丹麦、芬兰、法国、德国、冰岛、意大利、卢森堡、荷兰、挪威、瑞典、瑞士、英国，大洋洲的澳大利亚、新西兰，美洲的加拿大等。

第四类，亚洲的印度、巴基斯坦，非洲的埃塞俄比亚、加纳、苏丹、坦桑尼亚、尼日利亚等。

第五类，亚洲的新加坡、越南、约旦，非洲的马拉维等。

第六类，美洲的阿根廷、巴西、智利、乌拉圭等。

第七类，亚洲的伊拉克，非洲的赞比亚，美洲的委内瑞拉等。

第八类，亚洲的以色列，欧洲的马耳他，美洲的波多黎各等。

杰伯特分类法的不足之处在于，经济虽然是影响会计模式的重要因素，但不是唯一的因素，因此经济上的相似性，并不意味着会计实务上的相似性，从而不仅不可能完全反映各类会计模式的差异性，而且可能导致存在重大差异的两国或多国会计模式被列入了同一类。如第三类中的日本会计模式就与法国、德国会计模式存在重大差异。此外，研究会计模式的分类的主要目的不在于归类本身，而在于通过归类，找到形成各类别差异的某些重要原因。显然，在这一意义上，这种方法价值不大。

■ 4）经济体制分类法

经济体制分类法，根据各国会计所依据的经济体制的不同，将世界各国会计模式分为五类：政府主导型市场经济会计模式、有计划的资本主义市场经济会计模式、社会市场经济会计模式、竞争性市场经济会计模式、社会主义市场经济会计模式。该分类法的主要优点在于强调了经济体制对会计模式的重要影响，但是，它在某种意义上忽视了其他重要因素对会计模式的影响，从而不能较完整地解释诸如“为什么经济体制相同的各个国家的会计模式还是会有较大的差异”“为什么同一经济体制下的同一国家在不同时期的会计模式会有所不同”等问题。

（1）政府主导型市场经济会计模式。政府主导型市场经济模式的主要特点是“高度组织化和有效的行政介入、官民结合”，反映在会计上，表现为对政府行政管理的某种依赖，如日本会计模式，一方面其会计规范受商法、证券交易法与税法等的共同约束，另一方面又必须服从于由日本企业会计评议会制定的《企业会计原则》的具体规定。

（2）有计划的资本主义市场经济会计模式。有计划的资本主义市场经济模式的基本特征是：在经济成分上，国有与私有并存；在权力配给上，集权与分权各有市场；在资源配置上，实行市场调节与政府计划相结合。这一经济体制要求会计体现国家宏观经济管理要求，如法国编制的《会计总方案》和瑞典制定的《宏观会计制度》等。

（3）社会市场经济会计模式。德国的经济体制是一种典型的社会市场经济模式。它既摒弃了传统的自由竞争与自由贸易，又避免了国家的过分干预，政府对企业行为只实施有限的干预，以实现社会公平。在这种经济体制下，德国在会计上作出了诸多严格规定，有关会计规范散见于公司法、所得税法等法律之中；准许企业自由地计提名目繁多的“准备金”；在年终，会计人员不需作出价值判断，不需评价企业的经济能力，也不必对经营成果进行充分的、真实的、公允的反映，但必须确保账簿记录、年度报表和董事会报告符合有关法律的规定。

（4）竞争性市场经济会计模式。美国的市场经济是一种典型的竞争性市场经济。

其基本特征是：股份经济发达；实现自由企业制度；法律体系完备，常通过法律而不是行政力量来影响企业行为；主张保护竞争，限制垄断等。与此相对应，在美国，企业会计必须满足不同利益主体的要求，特别是企业股东的要求，并强调行业自律、专业导向、充分披露等。

（5）社会主义市场经济会计模式。中国实行社会主义市场经济。在这种经济体制下，企业资本以国有资本为主；实行按劳分配为主体、多种分配方式并存的分配制度，把按劳分配和按生产要素分配结合起来；强调在平等竞争中，发挥国有企业的主导作用等。由此，中国（特别是20世纪90年代以来的中国）的会计，强调国家对企业会计的统一规范；允许企业对会计政策有一定的选择余地；强调会计信息的宏观效能、真实性、合法性和连续性等。

■ 5）R.Carrol分类法

加拿大国际会计学者R.Carrol在其论文《比较会计文化：国际会计研究的基础》中指出，国际会计研究并不需要考察所有的文化，只需要分析那些影响会计惯例的文化，即会计文化。R.Carrol认为，会计文化的决定力量来自政府的现存权威和社会大众的传统精神，并根据人们的价值取向的相同性，即按照政府现存权威所形成的会计文化与社会大众的传统精神所形成的会计文化是否一致，将各国的会计文化分为单向取向型会计文化和逆向取向型会计文化。这一分类法的主要不足也在于它无法使各类别不交叉。

单向取向型会计文化，如美国与受美国影响的国家、英国及英联邦、荷兰等国的会计文化。在这种会计文化背景下，其会计模式的基本特点是：会计规范仅是起指导性的而不是指令性的作用；会计实务规范大多由民间职业机构制定，与国家有关法规的关系松散；税务会计独立于财务会计而存在；采用分权制度管理会计职业等。该背景下的会计模式可进一步分为：（1）美国式会计文化和会计模式，偏重于收益表，注重企业的盈利能力；（2）英国式会计文化和会计模式，以平衡投资人和债权人利益为取向，偏重于资产负债表，强调“真实、公允”；（3）荷兰式会计文化和会计模式，以企业长远发展为取向，强调重置成本会计，严格区分资本与收益，主张按真实价值报告企业的经营情况与财务状况。

逆向取向型会计文化，如法国、德国、日本、意大利、瑞典和中国等国的会计文化。这种文化背景下的会计模式的基本特点表现在：会计规范具有统一性、指令性和强制性，并与国家的其他法规联系紧密；财务会计服从于税务会计的需要；对会计职业采用较为集权的制度进行管理；会计实务创新较慢等。该背景下的会计模式可进一步分为：（1）以税收为取向的法、德、意等国家的会计文化和会计模式；（2）以经济利益平均化为取向的瑞典等斯堪的纳维亚国家的会计文化和会计模式；（3）以计划为考核标准的苏联和改革开放前的中国的会计文化和会计模式；（4）以财政税收为取向的匈牙利、前南斯拉夫和改革开放后的中国等国家的会计文化和会计模式。

■ 6）C.W.诺贝斯分类法

影响会计模式的因素不仅有本国的经济、政治、文化、法律，还包括国际的政治、经济、文化和法律等，因而从任何单一的标准出发对世界范围内的各国会计模式进行分类，必然是不彻底的，各类别之间总有某种程度的交叉。鉴于此，英国的C.W.诺贝斯（C.W.Nobes）教授在1983年提出了等级体系的假设性分类模式。在这一分类方法中，诺贝斯运用生物学中多层次分类法原理，将会计模式按照纲（class）、亚纲（sub-class）、科（family）、种（species）的层次进行划分，并选择了如下9个鉴别因素作为分类依据：公司所发布的账目的使用者类型；法律和准则规定的详细程度；计量中税务规则的重要性；稳健主义；历史成本应用的精确性；在主要和辅助账目中重置成本调整的可能性；合并的实务；大量备抵以及收益均匀化的能力；企业会计规则应用的一致性。他选择了17个西方发达国家作为参照对这种分类法作了说明（如图2-1所示）。

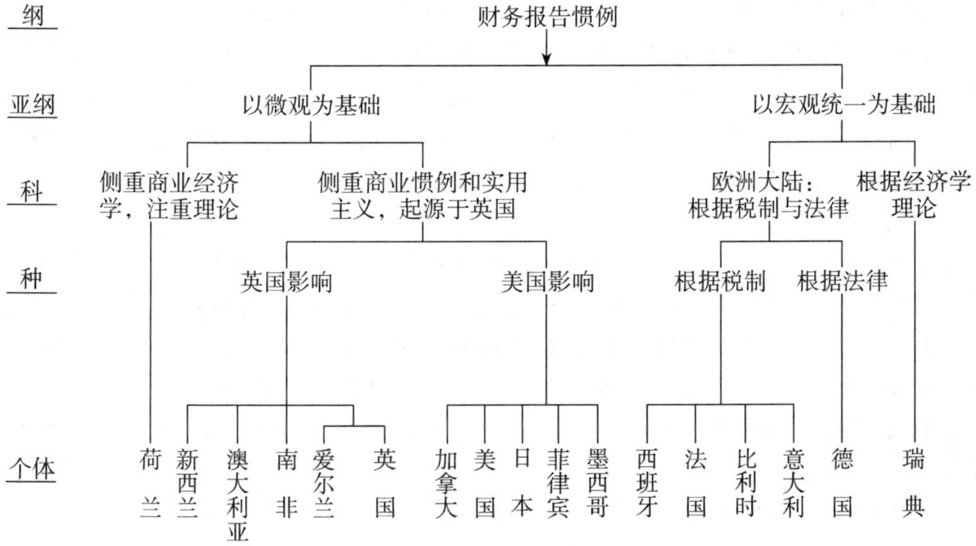

图2-1　诺贝斯关于17国财务报告惯例的多层次分类图（1983年）

2.3　重要国家与地区的会计模式及其特征

如果从国际关系或国家主权的角度看，每一个国家都是重要的。但是，我们这里的“重要国家和地区”，特指我国以及与我国企业有重要经贸往来、重大投融资活动的国家和地区，主要包括中国、美国、英国、德国、法国、日本和欧盟等国家或地区的会计模式。

2.3.1　中国会计模式

中国位于欧亚大陆东部、太平洋西岸，是著名的世界文明古国，拥有五千多年的悠久文化与文明史。自实行经济体制改革和对外开放以来，我国的经济得到了迅速发展，取得了突出的成就，被列为“新兴的工业化国家”。目前，我国已成为国际社会的中流砥柱，为联合国安全理事会常任理事国，也是世界第二大经济体、世界第一大出口国、世界第二大进口国，拥有最多外汇储备，同时也是世界上经济成长最快的国家之一。但是，从总体上来看，中国的生产力水平还比较低，存在地区发展不平衡等问题，仍属于发展中国家。

目前，我国正处在过渡时期，即我国经济仍处于从计划经济向市场经济过渡、从单纯的国有经济向多种所有制实现形式共存转化、从单一的计划分配社会资源向以市场为基础结合宏观调控的方向转化、从单一的按劳分配向以按劳分配为主的多种分配形式转化中。这一时期我国的经济模式具有如下特点：(1) 国家作为政权管理机关仍具有经济职能，国家既要为社会发展制定中长期发展战略，并通过财政政策、金融政策、税收政策，甚至行政手段等办法，来影响国民经济的发展，使其朝着有利于国民经济中长期规划实现的方向发展；(2) 虽然存在多种所有制并存，但总体来说，国有经济仍占主导地位，特别是在基础型、战略型和特殊型的重要部门；(3) 社会经济资源的委托者仍主要是国家和国有商业银行，反"内部人控制"是健全公司治理机制的主要目标之一；(4) 人力资源的数量虽然庞大但质量不高、能源供不应求，遇到了西方发达国家目前在产业升级、降低能耗和提高产品科技含量方面少有的困难，进而使我国会计模式也表现出相应的特征：

■ 1) 宏观经济利益主导

与其他国家一样，我国的市场主体也是多种多样的，如国家投资人、一般股权投资人、债权人、职工与工会、税务与物价管理部门等。在这些利益主体中，总体上说，国家投资人是主要的利益主体，会计作为一种管理活动或管理工具，不可能满足所有利益主体的所有要求，只能满足主要利益主体的要求，与改革开放前的计划经济会计模式相比，目前的企业会计，可在一定范围内选择适合于自身发展的会计政策等。

■ 2) 建立以会计准则为核心的会计核算规范体系，强化会计信息的可比性

随着经济体制改革的进一步深入，企业涉及多个行业，投融资方式、经营品种、所有制结构和治理结构等，都呈现出多样化的特征，"纯"工业企业或"纯"商品流通企业等都不复存在，行业会计制度具有明显的不适应性，在《会计法》《公司法》等法律的指导下，制定以会计业务为单元的会计准则体系，规范会计核算行为，是中国会计管理的理性选择。自1992年财政部颁布《企业会计准则》和《企业财务通则》之后，即着手草拟制定具体会计准则。2000年，财政部在充分征求各方意见的基础上，颁布了新的《企业会计制度》，包括关联方交易及其交易的披露、现金流量表、资产负债表日后事项、收入、投资、建造合同、债务重组、非货币性交易、或有事项、借款费用、租赁、中期报告、会计政策变更等16项具体会计准则，这标志着中国企业会计制度体系在新世纪的新经济时代已站在了更高的发展起点之上。2006年，财政部又正式发布了新的企业会计准则体系，包括基本会计准则、38项具体会计准则（包括首次发布的22项新具体准则和16项原具体准则）和应用指南及后来陆续发布的准则解释公告等，这对于反映企业真实价值，提高企业会计信息质量和透明度，促进资本市场的发展，完善社会主义市场经济体制等都具有显著作用和重要意义。2006年之后，财政部陆续发文对修订或新增会计准则征求意见，进一步规范有关会计处理，以保持我国会计准则与国际会计准则的持续趋

同与等效。截至2021年年底，我国已发布42项具体准则和15项会计准则解释公告。

【资料库2-1】截至2020年年底中国企业会计准则目录，见表2-1。

表2-1 企业会计准则（2020）目录表

基本准则	第1号：存货	第2号：长期股权投资
第3号：投资性房地产	第4号：固定资产	第5号：生物资产
第6号：无形资产	第7号：非货币性资产交换	第8号：资产减值
第9号：职工薪酬	第10号：企业年金基金	第11号：股份支付
第12号：债务重组	第13号：或有事项	第14号：收入
第15号：建造合同	第16号：政府补助	第17号：借款费用
第18号：所得税	第19号：外币折算	第20号：企业合并
第21号：租赁	第22号：金融工具确认和计量	第23号：金融资产转移
第24号：套期会计	第25号：保险合同	第26号：再保险合同
第27号：石油天然气开采	第28号：会计政策、会计估计变更和差错更正	第29号：资产负债表日后事项
第30号：会计报表列报	第31号：现金流量表	第32号：中期财务报告
第33号：合并财务报表	第34号：每股收益	第35号：分部报告
第36号：关联方披露	第37号：金融工具列报	第38号：首次执行企业会计准则
第39号：公允价值计量	第40号：合营安排	第41号：在其他主体中权益的披露
第42号：持有待售的非流动资产、处置组和终止经营		

3）三重会计监管体系

2020年1月13日，习近平总书记在十九届中央纪委四次全会上发表重要讲话指出，“要完善党和国家监督体系”，“要以党内监督为主导，推动人大监督、民主监督、行政监督、司法监督、审计监督、财会监督、统计监督、群众监督、舆论监督有机贯通、相互协调”。2022年4月19日，在中央全面深化改革委员会第二十五次会议上，习近平总书记再次强调，要严肃财经纪律，维护财经秩序，健全财会监督机制。我国目前通过政府审计、企业内部审计和注册会计师审计的综合作用对企业的会计行为进行监督。这是保障国家财经法纪和会计法规贯彻落实的坚强后盾，也是维护利益相关者经济利益的必由之路。值得说明的是，从严格的意义上讲，政府审计并不对全部的国有企业展开，只对使用财政资金的单位进行审计，对有关财政资金的使用的合规性、效益性等发表意见。相对而言，注册会计师审计更具独立性，是现代产权制度必不可少的制度安排，注册会计师受托于委托人开展鉴证工作，主要是一种事后审计，主要就企业经理提供的财务会计报告的合法性、真实性和公允性发表客观、公正的意见，是面向广大股东的，但并不对企业经理的经营过程进行监管。企业的内部审计代表董事会，对经理层履行董事会决议和股东大会决议的情况进行过程监督，是注册会计师审计不可替代的监督机制，同时政府审计还可以依法对注册会计师审计质量进行检查与监督，进而三者形成一个完整的经济监督体系。

■ 4）会计准则制定机构政府化

国际上，会计准则的制定机构还没有统一模式，有的是政府，有的是民间专业机构。我国《会计法》赋予财政部门通用会计准则制定权，这可能主要是基于以下原因的综合考虑：（1）我国经济是一种以国有经济为主导的经济，国家是会计工作的主要服务对象和会计信息的主要使用者，会计政策的选择、会计信息的内涵、披露方式和时间等，都必须是充分考虑国家宏观经济决策需要的综合结果，由政府来制定会计准则是满足这一需要的最直接、最有效的手段；（2）会计准则是有经济后果的，在我国最有能力将会计准则外部不经济降到最低的只有政府；（3）我国的会计管理工作历来就是由政府财政部门负责的，财政部门在管理会计实务方面，有丰富的经验和绝对的权威性。

【延伸思考2-1】

为什么需要将会计准则分为通用会计准则和剩余会计规则（前者主要是指适用于全国各行各业的会计准则，后者是指只适应某个行业或某类企业的会计准则）？为什么在中国将通用会计准则制定权赋予财政部，在美国将其赋予独立的民间机构——财务会计准则委员会（FASB），而两国都将剩余会计规则制定权赋予特定的行业特别是企业？

【资料库2-2】

改革开放以来中国企业会计核算规范的发展简史

自1979年起，中国实行改革开放国策，为适应改革开放的需要，财政部对计划经济体制下的会计核算制度进行了适应性的改革。1983年3月，财政部发布了中外合资经营企业会计制度，此后，为了指导企业会计核算制度进行全面改革，财政部系统研究了市场经济条件下经济社会环境的变化及其对会计行业的影响，提出了会计核算制度改革的目标，即按照发展社会主义市场经济的要求，建立适合国情、与国际会计惯例接轨的会计标准体系，为此，采取了分两步走的战略来实现：

第一步，以1992年“两则”“两制”的颁布和2006年新《企业会计准则》的发布为标志，实现从计划经济会计模式向市场经济会计模式的转变。其中，“两则”“两制”分别是指1992年11月30日财政部发布《企业会计准则》、《企业财务通则》和一系列行业会计制度、行业财务制度。“两则”“两制”的突出贡献在于：打破了过去按照不同所有制、行业、部门制定相应会计核算制度的做法，统一了制定权限和技术标准，为会计信息的统一规范、相互可比奠定了基础；在许多技术环节大胆借鉴国际通行做法，使我国会计向“国际通用的商业语言”迈出了重要一步；在保证会计信息真实、可比的前提下，赋予企业充分的理财自主权，为推进企业改革和现代企业制度建立提供了有力支持。

第二步，从2006年新《企业会计准则》颁布至今，建立适合国情、与国际惯例接轨的企业会计准则体系。该体系是由基本准则、具体准则、应用指南和解释组成的有机整体，其中具体会计准则有38个。自2006年2月15日财政部正式颁布新企业会计准则以来，相关应用指南和解释也陆续发布。从准则类别看，既有普遍适用的一般业务准则，又有兼顾特色的特殊行业或业务准则，还有专门规范财务会计报告问题的报告准则；从准则项目看，从过去偏重工商企业的准则，扩展到横跨金融、保险、农业等众多领域的准则，覆盖了各类企业的多项经济业务。此外，还改变过去会计制度和会计准则并用的“双轨制”模式，实现了依据会计准则规范会计核算的“单轨制”；在财务会计报告目标方面，强化了会计信息决策有用的要求；在确认、计量和会计报表结构方面，确立了资产负债表观的核心地位；在会计信息质量要求方面，强调了会计信息应当兼具历史真实与现实公允；在信息披露方面，突出了充分披露原则，提高企业会计信息质量和透明度，对促进资本市场的发展、完善社会主义市场经济体制等都具有显著作用和重要意义。同时，也标志着我国会计准则与国际会计准则的实质性趋同正式开始，我国于2005年、2007年和2008年相继与国际会计准则理事会、中国香港和欧盟委员会签署了联合声明，确认了中国会计准则的国际趋同或等效，此后，由于金融危机爆发的国际影响，我国响应二十国集团（G20）峰会和金融稳定理事会（FSB）“建立全球统一的高质量会计准则，着力提升会计信息透明度”的倡议，于2010年发布了《中国企业会计准则与国际财务会计报告准则持续趋同路线图》（简称《路线图》），充分体现了中国会计准则与国际财务会计报告准则（IFRS）互动发展的要求，大大提高了中国会计准则的国际地位，加快了我国会计向市场经济模式转轨和国际化的进程。根据《路线图》的要求，我国企业会计准则需要保持与国际财务报告准则的趋同。随着国际财务报告准则不断修订，为了与之持续趋同，财政部及时启动我国相关企业会计准则的修订和制定工作，以及征求财政部会计准则委员会和有关方面的意见等，并于2012年陆续完成相关会计准则讨论稿和征求意见稿的起草，并公开征求意见。2014年1月到3月，财政部修订（或新增）了7项会计准则、1项准则解释，这是继2012年会计准则修订后的又一次大规模修订。这进一步完善了我国企业会计准则体系，有利于提高财务报表列报质量和会计信息透明度，也有利于保持我国企业会计准则与国际财务报告准则的持续趋同。2017年，财政部修订了《金融资产转移》《金融工具列报》《套期会计》等准则，使得我国《企业会计准则》与IASB之间始终保持趋同。以《套期会计》为例，2017年颁布的《套期会计》实现了与IFRS 9号准则《金融工具》之间的趋同。2018年，财务部为了增强财务报表的可比性，使财务报表全面反映因租赁交易取得的权利和承担的义务，修订了《租赁》准则。2019年，本着与新颁布的金融工具准则保持一致，协调准则体系的内在联系的目的，财务部对《债务重组》与《非货币性资产交换》准则进行了修订。同时，为了满足我国保险市场的增长需求，财政部于2020年对《保险合同》准则也进行了相应修改，规范了保险合同的会计处理，以提高会计信息质量。

资料来源：（1）高一斌．社会主义市场经济会计模式的探索之路［J］．会计研究，2008（11）：12-14.

（2）杨敏，等．当前国际会计趋同形势和我国企业会计准则国际趋同的策略选择［J］．会计研究，2011（10）：9-15.

（3）王积慧，等．改革开放40年我国企业会计改革的演变与贡献［J］．财经科学，2019（2）：106-118.

2.3.2 美国会计模式

美国的绝大部分国土位于北美洲中部（除阿拉斯加和夏威夷外），海岸线2.6万千米，曾是英国的殖民地，独立后实行联邦制，经济发达，美国会计对世界各国会计的影响很大。

美国会计深受英国会计的影响，但美国既是一个敢于创新的国度，又是一个十分求实的国度，其会计模式颇有特点，特别是美国的会计准则，它对世界各国的影响很大。

在会计目标方面，美国会计模式主要保护权益性资本投资者的利益。这一方面取决于美国企业的资本结构——权益性资本比重较大，企业的主要资本来源于股票市场，股票市场较为成熟，使得股东成为企业外部利益主体的主力军，在会计信息不能满足所有使用者对会计信息的全部要求的条件下，满足主要使用者——股东的主要需要便成了美国企业会计目标的理性选择；另一方面，美国人敢于冒险，股市是冒险者的“天堂”，随着时代的发展，“冒险”并不等同于“莽撞”，常常需要丰富的、相关的、有助于减少决策的不确定性的会计信息作后盾，这样，美国企业的会计报表就主要以提供权益性投资者所需的会计信息为己任。

在会计管理方面，美国会计强调专业导向、行业自律、较少依赖法律，政府的作用较小。在美国会计管理史上，素来就以民间机构制定的会计原则、会计准则为准绳进行管理。会计原则在美国的发展由来已久，以至于人们把那些在实务中广泛运用的会计原则，称为公认会计原则（GAAP)。

在会计准则制定与颁布方面，美国的民间机构，如会计程序委员会（CAP)、会计原则委员会（APB）与财务会计准则委员会（FASB）做了大量工作，起到了十分重要的作用，或者说，现行实务中执行的会计准则都是它们制定的。虽然美国的证券法与证券交易法赋予了证券交易委员会在制定会计准则方面拥有最高权力，但自证券交易委员会建立以来，并未直接行使过这一权力。事实证明，民间机构制定、颁布会计原则与会计准则都得到过证券交易委员会的权威引导和支持。

美国公认会计原则（GAAP）的制定模式由原则导向模式向规则导向模式发展，再向目标导向模式变迁。最初美国会计准则的制定是原则导向模式，即在制定会计准则时，只规定一些概括性的原则。如某项业务确认和计量的标准是什么，应如何进行报告等，而不全面规定在各种可能的情况下应该怎样进行会计处理。后来，美国会计准则制定机构在工作中受到的社会压力不断增加，为了兼顾各个利益集团的利益，会计准则逐渐走向具体化、复杂化，会计准则制定转向规则导向模式。规则导向模式，是指在制定会计准则时，出台各种解释公告、详细规定各种情况下的具体会计处理。“安然事件”发生后，美国的现行会计准则受到了各种批评。2003年7月25日，美国证监会（SEC）向国会提交了有关的研究报告，提出了目标导向模式。目标导向模式，是指在制定会计准则时，强调某项业务的会计处理所要达到的目标。目标导向模式构建了美国会计准则的3个层次，第一层次为概念框架，第二层次为会计准则，第三层次为指南部分。为此，美国会计准则的制定经历了从原则导向模式到规则导向模式再到目标导向模式的变迁。在会计信息披露方面，美国会计主张主要保护企业股东的利益，强调充分披露。这种充分披露主要表现在财务会计报告的种类齐全、内容详尽。从财务会计报告的种类上说，美国股份公司的财务会计报告包括会计报表和报表注释，其中，会计报表又主要包括资产负债表、收益表、股东权益变动表和现金流量表。

美国资产负债表的格式主要有账户式（水平式）和报告式（垂直式）两种。在资产及负债类别、项目的排列顺序上，也有两种不同的处理方式。一种是对企业的所有资产和负债均按流动性由强到弱依次排列，强者位前，弱者位后，这被称为“流动列前模式”（current first）。与此相反，对一定单位的所有资产和负债均按固定性由强到弱依次排列，强者位前，弱者位后，这称为“固定列前模式”（fixed first）。相比之下，流动列前模式是一种比较传统的方式，应用比较广泛，而固定列前模式主要适用于采矿业、公用事业等固定资产占重要位置的行业。除此之外，也存在其他排列方式。如以经营投资业务为主的投资公司，往往把投资项目列在资产部分的最前面。

美国收益表有多步式（mutiple-step form）和单步式（single-step form）两种格式。这两种格式的主要区别在于前者提供构成净收益的各中间指标，比如商品销售利润、营业利润等，而后者不提供。多步式美国收益表与我国惯用的利润表格式类似，在表内将各种收入和成本费用项目分类排列，分段计算，以反映销售毛利、经营损益等中间指标，再加减非常性损益和所得税后，得出税后净利润或净亏损。单步式美国收益表则简单地把一切收入项目列在一起并求出合计；把一切成本费用和损失项目另外列在一起并求出合计；两个合计的差额，即企业的净收益或净亏损。这种格式不反映毛损益、经营损益等中间计算结果，编制程序比较简单。由于单步式收益表的设计和编制相比多步式更显便利，近年来，单步式收益表常用于比较收益表中。此外，列示每股收益额（EPS）几乎是美国企业收益表上必不可少的项目，其主要原因应在于，美国的股市比较成熟，EPS又是会计信息反映股市的有效性的重要指标。

1987年11月，财务会计准则委员会（FASB）发布了《第95号财务会计准则》（SFAS 95），规定企业应提供按现金为基础编制的资金流转表——现金流量表（statement of cash flows），以取代以运营资本（working capital）为基础编制的资金流转表——财务状况变动表（statement of changes in financial position）。现金流量表的内容和结构，简单说来就是将一定期间内影响企业现金（包括现金等价物）增减变动的各种因素，按营业活动、投资活动和筹资活动分类、分项列示。表中还列有期初和期末的现金余额。据此，可以掌握企业现金流量的全面情况，克服财务状况变动表内存在的缺陷。

美国股东权益变动表（statement of changes in stockholders equity）是反映资产负债表日的股东权益在一定时期内增减变动情况的报表。这种资料对企业管理层以及投资者、债权人等都具有重要的作用，但这种报表的编制却有很大的灵活性。就最完整的格式而言，表中要把股东权益中的普通股资本额、优先股的股本和股本溢价、留存收益额（retained earnings）和库存股份额（treasury stock）等项目以专栏列出，分别反映期初、期末余额以及本期的增减变动的具体情况。在表中，通常还设有一栏总计数字，以反映股东权益总额及其增减变动情况。在实际情况中，这一报表并不是所有企业在任何时候都要按这种完整模式提供，比如，最简单的做法就包括在资产负债表的附注中对股东权益变动的情况加以说明。

在美国，报表注释是会计报表体系中的重要组成部分，一般条目很多，篇幅很大，有的多达10页以上。其内容也很丰富，归纳起来主要包括以下几个部分：(1) 重要的会计政策及其变动的揭示。重要的会计政策及其变动的揭示，包括现行会计报表是何种会计政策结果、目前采用的会计政策和过去采用的会计政策有区别的原因与结果等。此外，有关存货的计价、折旧、无形资产摊销、收入和费用的确认、EPS的计算方法等也是重要的会计政策，要加以揭示。(2) 会计报表有关具体项目的补充说明。这部分内容包括的范围很广，几乎涉及会计报表的每一主要项目的构成、形成等情况的定量解释或定性说明。在补充说明中，不仅应对各该项目有关的情况加以解释，而且在许多情况下，还要列出一系列的明细表格和算式，详细表明数字的含义和产生过程。(3) 会计报表格式内难以反映的内容或业务情况。这部分内容也很广泛，如租赁合同、养老金计划、关联关系及其交易、重置成本资料、坏账重整措施、资产负债表日后事项等。此外，如果在报告期间内，企业在会计原则和方法上发生变化，就需要在报表注释中对变更的情况和产生的影响加以说明，以便报表的使用者能够按照一致性和可比性的原则分析有关资料，得出符合实际的结论。

美国对财务会计报告的充分披露如此重视，一方面是为了更好地维护股权投资者的利益，使广大的股权投资者能借助财务会计报告资料在充分了解企业的有关过去、现在和未来的经营业务、盈利能力、财务状况和风险等情况下，优化投资决策；另一方面也与美国坚持的竞争性的市场经济体制密切相关，正如社会的发展需要竞争一样，真正的竞争需要公平、公正和公开。由独立的注册会计师验证充分披露的财务会计报告，是实现此“三公”的基础性条件。

在会计监督方面，美国的特点在于主要由独立的注册会计师进行监督而不是行政力量，独立的注册会计师依照特定的审计标准和会计准则，对企业会计人员遵守会计准则情况，进行客观公正的监督，并出具规范的审计报告，以维持资本市场的正常秩序。在美国，企业的财务会计报告，必须经独立的注册会计师审计后，在资本市场上，才具有会计信息价值，也就是说，美国会计监督以民间审计著称。在2002年7月末美国《2002年公众公司会计改革和投资者保护法案》(Public Company Accounting Reform and Investor Protection Act of 2002) 批准生效之前，会计职业界的全国统一组织——美国注册会计师协会 (American Institute of Certified Public Accountants, AICPA) 具有高度的权威。美国的注册会计师协会晚于英国的特许会计师公会，1887年才组成美国执业会计师联合会，该联合会于1916年改名为美利坚合众国会计师协会 (IAUSA)，该协会于1917年又改名为美国会计师协会 (AIA)，1957年再改名为美国注册会计师协会 (AICPA)。美国注册会计师协会作为注册会计师的行业自律组织，它发布的审计准则和规章曾有效地对会计职业界发挥了规范和制约作用，其发布的10条公认审计准则 (Generally Accepted Auditing Standards, GAAS) 提供了独立审计的总体框架，规范了诸如审计人员的能力和独立性、外勤工作的执行以及报告审计结果等程序问题。具体的审计公告名为“审计准则公告（Statement of Auditing Standards）”，它与GAAS一起构成美国注册会计师必须遵循的权威指南。它还负责“职业道德守则”的监管工作以及组织注册会计师资格统一考试的工作（常勋、常亮，2012）。

由于安然财务舞弊事件对美国社会产生了极大的震动，2002年7月25日，美国国会通过了《2002年公众公司会计改革和投资者保护法案》（以下简称《法案》），即《2002年萨班斯-奥克斯利法案》（Sarbanes-Oxley Act of 2002）。《法案》规定，建立一个独立于CPA行业的公众监管机构——公众公司会计监督委员会（Public Company Accounting Oversight Board，PCAOB），负责对CPA行业的监督。PCAOB属于非营业法人组织，而非政府机构，但置于SEC的严格监管之下，其主要职责包括：审计准则的制定、会计师事务所的注册、对CPA行业的监督、对审计失败事件的调查和处罚。这意味着把大部分重大权力从AICPA的行业自律权力中剥夺出去，使AICPA只保留行业的职业道德建设（含监管）以及维护CPA的正当权益（包括对CPA审计失败责任的鉴定）的职责。《2002年萨班斯-奥克斯利法案》的发布，体现了美国会计行业自我监管模式的转型，同时也意味着美国独立监管模式的开始，由此进入所谓的“后安然时代”。

然而，即便如此，由于美国法律对注册会计师审计的重视与经济发展的需要，美国注册会计师审计无论在数量上还是技术与方法上，都超越了早期发展的英国特许会计师审计，并在世界具有最高的地位和最广的影响，几经合并与调整，在目前形成了普华永道（PWC）、毕马威（KPMG）、德勤（DTT）和安永（EY）四所举世闻名的国际会计师事务所，被全世界审计师所向往。

【资料库2-3】

美国公认会计原则的发展历程

总体说来，美国会计模式是美国经济、政治和文化发展的综合产物，历经了自由放任和公认会计原则（GAAP）两个发展阶段。其中，公认会计原则具有特定的含义：（1）公认性。应该是一定时期的关于会计确认、计量和报告方面的主流见解的综合。（2）权威性。即在（1）中所指的主流见解，还必须得到“具有相当权威的支持”，主要指的是应得到会计研究公告（ARB）、会计原则委员会意见书（APB Opinions）、财务会计准则公告（SFAS）和财务会计准则解释（Interpretations on Financial Accounting Standard）等文件的支持。

据权威资料显示，会计的过分放任是导致美国1929—1933年经济危机的重要原因之一。有远见的政治家、经济学家和会计学家开始感到建立统一的会计规则、规范会计行为，是十分重要的，这一重任就落在了美国的会计师们身上。1937年，SEC对是否要自行制定统一会计准则问题进行了激烈的争论，最终五位专职委员以3∶2的票数否决了自行制定统一会计准则的建议而把这一权限转交给美国会计师协会（American Institute of Accountants，AIA），并发表了ASR4《会计报表的管理政策》。其后的1938年，标志着美国公认会计原则的开始。纵观美国公认会计原则的发展史，美国公认会计原则历经了如下三个阶段：

第一阶段，会计程序委员会阶段（1938—1958年）。会计程序委员会（Committee on Accounting Procedure，CAP），始建于1938年，隶属于美国注册会计师协会，代表会计职业界根据政府机构的委托和支持从事建立会计准则的工作。会计程序委员会发表的关于会计准则的公告被称为《会计研究公告》（Accounting Research Bulletin，ARB），共51份。会计程序委员会的活动，对建立美国会计准则来说，虽然还不是最早的尝试（最早可追溯到20世纪初），但毕竟是接受政府的委托和支持，有组织地开展这项工作的起点，这些公告对美国会计的规范化发展也起到了一定的作用，然而它在工作中暴露出的一些问题与缺陷，受到了人们的批评与指责。比较突出的问题是：（1）不少公告只列举了当时存在的不同会计惯例，可供选择的范围很广，因而起不到应有的规范指导作用；（2）公告发布的内容次序比较杂乱；（3）各个公告中表明的立场也不完全一致。这些问题的产生，一是与时间仓促和缺乏经验有关，二是与缺少系统的理论指导相关联。除此之外，人们还认为委员们的兼职身份的不独立以及委员们与会计职业界及其服务的客户之间的关系，也在一定程度上影响了他们在制定会计准则过程中的权威性与客观性。到1959年，CAP被会计原则委员会（Accounting Principles Board，APB）所替代。

第二阶段，会计原则委员会阶段（1959—1972年）。APB是AICPA于1959年设立的，由18至21位委员组成，他们主要是来自会计师事务所的代表，少数人员来自工商界、政府部门和会计教育界。会计原则委员会的主要任务是“推动公认会计原则构成内容的书面表达”，工作的重点是制定会计实务处理的指南或公告，存续期内共发表了31份“意见书”和一些会计原则委员会声明（APB's Statement）。与会计程序委员会相比，会计原则委员会发布的公告更具权威性与强制性。尽管APB做了大量工作，但会计职业界和工商界仍对APB提出了诸多批评。如会计原则委员会的委员在制定会计准则时不能真正体现公共利益；APB的意见书中对会计处理方法的选择自由度过大；不能抑制外界利益集团的压力，放弃了一些不该放弃的会计准则；致使APB“意见书”的有关内容前后矛盾。证券交易委员会（SEC）公开指责APB的“意见书”导致误解，这也意味着，APB的历史使命已经完成。AICPA于1972年成立了以前SEC委员弗兰西斯·怀特（Francis M.Wheat）为首的“会计原则制定研究委员会”，对APB的工作程序加以分析。怀特于1972年3月提出了一份题为“财务会计准则的制定”的研究报告，报告建议应重建会计准则的制定机构，财务会计准则委员会（FASB）①在1973年6月30日宣告成立，取代了APB，作为独立的民间机构掌握着制定美国会计准则的大权。

第三阶段，财务会计准则委员会阶段（1973年至今）。财务会计准则委员会不隶属于美国注册会计师协会，也不从属于其他职业团体或公司企业。它的建立及其委员的任命由“财务会计基金会”（Financial Accounting Foundation，FAF）负责。该基金会向财务会计准则委员会提供活动经费，并对委员会的活动进行一般性的监督。财务

① FASB是由SEC授权，财务会计基金会（FAF）出资组成的独立的专业机构，该机构成立最初共由7位专职委员构成。这7位委员，最初至少有4位来自执业会计师或有这方面工作经验的代表，从1980年起修订为只需3位执业会计师代表，以便使该委员会具有广泛的代表性。

会计基金会独立于其他机构，它的理事来自各个赞助单位，主要包括：美国注册会计师协会、美国会计学会、财务分析师协会、财务经理协会（其前身为总会计师协会）、管理会计师协会（全国会计人员协会重组后成立）、证券业协会、政府财务官员协会、州审计师审计官及司库全国协会等。对理事人选的这种安排，是为了能广泛代表各方的利益和观点。财务会计基金会不仅负责任命财务会计准则委员会的成员，而且负责任命财务会计准则咨询委员会的成员。这个咨询委员会的成员为30~40人，他们广泛地代表着财务信息的编送、审计和使用等各方面的专业人员。财务会计咨询委员会要与财务会计准则委员会就重大的方针和技术问题以及工作安排和有关人员配备等事项进行磋商。这种咨询和磋商，除有利于提高工作质量外，也从一个方面为财务会计准则委员会的活动增添了广泛的代表性。财务会计准则委员会在机构设置方面强调独立性和广泛代表性，目的是防止外界某个方面的压力的影响，使制定的会计准则具有“客观性”或“中立性”。

财务会计准则委员会的使命是构建和改进财务会计和报告准则，以便指导和教育公众，包括财务信息的发布者、审计者和使用者。

为实现其使命，财务会计准则委员会致力于：（1）通过集中关注相关性和可靠性这两个首要的特征以及可比性、一贯性的质量特征，增进财务会计报告的有用性；（2）使准则及时反映经营方法的改变和经济环境的变动；（3）认真考虑可以通过准则制定过程加以改进的财务会计报告的任何重大的不足之处；（4）在提高财务会计报告质量的同时，增强会计准则的国际可比性；（5）增进对财务会计报告所含信息的性质和目的的一般了解。

财务会计准则委员会（FASB）发布公认会计原则（GAAP）的正式文告是财务会计概念公告（SFAC）、财务会计准则公告（SFAS）、财务会计准则解释(Interpretations on Financial Accounting Standard)。其中，SFAC包括：第一辑，《企业编制财务会计报告的目的》(1978年11月)；第二辑，《会计信息的质量特征》(1980年12月)；第三辑，《企业会计报表的各种要素》(1980年12月)已被第六辑替代)；第四辑，《非营利机构编制财务会计报告的目的》(1980年12月)；第五辑，《企业会计报表中的确认与计量问题》(1984年12月)；第六辑，《会计报表的各种要素》(1985年12月)(取代第三辑)；第七辑，《在会计计量中使用现金流量信息和现值》(2000年2月)。第八辑，《财务报告的概念框架》(2010年9月)。

美国公认会计原则（GAAP）的发展历史表明，最初美国的会计准则是“原则导向（principle-based）”模式。但是，后来随着社会压力的不断加大，会计准则变得更加细致、具体，并演化为“规则导向（rule-based）”模式。美国GAAP之所以选择“规则导向”模式，主要是由其国内的社会经济环境所决定的——上市公司需要具体的规则，以减少交易设计的不确定性；注册会计师需要具体的规则，以减少与客户的纷争并在诉讼中自我保护；证券监管部门需要具体的规则，以便于其监督实施。“规则导向”的会计准则为美国资本市场的繁荣作出了重要贡献。但事实上，“以规则为基础”的会计准则不管如何详细，也难免百密一疏，不可能穷尽所有当前和未来的会计事务（例如安然公司不恰当地利用特殊目的主体（SPE）进行会计造假）。2001年，美国“安然事件”爆发后不久，人们就开始对美国“以规则为基础”的会计准则制定模式加以批评。2003年7月25日，SEC向国会提交的《SEC研究报告》主张改进美国所采用的以规则为基础的模式。《SEC研究报告》突破了以前“原则导向”和“规则导向”的两分法，创新性地提出了一种称为“目标导向”的准则制定方法。“目标导向”集“原则导向”与“规则导向”二者的优点于一身，而且在“度”的控制上恰到好处。

2008年，美国次贷危机的爆发导致全球陷入金融危机。市场情况的巨大变迁使美国财务报告系统面临许多新的挑战，也暴露了系统内部的一些缺陷和弊端，其中最凸显的问题就是公允价值计量应用的困境。在此背景下，按所谓“公允价值”计量已无法按活跃市价对金融资产和金融负债进行量化表现，所编制的财务报告及其向市场传递的企业财务状况和业绩的信息已经无法满足主体对会计信息的需求，甚至在一定程度上扭曲了会计信息的真实有用性。对此，SEC和FASB积极开展工作，研究解决当前公允价值会计问题的策略并相继出台了一些应对措施，包括明确证券化过程中资产出售的确认标准、全面简化金融工具会计处理方法以及补充非活跃市场情况下公允价值计量的应用指南等。这些改革促使美国公认会计原则更加完善，更具应用价值。同时，在国内外各方压力和主要投资者的需求下，美国不断探索会计准则国际化。同年11月份，SEC发布征求意见稿，拟采用国际财务报告准则路线图，允许部分企业提前采用国际会计报告准则。该意见稿初步体现了美国会计准则呈现向国际会计准则靠拢的趋势。2010年，SEC发布《考虑将国际财务报告准则并入美国财务报告体系工作计划》，成为美国会计准则国际趋同工作的第一套具体工作计划。为了满足主要利益相关者——股东对高质量、高可比性信息的追求，SEC不断推动高质量会计准则的制定。2014年国际会计准则理事会（IASB）联合美国会计准则委员会（FASB）发布了《IFRS15——客户合同收入》和《ASC606——客户合同收入》，在此基础上，2016年又发布了《IFRS16——租赁》。近年来准则的变化促使美国会计准则与国际会计准则趋同，为建立一套全球统一的高质量会计准则目标的实现打下坚实的基础。

2.3.3 英国会计模式

英国全称为大不列颠及北爱尔兰联合王国（The United Kingdom of Great Britain and Northern Ireland），位于西欧，全境由英格兰、苏格兰、威尔士海岛、爱尔兰岛的东北部以及附近的一些小岛所组成，是资本主义经济发展最早的国家。在20世纪之前，英国经济位居世界经济之首，从而会计作为经济管理的重要手段，不仅在英国迅速发展、独具特色，而且伴随着英国经济的海外扩展，也对其他国家的会计产生过重大影响。但到了20世纪以后，由于英国的传统工业受到美国、日本等的严重挑战与竞争，英国在经济及会计上的领先地位逐渐被美国所取代。

英国会计模式最突出的特点是，英国会计强调遵循“真实与公允”的观点，强调保护那些旨在获取固定收益的投资人和债权人的利益，如1985年的《公司法》规定，在发放股利时，公司必须确认现存的一切未实现损失；若在公司出现亏损时，仍发放股利，则董事会必须确保公司的净资产不被高估，对股份公开的公司还必须确保公司的净资产超过缴入股本加上不可分派的准备；对具有有限的有效使用寿命的固定资产，必须在使用期限内计提折旧，有望成为永久性的固定资产贬值的，必须相应地冲减利润，在流动资产的可实现净值低于购买价格或生产成本时，必须按可实现净值反映等。

"真实与公允"的观点早在英国1948年颁布的《公司法》中就已采用并延续至今，1985年修订后的公司法把"真实与公允"观念置于至高无上的地位，英国会计职业界都自觉地把编制财务会计报告是否做到"真实与公允"作为衡量职业水平高低的唯一标准，但迄今为止，并没有关于"真实与公允"观念的权威定义或解释。根据美国会计学者霍尔泽（H.P.Holzer）等的观点，"真实与公允"的观点在英国会计界被理解为：必须揭示所有真实的（truthful）、可信任（honest）的重要信息，而不管其有利或无利，不抱偏见、不故弄玄虚、不隐瞒并把重大事实搁在一边，必要时，还可以要求公司揭示详细的资料。

英国会计模式的第二个基本特点是，英国会计实务完全由法律支配并由职业会计师作出职业判断。这里的法律，主要是指《公司法》，自1948年英国诞生公司法以来，分别于1967年、1976年、1980年、1981年、1985年和1989年进行过几次重大的修订，目前执行的是2006年全面修订的《公司法》。就会计审计而言，《公司法》要求公司向股东提交：（1）资产负债表和收益表及连同规定应列示的报表注释；（2）控股公司的合并资产负债表和合并收益表以及控股公司自身的资产负债表；（3）审计师按"真实与公允"观念审核并出具的审计师报告。此外，公司还应保持账簿资料完整，以便了解和解释交易事项、能随时提供公司的有关财务状况、能编制出符合法律要求的会计报表；公司法对防止在账簿记录中弄虚作假以及对账簿的保管期等事项，也都提出了要求或作出了规定。

英国会计模式的第三个特点是，英国会计的原则主要通过《公司法》加以规定，标准会计惯例则是由"纯"民间的会计职业组织制定和管理的。这些标准会计惯例虽然客观上弥补了公司法对会计的有关规定，但《公司法》等法律本身并无这种规定，政府机构也未明确授予民间机构制定标准会计惯例的权力。这可能与民间会计职业团体强调自我管理意识，希望能为其成员提供指导性观点、建立专业威信等相关，因此，有学者认为，英国会计职业团体开展制定会计准则的活动，更多是从广大会计职业界成员的利益和需要出发，而不是代替某个政府机构行使立法规定的权力。

【资料库2-4】

英国会计准则的发展简史

纵观英国会计准则的发展，大体上可分为如下三个阶段：

第一阶段，会计原则推荐书阶段（1942—1969年）。时至1942年，英格兰和威尔士特许会计师协会（The Institute of Chartered Accountants in England and Wales，ICAEW）才开始颁布《会计原则推荐书》（Recommendation on Accounting Principles，RAP）。它很类似于美国的ARBs（《会计研究公报》），容纳了多样化的会计处理方法，但缺乏理论依据，也没有提供比现有法典更多的知识。最后一份会计原则推荐书发布于1969年。在ICAEW的研究中，充斥着实用主义的思想。

第二阶段，会计标准筹划委员会阶段（1969—1976年）。1969年，对英国会计准则的建立与发展来说是重要的一年。这一年ICAEW发表了对20世纪70年代会计准则发展的声明，并于1970年成立了会计标准筹划委员会（Accounting Standards Steering Commitee，ASSC）这一专门机构，参加该委员会的职业团体包括英格兰和威尔士特许会计师协会、苏格兰特许会计师协会（The Institute of Chartered Accountants in Scotland）与爱尔兰特许会计师协会（The Institute of Chartered Accountants in Ireland）。后来，英国另外三个会计专业团体，即注册会计师协会（The Association of Certified Accountants）、成本与管理会计师协会（The Institute of Cost and Management Accountants）以及特许财政与会计协会（The Chartered Institute of Public Finance and Accountancy）也陆续参加了该委员会的工作。会计标准筹划委员会从1971年起开始颁布用来替代会计原则推荐书的《标准会计惯例公告》（Statement of Standard Accounting Practice，SSAP），SSAP不同于RAP，主要体现于SSAP在应用上的强制性和制定上的规范化两个方面，SSAP对组成会计标准筹划委员会的所有职业团体的成员都具有约束力。

第三阶段，会计准则委员会阶段（1976年至今）。随着1976年2月1日"会计职业团体协商咨询委员会"（The Consultatian Committee of Accountancy Bodies，CCAB）的成立，会计标准筹划委员会改名为"会计标准委员会"（Accounting Standard Committee，ASC），并从1986年1月1日起，作为会计职业团体协商咨询委员会所属的一个委员会开展工作。其后，由于英国贸易和工业部委托迪尔林委员会（Dearing Committee）对由会计职业界制定准则的模式进行考察，委员会建议会计准则的制定应该由独立的民间机构来完成，法律不应直接影响会计准则的制定。依照以上的建议，1990年8月，会计标准委员会（ASC）被以财务会计报告理事会（Financial Reporting Council，FRC）为母体的会计准则委员会（Accounting Standards Board，ASB）所取代。财务会计报告理事会成员来自会计职业团体、证券交易机构、工业组织，其作用是指导ASB的工作，包括对ASB的政策性事务和工作项目提出一般指导和忠告，目的在于确保会计信息的正确性，增强投资者、市场以及上市公司和其他企业组织在财务报告和公司治理方面的信心。同时，ASB还设有专职的主席和技术顾问，包括会计职业界以及其他领域的会计和财务专家，这与美国成立超然独立的财务会计准则委员会有类似之处。实际上，在1990年7月会计标准委员会（ASC）被取代之前，ASC已发布了25个标准会计惯例公告（至今仍有11个继续有效），涉及的范围也与美国的会计准则相类似，会计准则委员会（ASB）发布的会计准则被称为"财务会计报告准则（Financial Reporting Standards，FRS）"包括会计报表的目标（the objective of financial statements）；报告主体（the reporting entity）；财务信息的质量特征（the qualitative characteristics of financial information）；会计报表要素（the elements of financial statements）；会计报表中的确认（recognition in financial statements）；会计报表中的计量（measurement in financial statements）；财务信息的列报（presentation in financial information）；在其他主题中的权益的会计处理（accounting for interest in other entities）。

与美国类似，英国会计准则委员会（ASB）除了制定与发布财务会计报告准则外，还将研究财务会计概念框架作为一项重要任务。早在1975年，会计标准筹划委员会就制定了一份题为《公司报告》（The Corporate Report）的讨论稿，旨在重新构造公司的对外财务会计报告，内容涉及公司报告的目标、报告信息的质量要求、确认标准、计量方法、列报规范等方面。然而，直到1993年ASB才发布关于财务会计报告原则的征求意见稿，并在1999年正式发布《财务会计报告原则公告》（Statement of Principles for Financial Reporting，SP）。《财务会计报告原则公告》实质与美国财务会计准则委员会公布的财务会计概念框架相同，即都是对财务会计和会计准则制定过程中涉及的一些基本概念进行研究，借以更好地指导会计准则的制定或会计实务，为其提供一个更一致的概念基础，并作为评估既有会计准则质量的一个重要标准，指导发展新会计准则。

与美国FASB发布的《财务会计概念公告》对比，英国ASB公布的《财务会计报告原则公告》的主要特点在于（葛家澍，2004；常勋、常亮，2012）：（1）在“引言”部分提到产生于英国的重要会计概念——真实与公允，明确指出公告“以真实与公允观点为其基础”。公告认为，“真实与公允”概念在英国始终处于财务会计报告的核心地位，是高于一切的原则。如果出现公司法的规定与“真实与公允”的要求相矛盾，或者即使遵守法律及会计准则也无法实现“真实与公允”的情况，那么会计师应该运用自己的职业判断，甚至可以违反公司法等法律或会计准则的规定进行报告，以求实现真实与公允。（2）关于“会计报表的目标”，除了向广大的会计报表信息使用者提供判定经济决策的信息外，还明确提出会计报表的目标还有帮助使用者评价企业管理层的经管责任。（3）关于“报告主体”，主要讨论了报告主体的确认和一个报告主体的范围确定两个问题。针对第一个问题，原则公告提出的原则是“如果法律要求的信息会计报表可以提供，而且该主体是一个有凝聚力的经济单位，则该主体必须编制并公布会计报表”。关于第二个问题，原则公告提出的原则是“报告主体的边界决定于报告主体所控制（control）的范围，为此目的，可以考虑的首先是直接控制，其次是直接加间接控制。”这是FASB的概念公告未涉及的内容。（4）对会计报表的质量特征，除了简要提出相关性、可靠性、可比性和可理解性四个信息质量特征外，还明确提出了FASB所一再回避的问题，即会计报表的信息必须遵循相关性和可靠性，若两者互相排斥而需要对产生信息的方法进行选择时，所选择的方法应当是能使信息相关性最大化的方法。值得注意的是，上述提法与ASB在1999年10月通过的《财务会计报告原则公告》（以下简称《10月公告》）有明显的不同。《10月公告》明确指出，若会计报表的可靠性与相关性互相排斥，那么有用的信息应是“那些可靠信息中最相关的项目”（par.3.34）。可见，该公告是把可靠性作为相关性的前提和基础的。然而，从两个月后ASB颁布的这份《财务会计报告原则公告》关于报表信息质量特征的规定来看，ASB修改了这段话的含义，由追求以可靠性为基础的信息改为追求信息相关性的最大化。（5）关于会计报表的要素，分为资产、负债、所有者权益、利得（gains）、损失（losses）、业主投资和派给业主款，共7项报表要素。（6）关于会计报表中的确认、计量和列报，原则公告分别为资产、负债和利得（损失）提出了确认标准，并提出了历史成本和现行价值两种计量基础，同时指出在必要的时候可以采用混合计量制度（mixed measurement system），即对某些类别资产或负债采用历史成本计量而对另一些类别的资产或负债采用现行价值计量；在会计报表中应列报的是现金流量信息（而非营运资本信息）。（7）对比FASB的概念公告，英国的原则公告在结构上还增加了财务信息的列报（presentation of financial information）和对在其他报告主体中的权益的会计处理（accounting for interests in other entities）两个部分的内容。

之后，英国改革财务报告准则体系的设想源于欧盟在2002年第1606号法令中作出的决定。按其要求，欧盟成员国的上市公司应当从2005年开始的会计年度采纳国际会计准则（International Financial Reporting Standards，IFRS）编制合并财务报表。对此，为了适应报告主体编制高质量、可理解财务报表的需要，ASB从2002年开始着手对会计准则进行更新的研究。FRC从2012年7月2日起通过对ASB进行改组直接承担了发布FRS的职责后，开始着手对现行财务报告准则进行根本性改革，并于2012年11月开始先后发布了四项新的财务报告准则，取代了所有的现行准则：

（1）财务报告准则第100号（FRS 100）：财务报告规范的应用（Application of Financial Reporting Requirements），于2012年11月发布。FRS 100规范了FRS的适用范围并明确规定，新的财务报告准则体系从2015年1月1日开始的会计年度生效。2015年9月，FRS 100的修订版已发布，且于2016年1月1日起生效。2020年12月，FRC修订了英国标准，以反映英国退出欧盟后法律的变化，且于2021年1月1日起生效。

FRS 100将报告主体划分为四类：执行欧盟采纳的IFRS编制财务报表的主体、执行FRS 101编制财务报表的主体、执行FRS 102编制财务报表的主体以及执行FRSSE编制财务报表的主体。执行FRSSE编制财务报表的主体或者执行FRS 102编制财务报表的主体，还需要执行相关的推荐实务公告（Statements of Recommended Practices，SORPs），并在财务报表中予以披露。推荐实务公告的相关条款对特定业务的会计处理及其披露作出了相关建议。FRS 100还对FRSSE的相关内容进行了修订，并提供了相当于财务报告准则解释的引用指南。

（2）财务报告准则第101号（FRS 101）：简化披露框架（Reduced Disclosure Framework），于2012年11月发布。该准则为需要编制个别财务报表的子公司和母公司提供了披露豁免条款。按照FRS 101（3）的表述，执行FRS 101编制个别财务报表的企业，除了执行FRS 101的豁免条款以外，还应按照欧盟采纳的IFRS进行确认、计量和披露。2015年9月相关部门对FRS 101进行了修订，此次修订适用于2015年1月1日及以后的期间，但因修订《会计条例》（即利润表和资产负债表的替代格式）而生效的期间除外，这些修订自2016年1月1日起生效，如果实体提前采用新的《会计条例》，则需要提前审议通过。2018年3月发行FRS 101的修订版，3年一次审查的修订适用于从2019年1月1日开始（或之后）的会计期间。

（3）财务报告准则第102号（FRS 102）：应用于英国和爱尔兰共和国的财务报告准则（The Financial Reporting Standard Applicable in The UK and Republic of Ireland），于2013年3月19日发布，2014年8月7日发布了修订版。该准则按主题分类提供了一

套完整的对编报财务报表行为进行规范的准则体系，包括财务报表列报，资产负债表，综合收益表和利润表，权益变动表，利润与保留盈余表，现金流量表，财务报表附注，合并与单独财务报表，会计政策、估计和差错，基本金融工具，其他金融工具发行，存货，在联营企业的投资，在合营企业的投资，投资性房地产，不动产、厂房和设备，除了商誉的无形资产，企业合并与商誉，租赁，准备金与或有事项，负债与权益，收入，政府补助，借款费用，股份支付，资产减值，员工福利，所得税，外币折算，恶性通货膨胀，报告期后事项，关联方披露，专门活动等主题内容。专门活动具体涉及农业、采掘活动、服务特许权安排、金融机构、退休福利计划、财务报表、遗产等内容。FRC宣布将在从2015年开始的3年内，对FRS 102在审核的基础上进行修订，并计划修订后的FRS 102从2018年开始生效。2019年对FRS102展开了一系列修正，涉及“多雇主定义的福利计划”“利率基准改革”“周期修订草案”等。

（4）财务报告准则第103号（FRS 103）：保险合同（Insurance Contracts），于2014年3月发布，并于2015年1月1日起生效。执行FRS 102并具有保险合同业务的企业，应当同时执行FRS 103。FRS 103基于IFRS 4和FRS 27（人寿保险）的条款进行编制，并在实施之日废止FRS 27。2017年12月，由于三年一次的审查，对FRS 103作了细微的修改，2018年3月28日已发行FRS 103的修订版。

（5）财务报告准则第104号（FRS 104）：旨在作为申请FRS 102（或FRS 101减化披露框架）的实体编写中期财务报告的基础。该标准基于IAS 34中期财务报告（临时报告的国际标准），并进行了一定的调整。它取代了会计准则委员会（ASB）2007年发布的半年一次的财务报告。2017年12月，由于2017年对FRS 102进行了三年一次的审查，相关机构对FRS 104进行了修订，修订版于2018年3月28日发布。2020年10月，相关机构又对FRS 104进行了修订，以澄清评估会计的持续关注基础的要求，并要求在根据FRS 104编制中期财务报表时详尽披露相关的重大不确定性。

（6）财务报告准则第105号（FRS 105）：适用于[①]微实体制度的财务报告标准，是符合英国公司法中规定的微实体制度的实体的财务报告标准。它基于FRS 102适用于英国和爱尔兰共和国的财务报告标准，但财务报告委员会已对该标准进行了重大调整，以满足法律要求，并反映了微型实体的简单性质和较小规模，并且于2015年7月16日发布，于2016年1月1日起生效。与FRS 104类似，2017年12月，FRS 105作为对2017年FRS 102三年审查的一部分进行了修订，修订版于2018年3月28日发布。大多数修正案具有统一性，以使FRS 105与FRS 102保持一致：相关机构还对标准进行了其他修正，以使标准与英国和爱尔兰共和国的法律框架一致。

总体来说，目前英国会计准则共由以下四部分构成：

（1）财务报告原则公告。《财务报告原则公告》（Statement of Principles for Financial Reporting）相当于美国的《财务会计概念公告》和IASB的《财务报告概念框架》，属于制定会计准则的概念框架。

① FRS 105适用于满足以下三项要求中至少两项的实体：（1）营业额不超过632 000欧元（如果实体的年份较短或超过日历年，应适当评级）；（2）资产负债表总额（即总资产）不超过316 000欧元；（3）平均员工人数不超过10人。

（2）具体会计准则。英国的具体会计准则由30项财务报告准则（FRS）和尚未被废止的《标准会计实务公告》（SSAP）构成。一直实施到2014年年底的SSAP有8项，包括《政府补助核算》（SSAP 4：Accounting for Government Grants）、《增值税核算》（SSAP 5：Accounting for Value Added Tax）、《投资性房地产核算》（SSAP 19：Accounting for Investment Properties）、《分部报告》（SSAP 25：Segmental Reporting）等。

（3）小型主体财务报告准则。ASB从20世纪90年代中期起就开始了对小型主体财务报告准则（Financial Reporting Standard for Smaller Entities，FRSSE）的研究。ASB于1997年11月正式发布了FRSSE，并在以后对其进行了多次修订。FRSSE对小型报告主体设立了严格的确定标准，并且明确指出FRSSE不适用于以下报告主体：①大中型公司、集团和其他报告主体；②上市公司；③银行、建筑互助协会或保险公司等。

（4）紧急问题工作小组摘要。紧急问题工作小组摘要（UITF abstracts）是由ASB发布的紧急问题工作小组对某些特殊问题形成的一致意见的摘要。制定和发布UITF摘要的主要目的是：当现有的会计准则或有关会计立法对某些重要会计问题的处理存在不尽人意或矛盾之处时，对采用什么样的会计处理方法形成一致意见。ASB前后陆续发布了46项UITF摘要，其中有15项已先后被废止。已发布的UITF摘要只要没有被新的会计准则所取代或被废止，就必须如同遵守SSAP与FRS那样被遵守。

2.3.4 欧盟会计模式

欧盟是欧洲政治与经济一体化的产物，其前身是欧洲经济共同体（以下简称“欧共体”）。1957年，比利时、法国、联邦德国、意大利、卢森堡和荷兰在罗马签订条约，成立了欧共体，以加强成员国之间的经济联系与合作；后来，英国、丹麦、爱尔兰、希腊、西班牙和葡萄牙等国家陆续加入了该组织。1993年11月，随着《马斯特里赫特条约》（或称《欧洲联盟条约》）的生效，欧共体正式更名为“欧洲联盟”（European Union，EU），简称“欧盟”。1999年1月，欧元正式启动，标志着欧盟实现经贸联盟的意愿成为现实。目前，欧盟是当今世界上区域经济合作最为紧密并逐步从经济一体化走向政治一体化的国家间联盟，在会计上，也形成了著名的欧盟会计模式。

1）欧盟对成员国会计的规范方式

虽然，有关成员国是欧盟的一员，但它们仍有各自的主权，欧盟理事会为在各成员国主权不受到侵犯的前提下，加强成员国之间的合作做了大量工作。其中，在会计规范方面，由于各成员国之间的会计规范存在相当大的差异，财务信息的不可比是阻碍欧盟经济一体化的一大障碍，因此必须对欧盟内部各国的会计准则进行协调。对此，欧盟理事会发布理事会指令，随后各成员国政府依照指令的思想修改有关法律和会计规范，规范各自的会计行为，从而达到协调成员国企业会计实务的目的。迄今为止，欧盟共起草了13份指令，正式发布的指令有9份。在这些指令中，都涉及了与会计、审计相关的规定，但与会计协调直接相关的指令主要有3个，即第4号指令、第

7号指令和第8号指令。

第4号指令于1978年7月25日公布，该指令的发布对会计来说最为重要。关于该指令，我们将在下文中详述。

第7号指令于1976年公布，1978年修订，直到1983年6月为欧共体部长理事会采纳，规定必须于1988年1月1日开始在成员国中实施。该指令共有51项条款，主要协调成员国之间在企业集团合并会计报表方面的准则。该指令规定，只要母公司或者子公司是有限责任公司就必须编制合并会计报表，而不论其注册地在何地，合并的前提条件是法律上的控制权。如果母公司具有以下情况之一，就认为其拥有控制权：(1) 掌握多数表决权；(2) 有权指定董事会的多数成员；(3) 有权根据控制协议施加支配性影响；(4) 根据与其他股东签订的协议而控制多数表决权。但是，具有下列情况之一的就无须合并：(1) 企业的业务不重要；(2) 存在严格的长期限制；(3) 合并费用过高或合并将延误报表的编制；(4) 拥有的股份是为了以后出售，控制关系是暂时的。另外，该指令还规定了合并中应抵销的项目以及合并商誉的处理方法。

第8号指令于1978年5月公布，1979年批准，规定1988年1月1日必须开始实施，允许最迟延至1990年实施。该指令旨在协调成员国之间对职业审计师资格的认定，但不涉及审计师在欧盟各成员国间的相互承认和职业界组织的自由建立问题。该指令规定，欧盟成员国可以批准在另一个欧盟成员国取得全部和部分资格的审计师，条件是与其资格要求相当，并足以证明其具有关于当地法律法规的足够知识。每一名审计师必须完成培训计划。按第8号指令的要求，欧盟成员国对审计师的独立性有权自行决定，所以，欧盟成员国之间审计师独立性的要求就有很大不同。

第4号指令、第7号指令和第8号指令是欧盟区域会计协调的主要方式，也是欧盟会计协调的重要成果。这些会计指令能够在法律的框架内得以实施，归根结底是国家间达成政治协议的结果。

【资料库2-5】

欧盟理事会发布的各项指令

第1号指令（1968年3月9日）：要求公司揭示认购和核定的资本总额，并提供资产负债表。

第2号指令（1976年12月31日）：规定了有关的审计规则。

第3号指令（1978年10月9日）：规定了国内公开发行证券的有限公司的合并问题，要求由专家对股权交换比例的估价方法表态，并揭示所遇到的估价困难。

第4号指令（1978年7月25日）：规定了除金融机构以外的所有有限责任公司的年度报表和年度报告以及应遵守的会计原则。

第5号指令（1972年9月29日）：规定了公开发行证券的公司的年度审计、审计人选、报酬与独立性。

第6号指令（1980年3月）：规定了公司上市前应公布的信息的细节、范围及其检查。

第7号指令（1988年1月）：规定了公司编报或不编报合并报表的问题。

第8号指令（1988年1月）：规定了职业审计师的资格认定问题。

第9号指令（公允价值指令）(2001年5月)：规定了金融工具的公允价值计量问题。

■ 2）欧盟第4号指令

欧盟第4号指令适用于除银行、其他金融机构或保险公司以外的所有有限责任公司的年度报表和年度报告，其基本内容包括：

首先，规定了企业应对外提供的会计信息及其载体。企业应以年度报表与年度报告的形式对外提供会计信息。

关于年度报表。年度报表包括资产负债表、收益表和报表注释。

总体说来，“真实与公允”是对年度报表的总要求。具体而言：（1）在年度报表上，必须真实、公允地反映企业的资产、负债和盈亏情况；（2）如果遵守本指令的规定，尚不能做到第一点，则必须提供补充信息，以确保真实和公允；（3）当出现某些例外情况，只有背离本指令的规定才能真实和公允地表现年度报表中按第一点反映的各项信息，那么将允许实行这种背离，但必须要在报表的注释中揭示并解释背离本指令的理由，和背离本指令的会计处理对公司的资产、负债、财务状况及盈亏情况的影响。

资产负债表，是用来综合反映企业的财务状况的。第4号指令第9条和第10条分别规定了资产负债表的两种结构，允许企业从中选择一种。但是，如果公司在编制资产负债表之日，下列三个标准有两个没有达到，那么可以允许其编制简化的资产负债表，即只需要列示到英文大写字母的大类项目和其下的有罗马数字的分类项目为止。编制简化的资产负债表的三个标准是：（1）资产负债表总计1 000 000欧洲货币单位以下；（2）营业净额（销售净额）2000 000欧洲货币单位以下；（3）财务年度平均雇用50人以下。

第一种结构，按方程式“资产=资本+所有者负债”，对资产负债进行分类和排列，排列的总原则基本上贯彻了“固定列前模式”，既可以采用账户式的机构，也可以采用报告式的结构。第4号指令第9条规定的项目大类见表2-2。

表2-2　**第4号指令第9条规定的资产、负债项目**

资　产	负　债
A.未付认购股本	A.资本及准备
B.开办费	I.认购股本
C.固定资产	II.股份溢价
I.无形资产	III.重估价准备
II.有形资产	IV.准备
III.财务资产	1.法定准备
D.流动资产	2.自有及准备
E.预付款和应计收入	3.联合的协议规定的准备
F.财务年度（本年度）亏损	V.前期损益
	VI.财务年度损益
	B.负债与费用备抵
	I.退休金或其他类似债务备抵
	II.税款备抵
	III.其他备抵
	C.债权人
	D.应计费用和递延收益
	E.财务年度利润

第二种结构，着重反映公司的营运资本（流动资产减流动负债后的净额）和扣除流动负债之后的净资产（相当于长期债权人和股东共享的权益），类似于英国流行的“财务状况式”（financial position form）。按第4号指令第10条规定，这一结构的项目，大类如下：应付认购资本；开办费；固定资产；流动资产；预付款和应计收入；债权人；流动资产/流动负债净额（这里的流动资产除D项外，要考虑E项；流动负债除F项外，要考虑K项）；资产总计减流动负债；债务人；负债与费用备抵；应计费用和递延收益；资本及准备等。

第4号指令还对资产负债表的某项项目作了特殊规定。其中比较重要的有：（1）特定的资产应列为固定资产还是流动资产，取决于这些资产的用途，固定资产应包括用来保证企业活动基础的那些资产。（2）固定资产应先列示其购买价格或制造成本，再列示其增减额或转让数，还要列示累计的价值调整。价值调整应作为固定资产相关项目的扣减。价值调整也可在报表的注释中揭示，价值调整要包括所有的调整（价值的减少）。上述规定适用于开办费的表述。（3）负债和费用备抵意在包括有明确定义的债款与亏损，在年末可能发生或一定发生，而其金额或支出的时日无法确定的负债与费用。它属于或有负债和费用。负债和费用备抵，不可用来调整（减少）资产的价值。

关于收益表，第4号指令第23至26条共规定了四种不同的收益表结构，各成员国可以从中选择采用。对于收益表，也有一些特别规定，如对于“营业净额”则解释为：属于公司正常活动的销售和提供服务所得的金额，扣减销货折扣、增值税以及与营业额直接相关的税款之后的营业额；对于“非常收入和非常费用”，则定义为在公司正常活动以外发生的收入与费用，其金额和性质重要，除非与企业财务成果的评估无关，否则还应在报表注释中给予解释。

第4号指令还对资产负债表和收益表的结构、编制提出一些基本要求，主要有：无论编制资产负债表还是收益表，其结构与格式都要保持前后财务年度间的一致性，不得任意变更；资产负债表和收益表的各个项目都必须列示上年度的相应项目的有关数字，即所有的会计报表都必须是比较会计报表；禁止在资产与负债项目之间，或在收入与支出项目之间进行互相抵销，即必须遵守总额主义的原则。

报表注释作为年度报表的重要组成部分，第4号指令第43条对它的规定很有特色。报表注释至少应包括的内容是：（1）年度报表各项目的计价方法、计算价值调整[①]的方法和外币会计报表折算的转换基础；（2）关联企业的信息，本财务年度在法定资本限度内认购的股份数量及其价值，各类股份的数量和面值（名义价值）或设定价值，所有“参股权”证书，可转换债券或其他债券的数量及其权利；（3）公司所欠的、将在五年内到期并偿付的借款数额或代表债务的各种有价证券的性质、形式和数量；（4）有助于评估财务状况的、未列于资产负债表的财务承诺（支付义务）的总额，其中，与退休金、联属企业有关的承诺应单独表述；（5）按活动类型和区域划分

① 价值调整主要包括对固定资产的价值调整和对流动资产的价值调整。前者表现为因折旧、摊销而系统地减少的价值或金融固定资产按低于成本的市价计量而减少的价值；后者是指按成本与市价孰低法计量的结果。

市场而分解的营业净额；(6) 财务年度内雇员的平均人数和按类分解的雇员人数；(7) 本财务年度和以前年度计算的税款与这些应付税款的差异；(8) 背离有关规定的原因与影响；(9) 应付给行政、管理和监督机构的各类津贴、退休金（已发生或承诺支付的）及其合计；(10) 付给行政、管理和监督机构成员的预付款和贷款（说明利率、主要条件、已偿还的金额以及以任何担保形式对上述机构成员的承诺）。

关于年度报告。年度报告（annual report）应至少包括对公司业务发展的现状和未来的公允说明，主要包括：(1) 资产负债表日后事项；(2) 公司将来的可能发展；(3) 在研究新产品、新技术开发领域中所从事的活动；(4) 依照第2号指令所描述的自有股份（own shares）取得方面的信息。实际上，年度报告也属于补充性文件。

其次，规定了会计处理的一般原则和计价原则。

归纳起来，第4号指令规定的会计原则包括一般原则和计价原则。其中，一般原则也可以理解为基本假设，包括：(1) 持续经营（going concern）。必须假设企业在可预计的将来不会改变经营方向，也不会大规模地缩减企业的规模。从而，企业所拥有的资产会按既定目标使用，企业会按已承诺的条件偿还债务。(2) 一致性（consistancy）。要求企业在计量基础上保持前后一致。(3) 以谨慎为基础（on a prudent basis）。所谓以谨慎为基础，要特别注意以下几点：第一，会计报表上的利润必须是资产负债表日（财务年度末的那一天）已实现的利润；第二，无论财务年度是盈利还是亏损，必须考虑所有的折旧；第三，必须考虑所有可以预见的、在有关财务年度或前期发生的负债和可能的亏损。(4) 权责发生制（accrual basis）。必须以“应收应付”为标准来确定收入、费用的归属期，而不管这些收入收讫的日期或费用支出的日期。(5) 按项目分别计价（items must be valued separately）。要将资产和负债及其组成项目分别计价，以确认它们的个别价值。(6) 对应性（correspondency）。每一个财务年度的资产负债表期初的每个项目必须与上一财务年度资产负债表期末对应项目一致。

至于年度报表各项目计价原则，其基础是历史成本原则，但考虑到各成员国的实际情况，并不是只能采用历史成本来计量所有的会计事项，成员国可根据本国的实际情况，进行适当的背离。

若成员国的公司所使用的计量基础必须背离历史成本属性，那么应允许或要求其所有公司按以下方法计价：(1) 对有形资产和存货按重置价值（replacement value）计价；(2) 对有形固定资产和金融固定资产按重估价（revaluation）计价；(3) 可以运用其他属性计价以消除物价变动对会计报表的影响。

如按重置价值估价，其计价结果与按历史成本（即购价或生产成本）计价的结果的差异（重置价值大于历史成本的部分），应通过“重估价准备”（revaluation reserves），列于资产负债表中“负债与准备”项目之下。此项准备：(1) 可随时全部（或部分）资本化；(2) 必须降低到被调整的项目不再需要的程度；(3) 各成员国可制定有关规则以控制它的使用，如向损益结转，只能计入费用项目或已实现价值的增加；(4) 不得进行任何形式的分配，除非其盈利已经实现。

在按历史成本对资产进行计价时，要注意资产的价值调整（value adjustments）。

对经济寿命有限的资产，必须通过折旧、摊销而系统减少其价值；对金融固定资产的价值调整，应按成本与市价孰低法计价；只要固定资产的价值可能会持续降低，就应按这些资产负债表项目的较低市价（对成本）计价；对流动资产价值应按较低的市价来表述，但各成员国可以允许进行特别的价值调整，调整金额应在收益表或报表注释中予以揭示。

虽然法国、德国和英国均是国际会计准则委员会（IASC）的创立成员国，但是，作为欧盟常设机构的欧洲委员会在1990年之前并未参与国际准则的制定，后来才成为国际会计准则理事会（IASB）的观察员。从20世纪60年代开始，欧洲委员会一直采取其自己的地区协调规则，直到1995年11月实施了会计协调的新方法，即“新会计战略（new accounting strategy）”，正式向成员国推荐IAS的合并会计报表。2000年6月，欧洲委员会发布了一份题为《欧盟财务会计报告战略：未来走向》的备忘录，要求欧盟的7 000多家上市公司（包括银行和保险公司）2005年编制合并会计报表时必须采纳国际会计准则。2001年2月13日，欧洲委员会对此发表决议草案（draft regulation），重申了在2005年采纳国际会计准则的决心，不仅鼓励上市公司在2005年之前采纳，并为非上市公司和单个公司报表提供了采纳IAS的选择权，同时对于当前在美国上市并采用美国会计原则的上市公司以及只公开发行债券的公司提供了更长的过渡期限（可以延迟至2007年才采纳国际会计准则）。该草案在2002年6月得到欧盟部长理事会（European Council of Ministers）（为欧盟最高决策行政管理机构）的最终批准。这样，欧洲委员会第1606号规章《关于国际会计准则的运用》（On the Application of International Accounting Standards）被正式列入欧洲的法律中并在各成员国中实施。

为了保证所有的欧盟上市公司从2005年起都按国际会计准则以及未来的国际财务会计报告准则编制合并会计报表，欧盟在采纳国际会计准则的决议出台后，积极采取一系列有效措施，以在2005年之前的时间计划内完成会计协调工作。欧盟采取的会计协调措施具体包括[①]：

第一，修订相关指令。2001年5月，欧洲委员会通过新的公允价值指令（指令2001/65/EG），指令将进一步符合金融市场和国际会计准则的要求，有利于筹集世界资本的欧盟企业满足国际资本市场的会计要求，提高参与国际资本市场的竞争力。这意味着，第4号和第7号指令以及银行指令必须修改，使确定的金融工具以公允价值计量。2002年5月，欧洲委员会提出了对第4号指令、第7号指令等的修订建议，以便彻底更新会计指令的结构。修订建议主要包括：（1）建立一个会计框架，确定哪些是符合现代会计报表编制惯例的，哪些是具有足够灵活性的，以便能够适应国际会计准则的未来发展要求。（2）消除了欧盟指令和国际会计准则之间的所有冲突。（3）进一步明确了对年度报告和状况报告的要求，使得修订指令不仅可以作为欧盟会计规定的基础，也将继续作为那些没有按照国际会计准则编制年度报告以及合并会计报表的企业编制会计报表的基础。（4）包含了欧盟采纳国际会计准则决议中没有涉及的对一

① 周红，王建新，张铁铸. 国际会计准则［M］. 大连：东北财经大学出版社，2008：306-308.

些重要问题的规定。

2003年1月，欧盟议会批准了对这些欧盟会计指令的修订。同年5月，修订后的指令在欧盟部长理事会会议上通过，至此，修订后的指令正式生效。

第二，发布咨询文件，促进信息公开。除了对财务会计报告的内容进行规定，欧洲委员会还考虑了财务会计报告透明度的问题，规定发行有价证券并在有序市场公开交易的公司必须进行信息公开。欧洲委员会发布的第2号咨询文件还特别强调了季度报告中有关权益分配和资本分配信息的公开问题。其中，季度报告是对最近完整决算报告的内容更新，主要报告新出现的活动、事件和情况，而不是重复已经报告过的信息，季度报告在内容上应与相应的IAS 34规定的中期财务会计报告一致。此外，欧洲委员会还要求企业缩短财务信息公布的期限，增加财务信息的公开次数，最迟3个月后，应公开上一年度的经营报告。如果没有公开第四季度报告，财务信息公布的期限则应缩短为2个月。

第三，建议加强报告审计员的独立性。欧洲委员会于2002年6月建议应加强报告审计员的独立性。这是因为，报告审计员所具有的独立性，对于提高审计质量起着关键作用。如果报告审计员从其客户那里收取的不是审计费用，而是咨询费用，就会改变法定的工作性质，造成非独立审计的危险。但是，欧洲委员会提出的这项建议不具有强制性。为了确定在实践中可以在多大程度上实施这些建议，欧洲委员会用了3年的时间来检验。事实证明，非强制性的建议在欧盟成员国受到广泛的欢迎。

第四，正式认可绝大多数国际会计准则。2003年7月，欧盟会计监管委员会正式认可了在欧洲采用绝大多数现行国际会计准则（除IAS 32、IAS 39、SIC 5、SIC 16、SIC 17外）。同年10月，欧盟会计监管委员会又以欧盟官方文件在官方指定刊物上发布了这些被正式认可的国际会计准则。

第五，建立有效的准则执行的监督体制。为保证遵循国际会计准则，最重要的是要有强有力的制度和权威机构来监督执行。但在许多欧盟成员国里，并没有类似于美国证券交易委员会（SEC）和英国财务会计报告审查组（Financial Reporting Review Panel）那样的权威监督机构。因此，必须建立一个有效的执行监督体制来确保各成员国都能够遵守国际会计准则。欧洲委员会已对执行的会计标准进行了重要分类，由欧盟证券监管委员会（Committee of European Securities Regulators，CESR）作为咨询委员会提出执行建议。2002年10月，CESR提交了关于执行国际会计准则的咨询文件。根据CESR的文件，执行涉及上市公司所有公开的信息，包括财务信息，特别是合并会计报表和个别会计报表，中期报告和市场交易情况，也涉及根据国家会计准则制定的财务会计报告。另外，咨询文件还规定了对确定披露了虚假信息的公司可能采取的措施和协调过程。

2005年1月1日，根据欧洲议会所通过的第1606/2002号法令，所有在欧盟境内的上市公司都开始采用IFRS编制合并财务报表。欧盟这一示范性效应对于提高国际会计准则理事会的国际影响力，推动各国采用IASB所制定的国际财务报告准则，有着十分关键的作用。2007年11月15日，SEC表明在SEC注册登记的外国公司，凡遵循完全国际财务会计报告准则（Full-IFRS），就不需要填报调节表，这项规定有助于欧盟公司在美国上市，如德国银行（Deutsche Bank）遵循了完全国际财务会计报告准则要求，就可以在美国上市，这就意味着采用其他国家的会计准则，如“欧式IFRS”或“自行开辟”的做法与“完全IFRS”相偏离的，就仍需按美国会计准则填报调节表，这就是说，欧盟也必须遵循完全国际财务会计报告准则的要求，方可免于填报调节表。

2.3.5 德国会计模式

德国，全称是德意志联邦共和国，位于欧洲大陆中部，是一个联邦制国家，联邦议会是最高立法机构，联邦政府是最高行政机构，联邦法院是最高司法机构，实行社会市场经济制度。德国的《德意志联邦共和国基本法》（简称《基本法》），既强调自由原则，又强调社会原则。自由原则为德国建立市场经济制度提供了法律基础；社会原则为德国政府保证经济的健康发展、社会的公平与安全而干预德国经济提供了依据。此外，德国的证券市场无论是在规模上，还是在对经济的影响上，都远低于美国和英国。德国特殊的社会经济环境，孕育了特有的德国会计模式。

（1）德国会计规范散见于有关法律（如《商法》《股份公司法》《所得税法》等）条文之中。早在19世纪，德国会计规范就以法典化而著称，法律试图规定企业所有的会计处理。这些法律主要包括《商法》、公司法和税法。

《商法》主要适用于所有组织形式的企业。《商法》要求所有企业都必须保持会计记录，按照税法的有关规定编制年度会计报表，其中第三篇纳入了欧盟第4号、第7号和第8号指令中有关会计、审计的内容，详细地规定了簿记、财产清单、会计核算的一般原则、计价规定、会计资料的保管与提交等，并对公司的有关报表的格式、项目、结构、附注等进行了补充规定。可以说，在德国法律体系中纳入欧盟指令的相关内容对德国会计产生的影响是强制性的。《商法》基于欧洲概念和实务，把所有德国现存的会计、财务会计报告、披露和审计要求综合在一个单一法律中，其中关于会计要求的一个特征就是对大、中、小型股份公司的财务会计报告规定了不同的编报和披露要求。例如，不同规模的企业可以采用不同分类级别的报表格式编制资产负债表和收益表，中小型企业不需要编制现金流量表；小型股份公司在报表附注中可以简化披露或不披露相关的会计信息，非股份公司（一般在规模上均属小型）则可以不编制报表附注。这样做的目的是在市场竞争中保护中小型企业的利益。

公司法对德国会计具有主导性影响（王松年，2005）。德国的公司法包括：①《有限责任公司法》，适用于有限责任公司。②《股份公司法》，适用于股份公司和两合公司。《股份公司法》因其适用面更广而更为重要。《股份公司法》颁布于1965年，其中包括许多会计规定，其基本目的在于防止企业虚报净资产和净收益，对股份公司会计具有较大的约束力。《股份公司法》规定了许多会计应遵守的原则和计价规则，规定了股份有限公司的资产负债表和收益表的法定格式，此外，它还详细描述了会计报表的结构与内容等。

德国的税法，尤其是《所得税法》与《所得税指令》对会计实务很有影响，其对德国公司的约束作用，比上述法律来得更为细致、具体。税法规定，应税利润必须与公开的会计报表中所列示的收益相等；公开的会计报表应披露税务上所要求的任何特殊会计处理；强调财务会计对税务会计的决定性原则，同时强调税务会计对财务会计的反作用原则。因而，德国会计模式是税收导向模式。

（2）德国会计强调保护债权人利益，允许企业提取或撤销各种“秘密准备”（又叫准备金），是一种典型的稳健会计模式。

由于德国特别鼓励银行业的发展，企业的债务资本是企业资金来源的最主要部分，从而必然导致企业会计应主要为债权人（特别是银行）的利益服务，在计价方法上表现为大量地运用“高估损失、费用与负债，低估收益与资产”的方法；在计量结果上，可自由地提取各种“准备金”；在会计信息披露上，尽量少地对外供给，这样，通常所说的准备金就变成了“秘密准备”。

在很多情况下，德国的银行既是德国企业的债权人，又是该企业的股东，若从债权人利益出发，就应更多地运用稳健性原则，尽量少地对外披露会计信息，尤其是各种“准备”的详细信息，若从股东股利最大化出发，则应反其道而行之，因此德国企业在选用会计方法时，会面临两难境地。为避免这一情况的发生，《商法》对于资产的计价规定了严格的上限，即用原始采购成本计量外购资产，用原始生产成本计量产成品，无论物价如何变动，都不得增加资产的价值；对生产成本既规定了上限（下限再加上间接材料、人工和管理费用），又规定了下限（包括直接材料、直接人工和直接制造费用）。

德国允许企业提取或注销的准备金是多种多样的，依来源的不同，大体上可分为三类：①资本准备金，是指股东在注册资本之外形成的自有资本的所有其他资本附加，包括股份发行的溢价收入、可转换债券转换成股本时所得的额外收入、发行优先股取得的溢价收入、减少注册资本而增加的数额等。资本准备金会因发放股票股利、业主提款等而减少。②利润准备金，即从本年或以前年度的经营成果中提取的准备金，主要包括依《股份公司法》规定提存的法定准备金、依照契约提取的准备金、公司根据自身的实际情况提取的准备金和其他准备金。该准备金会因原定用途的消失而注销。③费用准备金，是指企业从费用或成本中提取的准备金，主要包括：A.为不确定债务提取的准备金；B.为未决事项的可能损失提取的准备金；C.为企业自愿提供的产品质量担保提取的准备金；D.为职工提取的养老金；E.为日后固定资产维修提取的准备金；F.为下一营业年度发生的清理支出提取的准备金。在上述企业提取的各类费用准备金中，有些是法定的，有些是任意的。如为不确定债务和产品质量担保等提取的准备金，就是《商法》规定的；为未决事项的可能损失、职工退休养老、日后固定资产维修、下一营业年度固定资产清理支出等提取的准备金，就是由企业自由意志决定的，该准备金将随相关支出的发生而减少。

（3）德国会计从总体上说，主要受到“有规则的簿记原则”的约束。德国以前没有像美国、英国那样强大的会计准则制定机构，民事立法机构也不愿履行制定会计准则的法定责任，因此在相当长的时期里德国并没有一个正式的关于会计准则的概念，德国企业常说的基本会计原则指的是由商法、公司法、税法等所认可的“有规则的簿记原则”。德国会计的“有规则的簿记原则”，类似于美国的公认会计原则，是德国企业会计的基础，其内容包括一般确认原则和一般计价原则。一般确认原则包括完整性规定和禁止抵销规定。完整性规定，要求企业全面地、连续地、系统地反映企业的财务状况与经营成果。禁止抵销规定，要求在企业资产负债表与收益表上，应单独列示各该项目，而不应将资产与负债、收入与费用相抵后列示在会计报表上；同时，不准确认那些效益期较长的支出为资产，如禁止确认诸如开办费、股本筹集费等支出为资产。一般计价原则包括一致性原则、持续经营原则、单独计价原则、谨慎原则（含实现原则）、会计分期原则、一贯性原则和历史成本原则等。

（4）德国的会计管理体制较松散，会计职业界的规模和力量弱小，现有会计协会、注册会计师协会和会计准则委员会等。

德国会计协会创立于1931年，主要负责制定会计职业标准。德国注册会计师协会创立于1961年，其宗旨是维护全体成员的职业利益，并监督其对所承担义务的履行，它本身受联邦经济部监督。1987年，德国会计准则委员会（GASC）成立，该机构是由专家组成的独立机构，并适当引入英美和国际模式，较政府和国家间法律而言，能更有效地满足国际和本国市场的需要，尤其能在国际化趋同方面发挥更大的作用。其目的是提高会计和财务报告的质量，加速本国会计准则与国际财务报告准则趋同；制定合并财务报告领域适用的准则；与国际会计准则委员会及其他会计准则制定机关合作；代表德国参与国际会计准则制定机关的活动和推进协调化的国际活动。

GASC下设两个管理机构和两个常务委员会。管理机构为执行理事会和会员总会，常务委员会为德国会计准则理事会（GASB）和会计解释委员会（AIC）。执行理事会是在GASC的原则下开展工作，处理与GASC管理相关的所有事务，其主要职能包括：①选举并任命GASB和AIC的成员，并适当考虑常务委员会即GASB和AIC的独立性；②批准GASB和AIC的工作程序；③审阅评价GASC的战略及其有效性；④公布年度报告，包括已审财务报表和对未来年度的重要事务作出展望与评价；⑤向会员大会提交年度和三年的预算草案。会员总会是GASC的最高决策机构，该机构一年召开一次会议，由于特殊原因也可召开特别大会，其主要职能是：①推选执行理事会；②批准执行理事会的重大行动；③决议年度和三年的预算；④决定GASC修订章程和解散GASC；⑤选举审计人员。德国会计准则理事会（GASB）是GASC实际上的准则制定机构，为实现德国会计准则委员会（GASC）的目标，在国家法律架构之内制定和改进会计准则。GASB在制定会计准则时，必须按照由执行委员会批准的GASB章程所规定的程序向公众广泛咨询，并能及时得到反馈意见。会计解释委员会（AIC）的任务是促进对核心会计事务解释的国际趋同，加强与国际会计准则理事会（IASB）和国际财务报告解释委员会（IFRIC）及其他国家相关机构的密切合作，按有效的国际会计准则（IAS）或国际财务报告准则（IFRS）的内容评估本国的特殊会计实务。

（5）德国的会计报告体系包括资产负债表、收益表、附注和状况报告。会计报告的格式与内容由《商法》规定。对符合公司法规定的企业，还应提供合并报表。

德国规定的资产负债表通常采用账户式，表内有较多详细分类的标题，常常因为法律的强制性规定而列示一些非重大的项目。德国的资产负债表，依据的会计等式是：

长期资产+流动资产+递延借项=自有资本+准备金+负债+递延贷项

其中，长期资产包括无形资产、固定资产和长期金融资产。长期金融资产包括对子公司投资、对子公司贷款、对其他企业参股、对被参股企业贷款、长期有价证券及其他贷款。流动资产包括存货、债权与其他资产、短期投资以及货币资产等。

德国会计界认为“递延借项”不是一项资产，“递延贷项”也不是一项负债，是在编表日按应计制的要求而形成的项目。

自有资本，包括股本、资本准备金、利润准备金和未分配利润。准备金是按应计制等要求而计提的应计入成本、费用的准备金，如退休准备金、税款准备金和其他准备金等。负债包括应付公司债、向信用机构的借款、预收账款、应付账款、应付票据、对子公司的债务、对被参股企业的债务以及其他负债。

资产负债表的特征在于表内各项目的排列顺序。就资产方项目而言，从总体上来看，采用固定列前（流动性由小到大）的顺序排列，即无形资产→固定资产→长期金融资产→流动资产→递延借项；权益方项目的排列顺序则是：自有资本→准备金→负债→递延贷项。

德国采用的收益表，在1985年以前，《股份公司法》禁止企业披露其已售产品成本的信息，采用总成本法编制收益表。总成本法计量企业经营业绩，侧重于生产活动，认为报告期内的业绩不仅应包括生产且已销售的产品价值，而且应包括期内在产品与产成品的价值的增加或减少的影响。总成本法下，收益表的基本架构如下：

销售收入+在产品和产成品价值增减变动额+其他资产化成本+其他经营收入−材料费用与人工费用−其他资产价值消耗−其他经营费用+股权投资收益+利息或类似收入−长期金融资产和短期有价证券价值减损−利息或类似费用=正常经营成果

非正常收入−非正常费用=非正常成果

正常经营成果+非正常成果−所得税−其他税收=本年盈亏

1985年后，鉴于源自盎格鲁−萨克森法律体系的销售成本法在世界各国被广泛应用，德国立法机构才允许采用销售成本法编制收益表，即我们所熟知的英国、美国、中国等国家采用的收益表。目前，德国大多数企业仍采用总成本法编制收益表，只有一些跨国公司才会按销售成本法编制收益表。

按总成本法和按销售成本法编制的收益表的实质差别在于对所反映的企业业绩的不同观点，前者认为：在收益表上，不仅应该包括按销售收入反映的销售业绩，还应该包括已完成部分生产过程或全部生产过程但尚未销售的在产品和产成品，以及企业制造的供自己使用的产品的生产业绩，同时在费用部分则应扣除这一期间所发生的所有费用，即“总费用”；后者则认为：在收益表上反映的企业业绩只应包括已实现的销售收入，即只包括销售业绩，从而在费用部分应扣除的只应是与当期销售收入有关的费用，即销售成本。当然，按两种方法编制的收益表的最终结果，即企业的经营成果都是一样的（常勋、常亮，2012）。

德国会计报表附注披露的信息很少，在欧共体有关指令被纳入《商法》后，情况略有改变。其主要包括：（1）对资产负债表和收益表各项目的确认与计量方法的说明；（2）对外币交易与外币会计报表折算的说明；（3）对改变会计计量方法的原因及其对财务状况、经营成果的影响的说明；（4）分类说明资产负债表日的证券投资与存货的市价及账面价值的差异；（5）外汇汇率变动对企业经营成果的影响；（6）其他需补充说明的事项，如控股、参股等。

德国规定的状况报告，是对年度会计报表的补充说明，由公司的法定代理人编制。其主要内容包括：经营过程和经营状况，即报告年度经营发展的一般概述、采购与生产、融资和投资、销售与协议的执行情况、盈利情况以及企业关系等；资产负债表日后的重要事项；企业的发展前景；研究与开发等。

【资料库2-6】

21世纪德国会计法律体系的变革

在2005年德国实施欧盟“国际会计准则法令”之前，德国就已经对其法律体系进行了一系列变革，逐渐放宽了对本国上市公司使用国际性会计准则的限制。1998年，德国的《商法》作出了修订，允许在德国证券交易所上市的公司使用国际会计准则（IFRS）或美国会计准则（GAAP）来编制合并会计报表。对于在“新经济板块”（new economy segment）和在“小规模板块”（SMAX）上市及谋求上市的公司，《商法》规定必须用英文提供由国际会计准则或美国会计准则编制的会计报表，以增加公司信息披露的透明度，从而吸引外国投资者。

2002年2月，德国公布了对《商法》及《股份公司法》进一步改革的草案，主要变更了《商法》中对上市公司合并会计报表的相关要求。如，要求在合并报表中提供业主权益变动的信息；删除了《商法》中影响合并会计报表的税务规定；规定上市公司（即使是作为子公司）必须提供合并报表等。此外，在同年发布的《公司治理规则》（Corporate Governance Code）中，还强调了对上市公司年度财务会计报告进行审计的重要性，并推荐上市公司采用国际会计准则编制合并会计报表。然而，对于是否遵循《公司治理规则》，上市公司拥有自主权。

2005年，随着欧盟《国际会计准则法令》（European IAS Regulation 2005）的生效，所有在德国证券交易所上市的公司都必须依照国际会计准则编制合并会计报表。德国司法部和财政部允许非上市公司的合并会计报表按照国际会计准则编制，但对于各公司的法定会计报表仍需要按照德国的会计惯例编制，依照国际会计准则编制的报表只能作为补充。

2007年11月，德国司法部发布了《德国会计现代化法案（草案）》（German Accounting Law Modernisation Act Bill），大大影响了德国公司的非合并报表的报告实务。该法案（草案）的总体目标是：促进德国会计法的现代化，减轻中小公司遵循法规的负担；考虑个体报表与国际会计准则的融合，消除以前由于欧盟指令和“相互认可”导致的多种会计方法对德国法律的影响。预定的变更将使德国《商法》中的会计要求和国际财务会计报告准则实现基本趋同。其中，与会计相关的重要变化是：（1）更多地确认无形资产（由此形成的所有者权益的增值不能作为股利的分配）；（2）母公司控制的特殊目的实体需纳入合并范围；（3）确认递延税项资产（之前是禁止确认的）；（4）对超过初始确认成本的交易性金融资产以公允价值计量；（5）对计提的准备以贴现金额计量；（6）引入精算假设来计量养老金负债；（7）不要求小规模非上市公司发布按照德国会计惯例编制的会计报表。

2009年，德国议会最终通过了《德国会计现代化法案》，其中新增的相关会计规定包括：（1）公司允许资本化内部产生的无形资产，并且可获得即期的税务扣除；（2）金融机构允许以公允价值计量“为交易持有”的金融工具，公司可将公允价值的变化确认为一项“特殊准备”；（3）公司控制的特殊目的实体必须被纳入合并范围。

在该法案下的相关会计规定被认为是《中小企业国际财务会计报告准则》的替代方案。该方案于2010年1月1日正式生效。表2-3是德国已发布的会计准则、解释公告等的目录。

表2-3　**德国已发布的会计准则、解释公告等的目录**

1）会计准则
（1）GAS 1《合并会计报表的免除——依照商法292A条款》，被《德国第2号修正会计准则》（German Amendment Accounting Standard 2，GAAS 2）所取代
（2）GAS 2《现金流量表》 2—10《金融机构的现金流量表》 2—20《保险企业的现金流量表》
（3）GAS 3《分部报告》 3—10《金融机构的分部报告》 3—20《保险企业的分部报告》
（4）GAS 4《使用购买法编制合并会计报表》
（5）GAS 5《报告风险》 5—10《金融机构和金融服务机构的风险报告》 5—20《保险企业的风险报告》
（6）GAS 6《中期报告》被GAS 16所取代
（7）GAS 7《集团权益和综合确认的经营结果》
（8）GAS 8《合并会计报表中对联营企业投资的会计方法》
（9）GAS 9《合并会计报表中对合营企业投资的会计方法》
（10）GAS 10《合并会计报表中的递延税项》
（11）GAS 11《关联方交易的披露》
（12）GAS 12《非流动无形资产》
（13）GAS 13《或有事项原则和对错误的更正》
（14）GAS 14《外币折算》
（15）GAS 15《管理报告》 15a《集团管理报告和依照“购买法”作出叙述性的解释》

续表

(16) GAS 16《中期财务会计报告》——取代了以前的GAS 16
(17) GAS 17《董事会成员薪酬的报告》
(18) GAS 18《递延税》
(19) GAS 19《编制合并财务报表的义务和合并范围的划分》
(20) GAS 20《集团财务报告》
(21) GAS 21《现金流量表》
(22) GAS 22《集团股权》
(23) GAS 23《企业合并（将子公司纳入合并财务报表）》
(24) GAS 24《合并财务报表中的无形资产》
(25) GAS 25《合并财务报表中的货币折算》
(26) GAS 26《联营企业》
(27) GAS 27《比例合并》
(28) GAS 28《分部报告》
2）解释公告
(1) AIC 1《按照IAS 1〈财务会计报告的列报〉对资产负债表中“流动”和“非流动”项目的区分》
(2) AIC 2《对电子、电力设备处理产生的债务》
(3) AIC 3《根据（国际会计准则）第3条规定具有债权人终止权的文书的解释问题》
(4) AIC 4《根据IFRS，为所得税目的对附带福利进行会计处理》
3）征求意见稿（ED）(23个)
4）讨论稿（4个）

资料来源：德国会计准则委员会官方网站。

2.3.6　法国会计模式

法国，全称为法兰西共和国，位于欧洲大陆的西部，是一个历史悠久的国家，近代，法国逐渐成为发达的资本主义国家。第二次世界大战后，法国在采矿、冶金、能源、电器、汽车、机械制造，以及化工、军工等领域都发展得较快。农产品方面，法国在粮食作物和甜菜、烟草、葡萄等经济作物方面都占有一定的优势。欧洲共同体建立以后，法国作为最早的成员国之一，与其他成员国之间加强了经济联系和贸易关系。

法国不仅在文化方面有悠久的历史，而且在会计方面也处在领先的行列之中。它在17世纪就已开始使用成本会计。在18世纪至19世纪还出版过一批有影响的教科书和专门著作。高质量的出版物以及为数众多的会计人员，使得法国会计界在整个18世纪处于明显的领先地位。其影响最突出地表现在1804年的《拿破仑法典》中对会计所做的广泛规定。这成为各国关于会计立法的先驱。

■ 1）税务定向

由于重商主义的影响，在法国，税法及其有关法令对公司会计的影响很大。《拿破仑法典》曾明确规定，会计的原则和方法必须遵守国家的税法，因此，可称之为“以税务为导向的会计”（tax oriented accounting）。根据税法及有关法令的规定，公司纳税申报单上的应税收益应和公司向股东报告的会计利润一致，因此，公司对收入和利得、费用和损失的确认、计量和报告，都必须遵守“一般赋税法”的有关规定，这样，就使得税法为实现某种社会经济目标而作的规定对企业的资产计价与费用及收益的确定产生了直接影响，使得公司会计报表所反映的有关会计确认、计量等内容可能背离一般会计准则的规定。比如，受法国税法有关规定的影响，在计量资产时，原则上应按历史成本入账，但在年度决算时，可根据资产的具体情况作如下处理：（1）短期持有的有价证券和存货，在会计决算报告中，也可以按照成本与市价孰低法加以反映。应收账款的余额中应减除坏账损失额（即按预计可收回净值反映），但坏账数额只能逐笔确定而不得利用一定的百分比进行估计。（2）固定资产，强调将建筑物和土地分开反映，因为在报税时，土地不包括在计提折旧的对象之内，分别反映才便于计算与核查。关于建筑物的计价，为了避免征税，公司一般不对建筑物进行重估，而只以构建时的历史成本、发生的累计折旧以及由此而决定的资产净值进行反映。当然，当公司重估建筑物的价值时，也可以按重估价值计价。（3）研究与开发费用如果与特定固定资产无关，则一般在发生时采用当期损益法处理。但是，如果属于特定的研究项目且成功的可能性很大时，则可以在5年内分期摊销。如果与特定的固定资产有关，则视情况计入该固定资产的构建成本或作为递延项目处理。不论是哪一种情况，都要在报表注释中将处理的方针和方法加以说明。

法国会计模式之所以以税务为导向，除了法律上要求外，法国的证券市场与其发达的经济相比很不发达，这是重要的环境因素。在法国的经济结构中，大型企业与为数众多的中小型企业同时存在（特大型企业不多），公营与私营企业同时存在，这使得法国的资本市场在规模和机制方面受到一定限制，法国企业的资金主要来源于银行和政府投资，尤其是银行提供的信贷发挥着很大的作用，即使是大型企业的股票上市，向社会公众发行的也相对较少。法国证券市场不发达的原因除了与法国的融资与投资体系有关之外，另一方面也与法国人的投资习惯有关，法国人乐于持有政府证券和银行储蓄，对黄金有特别偏好，宁愿储备黄金也不购买股票，来自公众投资者的财务信息需求并不很强烈，“纳税”则成为企业编制会计报表的主要目标。这为法国政府对会计实行集权管理提供了经济前提。因而，法国会计以税务为导向也就在情理之中了。

■ 2）会计活动受法律的严格约束

著名的《拿破仑法典》，不仅深深影响了法学界，而且影响了法国人生产生活的各个方面，其中，会计也不例外。在会计上，除上述所说的财务会计受税法导向外，法国的会计行为还受到《商法》《商务公司法》等的影响。

《商法》中包含了广泛的会计和报告条款，要求企业按年度编制资产和负债明细表，财务会计报告必须展示“真实与公允”的观点，并且必须对财务会计报告真实性和公允性的申明附有证明。会计记录是为证据和证明的目的服务，而不是作为经济决策的信息来源，是一种法定的监控手段，某些会计记录在特定法律诉讼中具有特殊作用。因此，所有会计记录必须正式登记并经法庭或具有相当权威的机构审定，日记账、存货记录以及其他重要的会计文件必须连续编号，不得跳页登记和涂改等。此外，企业必须制定“会计手册”，内容至少要包括整个会计制度的详细流程图和解释、数据处理程序和控制的说明、年度会计报表所遵循的会计原则的全面陈述、进行法定要求的年度存货盘点采用的会计程序的总括性说明等。

1966年颁发的《商务公司法》是对会计行为有重大影响的法律。不仅对公开筹资的股份有限公司的会计揭示进行了严格规定，而且对非公开公司的会计行为作出了有关规定。比如，第340条规定，会计年度终了时，公司的董事会及经理人员必须提交资产及负债的结余目录、交易收支、收益表与资产负债表，连同公司过去一年业务情况的书面报告一并交付审计师进行审计；对独立审计师的任命及其职责和权限等都进行了严格的规定；一般情况下，公司必须在会计年度结束后半年内召开一次股东大会，审验独立审计过的会计报表、董事会与经理等管理者的书面报告等。又如，除对公司的报告与揭示作出上述一般规定外，第341条至第345条还对公司会计报表的格式与计价方法变更的合法程序、固定资产的折旧、各种准备金的提取、费用和损失的弥补、开办费的摊销、增资费用的处理、净利润的确定等会计事项作出了具体规定。

1967年颁发的有关商务公司的政令，是对《商务公司法》的补充与某种形式的修订。其中，《第236条政令》对年度报告作出了进一步规定：公司提交股东大会的会计报表必须在股东大会召开45天之前提交独立审计师进行审计，而提交的关于公司的状况和业务情况的书面报告则必须在股东大会召开前20日之内交付审计。1969年《第810号政令》则对审计职业作出了严格规定。为了贯彻欧共体第4号指令的要求，《商务公司法》于1983年4月30日又进行了修订。有关政令也于同年11月20日作了修订，修订的一个主要方面是要求在会计报表中对企业的财务状况与经营成果的揭示要符合“真实与公允”观念，以保证法国会计信息是“真实与公允”观念指引的结果。

■　3）实施《会计总方案》（Plan Comptable General，PCG）

《会计总方案》是对在全国实行统一会计制度的总称。虽然世界上实施《会计总方案》的首创者并不是法国（是德国），但法国在这一方面作出的努力最大，其取得的经验受到国际广泛重视，具有深远的影响。

法国的统一会计制度并非自古就有，而是开始于第二次世界大战。法国在第二次世界大战后，为复兴经济，实施计划管理，1946年法国财政经济事务部创立了“会计标准委员会”，负责对全国统一会计制度提出方案，并对其实施和运用提出建议。1947年，“会计标准委员会”被“会计高级理事会”（CSC）所取代，该机构于1957年又改名为“会计全国理事会”（CNC）。1996年，根据8月26日法令，“会计全国理事会”进行了重大改组。一年半之后，按照1998年4月6日法令又配置了一个新的机构“会计准则委员会”（CRC）。从此，“会计全国理事会”的任务是负责准备有关会计规范的意见和建议，“会计准则委员会”的任务是制定、审核和批准会计准则，会计准则制定出来以后要经过有关各部认可并由官方报纸公布后才能具有法律效力（周红，2001）。

法国实行集权的中央控制体制，总统有极大的权力，中央对地方实行强有力的控制，这为法国会计实施《会计总方案》提供了政治基础。法国的第一个《会计总方案》诞生于1947年，由法国经济与财政部（其前身是“财政经济事务部”）批准颁布，1957年进行了第一次修订，此后为了适应经济形势的发展和执行欧共体第4号和第7号指令，又分别在1979年、1982年、1986年和1999年对其进行了修订和补充。《会计总方案》最初只是在公营企业中实施，经1957年修订以后，适用于全部公营及私营企业。而1979年对《会计总方案》再次修订的结果是在1982年公布的，要求在1983年12月31日以后开始的会计年度中贯彻执行。自1982年修订的方案开始，《会计总方案》成为对所有工商企业强制执行的方案。

1982年修订并在1983年12月31日及其以后施行的《会计总方案》，除“引言”外，共分三篇，即第一篇：一般规定、用语及账户计划；第二篇：一般会计，包括对有关计价方法和成果确定的规定、账户的运用及会计报表、与特定情况或交易以及合并会计报表有关的规定；第三篇：经营分析会计，包括一般规定、一般账户图解、账户名目、计算方法、为经营管理目的而对经营分析会计的利用等。

1982年修订并在1983年12月31日及其以后施行的《会计总方案》，其主要内容包括：（1）按照欧共体第4号指令的协调要求，引入了“真实与公允”观念。这实际上是一条总的会计原则，其他如稳健性、真实可靠性、对规则与程序的遵循等一般性原则被视为对“真实与公允”观念起着具体的支撑作用。（2）会计计价坚持以历史成本为基础。但是，在会计报表注释中可采用非历史成本属性，如采用现行成本表明物价变动的影响。（3）根据企业规模的不同，规定了不同的会计报表要求（对大中型企业应规定了“基础报告制度”，对小型企业规定了“简要报告制度”，对大型企业还规定了鼓励执行的“发展报告制度”①）。总体来说，法国企业应提供的财务会计报告包括资产负债表、收益表、财务状况变动表和会计报表注释，控股公司还应提供合并报表（夏冬林，1995）。（4）将原来的“经营计算书”与“收益表”合并，并按“损益满计”的观点编制单一的“收益表”。（5）要求为会计报表列出比以前更多的注释。

欧共体对《会计总方案》的最近修订在1999年，自2000年1月1日起在全国实施。1999年6月22日，法国经济与财政部发布公告，将法国的《会计总方案》一分为二：一个是只适用于单个公司的《会计总方案》；另一个是适用于集团公司的《合并会计的原则与方法》。《会计总方案》从原来的400多页缩减成不到200页。其内容包括以下几个部分：会计的目标与原则；资产、负债收入和费用的定义；记录和计量原则；会计账户的设立、结构和运行；会计报表体系。《合并会计的原则与方法》是

① 发展报告制度比基础报告制度对公司报告的内容要求得更为详细，如要求大公司提供“财务状况变动表”和“增值表”，更详细的会计报表注释等。

一个更为简短的文本，共60页，对企业合并以及合并报表的编制进行了规范，包括：合并的范围和方法、合并的原则、计量和报告的方法、合并报表体系、关于第一年编制合并报表的说明。

2009年12月生效的《里斯本条约》废止了“欧洲共同体”，其地位和职权由欧盟承接。

■　4）强调对企业社会责任情况的揭示

对社会责任情况的揭示，法国是最完整的，也最具特色。法国的国营企业采用了十分完备的账户和非货币单位来计量实施每项计划增加的产量的绝对值与相对值。

1977年7月，法国通过了一项法令，要求所有职工人数达到或超过300人的企业都必须编制“社会资产负债表”，即“社会报告”。从1984年起，社会资产负债表上必须列示有关项目连续三年的数据，并要分别编制各下属工厂和整个公司的社会资产负债表。法国社会资产负债表的主要内容包括以下七个部分：职工人数；工资及福利成本；健康与安全保护；其他工作条件；雇员培训；行业联系；雇员住房、交通等生活条件状况。

【资料库2-7】

1999年法国会计准则的变化

《会计总方案》经1999年修订后，相关机构在其框架下发布了新的“准则”和对准则的“解释”，主要内容包括：

（1）在企业合并方面。会计监管委员会（CRC）在1999年发布了两套规定：一套适用于公司；另一套适用于银行。2000年又发布了保险企业的合并规定。这几套规定发布的目的在于实现与国际会计准则的接轨。

（2）上市公司除准许采用国际会计准则和美国会计准则编制会计报表外，还应按照本国《会计总方案》编制会计报表，并作为基本报表。

（3）会计监管委员会（CRC）2003年发布了13项新“规定”。

（4）鉴于欧盟2005年生效的《国际会计准则法令》（European IAS Regulation 2005）的规定，法国证券交易委员会（COB）在2009年发布了推荐书，建议法国上市公司应按照国际会计准则编制财务会计报告，具体而言，包括以下几个部分：①IFRS 7《金融工具：披露》；②IAS 39《金融工具：确认和计量》；③IAS 36《资产减值》；④IAS 19《雇员福利》；⑤IAS 1《会计报表列报——债务分类为流动性和非流动性》；⑥企业联合和合并；⑦IFRS 5《持有的待售非流动资产和终止经营》；⑧IFRS 8《经营分部》；⑨新的“准则”和“解释”（包括“准则”和“解释”在欧盟的应用、年度修正、IFRIC 11（IFRS 2）《集团与库存股交易》、IFRIC 12《公共服务特许经营安排》、IFRIC 13《顾客诚信计划》、IFRIC 14《限定保险赔偿的资产的限额、最低筹资要求及相互作用》、IFRIC 15《房地产建筑协议》、《有关豁免合并的欧盟建议》）。

（5）对2018年的01—08号条例进行了一系列修订：①修订了一般会计科目表上关于方法变化、估计变化和错误更正的内容；②修订了关于预扣税会计核算的一般会计科目表（法国会计准则委员会第2014-03号条例）；③修订关于政党或团体总体账户的条例；④修订了2015年关于社会住房组织年度账户的法国会计准则委员会第2015-04号条例；⑤修订了关于私人非营利法人年度账户的相关规定；⑥修正了2014年法国会计准则委员会第2014-03号条例关于总会计科目表的规定；⑦修订了2015年关于保险企业年度账户的法国会计准则委员会第2015-11号条例。

（6）对2019年的01-04号条例进行了一系列修订：①修订了关于农业活动运营总账目表（法国会计准则委员会第2014-03号条例）；②修正了关于平均总账目表的法国会计准则委员会第2014-03号条例；③修订有关联合职业培训组织和年度账户；④修订了法国会计准则委员会关于无证券交易所合并和分部账户总表的第2014-03号条例。

（7）对2020年的02-11号条例进行了一系列修订：①修订了关于中小企业公布的附件——总会计科目表（法国会计准则委员会第2014-03号条例）；②修订了法国会计准则委员会关于农业活动运营总账目表的第2014-03号条例；③修订了关于农业控股年度账户的第2020-04号条例（带有次级监管评论的法规版本）；④修订了关于一般会计科目表的法国会计准则委员会第2014-03号条例；⑤修订了关于商业公司和公共企业合并账户的CRC第99-02号条例（被法国会计准则委员会第2020-01号条例替代）；⑥修订了关于可变资本集体投资企业年度账户；⑦修订了2018年12月5日法国会计准则委员会关于受私人非营利法管辖的法人年度账户的第2018-06号条例；⑧修订了2014年关于银行业公司账户的法国会计准则委员会第2014-07号条例（涉及证券贷款/借款和受监管储蓄）；⑨修正了2015年11月26日关于保险公司年度账户的法国会计准则委员会第2015-11号条例，该条例涉及2021年LFSS第3条和第13条引入的缴款的会计处理以及非人寿交易年金折扣率。

资料来源：（1）常勋，常亮. 国际会计［M］. 7版. 大连：东北财经大学出版社，2012：66.
（2）周红. 会计规范化管理程序：法国经验［J］. 会计研究，2001（10）：60-64.

2.3.7 日本会计模式

日本位于亚洲东部，是太平洋上的岛国。日本自然资源贫乏，历史上曾受到中国文化的较大影响。自19世纪中后期明治维新后，日本加紧了向西方列强（特别是德国）学习的步伐，发展了资本主义经济，而日本在会计制度的建设上亦不例外：第二次世界大战之前，主要受德国会计模式的影响；第二次世界大战之后，又在许多方面深深地烙上了美国会计模式的印迹。从而，日本会计模式既有德国会计模式的某些特点，又有美国会计模式的某些特点，其实际上是德国会计模式与美国会计模式的融合体。总体说来，日本会计实质上是一种法治化会计。

日本实行政府主导型市场经济，政府在社会经济资源配置上力量很强，企业资金主要来自借款，日本企业会计目标一方面强调保护债权人利益和投资人利益，另一方面又强调促进微观经济的发展与壮大。日本企业会计模式还强调税务会计与财务会计的统一。

■ 1）日本法律对会计的影响

日本企业会计受国家立法的影响很大，其中特别引人注目的法律是《商法》、《证券交易法》和《所得税法》。日本的财务会计模式集中体现在“三法”之中，从而形成了商法会计、证券交易法会计和法人税法会计。在这“三法”中，《商法》处在中心地位，具有普遍的约束作用，但三法又各有其特定的使命，比如，商法会计主要以保护债权人利益为目的；证券交易法会计主要以保护权益性资本投资者权益为目的；法人税法会计是确保政府税收的会计。

日本早在1899年，就参照法国和德国的模式制定了《商法》。日本的《商法》由法务省颁布实施，由适用于一般商人[①]的和适用股份公司的会计规定所组成，包括总则中的关于商业账簿的会计规定和对股份公司的特别规定。这些规定都特别明确、详细，直接规定多达二十余条，对会计处理的规定涉及账簿设置、报表的种类与格式、资产计价和损益计算规则等。不论是独资企业、合伙企业，或是股份有限公司（株式会社），都必须执行《商法》中规定的会计和财务会计报告要求，《商法》规定企业必须定期向股东大会提交资产负债表、收益表及其他明细表格。企业要经股东选举产生法定监察人员，亦即“监事”。法定监察人员应审查企业主管人员的管理活动与向股东大会提交的会计报表。但是，法定监察人员通常是提出报告的公司的成员，而不是独立执业的注册会计师。审查的目标是“查错防漏”，并非对财务会计报告的“真实公允”发表意见。

1962年前的日本《商法》同（财务省）颁布的企业会计原则之间存在较大的分歧，主要表现在资产的概念和计价方面。例如，《商法》强调，只有具备“偿债能力”或“可变现价值”的资产才被认为是“实在的资产”；只能按等于或低于其可变现价值计价。另外，《商法》更为强调稳健性，十分重视防止过度发放股利而侵犯债权人的利益。

1962年修订后的《商法》，缩小了与财务省颁布的企业会计原则的差别。例如，修改后的商法规定，企业的资产应按成本而不是可变现价值计价。

1974年修订后的《商法》，对公司审计作出了新的规定：凡资本或负债超过一定数额的公司，除公司本身的监事之外，还必须聘请公认会计师或由其组成的监察法人对公司进行审计。这种规定对日本公认会计师事业的发展起到了很大的推动作用。

1974年修订后的《商法》，还废止了以前强调编报的财产目录，但强调了应附列的明细表；同时，这也导致了法务省将原来的“股份公司资产负债表及收益表有关规则”改为“股份公司资产负债表、收益表及附列明细表有关规则”，并于1974年颁发。

1981年修订后的《商法》对1974年商法中关于公司审计的内容进行了新的规定：凡资本超过5亿日元或资产负债表所列负债总额超过200亿日元的公司都必须聘请公认会计师或审计法人进行审计。

① 这里的“商人”是指所有从事商业活动的自然人和以营利为目的的法人。

其实，日本在2004年之前对《商法》的修订都只限于要求股份公司提供非合并的报表，而2004年之后，《商法》已经要求公司提供合并资产负债表和收益表，并且《商法》的修订权已经由原来的议会移交到法务部，属于部门规章的范畴。实际上，日本2004年前的《商法》在很大程度上是受了德国相关法律的影响，而2004年修订后对合并会计报表的要求反映了英美会计的影响。

日本《商法》中的会计制度侧重保障征税和维护债权人的利益。为了实现这一目标，日本会计不像德国会计采取"秘密准备"等方式进行，而是通过规定资产的计价原则与方法，特别是可分配利润限额的确定并充分揭示的方式来展开，将损益计算书置于第一会计报表的位置。股份公司会计规定的重要特征是：公司的会计核算内容及其结果——借贷对照表、损益计算书、营业报告书和利润分配或损失处理议案等，都必须得到监事的审查、公认会计师的审计和董事会的承认。

日本的《证券交易法》是第二次世界大战后不久，由大藏省（财务省）于1947年3月颁布的，其目的就在于保护投资者（石人瑾，1996）。制定《证券交易法》的目的和历史背景同战前、战后日本经济形势的变化有一定的联系。日本的经济自19世纪末起至20世纪第二次世界大战争结束之前，一直被财阀控制。战后，财阀势力受到打击。在当时的条件下，日本参照美国的模式建立了证券交易所，将以前财阀掌握的大量公司股份投向证券市场，目的在于实行"证券民主化"，防止财阀势力的再度兴起。与此同时，又参照美国的《证券法》和《证券交易法》，制定了《证券交易法》，并建立证券交易委员会负责实施《证券交易法》的有关事宜。

日本的《证券交易法》包括发行市场的披露制度和流通市场的披露制度两个部分。（1）发行市场的披露制度。要求企业在募集或卖出一定金额以上的有价证券时，应向大藏大臣或证券交易所（或证券业协会和投资者）提交规定格式和内容的证券申报书或招股说明书，具体而言，就是第一部分的证券信息、第二部分的企业信息和第三部分的特别信息，其中作为第二部分之5的财务会计状况，要求披露借贷对照表、损益计算书、利润分配计算书、附属明细表及资金收支状况，以及公认会计师的审计报告等。（2）流通市场的披露制度。要求股份公司定期披露有价证券报告书、中期报告书和临时报告书，这些报告书中，必须包含依照会计报表规则制成的借贷对照表、损益计算书、利润分配计算书、附属明细表及资金收支状况，以及公认会计师的审计报告等文件。

《证券交易法》的实施，对公司会计具有很大的影响。值得特别提出的是，为使公司会计报表符合《证券交易法》的要求，大藏省（财务省）于1963年制定了《会计报表用语、格式及编制方法有关的规则》，简称《会计报表规则》。按照该规则编制的会计报表，与按商法要求编制的会计报表相比，虽然在损益和股东权益等总的数字方面是一致的，但在格式、术语以及具体揭示内容方面则存在一定的差别。总体说来，按《证券交易法》要求编制的会计报表，更趋向于方便投资者根据报表信息对公司的经营和财务业绩进行分析，通常要求较多的补充资料或是对某些资料进行进一步归类整理。由于存在上述差别，因此在日本，凡是上市的公司都需要按照《商法》和《证券交易法》的要求编制两套会计报表，分别提交有关方面。作为《证券交易法》

管辖对象并向大藏省（财务省）提交报告的企业，其会计报表必须经独立的公认会计师进行审计，以证实其符合大藏省（财务省）颁布的企业会计原则。

日本的所得税法对公司财务会计有直接的影响。这是因为在日本为纳税而申报的公司收益额（包括总额及各项收入和支出额）必须以经过股东大会通过并经各有关方面核准的正式会计报表为依据。在日本的税务会计中，把这种作为纳税依据的决算资料叫作“确定决算”。这同美国那种为申报纳税而进行大量调整，从而形成所谓“两套账目”的做法很不相同，而同欧洲一些国家的“税务定向”会计却有相同或相似之处。然而需要指出，在日本也并不是把会计报表反映的“确定决算”数字原封不动地用于纳税申报。实际上也可能进行必要的调整，但项目不是很多。更重要的是，在确定哪些项目有必要调整，哪些项目不允许调整，哪些项目可以灵活处理等问题上必须遵照税法的规定。

综上所述，法人税法会计的最大特征是依据确定决算准则确定法人税额，即法人的应税所得应该是以股东大会或合伙人大会承认的财务决算为基础，再依照税法的特别规定进行必要的调整后的结果。在这一意义上，日本的财务会计与税务会计是分离的。由于税务会计同公司财务会计存在着这种密切关系，就可能导致公司会计报表对公司损益和财务状况的反映与企业会计原则的要求不相符，报表反映的情况也不一定能确切描述企业的现实经济情况。举例来说，国家为鼓励某些经济活动而规定的纳税优惠办法（如为特定目的而允许建立的准备金等），或是为便于税收管理而采取简化计算手续的措施等，都可能影响会计报表的数字或内容。

■ 2）日本的会计职业团体与企业会计原则

日本唯一的会计职业团体是“日本公认会计师协会”，它根据1948年的《公认会计师法》于1949年建立，自1966年以来，凡正式的公认会计师都必须成为该协会的会员。在日本，要取得公认会计师资格须通过严格的理论与实务考试，公认会计师可以单独开业，也可以联合五名以上公认会计师组成“审计法人”。

日本公认会计师的主要业务是从事1951年《证券交易法》所规定的会计报表审计。按照证券交易法的规定，每一个受证券交易委员会管辖的企业，其会计报表都必须经过独立的公认会计师审计。因而不少上述管辖范围以外的企业，为了达到使债权人、银行、税务部门等外界各方对其会计报表增加信任，以及更好地掌握信息、提高公司自身的经营效率等目的，也需要公认会计师或审计法人提供审计或咨询服务。

在企业会计原则的制定和修订方面，日本公认会计师协会不具有像美英等国家会计职业团体那样大的影响和作用。因为在日本，会计原则是由政府发布的。然而，会计职业界并不只是消极地贯彻。日本大藏省（财务省）发布的会计原则和审计准则都是由它的咨询机构“企业会计评议会”讨论制定的，在企业会计评议会的人员构成中，就包括会计职业界代表。这样，会计职业界就通过参与企业会计评议会发挥其影响和作用。另外，日本公认会计师协会还通过所属的各个专门委员会与企业会计评议会进行协作。除上述活动外，日本公认会计师协会本身也发布对一些会计事务处理的推荐意见。这些推荐意见得到了大藏省（财务省）的支持，被认为是不可背离的。不过，这些推荐意见一般不涉及有突出重要性的内容。

日本的企业会计原则是由大藏省（财务省）颁布的。日本建立企业会计原则的出发点和条件与前述制定证券交易法的情况相吻合。1948年，日本的经济安定本部组织了“企业会计制度对策调查会”（Investigation Committee on Business Accounting System，ICBAS）这一咨询机构。该调查会的成员包括公认会计师、企业家、证券交易所的代表，以及学者和政府官员。调查研究的领域包括财务会计原则、成本会计准则、审计准则以及会计教育等。1953年日本随着行政改革而解散了经济安定本部，该研究会移交大藏省（财务省），改为“企业会计基准审议会”，不久又改称“企业会计评议会”（Business Accounting Deliberation Council，BADC）。企业会计评议会作为大藏省（财务省）的咨询机构，负责制定日本的企业会计原则和审计准则。

虽然在日本的有关法律中对企业会计活动的规定已经相当详尽，但从总体上说，它们仅仅是对比较重大的会计实务处理原则和会计报表的合法性、真实性等质量问题提出框架性规定，因而有必要对具体的会计处理方法和程序作出更深入的规定。日本在制定企业会计原则的过程中，根据本国的实际情况，并积极借鉴外国（特别是美国）在制定会计准则方面的经验，系统地表述了在日本公认的会计惯例，即《企业会计原则》，由隶属于大藏省（财务省）的“企业会计评议会”在1949年采取整套集中发布方式颁发。其性质与目的是：（1）为改善和统一企业会计制度而制定；（2）从企业会计惯例中归纳出一般的公正的会计规范；（3）作为对以证券法为基础而编制的会计报表进行审计的依据；（4）一旦《商法》、《税法》等诸法令修订，必须遵循之（上野清贵，1992）。可见，日本的《企业会计原则》是由政府的职能部门发表的对“三法”在会计规范上的补充。日本的《企业会计原则》包括三个基本部分：

第一部分“企业会计的一般原则”是对会计实务规范的总括性规定，包括7项原则：（1）真实性原则；（2）正规簿记原则；（3）区别资本交易与损益性交易原则；（4）明晰性原则；（5）一致性原则；（6）稳健性原则；（7）单一性原则。

【资料库2-8】

日本《企业会计原则》中的一般原则

（1）企业会计所提供的关于企业财务状况及经营业绩方面的报告必须真实。

（2）企业会计应根据正规的簿记原则，对一切会计事项作出正确的会计账簿记录。

（3）必须明确区别关于资本的会计事项和关于营业损益的会计事项，尤其不能将资本性盈余和利润性盈余混淆。

（4）企业会计必须通过会计报表向利害关系人明确地提供必要的会计事实，使他们不致对企业状况作出错误的判断。

（5）企业会计对其采用的会计处理的原则及手续，务必前后期保持一致，不能任意变动。

（6）在有可能对企业财产产生不利影响时，必须相应地进行妥善的会计处理。

（7）向股东大会公告或因信贷、纳税而必须编制不同形式的财务会计报告，必须根据可靠的会计记录编制，不能出于经营方面的考虑而歪曲事实。

资料来源： 常勋，常亮. 国际会计［M］. 7版. 大连：东北财经大学出版社，2012：80-81.

第二部分“损益计算书原则”，首先明确了收益表的概念和性质，然后强调了“发生主义原则”（按照“权责发生制”核算收入与费用）、“总额主义原则”（指费用与收益须分别按总额记载、反映，不得相互抵销）、“实现主义原则”（指销售收入必须在其实现的时刻才能确认入账，具体情况在“企业会计原则注解”中做了详细说明）“费用与收入配比原则”“分步骤计算反映损益的原则”（指“营业损益”“经济损益”“净损益”要分步骤计算并分段加以反映，相当于美国“收益表”格式中的“多步式”，而不得采用“单步式”）。除这些原则和规定外，日本的《企业会计原则》还对收益表中有关收入和支出项目的确认、计算以及税前当期纯利润、税后当期纯利润、当期未分配利润的反映等较为具体的问题进行了规定。

第三部分“借贷对照表原则”是关于资产负债表的概念、性质、内容和作用，以及编制资产负债表的基本要求的规定。如应按“总额主义”反映资产与负债（此处是指资产和负债项目不得互相抵销）；资产与负债和资本的借贷平衡原则；分类反映和排列资产、负债和资本有关项目的原则（在规定原则上按流动性大小顺序排列）等。对于应加注解的重点项目以及应在表外反映的事项等，第三部分也做了原则性的规定。除此之外还有更多的条文对资产、负债和资本类有关项目的揭示要求或计价原则作了具体的规定。

除以上三个部分外，还有一组会计注解，对会计原则的某些内容或表述作出解释，或进行补充说明①。

随着日本企业集团化的发展，编制合并报表便成了一项重要的客观要求。在《企业会计原则》发布实施20多年之后，大藏省（财务省）的企业会计评议会于1975年根据证券投资的发展形势提出了“关于合并会计报表制度化问题的意见书”，同时发布了《合并会计报表原则》，作为对《企业会计原则》的补充。《合并会计报表原则》的内容包括：合并会计报表的目的、一般原则、一般准则、编制合并借贷对照表准则、编制合并损益计算书准则、编制合并留存收益计算书准则、合并会计报表说明事项。其中，合并会计报表的一般原则包括：真实性原则、个别会计报表基准性原则、明晰性原则、一致性原则。合并会计报表的一般准则是关于合并的范围、合并决算日、会计处理的统一、海外子公司会计报表项目的换算等方面的规定。关于各合并会计报表的编制准则主要包括有关的一般规定和对编制技术的规定等。

此外，企业会计评议会还发表过一些关于协调企业会计原则与有关立法关系的意见书。如，1951年的“关于协调商法与企业会计原则的意见书”；1952年的“关于协调税法与企业会计原则的意见书”；1960年后，还针对选定的单项内容（如关于会计报表体系、格式、固定资产折旧、存货资产计价以及递延资产等），就企业会计原则与商法及税法的协调问题陆续发表了一些“企业会计原则连续意见书”等。

日本企业会计评议会制定会计准则的职能于2000年7月被大藏省（财务省）新

① “企业会计原则注解”是1954年随“企业会计原则”的第1次修订而拟定、发布的。

成立的金融管理局（Financial Service Agency）所取代。除了制定会计准则，金融管理局还负责修订与证券交易相关的法律、规定，以及监管注册会计师。企业会计评议会改组为企业会计委员会（BAC），作为金融管理局下设的咨询机构。这种以官方为主导并结合民间力量制定会计准则的模式，是第二次世界大战后日本会计实务体系的特色。

2001年7月，在包括日本注册会计师协会（JICPA）、东京证券交易所在内的十个民间机构的发起下，日本成立了财务会计准则基金会（Financial Accounting Standards Foundation，FASF），由它资助日本会计准则委员会（Accounting Standard Board of Japan，ASBJ），以取代企业会计委员会（BAC），这意味着日本会计规则的制定权力开始从公共部门（即BADC）转向民间部门（即ASBJ）。

财务会计准则基金会（FASF）和美国、英国以及国际会计准则委员会的准则制定机构类似，也有一个监督性质的管理委员会（Board of Governors）以及会计准则委员会（Accounting Standards Board）。目前，会计准则委员会由2名全职成员和11名兼职成员构成，通过成立一系列的技术委员会（Technical Committees）来制定会计准则，如有关租赁准则的租赁会计技术委员会、有关资产减值准则的资产减值会计技术委员会等。此委员会的一个主要目的是协助日本的会计实务向国际靠拢。

■ 3）日本的成本管理制度

加强成本管理，对日本这个自然资源稀缺的岛国而言，尤其重要。与欧美国家的成本制度主要是在企业实务中自然形成的不同，日本的成本制度主要是在政府的指导下发展起来的。如1926年，（大正14年）实施的《海军工作厅工程费整理规则》；1933年颁发的《成本计算基本准则》等。其中，《成本计算基本准则》是对日本成本制度有实质性影响的最初蓝本，该准则的基本特征如下：（1）在第二次世界大战期间仍以自由市场经济为前提；（2）是建议书而不是强制性法规；（3）将成本计算的目的确定为控制消耗、制定产品价格和计算损益提供依据；（4）受19世纪20年代德国的《成本计算基础方案》的影响很大。

1948年日本又以总理令的形式公布了《成本计算规则》，并在后来具体化为《（新）制造业成本计算纲要》和《用于中小企业的成本计算》，逐步将成本计算、价格计算与预算管理制度有机结合起来。1950年，企业会计评议会借鉴美国会计学会（AAA）的“成本概念和标准委员会报告书”发布了《成本计算标准》，期望能为编制会计报表提供“真实成本”和进行价格决策提供信息，但这一标准的主要缺陷在于有关直接成本的计算规定与用于非确定型决策的成本资料供给的规定不详尽。针对这一缺陷，1977年企业经营协会经营成本计算要领编制委员会发表了《经营成本计算实施要领》，把成本计算区分为用于决策的、业绩管理的和经营管理的成本计算，并把有关经济学、工程学和行为学等新理论用于经营成本的计算，在一定程度上为日本企业的成本管理奠定了一些基础。企业成本管理有广义的和狭义的成本管理之分，广义的成本管理是指预先地、科学地或凭经验设计规章制度以达到节约成本目的的过程与程序，即成本控制，主要通过划定责任单位、制定合理的标准成本、分析标准成本差异等工具来展开；狭义的成本管理概念始于20世纪的80年代，是指通过改善企业自身条件力求降低成本的过程与程序，即成本降低，主要通过成本计划、价值分析和适时生产系统（JIT）等方法来实现全程管理和全面质量管理，从而最终实现成本降低（石人谨，1996）。

■　4）日本会计准则与国际会计准则的趋同进程

日本会计准则的制定转向了主要依靠民间力量的机制，其背景大致有二：一是随着日本海外投资的扩展，日本会计实务接受国际影响的速度加快，提高了对会计准则的可信度和企业会计信息的透明度要求，日本会计准则委员会（ASBJ）力求比它的前身——企业会计评议会（BADC）具有更大的独立性；二是为了促使日本能在当时正在全面重组的IASC中占有一席之地，建立与国际会计准则理事会（IASB）相似的组织架构，能更迅速、更有效地与IASB合作（常勋、常亮，2012）。

2004年7月ASBJ在公布的文件《会计准则理事会中期运营方针》中，明确了日本会计准则国际化方针。2004年10月，IASB主席戴维·泰迪向ASBJ提出了减少国际报告财务准则与日本会计准则之间差异的议案。2004年10月12日，ASBJ和IASB就以上议案举行了非正式会谈。2005年7月，欧洲证券监管委员会（CESR）在对第三国（日本、美国、加拿大）会计准则的等效性问题进行研究后，发表了相关技术性建议，其中，CESR认为日本现有会计体系中的26个项目需要根据国际财务会计报告准则进行完善和修改项目。从2005年开始，日本会计准则国际趋同与等效工作即围绕这26个项目展开。2006年7月，为鼓励各利益相关方推进日本会计准则国际趋同，日本金融服务局计划和协调委员会发布了一份标题为《会计准则国际趋同》的报告。2007年8月，ASBJ与IASB联合签署了“东京协议”，旨在加快日本会计准则与国际财务会计报告准则的趋同步伐，并密切关注欧盟对第三国公认会计原则的等效评估。在ASBJ和其他利益相关方的积极努力下，日本会计准则以与国际会计准则的差异最小化为目标，在与国际会计准则逐渐趋同的过程中逐渐得到完善，会计准则的质量也进一步提高，由此加速了与国际会计准则趋同的进一步推进。按东京协议预定的项目时间表，欧盟委员会于2008年12月发布了最终决议，宣布日本会计准则与欧盟采纳的国际财务会计报告准则实现了等效。2009年2月13日，日本金融服务局（日本证券监管机构）正式发布了《国际财务报告准则在日本的采用》的咨询文件，向公众征询意见。该咨询文件提出从2010年开始允许符合条件的日本公司自愿选择采用国际会计准则，并在2012年前后决定是否强制所有公司采用国际会计准则的趋同路线图。2011年5月，美国证监会发布工作人员立场公告之后，日本金融厅随后宣布推迟决定采用的时间，即在2015年3月之前不会作出强制日本企业采用国际会计准则的决定。日本将考虑国际会计准则的质量和是否能持续应用等因素后，再决定是否强制使用国际会计准则，但国际会计准则将用于编制日本上市公司的合并报表。当日本引入国际会计准则时，将采取一次全部引入或者分阶段引入的方式。

日本在与国际会计准则趋同方面的成果见表2-4。

表2-4　日本在与国际会计准则趋同方面的成果（截至2019年）

项　目	日本会计准则委员会的活动
建造合同	于2007年12月发布新的准则
会计政策的一致性（对于联营公司）	于2008年3月发布新的解释公告
金融工具（公允价值披露）	于2008年3月发布修订后的准则
退休后福利的计量	于2008年7月发布修订后的准则
存货计量	于2008年9月发布新的准则
业务剥离与类似交易	于2008年12月发布新的准则
股票期权与其他股权支付	于2008年12月发布新的准则
关联方披露	于2008年12月发布新的准则
会计权益法	于2008年12月发布新的准则
企业合并（第一阶段）	于2008年12月发布修订后的准则
无形资产（在研发进程中）	于2008年12月发布修订后的准则
资产负债表中净资产呈报	于2009年3月发布新的准则
分部报告	于2010年6月发布新的准则
综合收益的呈报	于2010年6月发布新的准则
每股收益	于2010年6月发布新的准则
净资产变动表	于2010年6月发布新的准则
投资与租赁房产	于2011年3月发布新的准则
季度财务报表	于2011年3月发布新的准则
企业合并（第二阶段）	于2011年3月发布新的准则
退休福利	于2012年5月发布新的准则
季度财务报表	于2012年6月发布新的准则
综合利润显示	于2013年9月发布新的准则
合并财务报表	于2013年9月发布新的准则
业务分离	于2013年9月发布新的准则
股东权益变动表	于2013年9月发布新的准则
每股净收入	于2013年9月发布新的准则
季度财务报表	于2014年5月发布修订后的准则

续表

项　目	日本会计准则委员会的活动
减少国库券和储备金	于2015年3月发布新的准则
退休福利	于2016年12月发布新的准则
公司税、居民税、营业税等	于2017年3月发布新的准则
税务会计	于2018年2月发布修订后的准则
收入确认	于2018年3月发布新的准则
企业合并	于2019年1月发布修订后的准则
金融工具	于2019年7月发布修订后的准则
库存评估	于2019年7月发布修订后的准则

资料来源：日本会计准则委员会官方网站。

总结与结论

国际经营是在两国及两国以上开展的经济管理活动，而经济管理活动的核心是以会计控制为中心的财务管理，必须知悉经营所在国或地区的标准化会计实践活动，并熟练地运用于自身的国际经营中，接受所在地的会计规范的监管，获得所在地政府和社会的支持，力争公司在全球范围取得的利益最大化。这是研究国际比较会计的目的。每个国家或地区都有自己特有的经济、政治、法律和文化，进而联合起来影响其会计管理活动，形成具有自己特色的会计模式，并在国际经营中影响他国会计模式，也受他国会计模式的影响。

关键概念

国际比较会计（international comparative accounting）

会计模式（accounting model）

会计准则（accounting standard）

章后练习

一、复习思考题

1.对各国会计模式进行分类有何意义？试以美国会计模式为例说明会计模式的形成与其所在国的经济、社会、政治和文化的关联性？

2.美国和英国的会计模式主要有哪些区别？

3.德国和美国分别给日本的会计模式带来了哪些方面的影响？

4.请比较德、法、日三国的会计环境和财务会计报告有何异同。您是否同意“法国会计体系比英、美会计体系对发展中国家更有参考价值”？为什么？

5.为什么计量实务相对稳健的国家同时在披露上倾向于保密，而计量模式不太稳健的国家则在披露上倾向于透明？

6.各国会计与财务报告趋同或协调的前景如何？哪些因素可能对促进或阻碍这种变革产生影响？

二、分组讨论题

1.本章界定了四项影响会计发展的社会经济环境因素。

（1）请谈谈我国的社会经济环境对我国会计模式的影响。

（2）请以德国和法国为例，从这四方面进行描述，并解释每一个因素是如何影响该国的会计实务的。

2.实证研究支持会计差异影响经营决策的观点，这种影响对于跨国经营活动尤其突出。

（1）请从跨国经营决策角度列举存在国际会计差异的优点和缺点。

（2）从跨国经营和公司管理的角度，你认为美、英、法、德、日这五个国家中哪一个国家的财务会计环境最为宽松？

3.请预测国际会计准则的未来发展。

思政园地

第 3 章

会计的国际趋同

国际会计学

International Accounting

目标引领

思政引领

通过学习本章，读者能辩证分析推动会计国际协调与趋同的各方博弈；了解我国在会计国际趋同过程中话语权逐步得到提高，日益发挥重要作用。

知识引领

通过学习本章，读者应了解各国在会计确认、计量和报告准则上的差异对国际经营的不利影响，推动会计国际协调与趋同的力量；熟悉各国会计趋同的重要性、协调的动力与阻力；掌握在会计国际趋同中作出重要贡献的组织及作用方式。

教学重点与难点

会计国际趋同与协调的区别与联系，阻碍会计国际趋同的原因，以及推动会计国际趋同的力量和国际会计准则委员会（IASC）对国际会计趋同所作出的特殊贡献。

3.1　会计国际趋同的认识与发展

“趋同”（convergence），原意指线条、运动的物体、意见等从不同方向朝同一点的汇合、收敛和聚集，引申为一种渐进的、逐步向统一标准靠拢并最终达到完全统一的运动过程。“趋同”在会计准则中的应用，起源于国际会计准则理事会（IASB），提出了会计准则全球趋同的目标，即制定一套单一的全球会计标准，使各个国家会计准则向单一的全球会计准则趋同。对于会计准则国际趋同的含义和本质问题，我国有许多学者进行了探讨。

3.1.1　会计国际趋同的本质

盖地等（2004）指出，会计准则的国际趋同是一个公共选择的复杂过程，涉及主体、程序、目标、内容和形式等多个因素。曲晓辉（2005）指出，会计准则国际趋同是指在经济全球化的推动和国际强势集团的主导下，各国国内会计在不断进行国际比较、协调并向建立全球通用的会计准则目标发展的动态过程。王军（2005）则认为，会计准则的国际趋同是未来进步的方向，但趋同并不等于相同。綦好东等（2008）认为，会计标准的国际趋同是各国寻求会计领域的制度合作以保护本国经济利益的必然选择。曲晓辉（2009）认为，会计准则国际趋同的本质理念是本质上相同的经济业务，无论发生在何时何地，会计处理方法都应该相同。

综观上述关于会计国际趋同的认识，我们可以总结出以下几点：

（1）会计国际趋同是国与国之间会计准则差异不断缩小的过程；

（2）世界各国为实现各国会计信息相互可比，提高会计信息的决策相关性，应瞄准一个国际公认的会计准则，即国际会计准则；

（3）会计国际趋同的本质是会计准则的国际趋同，是一个在经济全球化趋势下由国际强势集团主导的世界范围内各国的利益博弈的过程，是必然的趋势和发展方向，但又具有长期性和复杂性。

会计准则国际趋同已经成为世界各国的共识，并正在转化为实际行动。据统计，世界上已有将近120个国家和地区要求或允许采用国际财务会计报告准则或与国际财务会计报告准则实现趋同，国际财务会计报告准则的国际影响力可见一斑。目前各国或地区在会计国际趋同的策略上总体可以分为“直接采用”模式、“趋同”模式和“认可”模式三类。此外，美国证券交易委员会工作人员在2011年5月发布的《为美国发行人将国际财务会计报告准则纳入美国财务会计报告体系的工作计划》中提出了“趋同认可”（condorsement）模式。

（1）“直接采用”模式。一国或地区的会计准则一字不改地完全采用国际财务会计报告准则，不再保留会计准则制定权，该国家或地区在采用国际财务会计报告准则的过程中不需履行任何审批或修订程序。目前世界上仅有极少数国家或地区的会计准则直接采用由国际会计准则理事会发布的国际财务会计报告准则的模式。

（2）“趋同”模式。采用此模式的国家或地区，在“趋同”策略上不会完全照搬国际财务会计报告准则，而是在会计处理原则和方法上与国际财务会计报告准则保持一致，并保留一些具有本国特色的内容。印度是“趋同”模式下的典型代表之一。

（3）“认可”模式。在对国际财务会计报告准则进行认可的过程中，这些国家或地区的法定机构有可能对拟采用的国际财务会计报告准则进行修订。欧盟和澳大利亚是采用这一策略的典型代表。

（4）“趋同认可”模式。一国或地区将推动自己的会计准则向国际财务会计报告准则趋同，同时保留本国会计准则制定机构及其制定本国会计准则的权力，对现行国际财务会计报告准则进行逐项认可，并根据本国的实际情况进一步发布指南、解释或其他披露要求。

3.1.2 会计国际协调与会计国际趋同

1）会计国际协调

相对于“会计国际趋同”，“会计国际协调”提得更早，C.W.Nobes和R.H.Parker（1981）在《比较国际会计》中认为，国际会计协调是指“通过对会计惯例的差异程度加以限制从而增加其可比性的过程”。L.S.Arpan和L.H.Radebaugh（1981）则认为：“协调就是一种缩小各种标准和实务差异以形成一套严密的可接受的标准和惯例的过程。”J.M.Samuels和A.G.Piper（1981）在《国际会计：评论》中写道：“协调就是意图归纳不同的制度，是把多样化的实务并入和组合成能产生共同协作结果的有序结构的过程，是减少差异的过程。可比性、标准化或统一性与协调化是不同的概念。”F.D.S.Choi，C.A.Frost和G.K.Meek在其合著的《国际会计》第3版中下了一个浅显简括的定义：“协调化是对会计实务的差异设定限度，以增加其可比性的过程。协调后的准则减少了逻辑上的冲突，并改进了不同国家间财务信息的可比性。”常勋（2012）认为，会计的国际协调是“通过一些国际性组织等专门机构（包括政府或民间两方面），制定或认可采纳一些统一的会计准则或者其他标准化文件，促进一定地区或世界范围内的各国会计实务和财务信息的统一和可比性的活动”。

综观学者对会计的国际协调的认识，主要围绕会计国际协调的主体、客体和主要目标三个方面展开。其中，会计国际协调的主体，即由谁来协调各国会计差异，是国际性组织或专门机构；会计的国际协调客体，是一定地区或全世界各国的会计准则或会计制度；会计国际协调的主要目标，是要实现有关各国在会计实务上的标准化或增强会计信息的可比性。基于以上认识，我们认为，会计的国际协调就是与管理跨国经营业务有关的国际组织与机构，为了各类国际经济交易与事项的顺利进行，通过一定的方式或途径，尽可能地缩小一定地区或世界范围内各国重要会计准则的重要差异，以增强会计信息的国际可比性的一系列过程。

■　2）会计国际协调与会计国际趋同的异同

会计国际趋同对会计国际协调提出了更严格的要求，是会计国际协调的新阶段。会计国际协调主要是指各国在平等、独立、自愿的条件下，通过各方沟通、谈判、协商，采取放弃（或部分放弃）、改进、接受、退让、提高、重建等方式，来达到各国会计标准和实务向国际会计准则尽可能地看齐的协调。会计的国际协调是一个富有弹性和开放性的调节国别会计差异的过程，协调的结果，可能是国别差异不断缩小，甚至某些国别差异消失，进而在结果上与会计国际趋同有某种相同含义。

与会计国际趋同相比，会计国际协调实际上就是利益相关国家或地区对存在分歧的会计规范（特别是会计准则）按双方认可的会计规范看齐的过程，但这里的双方认可的会计准则不一定是国际会计准则，也可能是其他国家或地区的会计准则，甚至是若干国家或地区会计准则某些要素的综合，这样，虽然某两国通过会计国际协调缩小了会计的国别差异，但这两国认同的会计准则依然与其他国家的会计准则有重要差异，不如会计的国际趋同那样，明确要求所有会计的国际协调都要向国际会计准则看齐，因此，从全球角度看，会计国际协调若不事先确定一个世界统一的要看齐的会计准则，则其效果在世界各国的普遍适用性是非常有限的。

3.2　会计国际趋同的动力与障碍

3.2.1　推动会计国际趋同的动力

一般来说，动力源于利益和某种无法回避的压力。会计国际趋同的动力正是源于各国通过会计的国际趋同改善投、融资环境，提升国家和地区的形象，提高国际资本市场效率的经济利益和经济全球化给他们带来的巨大压力。会计国际趋同，不仅十分必要，而且是可能实现的。

■　1）会计国际趋同的必要性

这种必要性主要包括：

（1）会计信息的投资导向性。会计信息本身就具备一定的投资导向性。企业作为被投资者，需要向投资者提供必要的财务信息以解除其“受托经济责任”，并获取其信任与支持，保持他们现有的投资，并期望他们能追加投资，同时向潜在的投资者展示预期投资收益，以引入新的财务资本，进一步壮大企业。然而，投资者在进行投资决策时，必须认真分析被投资者提供的财务会计报告，并从中获取关于企业偿债能力、盈利能力、变现能力和应变能力等方面情况的事实性信息。在以国际筹资与投资为主的国际资本输出活动中，会计信息同样具有国际性的投资导向作用。要使会计信息的这种投资导向功能能够顺利地发挥其应有的作用，就必须缩小、甚至消除用来规范会计工作、指导生成会计信息的会计准则和会计制度之间的国际差异。

（2）各国会计准则或会计制度的差异性。会计准则或会计制度是由各国民间职业团体或者政府机构制定的用以指导会计工作的规范，其内容和结构取决于各国的经济发展状况、经济体制、政治体制、法律制度、管理水平、教育状况、其他文化习惯等影响因素。这些因素在各国之间存在较大差异，加之会计准则和会计制度的制定涉及各国的国家主权问题，因而，每个国家的会计准则和会计制度都会或多或少地具有本国特色，几乎没有任何两国之间的会计准则或会计制度会绝对相同。会计信息是国际筹资和投资决策必不可少的信息，为了增强各国会计信息的可比性并降低各国提供国际会计信息的成本，就必然需尽可能地缩小世界各国会计准则或会计制度之间的差异，实现会计准则的国际趋同。

（3）资本全球流动的加剧。经济一体化从最初的资源流动到产品全球化，发展至今已形成了资本全球化流动的局面。全面、真实、透明、可比的会计信息是金融市场上的决策者作出正确决策，从而规避因资本市场全球化流动带来的高风险的重要依据，由此，会计准则的国际趋同便成为国际资本流动的前提和最大需求。随着全球范围内竞争的加剧、技术进步和产业结构调整的加快以及市场风险的加大，出于优势互补、节约成本、降低税负和风险、增加利润乃至战略防卫和发展等目的，跨国公司的发展形式也在逐渐演变。当代跨国公司的最基本特征是在国外拥有对企业资产的控制权和企业经营的决策权。会计国际协调的初衷就是规范跨国公司的会计与财务会计报告，这是东道国乃至居住国政府对跨国公司实施监管的必然要求，也是跨国公司内部提高经济和财务决策、管理成本与效率、业绩评价等方面的工作水平的需要。

（4）各国经济合作的互利性。任何一个国家都不可能在自然资源、劳动力、技术、资本等所有经济要素上都占据绝对的优势地位，因而国际合作的开展是绝对必要而有益的。第二次世界大战以后以“和平与发展”“平等与互利”为主要特征的国际政治气候为各国的经济国际化发展创造了前所未有的有利条件，国际社会都顺应时代潮流，在经济全球化的过程中付出了不懈的努力。正确的国际资本投资决策必须建立在国际投资对投资国（投资方）与筹资国（筹资方）提供的财务会计信息具有国际可比性、相关性、可信性的基础之上，也就对会计的国际趋同提出了更深、更广的要求。

■ 2）会计国际趋同的可能性

会计国际趋同不仅是十分必要的，而且存在实现的可能。会计作为国际通用的商业语言，在经济全球化过程中扮演着越来越重要的角色。推进会计标准的国际化，为全球经贸往来和资本流动减少或者消除“语言”上的障碍和成本，无疑是经济全球化的必然要求。在当今世界经济加速发展和科技日新月异的背景下，会计国际化已是大势所趋、潮流所向，是不容回避的客观事实，国际会计趋同之所以由客观必要走向现实可能，主要得益于以下几个方面的因素：（1）会计方法本身的国际互享性。在世界范围内，财务会计方法的运用本身是没有国界限制的，典型的如复式簿记技术、历史成本计量等。之所以有的会计方法在一国允许使用而在其他国家被禁止，是因为在该国看来，该方法与本国的会计环境不符，或者使用该方法不利于该国的经济和管理。会计方法本身的国际互享性是会计在国际上的传播和国际趋同的必要前提。（2）国际性及地区性会计职业团体的努力。在会计国际趋同的过程中，有许多国际性和地区性的会计职业团体都付出了努力，为会计的国际趋同创造了有利条件，从而推动了会计的国际趋同。这些国际性的会计职业团体主要有联合国、经济合作与发展组织、欧盟、非洲会计理事会、国际会计准则理事会、国际会计师联盟、欧洲财务经济会计专家联合会、泛美会计师联合会、亚太地区会计师联盟、东盟会计师联合会、西非会计团体联合会等。会计国际趋同的最大利益在于会计信息的国际可比性。首先，国际可比的会计信息打消了投资者对外国财务会计报告可靠性方面的顾虑，排除了国际资本流动的一大障碍，同时又为投资者有效管理国外资本提供了强有力的会计手段。其次，会计国际趋同极大地降低了跨国公司生产会计信息的成本，节约了大量的时间和金钱。跨国公司的各个子公司广泛分布于各个国家和地区，它们必须遵循所在国的法律和惯例，从而形成多套财务会计报告；而在公司整体的经营战略上，又不得不把所有的财务会计报告合并起来，这是非常困难的；会计准则的国际趋同无疑会极大地降低跨国公司提供会计信息的难度。最后，会计的国际趋同可以使世界各国的会计准则或者会计制度发展到一个尽可能高的水平，与当地的经济、法律和社会环境保持一致，进而提高各国的经济管理水平，更好地服务于经济社会发展。

3.2.2 支持会计国际趋同的主要力量

由于各国经济、政治、法律与习俗等方面的差异，不可避免地导致各国的会计理论、会计实务之间存在种种不同。随着国际经济交往的日益发展，会计国际趋同的呼声越来越强烈。于是，自20世纪60年代起，国际上逐渐出现了许多寻求减少会计的国际差异、积极推动会计国际趋同的重要力量，为国际筹资、投资与贸易等决策提供可比、可信、相关的国际会计信息。总体来说，世界范围内支持会计国际趋同的力量主要来自以下方面：

■ 1）跨国公司的日益壮大

20世纪60年代以来，跨国公司作为一种新的企业组织形式得到了迅速发展。科技的进步为高速发展的跨国公司带来了国际商业格局的重大变革。跨国公司的经营管理必须借助会计信息，而各国会计准则的差异不利于跨国公司的信息收集和利用，减少了会计信息的可比性、有用性，影响母公司的全球战略管理和资本运营。因此，跨国经营者迫切需要一个双方或多方共同认可且遵循的会计准则，进而更好地开展跨国经营。跨国公司联合众多进行跨国经营的小公司一道，具有强大的经济基础，使其成为推动会计国际趋同的重大力量。

■ 2）资本市场主体的国际化

国际贷款代理人的活动在于鼓励发展中国家的借款人使用国际“认可”的会计与审计准则、惯例；跨国公司的成长、美国对于国际会计准则的逐步接受、会计师事务所的合并及其在发达国家和发展中国家举办的培训等，极大地推动了会计准则的传播和协调，从而成为推动会计国际趋同的又一重要力量。

■ 3）国际性会计职业团体和组织机构的努力

20世纪70年代，联合国设立了跨国公司委员会和跨国公司中心，并在1979年5月，任命成立了“关于会计和报告国际准则政府间专家特别工作小组”，为会计国际趋同作出了重要贡献。IASC、经济合作与发展组织等国际性组织、机构和欧洲财务经济会计专家联盟、泛美会计师协会、亚洲和太平洋会计师协会等地区集团组织则对会计国际趋同做了大量工作。

■ 4）国际性的会计教学科研活动

一些商学院（如伦敦商学院、曼彻斯特商学院、欧洲工商管理学院、IESE等）创建了海外商学院，并指导其办学活动，加上会计学教科书的国际化，在很大程度上促使了会计技术方法的国际转移。此外，某些学生到其他国家取得会计学位后再回到本国从事会计工作，以及一些国家面向国外报考者的授权机构所从事的活动也在不同程度上为会计的国际趋同起到了促进作用。全球性的专业报刊是及时报道会计国际趋同的主力，在会计国际化的过程中发挥了不可替代的作用，国际性的会计科研、教学活动也在很大程度上推动了会计国际趋同。

与此同时，科技的突飞猛进、信息技术的发展，尤其是互联网的迅速普及和应用，深刻影响着会计信息从输入到加工和处理，再到传递和使用的全过程。可以说，信息技术革命为会计国际化的发展提供了有力的技术支持，并加速了会计国际趋同的进程。

3.2.3 阻挠会计国际趋同的主要因素

会计国际趋同是经济全球化和资本市场国际化的必然结果，也是世界各国会计协调的必然要求，但会计的国际趋同的过程并不是一帆风顺的，更无法一蹴而就。“经济后果观”认为，会计准则对企业、政府、工会、投资者和债权人的决策有影响，这些影响又反过来影响会计准则的制定。在资本市场里，会计准则不再是一种纯粹的技术规范，而是利益关系的调节器。会计准则的经济后果引发了各利益集团的关注和参与，尤其是那些可能承受会计准则的不利后果影响的利益集团，它们必然试图对会计准则的制定或修订施加压力，从而使得会计准则的制定过程成为一个政治程序，而会计准则也相应地成为一个各方利益斗争与妥协的政治结果。因此，在会计国际趋同的过程中，准则制定机构必须承受来自不同方面的各种压力，协调不同集团的各种利益冲突，以期寻找相关利益方都能够接受的准则。会计国际趋同不仅在准则制定过程中存在着各种阻力，准则制定后的执行过程同样是困难重重。

会计准则制定中的阻力主要来自政治、经济、文化等因素的影响。在政治方面，任何全球化的合作都离不开各个国家之间的相互妥协和配合，在合作过程中，各国都希望利用自己的相对优势，获得政治博弈的利益，给会计的国际趋同带来有形或者无形的阻力。在经济方面，会计国际趋同背后隐藏着巨大的经济利益的转换和分配，而这种转换和分配在对企业管理者、投资者、债权人产生一定影响的同时，也与政府、职工和社会公众之间有着密不可分的联系。面对巨大的经济影响压力，任何国家都不会轻易妥协和退让；在趋同中利益将受到损害的国家则是反对会计国际趋同的最为顽固的中坚力量。在文化方面，会计是一个受到国家意识形态、经济发展状况与历史文化背景等多方面因素影响的复杂事务，世界各国在社会制度、价值观念和风俗习惯方面都不可避免地存在着这样或者那样的差异。会计作为一种商业语言，本身就属于一种特色化了的国家文化或地区文化的一部分，而文化上的特色实质上就是文化的国别或地区差异的核心，在彼此协调时，本质上是排他的，从而对会计的国际趋同产生阻碍。

会计准则执行中的困难则主要来自各国的会计“外环境”。环境因素是一个既能影响会计准则的制定，也会影响会计准则的执行的基础性因素。严格地说，会计的国际趋同只有在资本市场高度国际化的环境下才能充分显现出来，然而，各国资本市场的国际化程度仍然存在很大差异。会计准则国际趋同的目标所围绕的国际会计准则主要是以发达国家高度繁荣的市场经济为基础制定的，广大发展中国家、不发达国家的经济发展水平、管理制度与管理水平，甚至会计目标、会计职业习惯和会计从业人员素质等方面都与发达国家存在着较大差距，这就注定了会计准则的国际趋同会遭遇一定的阻碍。此外，IASB从性质上属于民间组织，缺乏权威性。

3.3 推动会计国际趋同发展的主体

3.3.1 推动会计国际趋同发展的主体的类别与特征

推动会计国际趋同的主体，一般是指为会计准则国际趋同付出积极努力的相关国际性组织和机构。分类标准不同，划分的类别也就不同。在此，我们以性质与地域为标准对其进行分类，并对其主要特征加以简要描述。

■ 1）按照成员的身份性质的不同，可划分为政府间国际组织与民间性国际组织

政府间国际组织的代表是来自各个成员国的政府官员，因而，该类组织形成的决议将对有关国家的会计准则或会计制度产生直接的约束力。但也正是因为如此，这种类型的组织在形成决议时非常谨慎，也非常困难。政府间的国际性组织主要有：联合国、证券委员会国际组织、欧盟会计理事会、非洲会计理事会等。

民间性国际组织的成员，是来自有关国家和地区的个人或某民间组织的代表，其作出的决定，一般不能直接对有关国家的会计实务产生影响，只具有劝导作用或参照作用。民间性国际组织主要有IASC、国际会计师联盟、欧洲财政经济会计专家联合会、泛美会计师联合会、亚太地区会计师联盟、东盟会计师联合会、北美会计师联盟与西非会计团体联合会等。自成立以来，有的在一定的地区，有的在全球范围内对会计的国际协调发挥着不同程度的作用。

■ 2）按成员的地域分布不同，可以分为地区性国际组织与全球性国际组织

推动地区性会计国际趋同的组织的成员均为来自同一地区的政府或者民间的代表，主要有欧盟、非洲会计理事会、欧洲财政经济会计专家联合会、泛美会计师联合会、亚太地区会计师联盟、东盟会计师联合会、北美会计师联盟与西非会计团体联合会等。这些地区性的国际组织以各种不同的方式在各自所在的地区进行着会计准则和

实务工作的协调，对本地区重要会计差异的缩小和消除作出了重要贡献，同时对周边地区的会计趋同产生了一定的影响。这样，这些地区性国际组织在会计趋同方面起到了地区性的直接作用和全球性的间接作用相结合的双重功用。

全球性国际会计趋同组织的成员有来自世界各地的政府和民间代表，主要有联合国、IASC、IOSCO、国际会计师联盟等，在促进会计国际交流、协调各国利益、制定国际会计准则等方面起着直接而重要的作用，为会计的国际趋同作出了重大贡献。

3.3.2 推动会计国际趋同发展的主体的主要活动

会计国际趋同的各个主体在自身的能力范围内为会计准则的国际趋同作出了巨大的努力，也极大地推动了会计国际趋同的进展。下面对主要会计趋同国际组织的主要活动进行简要描述。

■ 1）联合国（UN）

20世纪70年代初期，联合国开始参与会计的国际协调工作，于1972年设立了跨国公司委员会（Commission on Transnational Corporations）。1973年联合国秘书长在听取联合国经济和社会理事会（ECOSOC）的决议后，指定了一个小组去研究跨国公司经营活动对发展和国际关系的影响。该小组1974年发表了一份题为《在发展和国际关系方面跨国公司的影响》的年度报告，该报告指出：有关跨国公司的活动，严重缺乏有效的财务和非财务两个方面的信息，公司报告的可比性也极为有限。报告建议，在跨国公司委员会（经社理事会下属的政府间组织）的赞助下召开专家小组会议，考虑制定标准化的会计和报告的国际性制度问题。该项建议分别通过经济和社会委员会及理事会的同意，于是在1976年，秘书长就任命了会计和报告国际标准准则专家小组（EGISAR）。该专家小组于1977年向联合国秘书长提交了一份名为《跨国公司会计和报告的国际准则》的报告，这份报告及秘书长的建议一并提交给1978年5月召开的委员会第四次会议，但报告未被采纳，主要原因是专家小组成员并不是他们各自国家的政府代表，缺乏应有的权威性。

对此，跨国公司委员会又建议联合国经社理事会建立一个新的政府间小组，拟定在会计和报告的国际准则方面采取进一步的措施。新的小组将由各国政府选派的专家组成。跨国公司委员会还建议小组的工作集中在与联合国同时在讨论和研究的有关跨国公司的行为准则相联系的会计和报告准则上。1979年秋，经社理事会采纳了跨国公司委员会的建议，于是会计和报告国际准则政府间专家特别工作小组（以下简称“小组”）成立了，它包括34个成员，全都是政府的代表。小组同意向IASC、国际会计师联盟、国际自由工会联盟和国际商会派出观察员。

为了与经社理事会的授权相一致，小组首先回顾了建议中的“联合国关于跨国公司行为准则”第43段的新的草案内容，取得了基本一致的意见，并将它提交给行为准则的政府间工作小组（IGWG）。行为准则的政府间工作小组没有接受小组的内容作为行为准则条款的草案，而是起草了自己的条款。其次，就整个企业和个别成员企业的财务和非财务信息揭示继续进行了大量讨论，于1981年8月提交了临时报告。该临时报告反映了对许多问题观点上的广泛分歧。小组尽力在揭示问题上列出自己的项目表，但在许多问题上很难取得一致意见，尤其是包括账户处分、折扣处理、报表项目的分类，以及资产计价这样一些基本问题。但是，对整个企业应揭示的财务项目，则在较大程度上取得了一致的意见。小组的报告同意了包括在对报告的要求通用目的适用上跨国公司和本国企业之间的无歧视原则，在规定揭示的范围时，强调需要重视重大性原则和适用“企业”一词比“公司”一词要好等在内的一些基本原则。最后，于1982年秋，编制了它的最终报告。最终报告中的一部分只是把临时报告的内容加进来。但是，在对1977年的专家小组报告做进一步回顾的那部分，最终报告强调了跨国公司的会计和报告应该考虑本国和东道国两方面的信息需要；信息的可比性是一个很重要的因素；提供信息的成本应该和信息带来的利益之间存在着合理的关系；对涉及的业务秘密应该予以充分考虑。关于应予揭示的财务和非财务项目的最低限度的项目表，则作为报告的附件（对某些有分歧的项目加了说明）。小组向跨国公司委员会建议，跨国公司应该考虑小组对财务和非财务信息的讨论，特别是已获得一致意见的那些项目。此外，小组清楚地表明了其建议的自愿性质和支持本国的处理原则。

遗憾的是，小组未能就联合国对会计领域的未来工作提出一致的建议。这样，最终报告只是表明，大部分代表（即来自发展中国家和欧洲的代表）向跨国公司建议，建立一个会计和报告准则的永久性政府间专家工作小组，小组每年开会两周（实质上是现存小组的继续）。其他代表（主要是美国和日本的代表）建议，在行为准则通过之后，成立一个特别小组，定期开会（大约两年一次）。常设机构——会计与报告国际准则政府间专家工作组的主要职权是：考虑属于跨国公司委员会工作范围的会计和报告问题；考虑特别工作小组的工作；与国际机构协调；向委员会提出为寻求国际协调的长期目标应采取的进一步行动的报告。会计与报告国际准则政府间专家工作组的每次年会都结合当时会计中的热点问题，以促进会计准则在国际的协调，进而使企业提供的会计资料更可比、更相关。

■ 2）欧洲联盟（EU）

其前身为欧洲共同体，包括欧洲煤炭钢铁共同体、欧洲原子能共同体和欧洲经济共同体等三个独立机构，由法国、德国、荷兰、比利时、意大利、卢森堡、丹麦、英国、爱尔兰、西班牙、葡萄牙、希腊等12个国家组成。1993年，欧洲共同体正式改组成为欧洲联盟（欧盟，EU），并新增了瑞典、芬兰和奥地利三个成员国。截至目前，欧盟成员国已增至27个（英国不再属于欧盟成员国），基本上包含了除美国和日本以外的较发达的资本主义国家。

欧盟自成立起，其基本目标就是在成员国之间建立统一市场，并不断加强成员国之间的政治、经济、科技领域的协调与合作，因而，成员国内部的会计准则趋同也就成为欧盟的重要使命。欧盟的准则协调工作主要是通过相关法律的制定来完成的，部长理事会是其立法机构。欧盟委员会将制定好的各种法令草案交由部长理事会，部长理事会在咨询欧洲议会的基础上再决定制定相关法令或者是退回欧盟委员会重新修改。欧盟法令的制定必须在《欧盟条约》的范围之内，并且以欧盟委员会的建议和欧洲议会的决定为基础。

欧盟制定的法律依其约束力的强弱，可以分为两个层次：第一层次是基本法律，当某一成员国接受了一项欧盟基本法律，则意味着该国放弃了相关事务的国内立法权，直接接受该基本法律作为国内法律；第二层次是次级法律，需要各成员国对本国相应的国内法律进行修改，以引入该次级法律，使其在成员国内生效。与财务会计报告相关的欧盟法律主要有：（1）法令。属于基本法律，在各个方面对所有成员国都具有直接的法律效力，颁布以后各成员国必须立即执行；（2）指令。属于次级法令，在执行的目标上有明确的规定，对成员国有约束力，但在达到既定目标的方式方法上，则可由各个成员国政府根据本国的国情斟酌处理；（3）建议。不具有任何法律约束力，可由成员国自行决定是否采用。

欧盟在会计国际趋同方面，主要以公布公司法指令的方式在各个成员国之间进行协调。指令允许各国进行自主选择，因而提供的是最小化的协调，其目标在于使各个成员国之间的公司法实现“等效”，从而使上市公司编制会计报表的成本大大降低。但也正因为指令提供的仅是最低程度上的协调，其本身就提供了多样化的选择，而这些选择又恰恰是各国法律中最难协调一致的部分，所以尽管经过了指令的协调，各成员国之间的会计实务处理仍然存在很大的不同。

表3-1显示了欧盟公布的部分公司法指令。

表3-1　**欧盟公布的部分公司法指令**

公司法指令	发布时间	立法目的
第1号	1968年	董事和公司
第2号	1976年	最低注册资本，资本保全，私募公司和公众公司的区别
第3号	1978年	公众公司的重组
第4号	1978年	单个公司会计报表的格式与内容，财务信息披露
第5号	未采纳	公司构造
第6号	1982年	公众公司的合并
第7号	1983年	集团会计
第8号	1984年	审计者的资格与独立性
第9号	未采纳	集团内部关系
第10号	未采纳	股份公司的国际兼并
第11号	1989年	外资公司于欧盟成员国国内分支机构的信息披露
第12号	1989年	公司章程
第2001/86/EC号	2001年	补充了欧洲公司章程中有关雇员参与的内容
第2003/58/EC号	2003年	关于实体公司的披露要求：要求所有成员国都要进行电子登记
第13号	2004年	公司兼并
第2004/25/EC号	2004年	收购竞标（与欧洲经济区有关）
第2005/56/EC号	2005年	有限责任公司的跨境合并

续表

公司法指令	发布时间	立法目的
第2006/68/EC号	2006年	修订了国际会计准则理事会关于组建公共有限责任公司以及维持和改变其资本的指令77/91/EEC
第2007/36/EC号	2007年	为机构投资者和资产管理人更多地参与公司治理、更好地监督公司治理提供了一个框架
第2007/63/EC号	2007年	修订了国际会计准则理事78/855/EEC号指令和82/891/EEC号指令，关于在合并和分立情况下提供独立专家报告的要求
第2009/101/EC号	2009年	完善公司的董事为保护股东和第三方的利益而要求的保障措施
第2009/109/EC号	2009年	修订了国际会计准则理事会77/91/EEC号指令、78/855/EEC号指令和82/891/EEC号指令，修改了2005/56/EC号指令中关于在合并和收购情况下的报告和文件要求
IAS39	2010年	替换IAS 39，国际会计准则理事会将制定一个可以接受的以摊余成本计量的资产减值模式
IFRS9	2013年	完善了金融资产的分类和计量
第1569/2007号	2014年	若第三国会计准则符合与国际财务报告准则等效的情况，则不需要再重新编制合并报表
IAS28	2015年	描述权益法是否有助于解决已经出现的应用问题
IFRS17	2016年	确定了新准则对保险报告可能产生的实际影响，确定了正确的计量基础
IFRS8	2017年	要求公司在附注中披露公司财务报表中确定的可报告部分与财务报表外报告的部分
IAS16	2017年	统一了对资产在可使用前测试活动中产生的收益的会计处理
IFRS17	2018年	提供建议评估IFRS：符合技术标准是否有利于欧洲的公共利益
IAS38	2020年	不允许企业在某些情况下采用以公允价值计量且其变动计入当期损益（FVPL）的计量方式
IAS2	2020年	只允许企业在正常业务过程中持有资产（例如，由经纪公司持有）的情况下采用FVPL
（EU）2020/34	2020年	修订了“金融工具：确认与计量、披露”。完善了与金融资产和金融负债相关的净额结算安排的披露

资料来源：常勋，常亮．国际会计［M］．7版．大连：东北财经大学出版社，2012：113.

在上述指令中，与会计相关性较高的有：第4号、第6号、第7号和第10号等四项指令，其中又以第4号和第7号指令在欧盟成员国内部会计协调方面所发挥的作用最大。

表3-2和表3-3分别显示了欧盟第4号指令和第7号指令的主要内容。

表3-2　　**欧盟第4号指令的主要内容**

条　款	主要内容简介
第1款	该指令的适用范围
第2款	年度报表内容的一般规定
第3~7款	年度报表格式的一般规定
第8~14款	资产负债表的具体格式和内容
第15~21款	资产负债表相关事项的具体规定
第22~27款	收益表的具体格式和内容
第28~30款	收益表的具体格式和内容
第31~42款	计量规划（年度报告的一般原则）
第43~45款	年度报表附注的内容
第46款	年度报告的内容
第47~50款	年度报告的公布
第51款	年度报告的审计
第52~62款	最后规定（指令执行方式）

资料来源：常勋，常亮．国际会计［M］．7版．大连：东北财经大学出版社，2012：114.

表3-3　　**欧盟第7号指令的主要内容**

条　款	主要内容简介
第1~15款	编制合并报表的前提条件
（1）	对子公司的定义
（3）	对外国子公司的合并
（4）	不同类型公司的合并
（7）	免于纳入合并报表的全资子公司
（13）	子公司免于纳入合并范围的不同情况
（14）	某些业务不相似的子公司免于纳入合并范围的条件
第16~35款	合并报表的编制
（16）	合并报表的内容（合并资产负债表、合并收益表、报表附注）以及“真实与公允”观点的应用
（17）	合并报表的统一格式
（18）（22）	适用于子公司的完全合并法
（19）	首次合并日商誉的确认以及按照公允价值确认的商誉
（29）	应“更正”或披露的以税法为基础的计量结果
（30）	商誉的摊销或注销

续表

条 款	主要内容简介
(32)	适用于合营公司的比例合并法
(33)	适用于联营公司的权益法
(34)	合并报表附注的内容
第36款	合并年度报告的主要内容
第37款	合并报表的审计
第38款	合并报表的公布
第39~51款	过渡阶段以及其他规定
第52~62款	最后规定（指令执行方式）

资料来源：常勋，常亮．国际会计［M］．7版．大连：东北财经大学出版社，2012：121.

为了更好地满足资本市场国际化的要求，使在美国和其他国际资本市场上市的公司能够与欧盟的会计框架保持一致，1995年，欧洲委员会宣布加速会计改革。欧盟的会计改革主要体现在几个方面：一是强调加强欧盟在国际会计准则制定过程中所承担的义务；二是肯定地表示在国际证券市场上市的欧洲公司可以采用国际会计准则（IAS）；三是宣布采用国际审计准则进行审计。

欧盟除了要求境内所有上市公司合并财务报表必须采用IFRS编制外，对其他财务报表未有严格规定，给各成员国留有自由裁量权。欧盟各国通过自行选择是否要求、允许或禁止采用IFRS编制上市公司独立报表和非上市公司报表，呈现出不同的财务报告模式与结果（许闲、蔡子婕，2013）。

表3-4显示了欧盟各成员国的会计模式选择。

表3-4 **欧盟各成员国的会计模式选择**

报 表	上市公司	非上市公司
合并报表	强制执行IFRS	强制、允许或禁止执行IFRS
独立报表	强制、允许或禁止执行IFRS	强制、允许或禁止执行IFRS

针对不同性质的公司，欧盟各国给出更为具体的编制及报告要求。具体而言，新欧盟成员国（2004年后加入欧盟的国家）会计准则的国际趋同程度较高，除波兰、捷克、匈牙利及斯洛文尼亚外，其他新欧盟成员国对上市公司或特定非上市企业要求完全按照IFRS编制合并及单独财务报表，其中塞浦路斯已将IFRS完全纳入其本国会计准则中。原欧盟成员国（2004年前加入欧盟的国家）中，也有部分国家如希腊、意大利积极推进本国会计准则与IFRS的趋同，要求上市公司及特定非上市企业采取IFRS财务报告编制标准；大部分国家如比利时、英国、丹麦等放松了财务报告的编制规定，企业可以采用本国会计准则或IFRS进行财务报表编制。但是，仍有部分国家如法国、德国等采取了保守态度，企业仍采用本国会计准则编制上市公司合并报表以外的其他财务报表（许闲、蔡子婕，2013）。

【资料库3-1】

欧盟会计国际趋同主要工作进展情况

2004年11月30日，欧洲委员会下设的会计监管委员会表决通过了采用包括IASB于2004年发布的《国际财务会计报告准则第3号——企业合并》等在内改进后的13项IAS以及新发布的部分IFRS。

2004年10月1日，ARC表决通过了有保留地采用《国际会计准则第39号——金融工具：确认和计量》的决定，欧洲委员会于12月9日对此正式表决通过。

2005年欧盟确定了其“等效”和“认可”的会计国际协调思路，即认可一些等效会计标准，按照等效标准编制的会计报表，将不需要按照国际财务会计报告准则进行调节。欧洲证券监管机构委员会（CESR）于4月底发布了国际财务会计报告准则等效会计标准草案，把加拿大、日本和美国的公认会计原则列作国际财务会计报告准则等效会计标准的备选方案。

2005年5月20日，欧盟下属的会计监管机构——会计监管委员会（ARC）举行会议，决定采用包括《国际财务会计报告准则第6号——矿产资源的勘探和评价》《国际财务会计报告解释公告第4号——确定一项协议是否包含租赁》《国际财务会计报告解释公告第5号——退役、复原和环境恢复基金产生的权益》、国际财务会计报告解释委员会最近对其前身常设解释委员会的《解释公告第12号——合并报表：特殊目的主体》的修改、国际会计准则理事会对《国际会计准则第19号——雇员福利》的修改及其他相关修改等在内的一系列国际财务会计报告准则和解释公告。

2005年7月8日，欧盟会计监管委员会（ARC）一致接受了对《国际会计准则第39号——金融工具：确认和计量》中公允价值选择权的规定的修订。

2005年9月28日，欧盟议会通过了对关于审计业务的欧盟第8号公司法指令的修改，宣布在欧洲将采用国际审计准则（ISA）进行审计，并成立一个类似于欧盟会计监管委员会（ARC）的审计监管委员会，负责补充修订相关法规并制定实施ISA所必要的措施。

2005年11月15日，欧盟委员会批准采用国际会计准则理事会在2003年6月发布的对《国际会计准则第39号——金融工具：确认和计量》（IAS39）的修改，从而迈出了消除金融工具国际准则“例外”的重要一步。

2005年12月2日，欧盟和美国就许多与国际财务会计报告准则和国际会计准则理事会相关的，而且迫切需要讨论的问题，包括促进会计准则的趋同、国际准则制定机构的治理和责任、审计监管机构之间的合作、推行金融市场改革等方面的问题签署了会计国际合作协议。

2006年1月12日，欧盟银行监管机构委员会（CEBS）发布了适用于采用国际财务会计报告准则并公布其报表的信贷机构，为在欧盟境内经营的信贷机构建立了一个标准化的合并财务报告框架。

2006年6月9日，欧盟正式发布了《第2006/43号指令——年报和合并报表的法定审计》，将采用国际审计准则这一规定作为欧盟的正式法律，自2006年6月29日起生效。

2006年7月，欧盟委员会宣布组建准则建议审议专家组（SARG），旨在确保欧洲财务会计报告咨询组（EFRAG）意见的客观性和恰当性。至此，欧盟负责认可国际会计准则工作的机构主要有：会计监管委员会（ARC）负责批准对新发布的国际财务会计报告准则的认可，而独立的专业组织欧洲财务会计报告咨询组（EFRAG）负责向ARC建议是否在欧盟范围内认可某项新国际财务会计报告准则，而SARG通过对EFRAG意见提供独立的评价意见，将有助于确保欧盟所决定采用的会计准则是高质量的。最终，ARC的决议将作为欧盟委员会的意见，以法令形式发布。

2006年9月26日，欧盟委员会会计监管委员会经讨论后决定允许原来按照美国、日本、加拿大三国会计准则编制会计报表的于欧盟上市的外国公司在两年内继续使用上述国家准则，除此以外，按照其他与国际准则正在趋同的国家的会计准则编制会计报表的于欧盟上市的外国公司在两年内可继续使用该国家准则，而免于按照国际准则调整报表。

2006年11月，欧盟就国际财务会计报告准则（包括解释公告）的认可程序采取一项新措施。根据该措施，欧盟委员会需要向欧洲议会下属的监管程序审查委员会（Regulatory Procedure with Scrutiny Committee）提交认可建议，由该监管程序审查委员会逐个确定并向欧盟委员会提供相关意见；如果该监管程序审查委员会赞同欧盟委员会的建议，则该建议将提交欧洲议会及欧盟部长理事会批准；如果该监管程序审查委员会不赞同欧盟委员会的建议，则该事项将直接提交欧盟部长理事会审议，从而使国际财务会计报告准则在欧盟的认可程序新增了欧洲议会的环节。

2006年12月，欧洲议会通过决定，把在欧盟上市的外国公司采用IFRS的过渡期延长两年。允许于欧盟上市的公司在未来两年内可以继续使用上述三国的会计准则或者与IFRS趋同的第三国会计准则，从而将欧盟的IFRS等效工作推迟到2009年，在时间上也与欧盟和SEC的“路线图”时间一致。此举表明，欧盟认同其他国家向IFRS趋同的努力，这有助于推进国际准则全球范围内的应用。

2007年4月，欧洲证券监管委员会发布了题为《关于第三国公认会计原则对等性决定机制的建议》的咨询文件，在2009年1月1日前至少6个月，欧盟委员会应当确保，根据对等性的定义和将在2008年1月1日前建立起来的对等性机制，决定第三国公认会计原则的对等性。

2008年4月22日，欧盟委员会就欧盟第三国会计准则等效问题发布正式报告，并拟提交欧洲议会在今年下半年形成最终法律。该报告决定，2011年年底前，欧盟委员会允许中国证券发行者在进入欧洲市场时使用中国会计准则，即不需要根据欧盟境内市场采用的国际财务会计报告准则调整会计报表。

资料来源：根据2004—2009年《会计研究》中“会计国际趋同及相关组织近期动态”栏目整理而成.

欧盟境内市场委员查尔斯·麦克里维在一次演讲中曾指出，在欧盟采用国际财务会计报告准则降低了公司的资本成本，改善了管理层报告，改进了公司内部控制系统，促成了更有效的资本分配和更多的跨境投资，从而极大地促进了欧洲的经济增长和就业。同时，欧盟通过促使其他国家积极开展与国际会计准则趋同的活动，从而使其他在欧盟之外上市的欧洲公司也能从中获益。欧盟为了保证自我独立性和拥有一定自裁权，设计了一套IFRS执行框架，在欧盟体系内部设立了欧洲财务报告咨询组（EFRAG）、准则意见审核组（SARG）和会计监管委员会（ARC）负责对IFRS各准则进行审核评估，在确保准则适用性的基础上，由欧洲证券和市场管理局（ESMA）在欧盟各国范围内进行推广。

■ 3）经济合作与发展组织（OECD）

经济合作与发展组织于1960年成立，由24个工业化国家组成，该组织的公约于1960年在巴黎签署。1975年1月，经济合作与发展组织理事会成立"国际投资和多国企业委员会"（CIIME）。1976年6月，经济合作与发展组织发表了《关于在跨国企业投资的宣言》。这一宣言的附件中含有多国企业财务会计报告指导方针。1978年，国际投资和多国企业委员会成立了会计准则特别工作小组。该小组回顾了各成员国和国际组织为加强会计准则的可比性在民间和政府两个方面正在进行的努力。1980年，该常设工作小组把大部分时间花在阐明上述信息揭示指导方针所包含的一系列会计术语上，对销售额、新资本投资和职工平均人数的阐述取得了一致意见。这些阐述于1980年12月得到国际投资和多国企业委员会的正式批准。1981年，该常设小组继续在阐明更多会计术语方面开展工作。它批准了一份题为《会计政策、资金来源和运用以及研究和开发支出》的文件。对1980年经济合作与发展组织的题为《国际投资和多国企业——经济合作与发展组织成员国的会计惯例》的调查研究举行了工作会议。这些讨论集中在经营成果和分部揭示的定义上，并在促进国际会计准则的可比性和协调化应采取的行动方面也达成了协议：对各国制定准则的发展情况要进行定期的信息交流，并和制定准则的机构取得适当的联系。一些特殊问题将在分组中提出，比如关于税务和财务会计报告的关系问题，分组的任务是辨明这一问题中方法上的主要差别及带来的后果，以及解决由此引起的问题。对分组报告中应该在多大程度上和以什么方式提出宜于把税务规则和财务会计报告规则分开的问题，存在着重大分歧。

常设小组在1982年5月的会议中制订了一个将来工作的全面计划。在扩大会计准则的可比性方面，常设小组开始考虑合并报表问题并设立一个分组去考虑外币折算问题。为了开创工作的新局面，把信息揭示指导方针应用到服务行业中去，常设小组同意考虑银行业和保险业的问题。

1990年，由于东欧国家和苏联已开始的私有化和市场经济改革，经合组织成立了"欧洲过渡经济中心"。同年9月，该中心和会计准则常设工作组与欧洲会计师联合会合作，举办了一次东西方会计问题讨论会。会议认为，有必要调整东欧国家和苏联原来的会计制度以适应由中央计划经济转变为市场经济的要求，同时强调，各方应采取审慎的行动。

IASB成立以后，OECD公开发表声明，表示支持和认可IASB主导的全球会计准则趋同工作。

■ 4）证券委员会国际组织（IOSCO）

证券委员会国际组织（International Organization of Securities Commissions, IOSCO）成立于1983年，是证券监管领域的国际标准制定机构，负责推动国际公认证券监管准则的实施。截至2015年3月，IOSCO共有203个会员机构，包括正式会员110个，联系会员11个，附属会员72个，由该组织会员监管的证券市场比例占全球证券市场的95%以上。IOSCO的目标是发展国际协调、交流信息、建立足够的投资者保护以及为有效的监督和管理提供援助。

IOSCO非常关注跨国上市公司所必须遵循的国际会计准则，为此，于1993年拟定了包括40项需要解决的议题的“核心准则体系”。1995年，IOSCO与IASC商定了关于使国际会计准则形成一个会计准则的核心体系的计划。1997年8月，IOSCO发布了《外国发行者证券跨国上市和首次挂牌交易的国际披露准则》，其目标是建立一组单独的披露文件，可供公司在世界范围内任何资本市场上市交易时使用。1998年12月底，IASC宣布按协议完成了与40项需要解决的议题相对应的已发布的IAS的修订工作和新准则的制定工作。2001年初，IOSCO对新制定的或者修订的IAS的2000年版本进行了评审。2001年5月17日，IOSCO发布了关于采用“以促进跨国证券报价和跨国挂牌上市为目的的IAS”的决议。该决议正式宣告列入IASC核心会计准则计划的30份会计准则和11份解释公告的2000年版本通过了评审，并推荐成员机构允许跨国发行者采用IAS，但同时规定对于某一国家或者地区特别重大的问题，还应提供必要的调节、披露和解释三种补充信息。

2005年3月，IOSCO技术委员会发布了题为《2005年IFRS发展和采用》的公告。声明对作为跨国发行和上市的高质量国际准则的IFRS的支持，并强烈建议其成员允许跨国发行者在跨国发行和上市中采用IFRS。在2005年4月举行的第30届年会的会议公报中，IOSCO再一次重申了对IFRS的长期支持，并鼓励在跨境发行中根据IFRS编制会计报表，在必要的情况下，进行适当的调整或披露，以符合上市当地应遵循的会计准则。与此同时，IOSCO还鼓励各国证券监管机构继续评估这种调整的必要性，希望在可以预见的未来取消这种调整规定；此外，IOSCO还就IFRS的监管解释和实施问题鼓励成员之间进行合作和沟通，作为对上述的原定课题的延续。2005年10月，IOSCO又宣布成立一项使各国监管机构能够就IFRS的应用问题相互交流意见的新机制。在这一机制下建立一套数据库，包括各国监管机构对应用IFRS所作的决策，并为未来监管决策提供参考；同时，IOSCO将利用这一机制了解IFRS应用中存在的问题，并提供给IASB和IFRIC（国际财务准则解释委员会）考虑，使这一机制最大限度地促进会计国际趋同，但各国监管机构仍然保留处理各自事务的权力。

IOSCO认为国际财务会计报告准则为我们带来了高质量国际准则的新纪元，为投资者提供了更好的评价投资决策方式，并为全球的会计准则国际趋同作出了有力贡献。

■ 5）国际会计师联盟（IFAC）

国际会计师联盟于1977年10月7日，由来自49个不同国家的63个会计职业团体签署协定而成立。目前该组织已发展到120个国家的160个成员团体，代表全球250万名注册会计师。IFAC的宗旨是：“以协调一致的准则，在世界范围内发展和加强会计职业，以便为公众利益提供一贯高质量的服务。”在国际会计准则的制定方面，只有国际会计师联盟、国际审计惯例委员会有权代表国际会计师联盟发布有关公认审计惯例以及审计报告的格式和内容的公告、草案和指导方针，从而对有关会计准则作出认可或否定。实际上，IFAC在会计国际趋同方面发挥的作用主要是根据国际会计师联盟与IASC制定的国际会计准则并通过相应的国际审计指南确保其执行与实施。

经国际证券交易所联合会和国际律师协会商业法分会同意，IFAC决定在研究世界资本市场的多个方面相互合作，并于1990年成立了国际资本市场小组。国际资本市场小组进行了三项试点调研项目，其一就是关于国际会计准则的，其目的在于全力提高国际会计报表的可比性。1999年，IFAC又与大型会计师事务所以及世界银行、国际货币基金组织等重要国际机构共同成立了“会计发展问题国际研讨会”（IFAD），它的一项重要使命就在于支持国际会计准则成为“全球性的会计语言”。IASC全面改组之后，IFAC发表声明，表示认可和支持IASB的全球会计准则IFRS。

2005年2月28日，IOSCO、巴塞尔银行监管委员会（BCBS）、国际保险监督协会（IAIS）、世界银行和金融稳定论坛（FSF）联合宣布成立公众利益监管委员会（PIOB），监督IFAC涉及公众利益方面的活动。IFAC在2005年7月举行的理事会上通过了多项与国际财务会计报告相关的决议，比如，对如何提高财务会计报告质量展开全球性研究；出版IFAC与来自联合国、美国、英国的环境机构联合制定的有关环境会计的国际性指南文件；IFAC下设的中小主体实务常设工作组正在开展有关中小主体审计的项目，着手制定相关的指南性材料。2005年12月，IFAC下设的发展中国家委员会发布了关于建立和发展会计职业团体的指南，其目的在于协助发展中国家政府和有关方面发展会计职业能力，并为增强IFAC成员机构的能力提供帮助。

■ 6）欧洲财务经济会计专家联合会（UEC）

欧洲财务经济会计专家联合会成立于1951年，总部设在巴黎，其创始成员包括位于奥地利、比利时、法国、德国、意大利、卢森堡、荷兰、葡萄牙、西班牙和瑞士等国的12个会计师协会。目前它已拥有了19个国家的28个成员团体。该联合会设立了一个秘书处和5个常设委员会，分别处理审计准则、教育、职业道德、术语和技术研究等问题。

欧洲财务经济会计专家联合会仅在审计领域推荐准则，即审计和职业道德声明。作为地区性机构，该联合会的活动即使在世界范围内也最为活跃。它在慕尼黑（原在巴黎）设有一个常设秘书处，从事持续的会计职业活动计划。

■ 7）泛美会计师联合会（AIG）

泛美会计师联合会也被称为泛美会计协会，1975年以前则被称为泛美会计大会，它的论文、会议记录以及其他的参考资料可能用这三种名称的任何一种进行汇编。泛美会计师联合会由北美和南美的会计团体组成，由于大部分西半球国家以西班牙语作为母语，所以泛美会计师联合会的会议记录大多采用西班牙文出版，在该组织的定期会议上的论文也大多采用西班牙文发表。泛美会计师联合会的许多大会活动和技术性计划会议都致力于解决会计发展问题，而不是对现状的描述，它明确地把自己限定于研究西半球的会计问题，特别是研究南美国家的会计问题。

■ 8）亚太地区会计师联盟（APA）

亚太地区会计师联盟普被称为亚太地区会计会议，后来又被称为亚太地区会计师大会。它在国际会计职业团体中出现得较迟，但组建得很快，也很成功。目前大约有来自20个国家的30个会计团体成员；基本上每三年举行一次会议，提交给亚太地区会计师联盟的论文集中讨论了太平洋沿岸国家当时的会计问题。该联盟的基本目标就是要使亚太地区的会计职业界成为一个协调的整体，它也努力参与国际性（世界性）会计的国际协调活动。

■ 9）东盟国家会计师联盟（AFA）

东盟国家会计师联盟（亦称东盟会计师联合会）是东南亚国家联盟（ASEAN）范围内的一个组织，于1977年在曼谷成立。在东盟国家会计师联盟的章程中确定了它的主要目标：（1）在东盟会计职业界建立起东盟思想，使东盟国家的会计师在这一地区的职业地位有更大提高；（2）在东盟国家会计师之间建立密切联系，促进地区性合作和相互帮助的媒介；（3）与东盟国家地区性商业团体合作，共同促进东盟国家的经济发展。

东盟国家会计师联盟和国际会计师联盟之间的关系正在很好地发挥作用。它和亚太地区会计师联盟的关系也是如此，两者有一些共同的成员。它和IASC的联系也是补充性的，而不是竞争性的，正如F.D.S.乔伊教授指出的："东盟会计师联合会的一个重要职能就是防止个别东盟国家全盘采用对当地环境可能不适宜的国际会计文告。更为重要的是，它积极参加国际活动……能使IASC对工业不太发达的地区的观点及其他人们关心的问题有所警觉。"

■ 10）北欧会计师联盟（NFA）

北欧会计师联盟成立于1931年，主要成员组织是来自丹麦、芬兰、冰岛、挪威和瑞典等国的会计职业组织，NFA历史悠久，并定期在斯堪的纳维亚半岛的不同地方举行大会。北欧会计师联盟通过其代表大会进行管理，也根据需要任命适当的委员会和工作组来开展工作。北欧会计师联盟对《北欧国家公司法》的会计和财务会计报告的条款投入很大的力量，并缓缓地趋向于整个斯堪的纳维亚地区会计要求的国际协调。北欧会计师联盟与国际会计师联盟都对它们之间的关系很满意。

■ 11）西非会计团体联合会（ABWA）

1981年，西非地区的尼日利亚、加纳等15个国家的会计职业团体宣布成立西非会计团体联合会（ABWA），由尼日利亚特许会计师协会和加纳特许会计师协会组成。代表另外15个国家的会计职业团体有资格成为西非会计团体联合会的成员。该联合会同样是促进地区性乃至全球会计的国际协调的一股力量。

此外，还有会计师研究团体（AJSG）、国际会计合作委员会（LCAC）、美国注册会计师协会（AICPA）的国际事务处、美国的财务经理协会（FEI）与美国的财务分析家联合会（FAC），以及一些大学的有关中心，如伊利诺伊大学的国际教育和研究中心、华盛顿大学的国际会计研究协会、兰卡斯特大学的国际会计研究中心、得克萨斯大学的国际会计发展中心、韦仕敦大学（原用名为西安大略大学）的国际企业研究中心、康涅狄格大学的跨国会计与财务研究中心等都在为会计的国际协调努力工作着。

在会计的国际协调中，IASC和IASB的作用最令人瞩目，本书将在3.3.3部分单独介绍。

3.3.3 IASC和IASB的发展与成绩

■ 1）IASC的成立与活动

1972年在澳大利亚悉尼召开的第十次国际会计师大会上通过一项倡议，会后组建了会计师职业界国际协调委员会（International Coordination Committee for the Accounting Profession，ICCAP）。通过该组织主要成员的协商，提出了筹建国际会计准则委员会（IASC）的方案。1973年6月，IASC由澳大利亚、加拿大、法国、墨西哥、荷兰、德国、日本、美国和英国等9国的职业会计师团体通过协议在英国伦敦成立。IASC成立后不断壮大，至今已有80多个国家的100多个会计职业团体参加了该委员会。

IASC由理事会、咨询集团和筹划委员会以及联合处共同组成。IASC理事会包括欧洲、非洲、亚洲、大洋洲及北美各国的代表，理事会于英国伦敦设永久秘书处，由秘书长处理日常事务。IASC的咨询集团于1981年成立，成员包括国际证券交易联合会（IFSE）、财务经理协会国际团体（IAFEI）、国际商会（ICC）、国际自由工会联合会（ICFT）、财务分析者协会的国际协调委员会（ICCFAA）、经济合作与发展组织、联合国与世界银行（WB）、IOSCO、FASB、SEC等组织，代表会计报表编制者和使用者的许多国际组织与IASC理事会共同商讨有关国际会计准则的实际问题，IASC理事会在业务活动中能认真参考咨询集团的意见。IASC的筹划委员会负责考虑与会计专题有关的研究、征询、修改、定稿工作，通常由4个成员国组成，其中1名为理事国代表，其余3个中通常有2名非理事国代表且至少有1名来自发展中国家。IASC与各国准则制定机构联络处的任务，是充分了解各国准则制定机构面临的困难。

IASC为了生存与壮大，在一开始就在其章程中明确规定了它的基本目标，这就是：（1）为了公共利益，制定并公布在编制成为审计对象的会计报表时，应遵守的会计准则，并推动这些准则在全世界范围内被接受和遵守；（2）为改善和协调与会计报表揭示有关的会计准则和程序而尽最大努力。

为了努力实现IASC的基本目标，IASC规定了会员的义务、制定了国际会计准则的基本程序。IASC的基本义务是：（1）在各国公布IASC理事会通过的所有国际会计准则；（2）尽最大努力敦促各国政府制定与管理会计准则的机构，以及发布会计报表的金融、工业和商业社会在报表的所有重要方面遵循国际会计准则，若未遵循，则应披露其事实；（3）保证使审计师们认为报表的所有重要方面符合国际会计准则；（4）使IASC理事会公布的国际会计准则在国际上被接受和遵守。每制定一项国际会计准则都必须经过如下9步：（1）经过讨论，IASC理事会将选出要制定国际会计准则的课题，并把它分派给筹划委员会；（2）筹划委员会由秘书处协助考虑所涉及的问题，并就这一课题向理事会提交它的要点大纲；（3）筹划委员会收到理事会的评论意见后，着手制定建议准则的初步草案；（4）草案经理事会检查之后分发给所有成员团体征求意见；（5）筹划委员会对草案进行修改，在得到理事会至少2/3的票数同意后作为“公布草案”加以公布，以便向有利害关系的各方征求意见；（6）在考虑草案的每一步骤中，每个成员团体都要向本机构内有关的会计研究委员会征求指导意见；

(7) 在草案公布期（通常为6个月）终了时，各种意见都被提交给IASC，并由负责这一项目的筹划委员会加以考虑；(8) 筹划委员会把修改后的草案递交给理事会，以便其被正式批准成为一项国际会计准则；(9) 准则的公布至少要得到理事会3/4成员的通过，批准后的会计准则文稿要送给所有成员国团体进行翻译和公布。

■　2）IASB的由来与对国际会计趋同的贡献

国际会计准则理事会（International Accounting Standards Board，IASB），前身是IASC，在2000年进行全面重组并于2001年年初改为IASB。IASB由14位理事组成，其中，12位为全职理事，另2位为兼职理事，全由IASC受托人①聘任，任期5年，可连任1次，每人有1票表决权，公布征求意见稿、国际会计准则、国际财务会计报告准则（IFRS）、国际财务会计报告解释委员会解释公告终稿时，需要14位理事中的9位通过，其他决议则需简单多数通过（但会议需60%的理事亲自出席或通过实时通信的方式出席）。

IASB旨在制定高质量、易于理解和具有可行性的国际会计准则，准则要求向公众披露的财务报告应具有明晰性和可比性。此外，国际会计准则理事会还将联手各国的国家会计准则制定者在国际准则的制定上达成一致。具体来说，IASB的职责包括：(1) 对所有技术事务完全负责，包括国际财务会计报告准则和征求意见稿（均包括不同意见的内容）的起草和发布，以及国际财务会计报告解释委员会解释公告的最终审批。(2) 所有项目公布征求意见稿，而且一般会对重要项目公布原则公告草案或其他讨论性文件以公开征求意见。(3) 完全负责IASB技术议程和技术事务的项目安排；在组织其工作时，理事会可以将具体的研究或其他工作分配给国家批准成立的工作组或其他类型的专家咨询组，为重要项目提供咨询，重要项目、议程决议和工作优先安排与准则咨询委员会协商，随国际财务会计报告准则和征求意见稿一起公布其结论基础，举行公开听证会，讨论建议的准则，在发达国家和新兴市场进行实地测试，以确保建议的准则在所有环境下均是切实可行和可操作的。

改组后的国际会计准则理事会结构如图3-1所示。

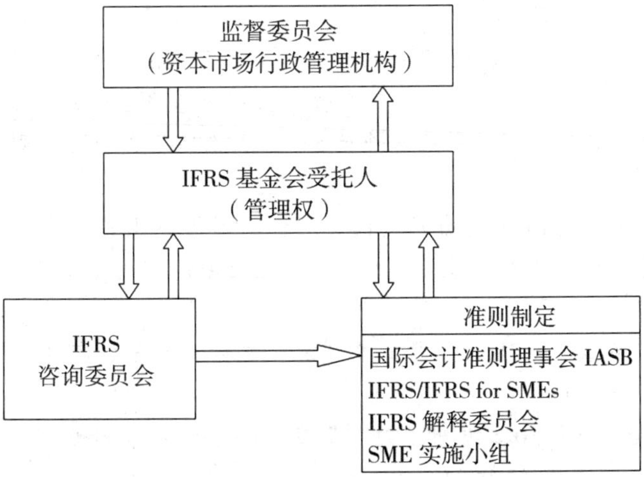

图3-1　改组后的国际会计准则理事会结构图

① 委托人22人，北美、欧洲、亚洲/大洋洲各6位，其他地区4位，任期3年，可连任1次。

根据IASB基金会2005年6月修订后的章程，其基本目标是：（1）本着公众的利益，制定一套高质量、易于理解且可实施的全球会计准则，这套准则要求会计报表和其他财务会计报告中的信息质量要高，并且透明、可比，有助于世界各种资本市场的参与者和其他使用者进行经济决策；（2）使这些准则被严格地使用和运用；（3）在完成上述（1）、（2）项相关的目标时，应充分考虑中小主体和新兴经济体的特殊需要；（4）促使国家会计准则与国际会计准则和国际财务会计报告准则高质量会计处理方法的趋同。

IASB2021年前与会计国际趋同相关的主要活动见【资料库3-2】①。

【资料库3-2】

IASB会计国际趋同大事记

2004年12月9日，IASB发布了《国际财务会计报告准则第6号——矿产资源的勘探和评价》。

2004年12月16日，IASB宣布完成了对《国际会计准则第19号——雇员福利》的修订。

2004年11月25日，IFRIC发布了《国际财务会计报告解释公告第2号——合作主体中的成员股份和类似工具》。

2004年12月2日，IFRIC发布了《国际财务会计报告解释公告第3号——排放权》已于2005年6月被撤销）和《国际财务会计报告解释公告第4号——确定一项协议是否包含租赁》。

2004年12月16日，IFRIC发布了《国际财务会计报告解释公告第5号——退役、恢复和环境复原基金产生的权利》。

2005年1月21日，IASB和日本会计准则理事会（ASBJ）宣布，双方将启动一个合作项目，以减少国际财务会计报告准则和日本会计准则之间的差异。

2005年3月初，IASB发布了《国家会计准则制定机构与国际会计准则理事会未来关系的谅解备忘录》草案。

2005年3月9日至10日，IASB主席大卫·泰迪等5名理事和高级工作人员与日本会计准则理事会在东京举行了会谈，就存货计量、分部报告、关联方披露、对外国子公司采用一致的会计政策、投资性房地产5个方面消除双方会计准则差异的有关问题展开了讨论。

2005年4月14日，IASB发布对《国际会计准则第39号——金融工具：确认和计量》（IAS 39）中关于套期会计规定的修订稿，自2006年1月1日起生效，并鼓励提前采用。

2005年6月16日，IASB正式发布了《对〈国际会计准则第39号〉的修改：公允价值选择权》，并自2006年1月1日起生效。

IASB于2005年6月30日发布了对《国际财务会计报告准则第1号——首次采用

① 2016至2020年间的详细活动，有兴趣的读者可以参考张为国发表在《财会月刊》2021年第2、4、6、8、10、12期上有关国际会计准则的论文。

国际财务会计报告准则》和《国际财务会计报告准则第6号——矿产资源的勘探和评价》的修改。

2005年8月18日，IASB正式发布《国际财务会计报告准则第7号——金融工具：披露》和《对〈国际会计准则第1号——会计报表的列报〉的修改——资本披露》。

IASB于2005年8月18日发布了对《国际财务会计报告准则第39号——金融工具：确认和计量》和《国际财务会计报告准则第4号——保险合同》的修改。

2005年7月29日，IASB就其技术更正（technical correction，TC）政策公开征求意见。

2005年10月27日，IASB发布了《管理层评论（讨论稿）》公开征求意见。

2005年12月15日，IASB发布了修订后的《〈国际财务会计报告准则第4号——保险合同〉应用指南》。

2006年1月19日，IASB发布了《国际财务会计报告准则征求意见稿第8号——经营分部》，以实现国际财务会计报告准则与美国财务会计准则的趋同。

2006年2月2日，IASB发布了征求意见稿，就修订《国际财务会计报告准则第2号——以股份为基础的支付》中“可行权条件”和行权权利被“取消”的问题听取意见。

2006年3月1日，IFRIC发布了《国际财务会计报告解释公告第9号——嵌入衍生工具的重估》。

2006年3月16日，IASB发布了来自IAS与FASB的业绩报告趋同项目的修订《国际财务会计报告准则第1号——会计报表列报》的征求意见稿。

IASB于2006年5月25日发布对《国际会计准则第23号——借款费用》进行修订的征求意见稿，该征求意见稿是IASB与FASB联合短期趋同项目的成果之一。

2006年7月20日，IFRIC发布《国际财务会计报告解释公告第10号——中期财务会计报告和减值》。

2006年7月，IASB宣布将采取一系列措施，以帮助企业和有关国家或地区采纳国际财务会计报告准则，并将加强有关准则咨询程序。

2006年8月4日，IASB在其网站上发布了中小主体会计准则征求意见稿（草案）。

2006年11月5日，IFRIC发布了《国际财务会计报告解释公告第11号——集团和库存股交易》。

2006年11月30日，IASB发布了《国际财务会计报告准则第8号——经营分部》。该准则是国际会计准则理事会与美国财务会计准则委员会联合项目的组成部分，旨在减少国际财务会计报告准则与美国公认会计原则之间的差异。

2006年11月30日，IASB发布了公允价值计量项目的讨论稿。讨论稿以美国财务会计准则委员会2006年9月发布的《财务会计准则公告第157号——公允价值计量》为基础。

2006年12月9日，IASB和FASB宣布了成立新的租赁准则联合项目组，将对租赁准则进行彻底的重新研究，将对出租人和承租人的会计处理进行根本性改革。

2007年2月22日，IASB宣布拟采纳中国建议，修订《国际会计准则第24号——关联方披露》，并公开征求意见，征求意见截止日期为2007年5月25日。

2007年2月15日，IASB发布了中小主体国际财务会计报告准则征求意见稿，公开征求意见；国际会计准则理事会同时还决定，是否采纳中小主体国际财务会计报告准则将由各个国家自行决定。

2007年12月13日，国际会计准则理事会发布了有关投资“认定成本”和“集团以现金结算的股份支付交易”的征求意见稿。

2008年1月10日，国际会计准则理事会公布了修订后的《国际财务会计报告准则第3号——企业合并》和《国际会计准则第27号——合并会计报表和单独会计报表》。

2008年1月，国际财务会计报告解释委员会发布《国际财务会计报告解释公告第13号——顾客忠诚度计划》及《国际财务会计报告解释公告第14号——设定受益资产的上限、最低资金要求及其相互影响》。

2008年4月7日，IASB发布了关于修订《国际会计准则第19号——雇员福利》的初步意见的讨论稿，以征求公众意见。

2008年3月20日，IASB发布了关于金融工具的讨论稿:《降低报告金融工具的复杂性》。

2008年4月25日，IASB基金会受托人同意设立监督小组，以在会计准则制定过程中与具有合法权益的公共部门保持接触。IASB基金会的监督小组将对所有受托人负责，并需要咨询国际组织。

2008年5月29日，IASB与美国财务会计准则委员会同时发布了两项相似的关于财务会计报告目标、质量特征和报告主体概念的咨询文件。

2008年5月22日，IASB修订《国际财务会计报告准则第1号——首次采用国际财务会计报告准则》及《国际会计准则第27号——合并会计报表和单独会计报表》等两项准则。

2008年5月30日，IASB完成2007年度改进项目，发布了对20项国际财务会计报告准则及相关的结论基础和应用指南的修订。受影响的准则为：IFRS7、IAS8、IAS10、IAS18、IAS20、IAS29、IAS34、IAS40和IAS41。

2008年7月3日，IFRIC发布了《国际财务会计报告解释公告第15号——房地产建造协议》。

2008年7月3日，IFRIC发布了《国际财务会计报告解释公告第16号——境外经营净投资的套期》。

2008年7月30日，IASB发布了对《国际会计准则第39号——金融工具：确认与计量》的修改。

2008年8月7日，IASB发布了一份题为“简化每股收益”的征求意见稿，对《国际会计准则第33号——每股收益》进行了修改。该征求意见稿旨在简化每股收益的计算，并与美国会计准则相趋同。

2008年8月7日，IASB发布了一份征求意见稿，对8项国际财务会计报告准则进行了改进，该征求意见稿中建议改进的国际财务会计报告准则包括第2号、第5号、第8号，以及国际会计准则第7号、第18号、第36号、第38号和第39号。

2008年9月18日，IASB举行理事会会议，再次讨论了根据中国准则修改《国际会计准则第24号——关联方披露》的相关各项问题。IASB承诺根据中国准则修改国际准则。

2009年7月9日，IASB正式发布了适用于中小主体的国际财务会计报告准则——《中小主体国际财务会计报告准则》。

2009年11月12日，IASB发布了适用于金融资产分类和计量的《国际财务会计报告准则第9号——金融工具》。

2010年1月5日，IASB发布了《国际会计准则第37号——准备、或有负债和或有资产中的负债计量（征求意见稿）》。

2010年6月，IASB发布了《国际会计准则第18号——收入（征求意见稿）》，对收入的确认制定了一致的标准，即以商品和服务控制权的转移（向顾客转移商品或劳务的履约责任得到满足）作为收入确认的必要条件，而非原有的风险报酬转移观以及收入实现原则。

2010年10月28日，IASB进一步发布了补充金融负债分类和计量的IFRS9。

2010年年底，IASB完成了金融工具准则项目第一阶段的工作，发布了《国际财务会计报告准则第9号——金融工具分类与计量》。

2011年5月12日，IASB发布了4项新的国际财务会计报告准则：《国际财务会计报告准则第10号——合并会计报表》、《国际财务会计报告准则第11号——合营安排》、《国际财务会计报告准则第12号——在其他主体中权益的披露》和《国际财务会计报告准则第13号——公允价值计量》。

2011年6月16日，IASB发布了4项修订后的国际会计准则：《国际会计准则第1号——会计报表的列报》、《国际会计准则第19号——雇员福利》、《国际会计准则第27号——单独会计报表》和《国际会计准则第28号——在联营和合营中的投资》。

2011年12月，IASB再次发布《国际会计准则第18号——收入（征求意见稿）》，总体保留了2010年征求意见稿的核心原则。在此基础上，征求意见稿提出了一个分五步骤确认收入的框架，包括：确定与顾客的合同，确定独立的履约责任，确定交易价格，分配交易价格，以及在满足履约责任时确认收入。

2013年3月，IASB发布了金融工具减值会计准则征求意见稿——《金融工具：预期信用损失》，提出预期损失模型三阶段的计量模式，完成了金融工具准则项目第二阶段的工作。

2013年，IASB完成了一般套期会计的修订工作，并将其纳入IFRS9之中，这标志着IASB推行的旨在以IFRS9完全取代IAS39项目的第三个阶段取得了重要成果。

2013年7月，IASB发布了《财务报告概念框架的评论（讨论稿）》。

2014年1月，IASB发布了《国际财务会计报告准则第14号——监管递延账户》。

2014年5月6日，IASB发布了对《国际财务会计报告准则第11号——合营安排》和《国际财务会计报告准则第15号——源于客户合同的收入》的修订。

2014年7月24日，IASB发布了《国际财务会计报告准则第9号——金融工具》，标志着IASB终于完成了其针对金融危机而采取的全面应对之举。

2015年5月，IASB发布了《财务报告概念框架（征求意见稿）》。

2015年12月，IASB发布了《国际财务会计报告准则第4号——保险合同（征求意见稿）》，以解决《国际财务会计报告准则第9号——金融工具》与新保险准则生效日不同的问题。

2016年1月，IASB修订并发布了《国际会计准则第7号——现金流量表》。该修订要求主体披露相关信息，以使财务报表使用者能够评价筹资活动引起的负债变动（包括现金流量和非现金变动引起的变动），自2017年1月1日或之后开始的年度期间采用。

2016年1月，IASB正式发布了《国际财务报告准则第16号——租赁》，取代现行的《国际会计准则第17号——租赁》，并于2019年1月生效。

2016年1月，国际财务报告准则基金会（IFRS Foundation）与中国财政部成立联合工作组，特别针对开展国际业务的中国企业，研究推动国际财务报告准则在中国的实施。

2016年3月，美国财务会计准则理事会（FASB）修订了趋同的收入确认准则，该准则由美国财务会计准则理事会（FASB）与国际会计准则理事会（IASB）共同制定，加入了关于委托代理问题的指导。美国公共部门和非公有制组织分别于2017年12月15日和2018年12月15日开始实行该准则。

2016年5月，国际财务报告准则基金会（IFRS Foundation）受托人、印度尼西亚金融服务管理局（OJK）和印度尼西亚特许会计师协会（IAI）发表联合声明，三方将深化合作，实现印度尼西亚会计准则与国际财务报告准则的全面趋同，探讨如何在印度尼西亚使用国际财务报告准则并支持相关方全面采纳该准则。

2016年6月，国际财务报告准则基金会（IFRS Foundation）任命了11位委员，并组成中小企业实施工作小组（SMEIG）。该工作小组是为国际会计准则理事会提供专业意见的顾问团队，主要负责支持国际财务报告准则在全球中小企业中的应用，同时监督其实施。

2016年12月，国际财务报告准则基金会的受托人决定将在其监督下运行的国际会计准则理事会（IASB）的理事人数从16人减少为14人，此举为受托人开展章程审阅工作后的其中一项变更。其他主要的变化包括：北美与南美只能合并提名一位受托人，取消必须有两位受托人来自会计师事务所的要求等。这些修订是在详细审阅现有章程，充分征求并平衡各方意见的基础上提出的，以确保机构运营的灵活性与有效性。

2017年5月，国际财务报告准则基金会（IFRS Foundation）与世界银行（World Bank）签署谅解备忘录，决定成立协调小组，以便将IFRS Foundation的技术与World Bank的广泛网络对接，开发线上和线下教材，支持发展中国家采纳和实施国际财务报告准则（IFRS）。

2017年5月，国际财务报告准则基金会（IFRS Foundation）受托人理事会与日本财务会计准则基金会发布联合声明，再次确认使用单一、高质量的全球会计准则的承诺。

2018年3月29日，IASB发布修订版《财务报告概念框架》。此版修订包含对1989年发布、于2010年进行部分修订的上一版《财务报告概念框架》的一系列变动。

2018年6月，国际财务报告准则基金会（IFRS Foundation）在德国法兰克福举行国际大会，超过一半的国际会计准则理事会（IASB）成员，包括其主席和副主席等与来自普华永道、安永、德意志银行等机构的财务报告领域的全球领袖们共同参加本次大会。与会者们探讨了理事会工作计划中涉及的主要研究项目和当前准则制定项目，以及财务报告的未来发展等问题。

2018年10月，由9个保险业协会组成的全球性组织联名致信国际会计准则理事会（IASB）主席汉斯·霍格沃斯特先生（Mr. Hans Hoogervorst），强调保险业对国际财务报告准则17号（IFRS 17）保险合同条款的关注，为使公司有足够的时间应对实施后的挑战并对准则进行必要的改进，建议推迟2年实行该准则。

2018年12月14日，IASB发布《国际财务报告准则第13号——公允价值计量》的实施后审议报告。IASB决定将实施后审议结果中关于披露有用性的部分纳入“财务报告中更好的沟通”项目，将继续关注估值行业和会计实务的进展，但对实施后审议结果不再安排其他后续活动。

2019年4月，美国财务会计准则委员会（FASB）公布了新的会计准则，阐明信贷损失、对冲以及金融工具确认和计量，该准则将与国际会计准则委员会（IASB）公布的准则趋同。

2019年12月17日，IASB发布了主要财务报表项目的重要阶段性成果——《一般列示和披露（征求意见稿）》，最终将对该征求意见稿修改完善后发布一项新的国际财务报告准则，以替代现行《国际会计准则第1号——财务报表列报》。

2020年5月14日，IASB发布了3项对国际财务报告准则的小范围修订以及《国际财务报告准则年度改进2018—2020》，修订内容自2022年1月1日或之后开始的年度期间生效。3项对国际财务报告准则的小范围修订分别是《不动产、厂场和设备——达到预定可使用状态前的产出收入（对〈国际会计准则第16号〉的修订）》、《亏损合同——履行合同的成本（对〈国际会计准则第37号〉的修订）》、《对概念框架相关内容的引用（对〈国际财务报告准则第3号〉的修订）》。IASB发布的《国际财务报告准则年度改进2018—2020》，对《国际财务报告准则第1号——首次采用国际财务报告准则》《国际财务报告准则第9号——金融工具》《国际财务报告准则第16号——租赁》《国际会计准则第41号——农业》进行了修订。

2020年5月28日，IASB为解决承租人在运用《国际财务报告准则第16号——租赁》核算由新冠肺炎疫情引发的租金减让业务时的实务困难，发布了《新冠肺炎疫情相关租金减让》，完成了对国际租赁准则的修订。该修订为承租人提供了一种实务变通方法，将较大程度地减轻承租人在新冠肺炎疫情期间对租金减让会计处理的成本。

2020年6月25日，IASB发布了《对〈国际财务报告准则第17号〉的修订》。该修订在不改变2017年5月发布的《国际财务报告准则第17号——保险合同》主要原则、不影响保险公司财务信息有用性的基础上，致力于解决IFRS 17实施过程中存在的困难和挑战。同时，IASB也修订了《国际财务报告准则第4号——保险合同》。

2020年8月27日，IASB发布了《利率基准改革——第二阶段》，一揽子修订了与利率基准改革相关的《国际财务报告准则第9号——金融工具》《国际会计准则第39号——金融工具：确认和计量》《国际财务报告准则第7号——金融工具：披露》《国际财务报告准则第4号——保险合同》《国际财务报告准则第16号——租赁》等国际财务报告准则。

2020年9月30日至10月1日，会计准则制定机构国际论坛（IFASS）视频会议如期举行。各国参会代表就持续经营假设、无形资产的会计处理等问题展开讨论。

2021年3月31日，IASB修订《国际会计准则第1号——财务报表列报》、《国际财务报告准则实务公告第2号——就重要性作出判断》及《国际会计准则第8号——会计政策、会计估计变更和差错》三项准则。

2021年4月27日，IASB为应对缺乏可兑换性的挑战，发布了《缺乏可兑换性——对〈国际会计准则第21号——汇率变动的影响〉的修订（征求意见稿）》。就缺乏可兑换性的定义、缺乏可兑换性情形下即期汇率的确定方式和相关信息披露等规定征求意见，拟对《国际会计准则第21号——外汇汇率变动的影响》进行小范围修订。

2021年6月8日，IASB发布《与单项交易产生的资产和负债相关的递延所得税》以修订所得税会计准则。

资料来源：根据《会计研究》中“会计国际趋同及相关组织近期动态”栏目、财政部会计司“国际会计动态”栏目以及中国注册会计师协会“国际会计职业动态”整理而成。

国际会计准则是IASC和IASB制定的会计准则，不具有法律性质，各国是否遵循它，取决于在各国看来是否有利于各该国或是否有条件实施，国际会计准则委员会不能强制某国遵循国际会计准则，尽管如此，随着跨国经济的发展和国际资本的逐步完善，特别是IOSCO的认可与合作，国际会计准则的作用越来越大。

国际会计准则委员会在制定国际会计准则时，遵循三个基本要求：（1）选择共同的、基本的会计问题（避免只涉及一两个国家的特有问题），着重制定基本的准则；（2）根据各国经济活动的实际情况考虑会计的基本原则，把统一性、灵活性恰当地结合起来；（3）在内容上，力求简短、明确、不复杂，可运用于各种情况。

国际会计准则除要求会计主体遵循会计主体假设、会计分期假设、货币计量假设与币值不变假设等已被普遍接受和承认的基本假设外，它还强调遵循如下三项基本会计假设：（1）持续经营假设。即假设企业在可预见的将来按既定的方向运行下去，既不企图也不必要停业或大幅度地削减业务。在正常的情况下，制定国际会计准则只能建立在这一假设上。（2）一致性假设。为了保证会计报表的可比性，必须保证企业在不同会计期间采取相同或者基本相同的会计政策。（3）权责发生制假设。为了使企业的经营成果、财务状况能比较科学地表达出来，就要求企业在确认与计量收益时，应按照收款的权利取得的期间、付款的义务形成的期间来确认收入、费用的归属期及金额的大小。

各会计主体在选用会计政策时，应遵守下列三项基本原则：（1）谨慎原则。谨慎原则又叫稳健原则，是人们在可选择的会计处理方法中只选择那种不虚增资产与盈利的会计处理方法来处理特定的会计事项。谨慎原则的哲学基础是稳健主义，即对未来的可能事项的处理不能过于乐观，而应认真地、客观地对待；现实基础是在社会经济生活中存在着这样或那样的不确定因素。因此，在确认收益时，对未来的可能损失应尽可能预计，对未来的可能收益应当尽可能地不预计。当然，这种预计或不预计都应当有充分的理由，不允许以“谨慎”为借口建立“秘密准备”。(2) 实质胜于形式原则。它是指人们在反映交易和事项时，应主要按其实质和财务事实而不是其法律形式进行反映。例如，合并报表的会计主体是“集团”，这就是按财务事实而不是法律形式来反映母公司对子公司的控股关系及其事实结果的。(3) 重要性原则。要求会计报表反映所有对评价和决策有重大影响的项目，对不重要的项目可以不予反映或采用灵活方式反映。

虽然上述原则对人们选用会计政策有一种“指南针”的作用，但在世界范围内并不意味着人们对同一交易或者事项都采用同一会计政策来加以处理。这样，为了增加会计报表资料的有用性，有必要在报表中说明各会计主体选用的会计政策。例如，应说明下列会计政策：(1) 一般会计政策，合并政策，外币折算与汇兑损益的处理，全面估价政策，资产负债表日后发生的事项，租赁、分期付款购货及有关利息，税务，长期合同，特许权等。(2) 关于资产的会计政策：应收款，存货及有关销售成本，应计折旧的资产与折旧，成长中的作物，开发用地和有关开发成本，对子公司、联属公司的投资，研究与开发费，专利权与商标权，商誉等。(3) 关于负债与准备的会计政策：保单，约定付款与或有负债，退休金成本和退休制度，解职费和多余人员津贴等。(4) 关于损益的会计政策：确认收入的方法，固定资产维修费、修理费和改良费，财产处理盈亏，准备会计等。

为了协调各国会计差异，国际会计准则委员会发布了一系列国际会计准则征求意见稿（exposure draft）和国际会计准则（IAS）。国际会计准则征求意见稿是正式国际会计准则的前一阶段，其中有一些是对原国际会计准则的修订；有些是将要制定新准则的草案（有待审批）；有的是针对单一问题的（如ED48：金融工具会计等）；有的是对综合问题的征求意见稿（如ED32：会计报表可比性）。在发出国际会计准则征求意见稿并收到反馈意见后，国际会计准则委员会筹划小组将对反馈意见进行分析、复议，草拟出国际会计准则草案，交国际会计准则委员会理事会审批后作为正式国际会计准则发布。迄今为止，现行有效的国际会计准则有26项，国际财务会计报告准则（IFRS）17项。

【资料库3-3】

现行有效的国际会计准则（IAS）简介

《IAS1：会计报表列报》——本准则的主要目的在于规定通用会计报表列报的基础，以确保自身的会计报表以及其他主体的会计报表相互可比。本准则提出了会计报表列报的总体要求，提供了有关会计报表结构的指南，还提出了会计报表列报内容的最低要求。

《IAS2：存货》——本准则的主要目标是对存货的会计处理作出规定。本准则为成本的确定及随后确认为费用，包括减计至可变现净值，以及将成本分配给各存货的成本计算方法等提供了指南。

《IAS7：现金流量表》——本准则的主要目标是要求主体通过现金流量表提供现金和现金等价物过去变动情况的信息。在表中将主体当期的现金流量划分为经营活动、投资活动和筹资活动三个来源。

《IAS8：会计政策、会计估计变更及差错》——本准则的主要目的是对选择和变更会计政策的标准，以及会计政策变更、会计估计变更和差错更正的会计处理及披露作出规定。本准则旨在提高主体会计报表的相关性和可靠性以及该主体不同期间会计报表的可比性和与其他主体会计报表之间的可比性。

《IAS10：资产负债表日后事项》——本准则的目的是规范：（1）企业应在何时就资产负债表日后事项调整其会计报表；（2）企业应对会计报表批准报出日和资产负债表日后事项作出的披露。本准则还要求，如果资产负债表日后事项表明持续经营假设不再适用，那么企业不应在持续经营的基础上编制其会计报表。

《IAS12：所得税》——本准则的目的在于规定所得税的会计处理。本准则要求企业采用与核算交易和其他事项本身一样的方法核算其纳税后果。本准则也涉及未利用可抵扣亏损和未利用税款抵减产生的递延所得税资产的确认、所得税在会计报表中的列报以及与所得税有关的披露信息。本准则适用于所得税会计。在本准则中，所得税包括各种以应税利润为基础的国内和国外税额。本准则不涉及政府补助（参见《国际会计准则第20号——政府补助会计和政府援助的披露》）或投资税款抵减的核算方法，但本准则涉及可能由这些补助或投资税款抵减产生的暂时性差异的核算。在2015—2017年度改进周期中IASB对《IAS12：所得税》作了细微修订，规定“企业应采用同样的方法核算所有因支付股利对所得税产生的影响。”这一修订应对自2019年1月1日或以后日期开始的年度期间生效，允许提前采用。

《IAS16：不动产、厂房和设备》——本准则的目标是规定不动产、厂房和设备的会计处理，以便会计报表使用者能够掌握主体在不动产、厂房和设备方面的投资及其变动的信息。在不动产、厂房和设备的会计核算中主要涉及的问题包括这些资产的确认、账面金额、应确认的相关折旧费用和减值损失的确定。

《IAS19：雇员福利》——本准则的目的是规范雇员福利的会计处理和披露。本准则要求会计主体：（1）在雇员提供了服务以换取将在未来支付的雇员福利时，确认为一项负债；（2）在会计主体消耗了雇员为换取福利而提供的服务所产生的经济利益时，确认为一项费用。本准则适用于雇主对雇员福利的会计核算，不涉及雇员福利计划的报告，它适用于各种雇员福利。

《IAS20：政府补助金会计和政府援助的披露》——本准则制定的目的是规范政府补助金的会计和披露以及其他形式的政府援助的披露。

《IAS21：汇率变动的影响》——本准则适用于外币交易和余额的会计核算以及那些通过合并或权益法（equity method）包含在主体财务会计报告中的国外经营成果和财务状况所进行的核算。本准则并未涉及外币项目套期会计的处理。外币衍生工具的会计处理主要由《IAS39：金融工具：确认和计量》进行规范，但是在IAS39规范范围之外的外币衍生工具，仍适用IAS21的规定。IAS21还适用于主体将以功能货币表示的衍生工具折算为以列报货币的情况，但不涉及现金流量表中由外币交易形成的现金流量的列报和国外经营现金流量的折算问题。

《IAS23：借款费用》——本准则的目标是规范借款费用的会计核算。一般情况下，本准则要求借款费用立即费用化，但是允许选用其他处理方法。本准则允许那些可以直接归属于符合条件的资产的购置、建造或生产的借款费用资本化。这一修订应对自2019年1月1日或以后日期开始的年度期间生效，允许提前采用。

《IAS24：关联方披露》——本准则的目标是确保主体的会计报表包含关注这种可能性所必需的披露，即：主体的财务状况和损益，受关联方关系、与此类关联方的交易及其未结算余额影响的可能性。

《IAS26：退休福利计划的会计和报告》——本准则的制定目的在于规范退休福利计划的会计和报告。本准则适用于为退休福利计划所编制的会计报表。本准则将退休福利计划作为与计划参与者的雇主相独立的报告实体。本准则涉及将全部参与者作为一个整体的退休福利计划的会计和报告，不涉及提供给各个参与者有关退休福利权利的报告。本准则是对《国际会计准则第19号——退休金费用》的补充。本准则不涉及其他形式的雇员福利，如辞退补偿、延期酬劳措施、长期服务于同一主体的带薪休假、特殊的提前退休或裁员计划、保健和福利计划或奖金计划，政府的社会保障措施也不包括在本准则的范围内。

《IAS27：合并会计报表和单独会计报表》——本准则适用于受母公司控制下的企业集团合并会计报表的编制和列报。按照改进后的规定，当主体选择或者被当地法规要求呈报单独的会计报表时，本准则也适用于对子公司、共同控制主体以及联营企业中投资的核算。但是，本准则不涉及企业合并及其合并影响的会计方法，包括企业合并产生的商誉的处理，对这类问题的处理参见《IFRS3：企业合并》。

《IAS28：对联营企业的投资》——本准则适用于投资者对联营企业的投资的核算。本准则不适用于由风险投资机构、共同基金、单位信托以及其他包括保险投资联合基金等类似主体持有的在联营企业中的投资。在实务中，对于不适用权益法，但构成主体在被投资者中净投资的一部分的在联营企业或合营企业中的长期权益，并不确定IFRS 9（尤其是其减值要求）是否适用。此类长期权益包括既没有计划予以偿还、在可预见的未来也很可能不偿还的长期贷款。

IFRS 9适用于上述长期权益，包括其减值要求。此外，在对长期权益应用IFRS 9时，主体无需考虑IAS 28的要求，无需对其账面金额进行调整（即，因按照IAS 28分摊被投资者损失或执行减值评估而导致的长期权益账面金额的调整）。随同该修订，IASB发布的示例阐述了IAS 28与IFRS 9的要求之间的相互影响。该修订应对自2019年1月1日或以后日期开始的年度期间追溯应用，允许提前采用。具体适用的过渡性规定将取决于首次应用本修订的时间与首次采用IFRS 9的时间是否一致。

《IAS29：恶性通货膨胀经济中的财务会计报告》——本准则的目的是规范如何对以恶性通货膨胀经济货币报告的企业会计报表加以重述。本准则适用于以恶性通货膨胀经济货币报告的企业的基本会计报表，也包括合并会计报表。

《IAS32：金融工具：披露和列报》——本准则的目的是增强会计报表使用者对资

产负债表表内和表外金融工具对企业的财务状况、经营业绩和现金流量的重要影响的理解。本准则对某些资产负债表表内金融工具规定了列报要求，并指出了应予以披露的关于表内（已确认）和表外（未确认）金融工具的信息。准则的列报部分涉及金融工具在负债和权益之间的分类，有关股息、股利、损失和利得的分类以及金融资产与金融负债应予抵销的情况等。披露部分规定了影响企业未来现金流量的金额、时间和确定性的与金融工具有关的信息以及应用于这些工具的会计政策。

《IAS33：每股收益》——本准则的目的就是规范每股收益的确定和列报原则，借此改进同一期间内不同企业之间，以及同一企业在不同会计期间的业绩比较。

《IAS34：中期财务会计报告》——本准则的目的是规范中期财务会计报告的最基本内容，并规范完整或简明的中期财务会计报告中应采用的确认和计量原则。

《IAS36：资产减值》——本准则的目标是规范主体确保其资产以不超过可回收金额进行计量的程序。本准则要求主体确认资产减值损失，也规定了主体应该在何时转回资产减值损失，并规范了减值资产的有关披露内容。

《IAS37：准备、或有负债和或有资产》——本准则的目标是确保将适当的确认标准和计量基础运用于准备、或有负债和或有资产，并确保在会计报表的附注中披露充分的信息，以使使用者能够理解它们的性质、时间和金额。

《IAS38：无形资产》——本准则的目的是对没有在其他国际会计准则中特别涉及的无形资产的会计处理进行规范。本准则要求主体仅在满足特定条件时才确认无形资产。本准则也对如何计量无形资产的账面金额作了规定，并就无形资产的特定披露提出了要求。

《IAS39：金融工具：确认和计量》——本准则的目的是为在主体会计报表中确认和计量金融资产、金融负债以及买卖非金融项目的一些合同建立原则。本准则适用于所有主体的金融工具，但不能适用于衍生工具等项目。

《IAS40：投资性房地产》——本准则的目的是规范投资性房地产的会计处理和相关披露要求。

《IAS41：农业》——本准则的目的是规范农业活动的会计处理、会计报表列报和披露。本准则适用于生物资产、收获时的农产品以及相关的政府补助。本准则不适用于与农业相关的土地、无形资产，对于作为主体生物资产收获的农产品，本准则只适用于其在收获时的核算，因此，本准则不涉及收获后农产品的加工。

【资料库3-4】

国际财务会计报告准则（IFRS）内容简介

《IFRS1：首次采用国际财务会计报告准则》——本准则的目标在于确保主体充分按照国际财务会计报告准则编制的会计报表以及这些会计报表涵盖的部分期间的中期财务会计报告提供高质量的信息，这些信息应当：（1）对于使用者是透明的，并且在所列报期间可比；（2）为按照国际财务会计报告准则进行后续的会计处理提供恰当的起点；（3）编制成本不超过带给使用者的收益。

《IFRS2：以股份为基础的支付》——本准则制定的目的是规范主体在发生以股份支付为基础的支付交易时如何编制财务会计报告。具体而言，它要求主体将以股份为基础的支付交易的影响反映在损益和财务状况中，包括授予雇员股票期权的相关费用。

《IFRS3：企业合并》——本准则的目的是对主体进行企业合并的财务会计报告进行规定。特别是，本准则规定所有的企业合并都应该采取购买法进行会计处理。因此，购买方在购买日对被购方的可辨认资产、负债及或有负债按照其公允价值进行确认，并同时确认商誉，商誉随后应进行减值测试而非摊销。在2015—2017年度改进周期中IASB对《IFRS 3：企业合并》作了细微修订，规定“当一方取得对业务的控制权时，应重新计量其之前在共同经营中持有的权益”。这一修订应对自2019年1月1日或以后日期开始的年度期间生效，允许提前采用。

《IFRS4：保险合同》——本准则的目标在于在理事会完成保险合同项目的第二阶段之前，规范所有签发保险合同的主体对保险合同的财务会计报告。特别是，本准则要求：承保人对保险合同的会计处理作有限的改进，披露相关信息，识别和解释承保人会计报表中因保险合同而产生的金额，以帮助这些会计报表的使用者理解源于保险合同的未来现金流量的金额、时间及其不确定性。

《IFRS5：持有以备出售的非流动资产和终止经营》——本准则的制定目的是规范持有以备出售资产的会计处理以及终止经营的列报和披露。为此，本准则要求：（1）满足持有以备出售标准的资产应按账面价值金额与公允价值减去出售费用后的余额孰低计量，并且停止对这些资产计提折旧；（2）满足划分为持有以备出售标准的资产应在资产负债表中单独列示，终止经营的成果应在收益表中单独列示。

《IFRS6：矿产资源的勘探和评价》——本准则的制定目的在于规范矿产资源勘探和评价的财务会计报告。具体而言，准则要求：（1）对勘探和评价支出的现行会计实务进行有限的改进；（2）确认勘探和评价资产的主体按照本准则对这些资产进行减值评估并按照《IAS36：资产减值》计量这些资产的减值；（3）披露用于认定和解释因矿产资源的勘探和评价而在主体会计报表中确认的金额的信息，帮助会计报表使用者理解主体确认的勘探和评价资产所带来的未来现金流量的金额、时间和确定性。本准则适用于主体在勘探和评价方面发生的有关支出，但并不规范从事矿产资源勘探和评价的主体的其他会计事项。

《IFRS7：金融工具：披露》——2005年8月18日，国际会计准则理事会（IASB）对外公布了一项有关金融工具的新准则，并于2007年1月1日或以后日期开始的年度期间生效，鼓励提前采用。同时，IAS32中关于披露的规定和IAS30被正式废止。本准则规范了对金融工具风险的披露要求，适用于任何持有金融工具的实体。它要求企业披露以下两类主要信息：第一，金融工具对主体财务状况和业绩的重要性；第二，关于金融工具产生的风险的定性和定量信息。

《IFRS8：经营分部》——本准则的核心原则：主体应向会计报表使用者披露信息，使其能够评价主体所从事经营活动的性质和财务影响以及其经营所处的经济环境。

《IFRS9：金融工具》——本准则建立了金融资产、金融负债和某些非金融项目买卖合同的确认和计量要求。其主要内容包括：（1）一套基于所持有金融资产的现金流量特征和业务模式的金融资产分类模型；（2）一套金融负债的分类模型，包括主体选择以公允价值对金融负债进行计量时，主体自身信用的恶化（或改善）产生的利得（或损失），应确认为其他综合收益而不是损益；（3）一套单一的、具有前瞻性的“预期损失”减值模型，对于除以公允价值计量且其变动计入损益以外的金融资产，要求主体在金融资产首次确认时对预期信用损失进行会计处理（新的减值模型同样适用于资产负债表外风险，例如贷款承诺和财务担保合同），并且，当信用风险在初始确认之后发生了显著上升时，确认全部存续期预期信用损失；（4）一套使会计处理和主体风险管理活动连接得更好的套期会计模型，并改进了风险管理活动相关的披露要求（在《IFRS7：金融工具：披露》中规范）。IFRS9替代了《IAS39——金融工具：确认和计量》。

《IFRS10：合并财务报表》——本准则在现有原则基础上，明确将控制概念作为某个主体是否应被纳入母公司合并财务报表的决定因素。本准则提供了附加指南以帮助使用者在难以评估的情况下确定控制，取代了《IAS27：合并财务报表和单独财务报表》的部分内容。

《IFRS11：合营安排》——本准则关注合营安排的权利和义务而非其法律形式，从而反映了更为实际的合营安排实质。本准则要求主体使用单一方法计量其在共同控制主体中的权益以解决合营安排报告中的不一致问题，取代了《IAS31：合营中的权益》。

《IFRS12：在其他主体中权益的披露》——本准则是一项全新和全面的披露准则，它要求主体披露所有形式的在其他主体中的权益，包括合营安排、联营公司、特殊目的主体和其他资产负债表表外载体。

《IFRS13：公允价值计量》——本准则定义了公允价值，建立了一项单独的公允价值计量框架准则，并规范了与公允价值计量相关的披露。除特定情况外，本准则适用于所有要求或允许有关公允价值的计量或披露的准则，包括诸如公允价值减去销售费用、以公允价值为基础的计量及其披露。

《IFRS14：监管递延账户》——本准则规定了费率管制所产生的监管递延账户余额的会计处理问题。其主要内容包括：适用范围、监管资产和负债的确认与计量、监管递延账户的列报与披露等。本准则仅适用于首次采用国际财务报告准则，根据原公认会计原则在财务报表中确认的监管递延账户余额。

《IFRS15：源于客户合同的收入》——本准则建立了一套确定何时确认收入及确认多少收入金额的综合框架。该框架的核心原则是，主体确认的收入应当反映向客户交付所承诺的商品或服务，其金额应当反映主体预期在交换商品或服务时有权收回的对价。本准则采用以下五个步骤来确认收入：识别与客户的合同；识别合同中的应履行义务；确定交易价格；向合同中的应履行义务分摊交易价格；在主体履行了一项应履行义务时确认收入。新准则实施后，《IAS11：建造合同》和《IAS18：收入》同时失效。

《IFRS16：租赁》——本准则于2019年1月1日起实行，其最大的影响是在符合租赁资格的条件下，为租赁人消除了经营租赁和融资租赁之间的区别，将所有租赁均纳入了资产负债表。

《IFRS17：保险合同》——本准则旨在提高公司和国家保险业务会计核算的一致性，提高保险账户的透明度，使业务的实现与基本保险业务更紧密地匹配。本准则适用于主体签发的保险合同、所有再保险合同以及同时签发保险合同的主体签发的具有相机分红特征的投资合同。此外，在符合某些标准的条件下，新准则向固定金额合同提供了一项适用IFRS 15的选择权。该准则实施的时间不早于2023年1月1日。

资料来源：王建新. 国际财务会计报告准则简介及与中国会计准则比较［M］. 北京：人民出版社，2008：186-405.

IASB除了发布一系列国际会计准则征求意见稿和国际会计准则（IAS）以外，还积极与世界主要地区和国家的会计准则制定和监督机构以及会计职业团体进行了广泛的沟通和交流，为全球会计趋同工作作出了重要贡献。

■　3）IASB准则制定的大国影响

IASB准则的制定受大国影响是必然的。客观上，在全球经济一体化的趋势下，主要国家和地区会计理念丰富，经济贸易往来频繁，海外市场急剧扩张，迫切需要增加各国、各地区会计信息之间的可比性。主观上，IASB希望制定在各国各地区通用的高质量会计准则并被大众接纳，这就需要IASB准则制定机构依据各国各地区不同的财务信息处理方式找出其中的共通之处，并符合在国际上占有话语权的各大国的利益诉求。

美国对IASB的贡献和影响逐渐减弱。在IASB成立的第一个十年，作为世界金融中心，各国资本纷纷流向美国，面对外国公司不同于本国准则的财务信息，美国各方利益相关者迫切需要规范会计准则，同时IASB也不断推进与美国准则的逐步趋同，最终促使美国采用IFRS的工作目标。两者于2002年签订双方准则趋同工作的协议，并于2006年又签订了备忘录，积极召开联席会议。但随着美国霸权主义思想的盛行，趋同目标逐渐被美国放弃。美国始终认为自己是国际规则的制定者，认为准则制定权应掌握在美国手中，担心趋同后丧失对准则制定的影响力。2008年金融危机后，美国忙于补充金融改革措施和法律法规，与国际会计准则趋同的工作暂被搁置。随着美国对IASB的贡献与影响逐渐减弱，美国在IFRS基金会、IASB理事会、IASB咨询委员会、IASB解释委员会等机构中人数占比逐渐降低，且不再占据重要岗位。美国从IASB推进工作过程中的谈判者变为IASB制定准则的技术咨询意见提供者之一，且不再是IASB的最大捐款户，甚至每年的捐款难以落实，同时各国会计准则趋同的标准也不再以美国GAAP为主，美国在逐渐丧失其在IASB准则制定中的影响力。

欧盟对IASB的影响稳中有升。自IASB成立伊始，欧盟就积极拥护IFRS的财务报表编制规则，是影响IASB的重要力量之一，其地位随着美国2012年放弃会计国际化趋同之后稳中有升。欧盟要求各成员国遵守IASB准则规范，按照IFRS编制合并财务报表，使得各成员国成为IFRS实行过程中的中坚力量和忠实遵循者。在美国放弃IASB的重要岗位后，基金会主席由欧洲人担任。自2001年起，在美国失去IASB最大捐款户的身份后，欧盟成为捐款最多的区域性组织。不仅如此，欧盟不少成员国一直是IFRS基金会的单个捐款大户，如英国、法国、德国等。为了给IASB提供技术咨询支持，协助欧洲各国对IFRS的理解，欧盟建立了积极参与IASB准则制定过程的EFRAG组织，为欧盟在IASB中举足轻重的地位提供强大的技术保障。EFRAG不仅积极参与IASB准则制定过程，还参与IASB的联络会议，对IASB的各种准则及准则解释文件提出建议。在欧盟众多成员国中，曾为欧盟成员国的英国起到了至关重要的作用。英国伦敦一直是IASC和IASB的办公地点和沟通中枢，英国人在IASB中占据重要岗位，英国相关团体密切关注和参与国际会计准则的制定和修缮工作，同时英国会计准则为IFRS提供了重要借鉴。英国脱欧后，其与IASB间将如何发展尚未可知。现如今，欧盟依旧活跃在IFRS章程修改的一线，以图继续扩大其影响力。

日本对IASB的影响长期稳定。经济振兴后，日本积极参与各种国际组织的建设，以期在各国际组织中占据重要地位。首届IFRS基金会中日本有两个代表，同时IFRS咨询委员会和解释委员会也有多名日本代表，IASC和IASB成立后，日本在两者中占据重要位置。日本对IASB的长期影响力还来自对IFRS基金会较高比例的捐款，在美国减少捐款后，日本一度成为捐款金额最多的国家，直到最近才被中国超过。在IASB的各种会议中，日本积极发表高质量的意见，努力促使日本准则与IFRS趋同。在2008年美国SEC策划采用IFRS路线图的影响下，日本于2009年宣布了同样的路线图计划，计划在2012年做出是否采用IFRS编制报表的最终规定。但是，在美国放弃路线图计划后，日本采用IFRS的路线图计划也随即终结。不过日本2010年起允许日本公司选择是否在本国市场以IFRS为基础编制合并报表，这表明日本尚未放弃探索本国国情与IFRS的融合之路。同时，日本在推动亚太地区会计国际化工作中发挥重要作用。2009年，中国、日本、澳大利亚等国成立AOSSG，以推动IFRS在亚太地区的应用，协调各国对准则制定工作的意见。日本自始至终对IASB保持着稳定的影响力。

中国对IASB的影响逐步增强。随着美国在IASB的影响力逐步下降，中国在IASB中的影响力在稳步提升。中国在IASB各级组织中占有重要岗位，持续参与各项准则的制定，对IFRS基金会的捐款额也在逐年增加，近几年居于榜首，这保障了中国在IFRS修订过程中利益诉求的实现，也进一步推动了IFRS与中国会计准则趋同。为了确保中国会计准则国际化，财政部于2010年发布了《中国会计准则与IFRS之间持续趋同的路线图》，本着进一步促进中国会计准则与国际会计准则趋同的目的，财政部于2014年对中国会计准则进行了大规模修改，实现了我国会计准则领域的新突破。同时，中国提高对会计准则执行的监管力度，确保趋同准则的有效实施，推动与IFRS趋同的中国会计准则在中国的可理解性和实质性，有助于各方的理解和执行。各方对基于IFRS修订的中国会计准则的认同反过来增进了中国积极参与IASB准则制定的信心。中国提出了许多建设高质量会计准则的有用建议，加深了在IASB准则制定过程中的影响力，使中国掌握了更大的国际话语权。中国紧密跟踪IASB准则项目进展和国内实务发展，通过找准企业会计准则国际趋同和解决我国实际问题之间的平衡点和结合点，更好地促进我国企业创新和经济高质量发展。中国密切跟踪研究国际财务报告准则的最新发展，在重要准则项目和重大技术问题上积极表达我国的观点和关切，讲好中国会计故事，发出中国会计声音，主动引领国际财务报告准则的发展方向。

■ 4）IASB准则概念框架变化及修改理念

IASB颁发的概念框架，是由特定基本概念和原则形成的概念和基本原则体系，1989年IASB颁布了首个概念框架，包括目标、质量特征、要素、确认和计量。接下来，IASB分别于2002—2010年、2012—2018年两次修改概念框架，增加了报告主体、列报和披露两个主要章节，修改了原概念框架基本概念和原则定义，增补和删除了相当一部分内容，下面分章节来对这些变化进行具体介绍。值得注意的是，第一次对概念框架的修订是在IASB与FASB的合作下进行的，第二次修订则是由IASB单独进行的。

（1）财务报告的目标。在此章节下，IASB对财务信息主要使用者的定义由较为宽泛到逐渐与FASB趋同。1989年IASB概念框架认为使用者应包括现有的和潜在的投资者、雇员、贷款人、供应商、其他商业债权人、顾客、政府及其机构、公众，在2010年概念框架中，IASB将使用人限制为现有和潜在投资者、信贷者和其他债权人，并一直沿用至今，这体现了IASB和FASB的趋同。IASB始终强调，通用财务报告应满足使用者共同的需要，而不应该为使用者不同的信息需求服务，但这并不排斥报告主体自主决定是否提供针对部分使用者的特殊信息。IASB也始终认为，通用财务报告提供的是一种用来评估报告主体价值的信息，而不是直接评判报告主体的价值。IASB将1989年颁布的《编制财务报表的框架》修改为《财务报告的概念框架》，主要是随着经济社会和会计实务的发展，使用者所得到的最终会计信息不再局限于财务报表，还包括董事会报告、财务情况说明书等有用信息。同时，IASB在2018年版框架概念中财务报告章节对决策有用观和受托责任观的选择具有较大变动，一改以决策有用观为先的理念，进行并列处理。两种不同财务会计目标观念的平衡来自利益相关者倾向的变化。

（2）财务信息的质量特征。IASB对质量特征章节的修改主要表现在以下部分：①将财务信息的质量特征分为两个层次，即基础性和提升性。基础性包括相关性和如实反映，提升性包括及时性、可比性、可验证性和可理解性。IASB认为，质量信息有前后顺序，在使用者选择或变更会计政策时，首先应满足质量特征的基础性。②以如实反映代替可靠性。IASB认为，可靠性导致人们产生不同理解（比如无法区分可靠性与准确性、过度追求误差的避免等），因此IASB始终坚持这一替换决定，希望使财务报告能够反映出报告主体意在反映的信息。此外，IASB进一步删除了可靠性这一确认条件。③恢复审慎性和实质重于形式。在2010年版概念框架中，IASB删除了审慎性与实质重于形式，但在部分人的强烈要求下，IASB于2018年重新在“如实反映”中体现了审慎性和实质重于形式。

（3）财务报表要素。IASB对该章节的修订理念为：①不改变要素总量，依旧使用资产、负债等5个要素。②资产仍是其他要素定义的起源。③对要素确认、终止、计量等进行循序渐进的讨论。④为更好地执行IFRS提供更详细的要素指南。为了明确资产和负债的定义，2018年版概念框架删除“流入”“流出”的概念，认为资产是经济资源，而负债是转移经济资源的义务，并将经济资源定义为“具有产生经济利益潜力的权利”。同时，IASB始终认为在资产和负债的概念中，“因过去事项”的概念是必要的，若没有过去的发生，必然也不存在现时的义务。IASB从未放弃资产定义中的“控制”概念，始终认为权利的意义在于控制。2018年版概念框架认同企业有些经济资源是不可辨认或拆分的，一项经济资源存在保有多种权利的可能。对于现时义务条件，IASB认为其应包括因过去的事项而产生，且主体没有避免转移经济资源的实际能力两个方面。在权益要素定义方面，概念框架坚持权益和负债这两个分类，并将权益定义为资产、负债之差。总而言之，IASB对报表要素判断的重要原则是要尽可能包容各国国情下的业务，制定统一的高质量的会计准则。

（4）会计计量基础。计量的目的是资本保全，资本保全是指保证资本所有者投入资本维持原有购买能力不变。为了突出计量目的的重要性，新概念框架专门开设章节叙述资本保全的概念。持续经营在会计计量问题的讨论中起到基础性作用，IASB在对会计计量问题进行研究时坚持持续经营假设。IASB也坚持在计量问题上同时考虑资产负债表和利润表的关系，使使用者能同时从二者中获取有用信息。在对选择计量基础的基本原则的讨论中，IASB贯彻质量特征的基础性和提升性顺序，先考虑基础性质量特征。计量基础所提供信息的相关性大小，部分取决于资产或负债的特征，也取决于资产或负债产生未来现金流量的方式。IASB强调，为了如实反映会计信息，对相互关联的资产和负债应采用相同的计量基础。但是，IASB在新概念框架中也强调衍生金融工具需用现时价值为计量基础，从而固化了衍生金融工具的计量选择。在考虑基础性质量特征之后，IASB的准则制定也会考虑提升性质量特征，比如选择能够提升财务报告可比性、可理解性的计量基础。IASB新概念框架对会计计量的讨论，特别是如何选择计量基础的讨论有助于报告主体选择适当的计量基础，帮助使用人理解报告主体选择计量基础的动机，同时也推进了IASB今后制定会计准则工作的顺利展开。

第二次修订概念框架时，IASB还新增了报告主体章节，作为IASB与FASB准则趋同项目的产物，在美国放弃与IFRS趋同后，IASB依旧决定独自完成该章节。但是，不少人认为该章节很多内容并无意义，无需单独专设一章。

■ 5）IASB的业绩报告观

一直以来，业绩报告是与报告主体有关的利益相关者关注的焦点，其面临三大难题：（1）收益报表的反映内容是当期经营成果，还是除与所有者交易外的所有净资产的变动？（2）收益报表是否及如何根据一定标准将各种收入、费用项目归类分层？（3）当资产或负债按现实价值计量时，期间价值变动是计入收益还是股东权益？这些问题反映在其他综合收益（OCI）形成过程中的基本概念和原则之争中。

（1）OCI和综合收益的列报。OCI和综合收益的列报主要经历了3个阶段。20世纪90年代的初步阶段，IASC颁布的修订IAS 1明确要求权益表中列报OCI，且允许纳入“已确认利润表”，在此之前，IASC已经意识到报表主体出具综合收益表有利于信息透明度的提升。第二个阶段在IASB成立后的第一个十年，起初IASB希望消除OCI及其回转概念，为此IASB在新的金融工具准则项目中设定了两个不许回转的OCI项目，并于2010年发布征求意见稿，建议采用一张连续的综合收益表来保留OCI小计，试图淡化OCI及净收益的概念，遭到了各方的反对。最终IASB和FASB于2011年颁布的修订稿中，准许企业在一张连续的综合收益表，或上下排在一起的一张利润表和一张包括OCI的综合收益表中进行选择。第三个阶段在2011—2018年，IASB从概念框架的角度形成有关列报OCI的基本原则和观点，认为利润表是企业财务业绩主要的信息来源，是许多财务报表使用者分析企业经营业绩的焦点和起点。同时很难找到意见统一的标准来划分损益和OCI。在IASB的长期导向上，资产与负债只有按现时价值计量时，才可考虑将价值差额计入OCI，且发生事项作为OCI处理的频率较低。IASB在新概念框架中认为，在提高如实反映和相关性的前提下，OCI中的收入和费用在未来期间应重分类至利润表。

（2）营业、投资和筹资损益的列报。早年间，国际会计准则制定机构主要就如何分开列报营业、投资和筹资损益展开争论，这一争论重心在是否淡化损益和OCI在综合收益中的概念，正如前文所述，IASB对于消除损益和OCI在综合收益中的概念的工作不被各方面接受。2008年FASB和IASB颁布有关彻底改革基本财务报表格式的讨论稿，旨在解决财务报表列报思路不一致、各财务报表间的信息不相互关联、不一致的项目被合计成一个金额等问题，提出了结构一致原则、细分原则、管理者视角原则。该讨论稿由于其实施难度大而遭到了各方面的强烈反对。在此基础上，2019年IASB颁布了新的征求意见稿，建议将综合收益中的损益项目分为营业损益、投资损益、筹资损益及一体化联营和合营企业分享的损益四个类别。为了提高现金流量表与利润表的一致性、资产负债表与利润表的一致性，2019年新征求意见稿建议完善现金流量表和资产负债表的编报原则。新征求意见稿与2008年讨论稿收到的反对意见基本一致。

（3）非常损益和另类业绩指标的列报。概念框架层面，IASC在1989年颁发的概念框架中提出，利得和损失通常在收益表中按净额分项列报。在会计准则层面，IAS 8要求在利润表单独列报非常损益，企业在实际执行中倾向于不将收入作为非常收益，而将尽可能多的费用作为非常损失。这导致准则指定机构要明确哪些项目属于非常损益以避免企业的倾向性。2003年，IASB在修订IAS 1和IAS 8时删除了有关非常项目的规定，也颁布了有关持有待售的非流动资产和终止经营的会计准则。同时，境外主要资本市场的上市公司越来越多地使用另类业绩指标为投资者提供额外的业绩信息，鉴于另类业绩指标容易存在报喜不报忧的情况，各方监管机构出台了禁止性和要求性规定。在2019年IASB颁布的征求意见稿中，IASB建议企业披露异常收入和费用项目，并提出了对披露管理层业绩指标的具体要求。

（4）外币折算产生的OCI。1975年，FASB通过了以历史汇率折算以历史成本计量的资产，以现时汇率折算以现时价值计量来核算外币折算的《财务会计准则第8号——以外币交易和外币财务报表折算会计》（FAS 8），但由于其导致的收益波动遭到各方反对，使得FASB于1981年颁布《财务会计准则第52号——外币折算》（FAS 52），明确按现时汇率折算外币财务报表。同时，为了研究外币折算的问题，IASB的前身IASC成立指导委员会，确定外币交易产生的差额计入当期损益。在与美国会计准则趋同影响下，1983年IASC发布《国际会计准则第21号——汇率变动的影响》（IAS 21），要求外部折算差额计入股东权益，以便与FAS 52保持一致。

（5）新金融工具会计准则下股权投资产生的OCI。本着简化IAS 39的目的，2009年IASB颁布新金融工具会计准则征求意见稿，建议将所有无法通过纯本金和利息支付测试的金融工具都按公允价值计量，价值变动全部计入当期损益。这遭到了日本商业银行的强烈反对，在辩论后，各方统一商定期间价值变动计入OCI。同时，IASB紧接着发布了第一版新金融工具会计准则（IFRS 9），规定企业可任意制定单项金融工具作为战略投资，但此类资产不可重分类，也不可在出售时将OCI余额转回至损益。在与国际会计准则趋同的趋势下，我国财政部也于2017年颁布了《企业会计准则第22号——金融工具确认和计量》。与IFRS 9不同，FASB规定的新金融工具会计准则要求股权类金融资产按公允价值计量，且期间价值变动只能计入当期损益。

（6）新金融工具会计准则下金融负债因企业自身信用产生的OCI。2010年，IASB颁布征求意见稿，以期解决企业自身信用变动对金融负债的影响如何反映的问题。经过多方激烈讨论，IASB采纳将自身信用因素导致的公允价值变动计入OCI这一方案。在此方案中，IASB坚持当按摊余成本原则核算的金融负债被清偿后，不应将OCI的余额回转至损益，这是因为企业通常到期偿还约定金额，暂无回转OCI的需求。同时，为了如实提供信息，此方案产生的OCI应由两步法来列报，既先在利润表中列报相关金融负债公允价值变动总额，再在业绩报告OCI部分中列报相关金融负债公允价值变动受自身信用变化影响的部分。

（7）新保险合同会计准则保险负债计量因折现率变化而产生的OCI。IASB关于保险合同会计准则的颁布历经20年之久。1997年IASC启动保险合同会计准则项目，由历经改组后的IASB在2004年颁布了过渡性准则，最终在2017年颁布了《国际财务报告准则第17号——保险合同》（IFRS 17）。本着提高公司经营状况的信息透明度的目的，IFRS 17要求企业在会计期末重新计量保险负债，及时更新。在保险合同会计准则早期，IASB倾向于资产负债表观，但在西方金融危机后，各方对信息透明度的要求促使保险合同的计量能兼顾受托责任。在最终颁布的IFRS 17中允许企业将折现率的影响计入当期损益或OCI，同时规定同一家企业可对不同保险合同组合采用不同的会计政策，此项规定有助于企业如实反映避免会计错配的行为，但此项规定易导致财务报表操纵问题，于是IFRS同时规定对同一保险合同组合的会计政策一经选定不可更改。

业绩报告的重要性体现在IASB会计准则的执行结果依靠业绩信息反映。OCI的会计准则演化过程及OCI和综合收益、非常损益和另类业绩指标等列报的演化过程鲜明呈现了AISB的业绩报告观在不同时期的着重点及发展趋势。对于业绩报告发展中尚未解决的争论点，IASB将进一步征集各方意见加以完善。

总结与结论

在国际经济往来中，各国都有自己的利益，利益上的差别严重阻碍了国别间会计差异的缩小，但取得了更多的共赢，使各国努力缩小国别间的会计差异。无论民间的还是政府的，地区性的还是全球性的会计组织，都为缩小国别间的会计差异做出了不懈的努力。提出各国会计准则向国际会计准则看齐，使会计国际协调向国际会计趋同，提高了各国会计协调的效益，这也与IASB的成立与有效运作，以及IOSCO、SEC、FASB的支持密不可分。

关键概念

会计国际协调（international harmonization of accounting）
会计国际趋同（international convergence of accounting）
国际会计准则（International Accounting Standards）
国际财务会计报告准则（International Financial Reporting Standards）
国际会计准则委员会（International Accounting Standards Committee）
国际会计准则理事会（International Accounting Standards Board）

章后练习

一、复习思考题

1.简述会计准则国际趋同的概念及本质。

2.“会计国际协调”与“会计国际趋同”有何不同？

3.概括会计国际趋同的主要模式及特点。

4.结合某跨国公司的实例，具体说明会计准则的国际差异是如何影响其生产经营决策的。

二、分组讨论题

1.梳理我国会计国际趋同的历程，思考我国会计国际趋同各阶段的主要特点、内容及得失。

2.试评“会计国际趋同就是全球会计准则向美国GAAP趋同”。

思政园地

第 4 章

外币交易会计

国际会计学

International Accounting

目标引领

思政引领

通过学习本章，了解外币交易对国内国际双循环所产生的影响，了解我国外汇管理制度和十八大以来外汇管理取得的伟大成就。

知识引领

通过学习本章，读者应了解货币在会计学中的不同作用、外币兑换与外币折算的区别；熟悉记账本位币、列报货币与功能货币的内在联系；掌握即期外币交易折算与远期外币交易折算的基本方法和程序。

教学重点与难点

外币兑换与外币折算的区别，即期外币交易与远期外币交易折算中的折算汇率的确定、汇兑损益的处理方法及选择。

外币业务的核算与管理，是国际企业颇具特色的会计业务，不仅涉及有关经济主体的非记账本位币业务的折算与管理，而且会涉及境外主体的报告货币的转换，其中，前者说的是“外币交易业务”的折算与管理问题，后者则是关于外币会计报表的折算问题。显然，这里所说的外币，与日常生活中所说的外币并不完全一致，货币在国际会计学中有多种表现与作用。

4.1　会计学中的货币

为认识外币交易折算（translation），有必要系统地认识货币在会计学中的一般作用和特殊作用。

4.1.1　作为商品的货币

货币是一种特殊的商品，关于货币的价值形式，马克思于《1844年经济学哲学手稿》中指出：一方面，货币具有流通领域一般商品的基本属性；另一方面，货币又超越了一般商品，包含着、发挥着资本的某些基本的职能，如价值尺度、流通手段、贮藏手段、支付手段与世界货币等。而从货币商品的运动形式来看，货币商品的作用：一是为实物商品运动提供前提或基础；二是获取价值增值或利润。

立足于货币商品这一经济现象，其职能的完善和运动形式的扩展，标志着市场经济的发展，表明社会经济正不断向前推进。但是，伴随着经济的全球化，各国的主流经济活动不断向国外拓展，企业的日常经营活动的计量和结算往往与一种或多种外币有关，从而引发了非记账本位币与记账本位币（account standard currency）的确认与计量问题。从而，需要引入一种中介——汇率（exchange rate），即在特定日期一个国家的货币与另一个国家的货币交换的比价或比率。

4.1.2 会计计量中的货币：计量尺度与计量单位

货币经济背景下的现代会计学，是建立在货币计量假设上的复式簿记体系。货币计量假设实质上包括两层含义：一是以货币计量为主，二是货币本身的价值不变。会计计量是计量尺度与计量单位的集合。根据会计的货币计量假设，在计量尺度上，以货币为主，这就是说，相对其他计量尺度（如计量重量的千克，计量里程的千米，计量实物量的个、辆等）而言，货币占主要地位。但是，在国际经营中，使用的货币不止一种，此时就存在这样一个问题：在同一会计主体的账簿体系中，面对经济活动中使用的多种货币，会计上究竟用哪种货币作为主要计量尺度？其中为主的计量货币就是记账本位币，其他均为非记账本位币。一个会计主体只能有一种记账本位币。

至于计量单位，则是计量尺度的度量单位，包括名义货币单位和一般购买力单位，前者是会计学常假设的状态，即在任何时期货币本身的价值不变。但货币是一种特殊的商品，其单位价值量在不同时期会受生产力水平、货币供应量、供求关系等因素的影响而具有伸缩性，这种伸缩性的存在必然导致计量结果的差异，向会计计量提出了一个不能回避的问题：会计计量究竟是采用名义货币单位还是一般购买力货币单位。

显然，名义货币单位又可称为变动的货币单位，即无论在哪个会计时（日）期，无论货币的购买力如何发生变动，会计计量都采用业务发生当时的货币单位，也就是不调整不同时期货币的购买力。现行会计实务采用的计量单位几乎都是名义货币单位，其原因主要是不同时期货币购买力的上下波动可以相互抵消，也符合“币值稳定”假设，此外，还能避免调整货币购买力较繁重的工作量，简化会计计量手续。

但是，名义货币单位也有其内在的缺陷。币值稳定假定本身就使物价变动下会计计量的可靠性大打折扣，货币购买力上下波动的相互抵消只是一种主观的判断，也掩盖了个别物价变动的某种真实性。这就是说，必须以一定时日的货币购买力（以一般物价指数近似地表示）调整不同时期的名义货币单位，从而使不同时期的货币保持在不变的计量单位上，正是在这个意义上，一般购买力货币单位又称为固定的货币单位或不变的货币单位。较之于名义货币单位，其能够反映物价变动对会计信息的影响，提高会计信息的可比性。可见，一般购买力货币单位的存在是以物价变动为前提的。

4.1.3 功能货币：主要经济业务的主要计量尺度

国际经营会产生大量以各种货币计量的经济业务，由于这些交易的原始计价尺度是外币，而企业经营管理需要汇总的会计信息需要从原始的多种货币计量尺度中选择一种，来统一其计量尺度，这种统一的货币计量尺度就是记账本位币。会计主体记账本位币的确定的概念基础是功能货币。

西方会计文献中将企业计量现金流量和经营成果的统一尺度称为“功能货币”(function currency)。FASB1981年公布的SFAS 52率先提出了这一概念并对其下了定义，认为功能货币就是“该主体从事经营活动的主要经营环境中使用的货币”。一个会计主体反映的经济实体也许不止一种货币，起主要计量尺度作用（或者说被大量使用）的货币才是其功能货币。功能货币一经选定，就成为企业计量现金流动和企业经营成果的统一尺度。那么如何选定一个国际企业的功能货币呢？问题的关键是要看国际企业的主要经营环境在哪，在主要经营环境中主要使用何种通货。依照SFAS 52的规定，有关境外主体功能货币的选择标准见表4-1。不难推论，境外主体的功能货币可能是母国通货，也可能是当地通货，还可能是第三国（地区）通货。

表4-1　　境外主体功能货币的选择标准

经济因素	宜以母国通货为功能货币	宜以当地通货为功能货币
现金流量	直接影响母公司的现金流量，经常汇回母公司	不影响或很少影响母公司的现金流量
销售价格	受汇率变动的影响，由世界范围内的竞争决定	基本不受汇率变动的影响，主要由当地的竞争支配
销售市场	主要在母公司所在国，以母国通货标价	主要在东道国，以当地通货标价
费　用	主要与从母公司进口的生产要素有关	主要在当地环境中产生
理　财	财源主要来自母公司，或依靠母公司偿付债务	主要表现为当地通货，通过当地经营活动来偿债等
公司间交易	经常且大量发生	即非经常，也不是大量发生

资料来源：SFAS 52附录B。

IASB在其修订后的《IAS21：汇率变动影响》中指出：功能货币是指主体经营所处的基本经济环境的货币，基本经济环境是指主体产生现金和花费现金的地方。根据这一观点，货币的计量功能和列报功能可以分离，即一项资产可用同一种货币计量和列报，也可分别采用不同种类的货币予以计量和列报，这将货币的计量功能和列报功能进行了区分。

4.1.4　记账本位币：账务处理的主要计量尺度

记账本位币是企业经营所处主要经济环境中的货币[①]，也就是在记账时用来统一计量和记录会计事项的计量尺度。其他货币就为非记账本位币。显然，记账本位币可能与某一具体经济业务发生时的计量尺度一致，也可能不一致。为了汇总地计量、记录和报告以多种货币计量的经济活动，需要将非记账本位币计量的经济业务转换成以记账本位币来计量，进而记录在会计账簿中，这一会计过程就是会计“折算”。

一般情况下，记账本位币就是该经济主体的功能货币，如果该经济主体的经济活动只限于一国之内，那么大多数情况下，其功能货币就是东道国通货，俗称“本币”，该功能货币也就成为它的记账本位币，这也就是我们常常将非记账本位币业务称为外币业务的原因，进而“外币折算”也就成了将非记账本位币业务换算成记账本位币业务的简称了。但如果一个经济主体的经济活动发生在数国内，为了便于会计管理和经营管理，有必要实施分层管理，即该经济主体可以分为有密切联系的若干会计主体，此时有的会计主体的功能货币可能是母国货币，有的可能是当地通货，有的可能是第三国通货，对应地，在该经济主体中，其记账本位币有的是母国货币，有的是

① 请注意这里的主要经营环境中的货币不一定就是经营主体所在地的货币。因为东道国未必就是其主要经营环境。

当地通货，有的是第三国通货[①]。

此外，总体上，跨国经营业务涉及多种货币计量，其中，货币资金和未来金额固定或可确定的资产项目和负债项目，就是货币性项目，其他资产项目和负债项目就是非货币性项目。货币性项目的期末余额总是表示资产负债日的购买力，在历史成本模式下，未调整的外币货币性项目的记账本位币等值，以过去的（历史的）购买力来反映，这将不符合外币货币性项目的基本特征，因而必须在期末对外币货币性项目的记账本位币等值进行调整。为此，会计账簿不仅要提供这些外币货币性项目及其记账本位币等值的信息，而且要提供它们的外币金额，也就是说，这必然要求在平时的同一笔会计记录中，既要以记账本位币计量，又要用经济业务发生时的计量货币计量与记录，这种对同一经济业务既用经济业务发生时实际使用的计量货币计量和记录，又用记账本位币计量和记录的会计计量与记录方式，就叫复币记账。显然，会计学中，只对非记账本位币计量的货币性项目实施复币记账。

4.1.5 列报货币：会计报表使用的计量尺度

会计记账的重要目的之一就是为编制财务会计报告提供信息。企业的财务会计报告，无论该企业是国际性的还是国内性的，无论是国有的还是私营的，或者是外商投资的，也无论它在哪个国家，都必须向所在地政府的管理部门以当地通货报告其经营成果、财务状况及其变动情况。企业在财务会计报告上用来综合地计量其经营成果、财务状况及其变动情况的货币，就是该企业的列报货币，可见，在国际企业中，列报货币不一定就是记账本位币。

4.2 即期外币交易会计

4.2.1 即期外币交易折算与外币兑换

■ 1）外币交易与即期外币交易、外币兑换

外币交易，是指以外币计价或者结算的交易，包括买入或者卖出以外币计价的商品或者劳务，以及借入或者借出外币资金和其他以外币计价或者结算的交易，包括即期外币交易（spot exchange transaction）和远期外币交易（forward exchange transaction）。前者是指交易双方按当天外汇市场的即期汇率（spot exchange rate）成交，并在交易日或以后两个工作日（T+2）内进行交割的外汇交易；后者是指交易双方在成交后并不立即办理交割，而是事先约定未来交割的货币种类、金额、结算汇率、交割时间等交易条件，到期才进行实际交割的外汇交易。

国际经营中常常需要将一国货币转换成另一国货币，这是货币间的实际交换，站在本国的角度看，交换的对象至少有一种是外币，比如我国的某企业将人民币兑换成

① 此时，若要编制能反映该经济主体全球情况的总的合并会计报表，就需要运用报告货币这一概念，选择合并会计报表主要使用者要求的报告货币来综合报告，从而产生可“外币会计报表折算”。

美元，或者将美元兑换成人民币，或者将欧元兑换成英镑等货币，就是如此。显然货币间的兑换是需要交换价格的，这种交换价格就是汇率。

■　2）汇率

一般情况下，汇率是指两个不同国家或地区的货币在特定时间相互交换的比价或比率，也就是一国（地区）货币与另一国（地区）货币的交换价格。汇率有多种表现形式：

（1）从银行买卖的角度看，汇率可分为买入价、卖出价与中间价。在实际买卖外汇时，只能以银行为出发点，使用买入价或卖出价。例如，某国际企业欲用人民币买入10 000美元，假设此时银行美元的买入价是￥634.5/$100，卖出价是￥635.5/$100，则应使用银行的美元卖出价来计算其要支付的人民币的金额，即该企业要支付人民币63 550元给银行，才可以获得10 000美元。若此时该企业要将10 000美元卖给银行获得人民币，则要使用买入价来计算其可获得的人民币，即人民币63 450元。

（2）按外汇管理情况的不同，汇率可分为法定汇率与市场汇率。市场汇率（market rate）处于不断的变动之中，这是外汇交易据以进行的实际汇率。在外汇自由兑换的国家，政府将依据市场汇率的变动程度不时地进行相应的调整，以保持其相对稳定性。

（3）按外汇买卖交割日期的不同，可分为即期（或现货）汇率和远期（或期货）汇率。

（4）按汇率与资产负债表日的关系不同，汇率有历史汇率（交易日的汇率）与现行汇率（资产负债表日的汇率）之分。

在以上众多的汇率中，在折算即期外币交易时，怎样选择折算汇率呢？

在历史成本会计模式下，折算汇率的选择应遵守如下原则：

原则之一，折算汇率是中间牌价，既不是买入价，也不是卖出价。按理说，外汇收入应按买入价折算，外汇支出应按卖出价折算，虽然这些法则对单纯的现汇收入或支出，并有现汇账户的企业来说，是有充足理由的，然而，一些外币债权或外币债务，并不在债权或债务发生时就会立即收到外汇或支出外汇，因而，分别用买入价或卖出价来折算它，依据是不充分的，根据统计学原理与会计上的重要性原理，会计上以中间牌价来替代。

原则之二，初始确认和计量时，对所有外币项目都按交易发生当日的即期汇率[①]；再确认和再计量时，则应对外币货币性项目余额，按资产负债表日的即期汇率调整其记账本位币等值，原因是货币性项目应按现时购买力表述，调整之前的外币货币性项目的记账本位币等值是交易发生日或上一资产负债表日的购买力，不是该资产负债表日的购买力。

■　3）汇兑损益

【例4-1】某国际企业欲用人民币买入10 000美元，此时银行美元的买入价是

① 在汇率稳定的情况下，为降低折算的工作量，经济业务发生时，只要按外币记账，并不折算，到期末分类汇总后，再按某确定的汇率（如月初的汇率，或某个固定数值的汇率，也就是准则中所说的“即期汇率近似汇率”）折算，进行初始确认和计量。

￥634.5/$100，卖出价是￥635.5/$100。假定该国际企业以人民币为记账本位币，此笔外币兑换的折算汇率是中间价￥635.0/$100，换言之，该企业花费了￥63 550获得$10 000，该$10 000的记账本位币等值却是￥63 500，则形成借方差（汇兑损失）￥50。

借：银行存款——美元存款（$10 000）	63 500	
汇兑损益	50	
贷：银行存款——人民币存款		63 550

一般情况下，汇兑损益是指同一外币项目由于汇率变动而引起的记账本位币等值的差额。从是否实现的角度看，包括已实现的汇兑损益和未实现的汇兑损益；从性质看，包括汇兑收益和汇兑损失。已实现汇兑损益，又叫已结算交易损益（gains and losses on settled transactions），是指由于记录原始交易时所应用的汇率与记录结算时所应用的汇率不同，而形成的汇兑损益。未实现汇兑损益，也叫未结算交易损益（gains and losses on unsettled transactions），是指由于在交易结算之前为了编制会计报表而形成的汇兑损益。由于已结算交易的汇兑损益实际上已经发生，故一般在会计处理上应将它列入当期利润表。

在如何确认未结算交易的汇兑损益的问题上，存在较大争论，主要有三大理论：递延论、当期损益论和稳健处理论。

递延论认为，未实现汇兑损益不能在业务发生时就计入当期利润表。对损益的处理主要有以下两种方法：（1）递延但不摊销，就是把汇兑损益作为所有者权益的一部分，在资产负债表上单独累积列示，不在利润表上反映。其理论根据是，汇兑损益属于对以货币计量尺度计量过的事项重新表述的产物，在汇率还可能逆转的情况下，将汇兑损益列入当期损益容易使人误解，故只能予以递延且不能摊销。如果将这一方法运用于赊销赊购环节，那么应将未结算的汇兑损益先记入“递延汇兑损益”科目，待该项外币债权（债务）结算后，再将其记入“销售费用”（购货成本）科目，显然，这种方法与历史成本原则和收入实现原则相矛盾，在逻辑上也说不通。因为，由商品买卖而引起的应收和应付外币账款与商品买卖本身是两个独立事项，把由于外币应收账款（应付账款）为主引起的汇兑损益，对应地列为销售费用（或调整销售收入）、资产成本的一部分，这就很难解释了，特别是它掩盖了汇率变动的性态，没有把汇率变动的影响这一历史事实提供给报表使用者；在汇率持续上升或下降的情况下，这种汇兑损益将会越积越大，在实现时一次计入销售费用（或调整销售收入）、购货成本，显然是不合理的。就汇兑损益的处理而言，在汇率双向变动的情况下，递延且不摊销的做法是可行的，但由于汇率变动可能是单向的，递延且不摊销的做法就失去了理论背景。（2）递延且系统地摊销，就是采用递延方式把汇兑损益首先记入“递延汇兑损益”科目或其他有关的资产或负债项目中，然后，按照某种标准在既定的时期内，分期予以摊销。例如，将与固定资产购建有关的汇兑损益先记入“在建工程”或“固定资产”科目，然后在固定资产交付使用后随折旧而摊销，其理论根据是：基于资产成本应包括清偿有关负债所需要作出的牺牲这一假设，汇兑损益应作为有关资产成本的一部分，并在该项资产有效使用期内摊销为费用。这种处理方法还可以用于处理净负债的外汇风险损益。这样的做法是符合历史成本原则、资产要素的确认标准与权责发生制原则的。

把递延论应用于长期外币债权和长期外币债务在每一会计期末的调整时，即将递延汇兑损益在借贷期限所经历的各会计期间内系统地摊销的，会缓和汇率变动对分期报告损益的会计影响，得到了赞同“收益平稳化”（income smoothing）的会计界人士的推崇，同时受到反对“收益平稳化”的会计界人士的批评，因为这种递延、摊销的方法实际上给人“汇率稳定”的假象。这样看来，在一些教科书上，笼统地说“递延论在汇率双向变动的情况下是有道理的，而在汇率单向变动的情况下，是不可行的”，并不总是合适的。

当期损益论认为，企业应分期确认由于汇率变动对外币债权债务的记账本位币等值的影响，真实地反映汇率波动所跨越的会计期间的实际过程。在实际中，期末对外币货币性项目的记账本位币等值进行调整，并把该调整额计入各期的损益，就是对这一理论的具体运用。显然，这一方法依据的社会经济背景是“汇率变动是单向的”。但是，在实际情况中汇率并不一定总是单向变动的，这就是当期损益论的反对者的理论依据；此外，把汇兑损益包括在当期利润表内，就使利润总额引进了一个随机变量，一旦汇率发生变动，就可能使收益产生波动，而这种波动与企业当期的经营成果是否真正相关呢？这是个令人感到困惑的问题。因为汇率变动的影响将扰乱企业经营业绩的恰当反映。

稳健处理论认为，未实现的汇兑损益包括未实现的汇兑收益和未实现的汇兑损失，在浮动汇率制下，汇率是多变的，在一个多变的经济世界中处理经济问题，宜采用稳健主义，即对未实现的汇兑损失在当期全部予以确认，对未实现的汇兑收益则予以递延。

当然，也有人从会计处理逻辑上的一致性出发，批评稳健处理论只主张递延汇兑收益，如果汇率逆转，这样的处理是不合逻辑的。

通过以上的论述，我们不难发现：（1）几乎每一种理论都会受到批评；（2）对单项交易观点和两项交易观点，其赞成和反对的依据正好相反；（3）无法在理论上一贯地说，递延论正确，当期损益论错误，或者反过来。因为对汇兑损益处理的差别就在对未实现汇兑损益的处理上，而未实现的汇兑损益究竟是收益还是损失，以及是否具有一贯性，取决于人们对未来汇率涨跌的预测与实际情况是否吻合，而预测未来汇率涨跌的变动轨迹，就像我们要预测一个喝醉了酒的人在荒野漫步的轨迹一样，具有不确定性。这样，只要符合会计基本原理的任何有关汇兑损益的处理方法，都有存在的可能，并具有一定的实际价值。

【例4-2】某企业以人民币为记账本位币，先将\$500卖给外汇银行，当天美元的买入价是￥6.40/\$1，卖出价是￥6.50/\$1，设该企业以当日汇率为折算汇率。

在这一外币兑换中，该企业可以从银行获得的人民币金额应按美元买入价计算，折算汇率是当日美元的中间牌价，有关会计分录是：

借：银行存款——人民币存款	3 200	
汇兑损益	25	
贷：银行存款——美元存款（\$500）		3 225

又设上述企业以\$500从银行换取港币，设港币的银行买入价为￥0.90/HK\$1，卖出价为￥1.00/HK\$1，则可获取的港币金额可如下计算：

（\$500×6.40/\$1）/（￥1.00/HK\$1）=HK\$3 200

上述HK\$3 200应按港币当日中间牌价折算成记账本位币等值，因而有关会计分录为：

借：银行存款——港币存款（HK\$3 200） 3 040

汇兑损益 185

贷：银行存款——美元存款（\$500） 3 225

4.2.2 单项交易观点与两项交易观点

在国际贸易中，常常会采用赊购或赊销方式买卖商品，商品买卖日与货款结算日不同，期间汇率变动会对外币债权债务的记账本位币等值产生影响，此影响应否对应地调整销售收入或购买成本的记账本位币等值？对此，有两种截然不同的观点：单项交易观点和两项交易观点。

1）单项交易观点

单项交易观点，就是把销售（或购货）及以后的账款结算视为单一交易的两个阶段，从而：（1）处理外币业务的基准是账款是否已结算，只有在外币账款已经结清时，该外币交易业务才得以最终完成；（2）在销售日（或购货日）与外币账款结算日之间，由于汇率变动而引起的汇兑损益应作为销售日销售收入（或购货日购货成本）的调整项目。

【例4-3】20×5年11月8日，中国某出口公司将一批作价\$100 000的商品销售给美国一进口商，双方约定按美元进行结算，账款交割日为20×6年1月8日，有关汇率如下：20×5年11月8日美元汇率中间价为6.28元，20×5年12月31日美元汇率中间价为6.27元，20×6年1月8日美元汇率中间价为6.30元。依照单项交易的观点，该出口商的有关会计分录如下：

（1）20×5年11月8日，交易发生日。应按当日汇率折算外币收入与应收账款：

借：应收账款（\$100 000） 628 000

贷：主营业务收入 628 000

（2）20×5年12月31日（会计期末）。应按会计报表日汇率调整已入账的外币“主营业务收入”与“应收账款”的记账本位币等值。由于原入账美元汇率中间价为6.28元，而资产负债表日美元汇率中间价为6.27元，因此，应调低记账本位币等值1 000元，有关会计分录是：

借：主营业务收入 1 000

贷：应收账款 1 000

经过这一调整，“应收账款”的账面美元汇率中间价为6.27元，记账本位币等值为人民币627 000元。

（3）20×6年1月8日，账款结算日。应将原“主营业务收入”与“应收账款”的记账本位币等值调整到按该日汇率计算的基础上来，但由于上一会计年度已结束，故发生在上一年的“主营业务收入”已转入了“留存收益”，因而在此应调整的是“留存收益”而不是“主营业务收入”的年初余额，其调整额是调增￥3 000，有关会计分录是：

借：应收账款 3 000

　贷：留存收益 3 000

同时，记录收款的会计分录是：

借：银行存款（$100 000） 630 000

　贷：应收账款（$100 000） 630 000

显然，单项交易观点不是以产品或劳务销售是否实现为标志来确认收入的归宿期的，这违背了收入实现原则；同时，单项交易观点将自交易发生日至账款结算日之间的汇兑损益计入销货收入[①]之中，给人一种这样的假象：汇兑损益是由于赊销或赊购产生的，而不是汇率变动的结果，这又有违经济事实。

■ 2）两项交易观点

两项交易观点，以交易发生作为交易完成的标志，认为交易的发生及以后的账款结算是两项不同的经济业务。在销售（或购货）交易中形成的应收（或应付）外币账款，应承受汇率变动的影响；其所确认的销售收入（或购货成本）的记账本位币等值决定于销售日的汇率与外币金额的大小，以后不再受汇率变动的影响。这样，若在账款结算日汇率发生变动，则应确认这笔已实现的汇兑损益，并将其计入当期损益；如果结算日在下一会计期间，则在本期末应按照期末汇率调整外币账款的记账本位币等值。调整额，即为未实现的汇兑损益，依照各国的处理方法（递延法或当期损益法）处理，不再计入有关的销售收入（或者购货成本）之中。

根据两项交易观点的基本原理，【例4-3】中的中国某出口公司的有关会计分录见表4-2。

表4-2 **两项交易观点下中国某出口公司的有关会计分录**

递延法	当期损益法
（1）20×5年11月8日（交易日）	
借：应收账款（$100 000） 628 000 　贷：主营业务收入 628 000	借：应收账款（$100 000） 628 000 　贷：主营业务收入 628 000
（2）20×5年12月31日（资产负债表日）	
借：递延汇兑损益 1 000 　贷：应收账款 1 000	借：汇兑损益 1 000 　贷：应收账款 1 000
（3）20×6年1月8日（结算日）	
借：银行存款（$100 000） 630 000 　贷：应收账款（$100 000） 627 000 　　递延汇兑损益 1 000 　　汇兑损益 2 000	借：银行存款（$100 000） 630 000 　贷：应收账款（$100 000） 627 000 　　汇兑损益 3 000

① 在商品购买方来看，为购货成本。

两项交易观点符合收入实现原则，据美国会计学者的调查，两项交易观点已经是形成西方各国处理外币交易会计惯例的基础。国际会计准则也将两项交易观点作为处理外币交易的基本程序，我国也是如此。

【延伸思考4-1】在【例4-3】中，若该公司不是销售商品而是购买商品，其他情况不变，则该公司在单项交易观点和两项交易观点下的会计记录分别应该是怎样的？

4.2.3 中国的即期外币交易折算

我国关于即期外币交易折算的规定集中体现在《企业会计准则第19号——外币折算》中，其相关内容如下：

■ 1）企业记账本位币的确定

企业选定记账本位币，应当考虑下列因素：（1）该货币主要影响商品和劳务销售价格，通常以该货币进行商品和劳务销售价格的计价和结算；（2）该货币主要影响商品和劳务所需人工、材料和其他费用，通常以该货币进行上述费用的计价和结算；（3）融资活动获得资金时使用的货币以及保存从经营活动中收取款项时所使用的货币。

在有些情况下，企业根据收支情况难以确定记账本位币，需要在收支基础上结合融资活动获得资金时使用的货币或保存从经营活动中收取款项时所使用的货币，进行综合分析后作出判断。例如，国内M公司为外贸自营出口企业，超过70%的营业收入来自向欧盟各国的出口，其商品销售价格主要受欧元的影响，以欧元计价，因此，从影响商品和劳务销售价格的角度看，M公司应选择欧元作为记账本位币。如果M公司除厂房设施、30%的人工成本在国内以人民币采购外，生产所需原材料、机器设备及70%以上的人工成本以欧元在欧盟市场采购，则可确定M公司的记账本位币是欧元。但是，如果M公司的人工成本、原材料及相应的厂房设施、机器设备等95%以上在国内采购并以人民币计价，则难以判定M公司的记账本位币应选择欧元还是人民币，还需要结合第三项因素予以确定。如果M公司取得的欧元营业收入在汇回国内时直接换成了人民币存款，且M公司对欧元波动产生的外币风险进行了套期保值，M公司可以确定其记账本位币为人民币。

■ 2）境外经营记账本位币的确定

境外经营是指企业在境外的子公司、合营企业、联营企业、分支机构。当企业在境内的子公司、联营企业、合营企业或者分支机构，选定的记账本位币不同于企业的记账本位币时，也应当视同境外经营。因此企业确定境外经营，不是以位置是否在境外为判定标准，而是要看其选定的记账本位币是否与企业的记账本位币相同。那么区分某实体是否为该企业的境外经营需综合考虑该实体与企业的关系，以及该实体的记账本位币，而不是以该实体是否在企业所在地的境外作为标准。境外经营记账本位币的选择还应当考虑的是：（1）境外经营对其所从事的活动是否拥有很强的自主性。如果境外经营所从事的活动是视同企业经营活动的延伸，那么该境外经营应当选择与企业记账本位币相同的货币作为记账本位币；如果境外经营所从事的活动拥有极大的自主性，那么境外经营不能选择与企业记账本位币相同的货币作为记账本位币。（2）境外经营活动中与企业的交易是否在境外经营活动中占有较大比重。如果境外经营与企业的交易在境外经营活动中所占的比例较高，那么境外经营应当选择与企业记账本位币相同的货币作为记账本位币；反之，则应选择其他货币。(3) 境外经营活动产生的现金流量是否直接影响企业的现金流量，是否可以随时汇回。如果境外经营活动产生的现金流量直接影响企业的现金流量，并可随时汇回，那么境外经营应当选择与企业记账本位币相同的货币作为记账本位币；反之，则应选择其他货币。(4) 境外经营活动产生的现金流量是否足以偿还其现有债务和可预期的债务。在企业不提供资金的情况下，如果境外经营活动产生的现金流量难以偿还其现有债务和正常情况下可预期的债务，那么境外经营应当选择与企业记账本位币相同的货币作为记账本位币；反之，则应选择其他货币。

■ 3）记账本位币的变更

企业选择的记账本位币一经确定，不得改变，除非与确定记账本位币相关的企业经营所处的主要经济环境发生了重大变化。主要经济环境发生重大变化，通常是指企业主要产生和支出现金的环境发生重大变化，使用该环境中的货币最能反映企业的主要交易业务的经济结果。

企业因经营所处的主要经济环境发生重大变化，确需变更记账本位币的，应当采用变更当日的即期汇率将所有项目折算为变更后的记账本位币，折算后的金额作为以新的记账本位币计量的历史成本，由于采用同一即期汇率进行折算，因此不会产生汇兑差额。企业需要提供确凿的证据证明企业经营所处的主要经济环境确实发生了重大变化，并应当在附注中披露变更的理由。

企业记账本位币发生变更的，在按照变更当日的即期汇率将所有项目折算为变更后的记账本位币时，其比较会计报表应当以可比当日的即期汇率折算所有资产负债表和利润表项目。

■ 4）即期外币交易的会计处理

在外币交易的记账方法上，有外币统账制和外币分账制两种。外币统账制是指企业在发生外币交易时，即折算为记账本位币入账。外币分账制是指企业在日常核算时分币种记账，在资产负债表日，分别按照货币性项目和非货币性项目进行分类、汇总和折算：对货币性项目按资产负债表日即期汇率折算，对非货币性项目按交易日即期汇率折算，产生的汇兑差额计入当期损益。从我国目前的情况看，绝大多数企业采用外币统账制，只有少数金融保险企业由于外币交易频繁，涉及外币币种较多，采取的是外币分账制记账方法进行日常核算。

【延伸思考4-2】采用外币分账制处理外币交易的方法的适用条件是什么？

以下仅以外币统账制为例介绍即期外币交易账户设置及其会计核算的基本程序。

在外币统账制下，对外币交易的折算不单独设置科目，对外币交易金额因汇率变动而产生的差额可在“财务费用”科目下设置二级科目“汇兑差额”反映，该科目借方反映因汇率变动而产生的汇兑损失，贷方反映因汇率变动而产生的汇兑收益，期末余额结转入“本年利润”科目后一般无余额。

会计核算基本程序包括：(1) 将外币金额按照交易日的即期汇率或即期汇率的近

似汇率折算为记账本位币金额，对外币货币性项目还要按照外币金额同时登记；（2）期末，将所有外币货币性项目的外币余额，按照期末即期汇率折算为记账本位币金额，并与原记账本位币金额相比较，其差额记入“财务费用——汇兑差额”科目，对以历史成本计量的外币非货币性项目的记账本位币等值，不做调整①；（3）结算外币货币性项目时，将其外币结算金额按照当日即期汇率折算为记账本位币金额，并与原记账本位币金额相比较，其差额记入“财务费用——汇兑差额”科目。

【例4-4】假设M公司20×5年7月31日的外币货币性项目的外币金额及其记账本位币等值，见表4-3，此日的即期汇率为￥635/$100。

表4-3　**M公司20×5年7月31日的外币货币性项目情况汇总表**

资产项目	$	￥等值	负债项目	$	￥等值
银行存款	500 000	3 450 000	短期借款	200 000	1 278 000
应收账款	100 000	658 000	长期借款	600 000	3 754 000
长期股权投资	1 000 000	6 568 000	应付账款	300 000	1 935 000
合计	1 600 000	10 676 000	合计	1 100 000	6 967 000

第一步，计算资产负债表日的调整额，见表4-4。

表4-4　**M公司20×5年7月31日的外币货币性项目￥等值调整过程表**

项目名称	$余额	调整前￥等值	折算汇率	调整后￥等值	调整额
银行存款	500 000	3 450 000	6.35	3 175 000	−275 000
应收账款	100 000	658 000		635 000	−23 000
长期股权投资	1 000 000	6 568 000		6 350 000	−218 000
短期借款	200 000	1 278 000		1 270 000	−8 000
长期借款	600 000	3 754 000		3 810 000	56 000
应付账款	300 000	1 935 000		1 905 000	−30 000

第二步，根据表4-4的调整额及其性质，编制如下会计分录②：

借：短期借款　8 000
　　应付账款　30 000
　　财务费用　534 000
　贷：银行存款　275 000
　　　应收账款　23 000
　　　长期股权投资　218 000
　　　长期借款　56 000

综上所述，我国对功能货币和记账本位币的规定具体体现在《企业会计准则第19号——外币折算》（CAS 19）中，虽然没有明确提出报告货币的概念，但从“编报

① 不做调整的理由是“以历史成本计量的外币非货币性项目”本身就意味着这些项目的记账本位币等值，被“钉”在外币交易发生日的汇率下，在外币交易发生后就与汇率变动绝缘了。但若以现行价值（公允价值）计量，则应按资产负债表日的即期汇率调整其记账本位币等值。

② 请注意，此时是调整$的￥等值，不需要采用复币记账。此外，该分录中的“财务费用”是全部外币货币性项目产生的汇兑损益，从操作机制上说，是本分录中除“财务费用”外，所有科目的￥等值的借贷差额。

的会计报表应当折算为人民币”的规定中可知，我国将人民币视为报告货币。总体上来说，我国对功能货币、记账本位币的规定与SFAS 52和改进后的IAS 21的相关规定是一致的，体现出了与会计国际趋同的姿态和成果，但对报告货币概念的认识并不完整。我国以上述两项交易观点为基础处理汇率变动对销售收入或购货成本的影响，并按当期损益法处理汇兑损益。

【延伸思考4-3】根据SFAS 52、CAS 19、我国《会计法》和《企业财务会计报告条例》，思考：(1) 功能货币与记账本位币、报告货币的关系；(2) 在世界经济一体化的今天，有无必要对会计账簿系统使用记账本位币与财务会计报告系统使用的报告货币分别作出规定，应当如何规定？

4.2.4 IASB的相关规定

早在1983年国际会计准则委员会（IASC）就针对日益频繁的国际贸易中普遍存在的外币交易业务制定了《国际会计准则第21号——外币汇率变动影响》（IAS 21），并分别于1994年以及2003年（改组为国际会计准则理事会（IASB）后）对其进行了两次修改，使其逐渐趋于完善。

1983年IAS 21要求按照两项交易观处理外币交易，并且主张在绝大多数情况下应立即确认汇兑损益而不予递延，但在两种情况下有所例外：一是对于长期货币性项目（主要是长期货币性负债），因汇率变动而形成的未实现汇兑损益，可以递延，并在这一项目的有效寿命期内系统摊销；二是由于货币的严重贬值而导致汇兑损益，因而影响到为购置资产而承担的外币负债的本国货币等值，可以用来调整有关资产的账面价值，并在这一资产的有效寿命期限内摊销，只要调整后的金额不超过其重置价值或可变现净值即可。

1993年修订后的IAS 21取消了关于长期货币性项目上的未实现汇兑损益可予递延摊销的规定；调整有关资产的账面价值，只是作为基准方法之外被允许选用的方法，并且增加了“没有切实可行的套期方法”和“在严重贬值之前不能结算该项负债”两个限制条件。

2003年12月IASB颁布《改进国际会计准则》，没有对原IAS 21有关汇率变动影响的基本会计处理方法作出重新规定，而将改进主要集中在对外币折算方法提供更多的指南、引入功能货币概念和列报货币概念等方面。

■ 1）以“功能货币”和“列报货币”替代“报告货币”

原《国际会计准则第21号》对“报告货币”作了界定，即：报告货币指编制会计报表所使用的货币。这个概念实际上包含两个独立的概念，即计量货币和列报货币[①]。改进后的IAS 21吸取了该原国际会计准则委员会常设解释委员会发布的《解释公告第19号》的做法，但考虑到该解释公告较少关注外币交易的基础经济环境，因此改进后的准则没有沿用“计量货币”这个提法，而是改用美国会计准则最先引入的

① 具体参见：原国际会计准则委员会常设解释委员会发布的《解释公告第19号：报告货币——根据IAS 21和IAS 29计量和报告财务报表》。

“功能货币”概念。认为“功能货币”是指主体经营的主要经济环境中的货币，而“列报货币”则指会计报表列报采用的货币，并就确定功能货币应考虑的因素，对改进后的IAS21编制了比较详细的指南。

改进后的IAS 21认为，企业在确定功能货币时，应考虑以下两个因素：（1）主要影响企业商品和劳务销售价格的货币，以及主要用于确定商品和劳务销售价格的国家的货币；（2）主要影响提供商品和劳务的劳动力成本、原材料费用和其他费用的货币。

此外，改进后的准则还认为：（1）以发行债券和股票筹措资金的融资活动，以及经营活动所形成的收入通常所使用的货币，也是在确定功能货币时可以参考的因素；（2）除非企业潜在的交易、事项和状况发生改变，否则功能货币一旦确定，就不应随意改变。

■ 2）不再区分“国外经营”和“国外实体”

改进前的IAS 21将国外经营区分为“构成报告企业经营整体组成部分的国外经营”和“国外实体”两类。两者的区别为：“国外经营”是“其所从事的业务，如同报告企业经营的延伸”，因此，汇率变化影响的是国外经营所持有的单个货币性项目而不是报告企业在国外经营中的投资净额；“国外实体”，与前者相比较，在经营上更具有独立性，因而汇率变化影响的是报告企业在国外实体的投资净额，而非国外实体所持有的单个货币性或非货币性项目。至于两者的折算方法，改进前的准则规定：对“构成报告企业经营整体组成部分的国外经营”会计报表中项目的折算，视同全部交易均为报告主体本身的交易折算，比如，对不动产、厂场和设备的折算，按照该资产购置时的汇率折算等；对于国外实体的会计报表各项目的折算则另行单独规定了一整套折算方法，比如，所有的资产和负债项目均应按期末汇率折算，收益和费用项目按照交易发生日的汇率折算（国外实体以恶性通货膨胀经济条件下的货币报告的除外），折算产生的全部汇兑差额作为权益项目，直到该国外实体被处置。

改进后的IAS 21由于采用了“功能货币”的概念，理事会认为主体应与“构成报告企业经营整体组成部分的国外经营”具有相同的功能货币。因为两者的功能货币不同就意味着“构成主体经营整体组成部分的国外经营”与主体处在的基本经济环境不同，那么就与其“是报告主体经营业务的延伸”的假设相矛盾，从而使之不成为构成“主体经营整体组成部分的国外经营”。因此，不再区分“构成主体经营整体组成部分的国外经营”和国外实体，前者与主体使用相同的功能货币，且并入会计报表时，不需要进行折算，如果使用的功能货币不同于其主体的功能货币，则其为国外实体。

■ 3）列报货币及其自由选择性

由于主体的“功能货币”是要根据其经营的主要经济环境确定，而对于列报货币是否可不同于主体的功能货币，存在三种不同的观点：第一种观点是列报货币应当与功能货币相同。功能货币是主体经营所处的基本经济环境的货币，功能货币最有效地描述了发生的交易和事项对主体的经济影响。对于具有涉及若干种功能货币的经营业务的集团来说，集团的合并会计报表应当以管理层控制和监管集团的经营业绩和财务状况时所使用的货币作为合并会计报表的功能货币。第二种观点是允许列报货币与功能货币不同，但应当有所限定。对列报货币的选择进行某种形式的限制，如将列报货币限制为集团内部独立存在或者说实质性主体的功能货币等。但是，这种限制很容易被突破，因为如果主体真的希望以不同于功能货币的货币列报其会计报表，可以为此设立一个实质性主体，但是以该实质性主体的功能货币从事的经营业务实际上很少。第三种观点是应当允许主体以任何货币列报其会计报表。持这种观点的人认为，在不断增长的全球化趋势背景下，很多集团并非只有一种功能货币，而是包括许多具有不同功能货币的经营业务。对这类主体而言，很难说哪一种货币应当作为集团的列报货币，确定某种货币一定优先于另一种货币而必须以其作为列报货币。这类集团的管理层可能不是运用单一的货币来控制和监管整个集团的经营业务和财务状况。此外，有些管辖区要求即使主体的功能货币不是当地货币，也要按照当地货币列报会计报表，比如当主体在另外一个国家上市时。鉴于上述理由，他们认为，如果国际财务会计报告准则要求主体以功能货币列报其会计报表，有些主体将不得不列报两套会计报表：一套是按照国际财务会计报告准则规定的功能货币列报的会计报表，另一套是按照当地法规要求的其他货币列报的会计报表。

考虑到某些大型跨国集团对理事会的影响，新准则最终采纳了第三种观点——主体可以以任何一种或几种货币列报其会计报表，如果该列报货币与主体的功能货币不同，那么应当将以功能货币计量的经营成果和财务状况折算为列报货币。由于跨国集团的业务决定其不仅有多种功能货币，而且往往在多个国家或地区上市，加上集团管理层还需要运用多种货币或者由数种不同的货币列报的会计报表来控制和管理整个集团的财务状况和经营成果，因此，改进后的准则对列报货币的规定较好地适应了这些主体的需要。

■　4）以功能货币报告外币交易——增加了初始确认后的计量指南

改进后的准则规定，外币交易在初始确认时应以功能货币进行记录，外币金额按照交易日功能货币和外币的即期汇率进行折算，并特别指出，“交易日”是指交易首次符合国际财务会计报告准则确认标准的日期。改进后的准则保留了前准则中关于主体在初始确认后的每一个资产负债表日对外币货币性项目、以历史成本或公允价值计量的外币非货币性项目进行后续计量的折算原则。①

■　5）汇兑差额

改进后的准则取消了因结算货币性项目而产生的汇兑差额资本化的处理方法。改进前的准则对于结算货币性项目产生的汇兑差额，规定的基准处理方法是在汇兑差额发生的期间确认为收益或费用，允许选用的处理方法是：当汇兑差额可能由于货币的严重贬值或减值而产生，且对此没有切实可行的套期方法，但又影响到由于近期购置以外币计价的资产而直接产生的负债，且该负债是不可能结算的。这类汇兑差额应包

① 也就是说，在初始确认后的每一个资产负债表日，应对外币货币性项目和以公允价值计量的非货币性项目按资产负债表日的汇率重新折算，调整其资产负债表日的记账本位币等值；对以历史成本计量的外币非货币性项目，按交易发生日的汇率折算，即不需要折算意义上的调整，但对某些项目，比如存货的记账本位币金额应按照《国际会计准则第2号——存货》和《国际会计准则第36号——资产减值》的规定，采用成本（或账面金额）与其可收回金额孰低法进行再确认与计量，亦即确认存货跌价损失。

括在相关资产的账面金额中，其前提是经调整的账面金额不得超过重置成本与出售或使用该资产而得到的可收回金额两者的较低者。理事会认为将汇兑差额确认为资产的处理方法有几个问题：首先，不符合IFRS的规定，因为汇兑损失不能给主体带来未来经济利益，不符合资产的定义。其次，理事会的联络国均不允许将汇兑损失确认为资产，取消这种处理方法将能增强与国家准则的一致性；最后，可以采用允许选用的处理方法的大多数情况，都将适用反映恶性通货膨胀影响的《国际会计准则第29号》。基于上述理由，理事会在改进后的准则中取消了允许汇兑差额在有限的情况下资本化的处理方法，同时，取消了与之相关的《解释公告第11号——外汇严重货币贬值所导致的损失的资本化》。

改进后的准则修订了对构成国外经营净投资的货币性项目产生的汇兑差额的处理方法。改进前的准则将国外经营区分为“构成报告企业经营整体组成部分的国外经营”和“国外实体”两类，净投资的概念仅限于国外实体。对实质上构成对国外实体的净投资的货币性项目（比如长期应收应付项目）所产生的汇兑差额，改进前的准则要求在处置该项净投资前，在报告主体的会计报表中作为权益项目反映，处置该项净投资时，再确认为收益或费用。改进后的准则取消了对国外经营的区分，净投资的概念也随之修改为“主体在国外经营的净资产中所享有份额的金额”，并进一步解释了主体与国外经营的货币性应收应付项目，如果在可预见的将来，既未打算也不可能进行结算，就可能在实质上构成了对国外经营的净投资。改进后的准则规定，构成报告主体对国外经营净投资的货币性项目产生的汇兑差额，在报告主体的单独会计报表或国外经营的个别会计报表中，应当确认为损益。在包括国外经营和报告的会计报表（当国外经营为报告主体的子公司时即为合并会计报表）中，这样的汇兑差额应当作为权益的一项单独组成部分进行初始确认，在处置该项净投资时确认为损益。

4.3 远期外币交易会计

4.3.1 衍生金融工具与远期外币交易

20世纪70年代，随着布雷顿森林体系（Bretton Woods System）的瓦解，以美元为中心的固定汇率制度由牙买加体系（Jamaica System）下实行的浮动汇率制取而代之，这使外汇面临汇率变动的不确定性急剧增加。党的十八大以来，在以习近平同志为核心的党中央坚强领导下，外汇管理部门紧紧围绕“五位一体”总体布局和“四个全面”战略布局，积极服务开放型经济新体制，成功抵御跨境资本流动高强度风险冲击，与新时代全面开放新格局和国家治理体系治理能力现代化要求相适应的外汇管理体制机制在实践中日趋完善。

在国际商贸活动的迅速发展中，越来越多的涉外企业和金融机构面对风险更大的汇率波动，采用多种避险的金融工具和多种形式的套期保值工具。这些以基本标的资产（即传统的金融工具，如股票、债券、外汇等）为基础的创新工具则被称为衍生金融工具或衍生工具：金融远期合约、金融期货合约、金融期权合约等。这些衍生金融工具对传统财务会计理论与实务产生了强烈冲击，主要体现在对传统会计确认与计量原则的扩展上。

衍生金融工具（derivative security）的价值依附于诸如股票、债券、外汇等标的变量，因此，衍生工具的实质就是一种价值依附于标的的合约。《IAS 39：金融工具——确认和计量》认为衍生工具是具有以下特征的金融工具：（1）其价值随特定利率、证券价格、商品价格、汇率价格、利率指数、信用等级或信用指数、类似变量的变动而变动，即具有衍生性；（2）不要求初始净投资，或与对市场变动具有类似反应的其他类型合约相比，要求较少的净投资，具有杠杆性；（3）在未来日期结算，代表的不是已经发生的交易事项，而是在未来某一时点将要发生的交易事项的权利或义务，具有远期性。

按照衍生工具交易的方法及特点分类，可将其划分为远期合约、期货合约、期权合约和互换四种基本类型。

远期合约指合同双方按照确定的价格，在未来某一日期进行交易的合约，同时包括标的物的种类、数量、执行价格以及结算日期在内的合约条款，均在合约中事先订立。由于可根据合约双方的情况量身打造，无须在交易所进行场内交易。因此远期合约是一种非标准化的合约，具有特定性，有着流通性差、风险较高、交易成本低等特征。远期合约的主要类型有远期外汇合约、远期利率协议、远期股票合约和远期商品合约。

期货合约是在交易所中，投资者通过缴纳一定比例的保证金后，以公开竞标的方式达成，在预定日期以预定价格交割标准数量、特定金额标的物（商品、外汇、利率、股票、债权、股票指数等）的标准化合约。期货合约的双方都有归属于自身的义务，在合约到期时，应以实物交割的方式来履行合约，但也可以通过反向的交易行为（对冲或平仓）来解除这一交割义务。因此期货的主要交易方式为套期保值交易和投机与套利交易两种，主要类型包括商品期货和金融期货。由于期货合约是一种标准化的远期合约，由交易所制定发行，因此，与远期合约相比，期货合约交易成本较高，但易于流通和转让。

期权合约指的是期权买方通过向卖方支付一定费用，就可以获得以特定的价格和数量在预定的有效期内买卖某种标的资产（股票、外汇、债务工具、商品和期货合约）的权利。期权合约对于买方而言规定的是一种权利而不是义务，因此在期权合约中，买卖双方的义务并不对等，也就是说期权的买方具有是否进行执行交易的选择权，而期权的卖方没有放弃履行合约的权利，从而买方承担的风险以不执行时损失的期权费用为限，而卖方须承担在对他不利的情况下买方要求执行的全部损失。按照标的物的不同，期权可以分为商品期权与金融期权；按照交易方式的不同，期权可以分为看涨期权与看跌期权；按照执行的期限不同，期权还可以分为欧式期权与美式期权。

互换，也称为掉期，是指交易双方基于互补的需要，依据预先约定的条件，通过远期合约的形式，在未来特定时期内，互相交换一系列的货币金额的交易，该货币金额可以固定，也可以根据基础资产价格波动进行调整。其交易方式灵活，能满足交易者对非标准化交易的要求，同时考虑到了交易各方的特殊情况并利用其独特优势。目前互换的主要类型有：利率互换与货币互换。一般而言，利率互换是同种货币债务本金间的利息额的互换，而货币互换不涉及同货币债务间本息和的互换。

【资料库4-1】

IASB、FASB和CASB制定衍生工具会计准则简史

20世纪70年代以来，国际权威准则制定机构——美国财务会计准则委员会（FASB）和国际会计准则委员会（IASB）[①]一直致力于研究使用日益频繁的衍生金融工具，并制定适用的会计准则，以保证会计信息的有效性。基于衍生金融工具会计的复杂性，FASB与IASB对衍生金融工具的会计问题均采取分步解决的方案，即第一步解决披露问题，第二步解决确认和计量问题。截至2009年11月，美国FASB发布的与金融工具有关的会计准则发展历程见表4-5。

表4-5　**FASB发布的与金融工具有关的会计准则**

发布日期	准则编号	准则名称与备注
1981年12月	SFAS 52	外币折算
1984年8月	SFAS 80	期货合约会计
1990年3月	SFAS 105	金融工具表外风险和信用风险的披露
1991年12月	SFAS 107	金融工具公允价值的披露
1994年10月	SFAS 119	对衍生金融工具及金融工具公允价值的披露
1996年6月	SFAS 125	金融资产的转移、服务权以及金融负债解除的会计处理
1998年6月	SFAS 133	衍生金融工具和套期保值活动会计
2000年6月	SFAS 138	某些衍生工具和套期活动会计——FASB 133公告的修正
2000年9月	SFAS 140	金融资产的转移和服务以及负债的解除
2003年4月	SFAS 149	对133号公告衍生工具和套期活动的修正
2003年5月	SFAS 150	某些同时具有负债和权益特征的金融工具的会计处理
2006年2月	SFAS 155	某些混合金融工具的会计处理——对FASB 133和140号公告的修正
2006年3月	SFAS 156	金融资产服务的会计处理——对FASB 140号公告的修正
2006年9月	SFAS 157	公允价值计量
2007年2月	SFAS 159	金融资产和金融负债的公允价值选择权——包含对FASB 115号公告的修正
2008年3月	SFAS 161	衍生工具和套期活动的披露——对FASB 133号公告的修正
2008年5月	SFAS 163	财务担保保险合同会计——对FASB 60号公告的解释

表4-6是IASB衍生金融工具会计政策演进表。

① 国际会计准则委员会（IASC）于1973年6月成立，以收集、对比和整理各国会计准则为主要任务。随其发展，IASC组织架构逐步完善，并于2001年4月，改组为国际会计准则理事会（IASB）。IASB成立之前所发布的准则称为国际会计准则（IAS），之后发布的准则称为国际财务会计报告准则（IFRS）。

表4-6　　**IASB衍生金融工具会计政策演进表**

发布日期	准则编号	准则名称与备注
1990年3月		《金融工具：原则公告草案》
1991年6月	ED 40	第40号国际会计准则征求意见稿《金融工具》
1994年1月	ED 48	第48号国际会计准则征求意见稿《金融工具》，全面取代第40号国际会计准则
1995年6月	IAS 32	《金融工具：披露与列报》颁布，首次对包括衍生金融工具在内的金融工具的披露进行了规范
1997年3月	综合性讨论稿《金融资产与金融负债的会计处理》	提议对衍生金融工具在内的金融工具实施全面公允价值计量模式
1998年6月	ED 62与IAS 39	第62号征求意见稿《金融工具：确认和计量》；第39号国际会计准则《金融工具：确认和计量》，规范了衍生金融工具的确认、计量的内容
2000年7月	IAS 32和IAS 39被修订	对衍生金融工具处理的一些细节问题进行了完善
2003年8月	征求意见稿《利率风险组合套期的公允价值套期会计》	规范了衍生金融工具用于套期保值时的会计处理
2005年4月	IAS 39修订	对准则的体系进行了修改
2005年8月	《IFRS 7：金融工具：披露》发布；IAS 32修订	规范了衍生金融工具的表外披露
2009年5月	公允价值计量讨论稿发布	衍生金融工具计量时所使用公允价值模式的内容
2009年11月	IFR S9发布取代IAS 39	第一阶段完成，将金融资产进行重新分类

回顾FASB和IASB在金融工具会计准则制定上的历史进程，可以看到虽然其取得了丰硕成果，但这些准则主要还是围绕金融工具确认、计量和披露，如何解决以公允价值充分反映所有金融资产和金融负债的真实价值，并未取得完满结果。从2008年金融危机后，各方对现有会计准则的诟病就可见一斑，对衍生金融工具相关的会计制度进行修订和完善，以提供高质量的会计信息，引导资本市场的健康发展，将成为下阶段FASB和IASB的工作重心。

直至2005年8月，财政部才正式出台了《金融工具的确认和计量暂行规定（试行）》，并引入公允价值的相关概念，且于2006年2月正式颁布了相应会计准则，从2007年开始在上市公司范围内率先实施，使得该暂行规定成为“我国首部从会计规范方面入手，揭示金融工具潜在风险、规范金融工具确认与计量的法规”。

虽然新会计准则中将对金融工具的处理准则分为四个部分分别作出规定——CAS 22《金融工具确认和计量》、CAS 23《金融资产转移》、CAS 24《套期保值》和CAS 37《金融工具列报》，使得我国金融工具的会计处理有了系统的规范，也基本上实现了我国金融工具会计准则体系建设的国际趋同，但仍然不可避免地存在操作性不强的问题，比如，企业对公允价值进行估值时会出现困难，且该过程的主观性也较大等。因此，我国准则制定部门应该针对衍生金融工具的确认、计量与披露颁布更为详细的规范或指导，使准则更加具有操作性，也可减少管理层操纵信息的可能。

4.3.2 用期汇合约进行套期保值的会计处理

■ 1）套期会计准则简介

主体可选择采用或不采用IFRS 9中的套期会计要求。在满足运用套期会计的特定标准的情况下，套期会计允许主体通过将套期工具（如，衍生工具）的利得或损失与被套期的风险敞口（如，外币销售）的损失或利得进行匹配，在财务报表中反映其风险管理活动。

IFRS 9中的套期会计模型并非旨在适用于针对开放式动态资产组合的套期。对于金融资产或负债组合的利率风险的公允价值套期，应用IFRS 9的主体可采用IAS 39的套期会计要求以及IFRS 9的一般“宏观”套期会计要求。

此外，主体在首次采用IFRS 9时，作为一项会计政策选择，可继续采用IAS 39中的所有套期会计要求（而非IFRS 9第6章的要求）。下文概述了IFRS 9第6章的套期要求及其与IAS 39之间的对比。

(1) 运用套期会计的标准

当且仅当同时满足下列所有条件时，才能运用套期会计对套期关系进行会计处理：

①套期关系仅由符合条件的套期工具和符合条件的被套期项目组成；

②在套期开始时，企业正式指定了套期工具和被套期项目，并准备了关于套期关系和企业从事套期的风险管理策略与风险管理目标的书面文件。

③套期关系符合套期有效性要求。套期有效性，是指套期工具的公允价值或现金流量变动能够抵销被套期风险引起的被套期项目公允价值或现金流量变动的程度。

(2) 套期工具

IFRS 9与IAS 39的主要区别在于：IFRS 9将以公允价值计量且其变动计入损益的非衍生金融工具作为符合条件的套期工具，而IAS 39只允许对外汇风险套期采用非衍生金融项目作为套期工具。与套期工具相关的大部分变更均涉及套期工具的核算方法，特别是期权合同、远期合同和外汇基差的核算方法。

(3) 期权合同

根据IAS 39，通过期权合同进行套期的主体通常将期权时间价值要素的公允价值变动计入损益。然而，在进行风险管理时通常将期权的时间价值（通常相当于在开始时支付的溢价）视为套期成本（即，为保护主体免受不利价格变动的影响而产生的成本）。该风险管理方法已纳入IFRS 9。根据IFRS 9，时间价值的核算方法可分为两个步骤。

第一步：在套期存续期内，将期权合同时间价值要素的公允价值变动在其他综合收益中递延（若其与被套期项目相关）。

第二步：将相关金额从权益重分类至损益。但是，上述重分类应基于被套期项目的类别，即以下二者之一：

①与交易相关的被套期项目（如，预期交易的套期）；

②与时间段相关的被套期项目（现有项目，例如存货在一段时间内的套期）。

对于与交易相关的被套期项目，在其他综合收益中递延的公允价值累计变动应与被套期项目同时计入损益。当被套期项目首次导致对非金融资产或非金融负债进行确认时，权益中的金额应在资产负债表中确认并作为被套期项目初始账面金额的一部分入账。该金额应在被套期项目按照针对该被套期项目的一般方法进行核算时将影响损益的同一时间计入损益。

对于与时间段相关的被套期项目，应采用不同的方法，对在权益中递延的金额进行重分类。与被套期项目相关的期权，原时间价值金额应在套期关系存续期内按合理的基础（如，直线法）从权益转出并摊销计入损益，而不是将期权成本与特定交易相匹配。

（4）远期合同和外汇基差

根据IAS 39，若在套期中仅对远期合同的即期要素加以指定，远期点数应按公允价值计量并在损益中确认，从而导致损益具有波动性。IFRS 9提供了针对远期点数的另一种可选会计处理方法（与期权合同时间价值的核算方法不同，这是一种可选方法而非强制要求）。应用该会计处理方法将类似于对上述与时间相关的被套期项目进行套期时针对期权时间价值的核算方法。换言之，远期点数的公允价值变动应在其他综合收益中递延，并在被套期期间内按合理的基础重分类至损益。

根据IFRS 9，主体还可以从指定的套期工具中排除外汇基差，并对其应用与远期点数相同的上述会计处理方法。

（5）被套期项目

IFRS 9就符合套期会计条件的项目类型以及主体如何对此类被套期项目进行指定。例如：

①非金融项目的风险成分可被指定为被套期项目，只要风险成分是可单独识别的，并且其变动引起项目现金流量或公允价值的变动能够可靠计量。

②汇总风险敞口（即包括衍生工具在内的风险敞口）可被指定为被套期项目。

（6）风险成分套期

根据IAS 39，主体可以对因被套期项目中所有固有风险产生的金融项目的部分或全部现金流量进行套期，或选择仅因特定风险产生的部分或全部现金流量进行套期。该方法被称为“部分套期”，并且仅当金融项目所面临的风险可予识别以及套期有效性能够可靠地评估和计量时才允许采用。

IFRS 9将符合条件的风险成分延伸至涵盖非金融项目，前提是该成分能够被单独辨认和可靠地计量。因此，主体可针对非金融项目的风险成分（如，飞机燃料的原油部分）采用套期会计（而IAS 39则不允许这样做）。值得注意的是，并非只有合同明确规定的风险成分才能够单独辨认。但是，如果风险成分未在合同中明确规定，则更难将部分市场价格分拆出来以计算可辨认和可计量的风险成分。特别是主体在分析市场参与者如何对特定非金融项目进行定价以确认某种风险成分是否能够单独辨认和可靠地计量时将颇具挑战性。

（7）汇总风险敞口

IFRS 9允许包含衍生工具的汇总风险敞口成为符合条件的被套期项目。这有别于IAS 39。IAS 39明确禁止将衍生工具指定为被套期项目（除非其属于被指定用来抵销购入期权的签出期权）。

可将一项风险敞口和一项衍生工具指定为套期关系中的被套期项目，如图4-1所示。

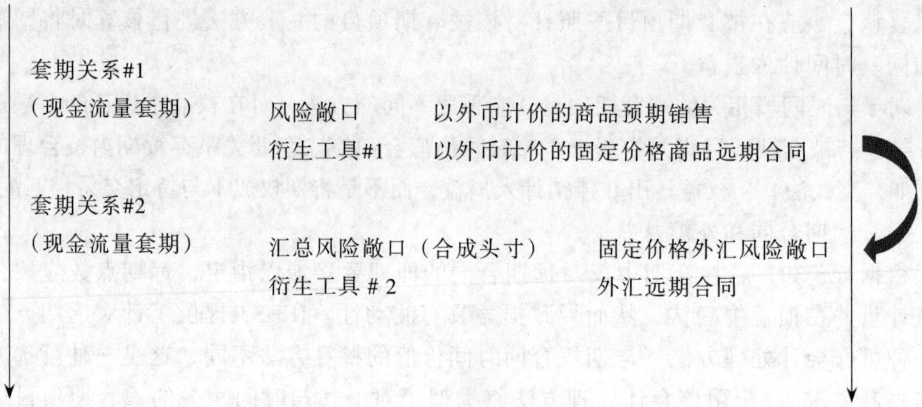

图4-1　套期关系图

在图4-1中，衍生工具＃2可被指定为包含风险敞口和衍生工具＃1的汇总风险敞口的套期工具。

根据IFRS 9，一组项目（如，一组资产）和净头寸（如，资产负债净额，或预期销售和购买的净额）可作为一个组合进行整体套期，前提是该组合由单个符合条件的被套期项目组成，且该类项目所面临的风险被统一进行管理）。对于一组项目的现金流量套期（在该情况下，现金流量变动预计不会与该组项目现金流量的总体变动大致成正比），只允许对外汇风险进行套期。对于此类套期，在指定上述净头寸时应明确指出预期交易预计将影响损益的报告期间、性质和数量。

（8）外汇风险净头寸的现金流量套期

外汇风险净头寸的现金流量套期如图4-2所示。

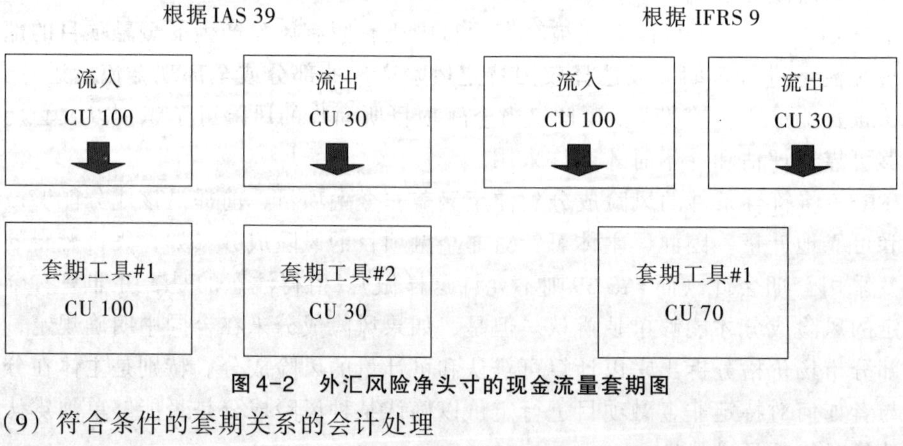

图4-2　外汇风险净头寸的现金流量套期图

（9）符合条件的套期关系的会计处理

根据IFRS 9，三种类型的套期关系（公允价值套期、现金流量套期和境外经营净投资套期）与IAS 39的规定相同。每种套期关系的会计处理同样与IAS 39相同。但是，存在一种例外情况：当现金流量套期中的预期交易导致主体确认非金融项目时，主体必须应用基础调整。根据IAS 39，允许主体选择是否应用基础调整。如上所述，被指定为套期工具的期权的时间价值、远期点数以及套期工具外汇基差的会计处理也不同于IAS 39的规定。

（10）套期有效性的要求

IFRS 9的套期会计模型的符合条件标准与IAS 39的符合条件标准存在很大差异，根据IAS 39，套期无论是在预期性还是回顾性的测试中，其有效性结果必须在80%～125%的范围内，而IFRS 9以下述要求替代了IAS 39中明确的量化范围：

①被套期项目与套期工具之间存在经济关系；

②经济关系产生的价值变动对信用风险的影响不占主导地位；

③套期关系的套期比率等于企业被套期项目的实际数量与用于对这些数量的被套期项目进行套期的套期工具的实际数量之比。

（11）再平衡和终止运用套期会计

如果套期关系不再符合有关套期比率的套期有效性要求，但被指定套期关系的风险管理目标仍然保持不变，那么主体必须调整套期关系的套期比率（即，实现套期再平衡）以使套期比率重新符合运用套期会计的条件。

当套期关系（或套期关系的一部分）不再满足运用套期会计的标准时，主体才能在未来适用法的基础上终止运用套期会计。这些情形包括套期工具到期或被出售、终止或已行使。终止运用套期会计可能对整个套期关系或部分套期关系（在该情况下，剩余的套期关系将继续采用套期会计）产生影响。与IAS 39不同的是，主体在不符合终止套期会计条件的情况下不得自愿终止运用套期会计。相关流程如图4-3所示。

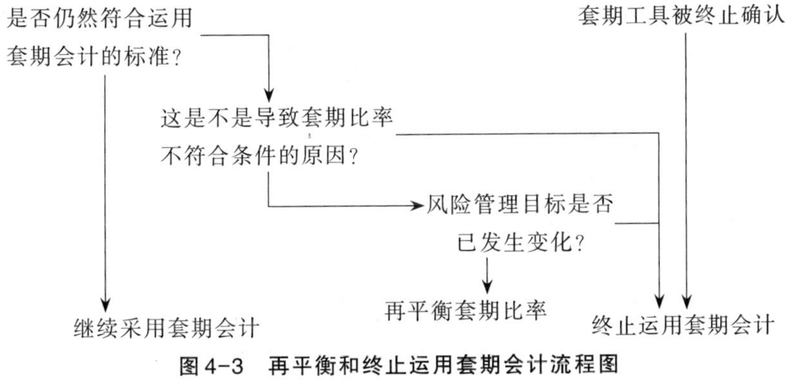

图4-3　再平衡和终止运用套期会计流程图

（12）指定为以公允价值计量且其变动计入损益的信用风险敞口

若主体使用以公允价值计量且其变动计入损益的信用衍生工具来管理金融工具的信用风险（信用风险敞口），如果符合下列条件，主体可将该项金融工具的全部或一部分指定为以公允价值计量且其变动计入损益的金融工具：

①信用风险敞口的名称（例如，借款人或贷款承诺的持有人）与信用衍生工具涉及的主体的名称一致；

②金融工具的优先级与根据信用衍生工具条款交付的工具的优先级一致。

如果主体在初始确认后作出上述指定，原账面金额与公允价值之间的差额应被立即计入损益。如果金融工具不再满足上述指定的条件，不应以公允价值计量且其变动不应被计入损益，则主体不应继续以公允价值计量且其变动计入损益的方式计量产生信用风险的金融工具。在撤销上述指定时，该金融工具的公允价值将成为其新账面金额。

（13）披露

国际会计准则理事会修订了《国际财务报告准则第7号——金融工具：披露》（以下简称IFRS 7）的规定，引入了一系列与分类和计量、减值及套期会计相关的新披露。

①分类和计量披露要求主体分析因终止确认以摊余成本计量的金融资产所导致的利得和损失。此类披露旨在根据为收取合同现金流量而持有资产的业务模式目标，强调指出以摊余成本计量的金融资产在到期前终止确认的程度及理由。同时国际会计准则理事会还对IAS 1作了修订，规定须在利润表中列示一个单列项目以反映因终止确认以摊余成本计量的金融资产所导致的利得和损失。

②信用风险披露要求提供与信用风险管理实务和信用风险敞口相关的信息。此外，还须披露与预期信用损失所产生的金额及相应变动相关的广泛的定性和定量信息，包括按类别披露损失准备的详细调节表。此类披露旨在协助财务报表使用者了解IFRS 9减值模型的应用及影响，包括在运用该模型过程中所作判断的相关信息。

③套期会计披露同样十分广泛，且同时适用于在采用IFRS 9时选择继续应用IAS 39的套期会计要求。此类披露要求提供与主体的风险管理策略及其对未来现金流量的影响相关的信息，并同时要求提供有关套期会计对主要财务报表之影响的详细披露。

（14）过渡至IFRS 9

IFRS 9对自2018年1月1日或以后开始的年度期间生效，且在获得当地认可的情况下允许提前采用。首次采用早于2015年2月1日的主体可针对在2018年1月1日前开始的年度采用IFRS 9的早期版本（同样须获得当地认可）。

应按照《IAS 8——会计政策、会计估计变更和差错》的规定追溯应用IFRS 9，且适用某些豁免规定和例外情况（参见下文）。

- 实际利率法要求　若主体追溯实际利率法并不切实可行（按照IAS 8的定义），那么主体应将金融资产或金融负债在每个比较期间期末的公允价值视为金融资产的账面总额或金融负债的摊余成本。在这种情况下，金融资产或金融负债在首次采用日的公允价值应被视为金融资产在IFRS 9首次采用日的新摊余成本。

- 减值计量要求　主体应在符合特定例外规定的情况下追溯应用减值要求。在首次采用日，主体应当使用无需付出不当成本或额外的努力便可获得的合理及可支持的信息，来确定金融工具在初始确认日（或者，对于贷款承诺和财务担保合同，主体成为不可撤销承诺的一方之日）的信用风险，并将该金融风险与IFRS 9首次采用日的信用风险进行比较。如果在首次采用日，须付出不当的成本或额外的努力来确定自初始确认后信用风险是否显著增加，则主体在每个报告日所确认的损失准备金额应相当于整个存续期的预期信用损失金额，直至金融工具被终止确认。然而，若金融工具在报告日的金融风险较低，则主体可以假设，自初始确认后信用风险并未显著增加。

- 套期会计要求 在首次采用IFRS 9时，主体可决定继续采用IAS 39的套期会计要求（而非IFRS 9的要求）。该决定适用于主体的所有套期关系。主体通常应采用未来适用法应用IFRS 9的套期会计要求。为了自首次采用日起运用套期会计，必须在此日期符合运用套期会计的所有标准。但是，如果根据IAS 39在套期关系中仅将期权内在价值的变动指定为套期工具，则主体应当追溯应用对期权时间价值的会计处理。该追溯应用仅适用于在比较期间最早的期初已经存在的，或在此之后被指定的套期关系。同样，如果根据IAS 39，在套期关系中仅将远期合同的即期要素指定为套期工具，则主体可以追溯应用对远期合同的远期要素的会计处理。如果主体选择对这一会计处理进行追溯运用，则应对所有符合该选择条件的套期关系都进行追溯应用。类似地，对于外汇基差的会计处理，也可以针对报告期间最早的期初已经存在的，或在此之后被指定的套期关系进行追溯应用（可针对每一项套期分别加以选择）。

IFRS 9的首次采用日即主体首次采用IFRS 9的日期。为减轻财务报表编制人的负担，在主体首次采用IFRS 9时无需对前期进行重述。但是，主体必须在首次采用日提供有关金融资产和金融负债的综合披露。

若从IAS 39过渡至IFRS 9的主体选择对前期比较数据进行重述，则须针对比较期间内那些在首次采用日已终止确认的项目采用IAS 39。因此，主体可在比较期间同时采用IAS 39和IFRS 9。

在衍生金融工具中，远期外汇合约是一种较为简单、常见的衍生工具，而且远期外汇合同的会计处理又涉及套期会计的一些核心问题，其会计处理的主要问题在于：怎样确定外汇远期合约交易中的利得和损失；何时对外报告利得和损失。

■ 2）期汇合约与套期

期汇合约也称远期外汇合同（forward contract），是客户与外汇经纪银行签订的将由该银行按照约定的远期汇率在规定的未来某日将一种指定的货币兑换成另一种指定的货币的远期合约。人们签订期汇合约的目的主要有套期保值[①]和投机[②]。

① 请注意：套期保值中“保值”的含义，是指在签订期汇合约时，把未来汇率变动对企业的不利影响降到最低的一种方法。“保值”只是一种期汇合约持有人在预见到汇率的变动将使自己受到损失时，主观上设法把损失降低到最小限度的一种方法，实质上是一种相对的、部分的“保值”。比如，某企业在20×3年7月18日有一笔在20×3年11月18日到期收回的100万美元的应收账款，为避免汇率变动风险，企业在20×3年7月18日与外汇经纪银行签订合约，20×3年11月18日按期汇汇率1美元=6.30元人民币卖出该100万美元给该经纪银行，获得630万元人民币，然而在20×3年11月18日，银行买入价不是1美元=6.30元人民币，而是1美元=6.40元人民币，则此时企业因签订期汇合约而损失了人民币10万元的机会收益。相反，若在20×3年11月18日，银行买入价是1美元=6.20元人民币，则此时企业因签订期汇合约而避免了人民币10万元的机会损失。可是，谁能在20×3年7月18日准确确定20×3年7月18日以后人民币对美元是升值还是跌价？签订期汇合约就将期汇合约期间的汇率变动风险绝缘于企业之外了。

② 与套期保值相比，投机的目的不在于在到期日获得指定数额的某国货币，而在于利用汇率变动获得汇率变动收益。当投机者发现，未来的期汇汇率将朝着不利于自己的方向发展时，就将这一期汇合约转让出去，以减少未来的某种汇率变动损失。

按外汇交割实际时日的确定性不同，期汇合约可分为固定外汇交割日的期汇合约和可选外汇交割日的期汇合约。前者的外汇交割日在期汇合约签订日就已固定，既不可提前，也不能推后。例如，5月18日，客户A与F银行签订了一项为期3个月按期汇汇率为J￥137.12/US＄1卖出100万美元的期汇合约，届时，客户A应在8月18日卖出100万美元而买入13 712万日元，同样，F银行也应于8月8日卖出13 712万日元而买入100万美元；后者是指交易的一方可在成交日（签约日）后的第3天起至约定日内的任何一个营业日，要求另一方按照双方约定的期汇汇率进行交割。例如，上述案例若是可选外汇交割日的期汇合约，那么其交割日可以是5月19日至8月18日之间的任意一个营业日。

按签订期汇合约的动机不同，期汇合约包括用于套期保值的期汇合约和用于投机的期汇合约。所谓套期保值（又称套期[①]）就是买入（卖出）与现货市场数量相当，但交易方向相反的期货合约，以期在未来某一时间通过卖出（买入）期货合约补偿现货市场价格变动带来的实际价格风险。套期保值是企业购买期汇合约的主要目的。按照套期保值的对象不同，远期外汇合约还可以分为对外币债权（债务）套期保值的期汇合约、对外币承诺（约定）套期保值的期汇合约以及对国外投资净额套期保值的期汇合约。

根据套期关系不同，套期可分为公允价值套期、现金流量套期和境外经营净投资套期。其中，公允价值套期是指对已确认资产或负债或确定承诺，或该资产或负债、尚未确认的确定承诺中可辨认部分的公允价值变动风险所做的套期。该类价值变动源于某类特定的风险，且将影响企业的损益；现金流量套期是指对现金流量变动风险所做的套期。此类现金流量变动源于与已确认资产或负债、很可能发生的预期交易有关的某类特定风险，且将影响企业的损益；对境外经营净投资的套期是指对境外经营净投资外汇风险进行的套期。境外经营净投资，是指企业在境外经营净资产中的权益份额。

《CAS 24：套期保值》认为，套期保值（以下简称套期），是指企业为管理外汇风险、利率风险、价格风险、信用风险等特定风险引起的风险敞口，指定金融工具为套期工具，以使套期工具的公允价值或现金流量变动，预期抵销被套期项目全部或部分公允价值或现金流量变动的风险管理活动。

其中，套期工具，是指企业为进行套期而指定的，其公允价值或现金流量变动预期可抵销被套期项目的公允价值或现金流量变动的金融工具。对外汇风险进行套期还可以将非衍生金融资产或非衍生金融负债的外汇风险成分指定为套期工具。被套期项

① IAS 39认为，套期是企业指定一个或多个套期工具，并试图保证其公允价值的变化全部或部分抵销被套期项目的公允价值或现金流量变化的行为。当同时具备以下五个条件时，可认定一项套期关系：(1) 当套期开始时，企业对套期关系需有正式记录，包括对套期关系、企业进行此项套期行为的风险管理策略和套期有效性评价方面的描述等；(2) 该套期可有效地抵销公允价值或现金流量变动，并与企业最初为该项套期所确定的风险管理策略一致；(3) 对于现金流量套期，预期交易必须可能发现，具备必须使企业面临最终将影响净收益的现金流量变动风险；(4) 套期的有效性可予以可靠计量；(5) 企业对套期有效性进行持续评价，且确保该套期关系在整个报告期内均有效。

目，是指使企业面临公允价值或现金流量变动风险，且被指定为被套期对象的、能够可靠计量的下列项目：（1）单项已确认资产、负债、尚未确认的确定承诺、很可能发生的预期交易，或境外经营净投资；（2）一组具有类似风险特征的已确认资产、负债、尚未确认的确定承诺、很可能发生的预期交易，或境外经营净投资；（3）分担同一被套期利率风险的金融资产或金融负债组合的一部分（仅适用于利率风险公允价值组合套期）。其中，确定承诺，是指在未来某特定日期或期间，以约定价格交换特定数量资源、具有法律约束力的协议；预期交易，是指尚未承诺但预期会发生的交易。

■ 3）套期会计方法及其应用条件

套期会计方法（hedge accounting）是指在相同会计期间将套期工具和被套期项目公允价值变动的抵销结果计入当期损益的方法。

前面已经指出，套期会计有别于传统会计核算方法，其产生的根本原因是传统会计核算存在着确认脱节和计量脱节，导致套期工具和被套期项目相互抵销的损益不能被计入同一期间的会计盈余。确认脱节，是指在传统会计下，套期工具及其产生的损益已在资产负债表或利润表中确认，而被套期项目及其对冲损益却不能确认。例如，企业利用外币远期合同来对其以外币结算的预期销售进行套期时，常规会计要求远期合同的损益立即在当期利润表中反映，而预期销售还未发生，因此不能在当期确认对冲损益。计量脱节，是指在常规会计下，作为套期工具的衍生金融工具以公允价值来计量，而被套期项目很可能是不以公允价值计量的其他金融工具（如债权投资、贷款和应收款项），甚至是非金融工具（如存货、固定资产、确定承诺和预期交易等），从而造成计量属性上的不配比，使得对冲损益不能被同时反映。例如，某企业发行了固定利率债券，为管理这些债券产生的利率风险敞口，该企业与另一方签订了收款固定付款变动的利率互换协议。由于利率互换协议以公允价值计量，而固定利率债券以摊余成本计量，因此，市场利率变动带来的互换协议损益可以及时地在利润表中得到反映，而固定利率债券公允价值的变动带来的对冲损益却不能在当期计入盈余，从而造成套期工具和被套期项目的反映脱节。实施套期会计的目的就是要改变这种脱节处理，使套期工具和被套期项目的对冲损益能在同期确认。

对于衍生金融工具套期保值的使用，《CAS 24：套期保值》规定，公允价值套期、现金流量套期或境外经营净投资套期同时满足下列条件的，才能运用套期会计方法进行处理：

（1）套期关系仅由符合条件的套期工具和被套期项目组成。

（2）在套期开始时，企业正式指定了套期工具和被套期项目，并准备了关于套期关系和企业从事套期的风险管理策略及风险管理目标的书面文件。该文件至少载明了套期工具、被套期项目、被套期风险的性质以及套期有效性评估方法（包括套期无效部分产生的原因分析以及套期比率确定方法）等内容。

（3）套期关系符合套期有效性要求。

运用上述套期会计方法的条件之一，是该套期保值是高度有效的，即必须达到一定套期有效性标准的套期行为人们才能认定套期关系成立。所谓套期有效性，是指通过套期工具抵销被套期项目价值变动的程度。根据IAS 39的套期有效性评价标准：只有符合下列全部条件时，才能将该套期保值认定为高度有效：①在套期开始及以后期间，该套期预期会高度有效地抵销套期指定期间被套期风险引起的公允价值或现金流量变动；②该套期的实际抵销结果在80%～125%的范围内。抵销结果用套期有效率指标衡量，其计算公式为：套期有效率=套期工具公允价值变动额的绝对值÷被套期项目的公允价值或现金流量变动额的绝对值。例如，甲企业的套期结果为，套期工具公允价值变动形成的损失为80万元，而被套期项目的公允价值变动形成的利得为100万元，两者相互抵销的程度可以计算如下：80÷100×100%＝80%；或者，100÷80×100%＝125%，该套期有效。

在套期有效性的评价方法方面，会计准则没有规定统一的评价方法，但企业应当选择与自身的风险管理策略相符合的评价方法。常见的套期保值有效性评价方法有主要条款比较法、比率分析法、回归分析法。

主要条款比较法是指通过比较套期工具和被套期项目的主要条款来确定套期保值是否有效的方法。主要条款包括名义金额或本金、到期期限、定价日期、商品数量、货币单位等。当所有主要条款均能准确匹配时，由被套期风险引起的套期工具和被套期项目的公允价值或现金流量变动可以相互抵销。采用这种方法对套期保值有效性进行评价不需要计算，但只能用于套期保值预期性评价。

比率分析法是指通过比较由被套期风险引起的套期工具和被套期项目公允价值或现金流量变动的比例来确定套期是否有效的方法。运用此方法时企业可以根据自身风险管理政策的特点进行选择，以累积变动数（即自套期开始以来的累积变动数）为基础进行比较，或以单个期间变动数为基础进行比较。

回归分析法是指在掌握一定量观察数据的基础上，利用数理统计方法建立自变量和因变量之间回归关系函数的一种统计学方法。运用此方法，需研究分析套期工具和被套期项目价值变动之间的相关性，相关性越高，套期保值越有效。在回归模型中，自变量反映被套期项目公允价值变动或预计未来现金流量现值变动，因变量反映套期工具公允价值变动。

■ 4）公允价值套期保值的会计处理

在期汇合约签订日，即把某已确定资产、负债或确定承诺指定为被套期项目时，持有期汇合约期间的各会计报表日、期汇合约履行日，分别按即期汇率确定被套期项目的公允价值。在把某已确定资产、负债或确定承诺指定为被套期项目时，将该项目的价值转入“被套期项目”账户；在持有期汇合约期间的各会计报表日，根据确认的公允价值调整被套期项目的账面价值，相应地把被套期项目公允价值的变动损益通过“套期损益”科目，计入当期损益；最后在期汇合约履行终止套期关系时，按当日公允价值调整被套期项目账面价值后，将被套期项目转回相应的外汇资产、负债或确定承诺形成的外汇资产、负债。

【例4-5】公允价值套期的会计处理：20×6年1月1日，R公司持有库存商品A的账面成本为100万元，公允价值为110万元。如果现在出售，则可获利10万元，但现在未能出售，以后出售时公允价值可能下降，从而失去该获利额。R公司为规避该库存商品A公允价值变动风险，在期货市场上卖出与库存商品A在数量、质量上相同的期货，假设期货价格为110万元。R公司将该期货合约（下称衍生工具B）指定为由20×6年上半年库存商品X价格变化引起的公允价值变动风险的套期。

20×6年1月1日，该衍生工具B的公允价值为零，因为此时期货价格尚未变动。20×6年6月30日，R公司将库存商品A出售，公允价值（出售价格）为107.5万元（比原公允价值110万元减少了2.5万元，即库存商品X的公允价值下降了2.5万元）；同时R公司将期货合约买入平仓，假设买入平仓期货价格为107.5万元，对比开新仓期货价格110万元，获得收益2.5万元（即衍生工具Y的公允价值上涨了2.5万元）。

R公司采用比率分析法评价套期有效性，即通过比较衍生工具B和库存商品A的公允价值变动评价套期有效性。下面就套期完全有效和高度有效分别说明：

（1）R公司预期该套期完全有效。

假定不考虑衍生工具的时间价值、与商品销售相关的增值税及其他因素。

R公司需要将库存商品转入被套期项目就是将按成本计量的存货转为按公允价值计量，以便将存货的公允价值变动与期货合约公允价值变动对冲，其账务处理如下：

20×6年1月1日：

借：被套期项目——库存商品A　　1 000 000

　贷：库存商品——A　　1 000 000

20×6年6月30日，出售存货，期货合约买入平仓，反映套期工具公允价值变动：

借：套期工具——衍生工具B　　25 000

　贷：套期损益（卖出110万元-买入107.5万元）　　25 000[①]

反映被套期项目公允价值变动：

借：套期损益（原公允价值110万元-现公允价值107.5万元）[②]　　25 000

　贷：被套期项目——库存商品A　　25 000

反映存货出售：

借：银行存款　　1 075 000

　贷：主营业务收入　　1 075 000

借：主营业务成本　　975 000

　贷：被套期项目——库存商品A　　975 000

反映套期工具结算：

借：银行存款　　25 000

　贷：套期工具——衍生工具B　　25 000

综上所述，由于R公司采用了套期策略，规避了存货公允价值变动风险，因此其存货公允价值下降没有对预期毛利额10万元（110万元-100万元）产生不利影响。

（2）R公司预期该套期高度有效。

假定20×6年6月30日R公司将库存商品X出售，公允价值（出售价格）为107.5万元（比原公允价值110万元减少了2.5万元，即库存商品X的公允价值下降了2.5万

① 本分录反映套期工具的公允价值变动收益，“套期损益”账户余额在贷方表示公允价值变动收益；“套期工具”账户的借方余额可以理解为其他应收款。

② 本分录反映被套期项目公允价值变动损失。

元）；同时R公司将期货合约买入平仓，假设买入平仓期货价格为107.75万元，对比开新仓期货价格110万元，获得收益2.25万元（即衍生工具Y的公允价值上涨了2.25万元）。

R公司的账务处理如下：

20×6年1月1日：

借：被套期项目——库存商品A　　1 000 000

　贷：库存商品——A　　1 000 000

20×6年6月30日：

借：套期工具——衍生工具B　　22 500

　贷：套期损益（卖出110万元-买入107.75万元）　　22 500

借：套期损益（原公允价值110万元-现公允价值107.5万元）　　25 000

　贷：被套期项目——库存商品A　　25 000

借：银行存款　　1 075 000

　贷：主营业务收入　　1 075 000

借：主营业务成本　　975 000

　贷：被套期项目——库存商品A　　975 000

借：银行存款　　22 500

　贷：套期工具——衍生工具B　　22 500

从上述两种情况可以看出，第一种情况不存在“无效套期损益”，属于完全有效套期；第二种情况存在“无效套期损益”0.25万元，从而对R公司当期利润总额的影响相差0.25万元（2.5万元-2.25万元）。此时套期工具公允价值变动2.25万元与被套期项目公允价值变动2.5万元的比率为90%（2.25万元÷2.5万元×100%），这一比率在80%～125%范围内，可以认定该套期是高度有效的。

在套期保值列报时，“套期工具”“被套期项目”科目的期末借方余额应列示在资产负债表中的“衍生金融资产”或“其他流动资产”项目，贷方余额应列示在“衍生金融负债”或“其他流动负债”项目；“套期损益”科目的发生额应列示在利润表中的“公允价值变动收益”项目。

■ 5）对现金流量套期保值的会计处理

对于被套期项目，企业应视预期交易的发生和确定承诺的履行是否导致资产或负债的确认而定。假如预期交易的发生导致资产或负债的确认，应将在权益中递延的套期工具的未实现损益转入当期损益，实际上由于在递延期间已调整了套期工具的价值，也就计入了所形成的资产或负债的价值或金额。假如预期交易的发生或确定承诺的履行未导致资产或负债的确认，对在权益中递延的未实现损益，应在预期交易或确定承诺影响报告收益的期间调整被套期项目，从而也会随收入或成本的结转计入当期净收益。

【例4-6】R公司于20×5年11月1日与境外乙公司签订合同，约定于20×6年1月30日以每吨5 000美元的价格购入100吨商品A，合同总价款为50万美元。合同签订日美元兑人民币的市场汇率为1美元＝6.50元人民币，R公司担心3个月后人民币贬值为1美元＝7.00元人民币，则商品A进货成本将增加25万元人民币（50万美元×

(7.0–6.50))。R公司为规避购入商品A成本的外汇风险，于当日与某金融机构签订了一份3个月到期的远期外汇合同，从金融企业买入50万美元，约定汇率为1美元＝6.50元人民币。

20×6年1月30日，R公司以净额方式结算该远期外汇合同，并购入100吨商品A。20×6年3月1日R公司将商品A出售，取得价款450万元人民币。

假定：(1) 20×5年12月31日，1个月美元对人民币远期汇率为1美元＝6.48元人民币，人民币的市场利率为6%；(2) 20×6年1月30日，美元对人民币即期汇率为1美元＝6.45元人民币；(3) 该套期符合运用套期会计的条件；(4) 不考虑增值税等相关税费。

根据套期保值准则，有关会计处理如下：

20×5年11月1日，因为套期保值现金流量没有变化，所以不做账务处理，将套期保值进行表外登记。

20×6年12月31日，反映套期工具利得或损失。

远期外汇合同的公允价值＝50万美元×(6.48–6.50)÷(1＋6%÷12)

＝–1÷(1＋6%÷12)＝–0.995(万元人民币)

借：资本公积——其他资本公积(套期工具价值变动)　　9 950

　贷：套期工具——远期外汇合同　　9 950

20×5年年末，1个月期美元对人民币远期汇率为1美元＝6.48元人民币，而R公司应按1美元＝6.50元人民币结算，因此，多支付了1万元人民币；考虑货币时间价值折现后金额为0.995万元人民币。此处“套期工具”贷方余额相当于其他应付款。

20×6年1月30日，反映套期工具利得或损失和结算套期工具：

远期外汇合同的公允价值＝(6.45–6.50)×50万美元＝–2.5(万元人民币)

借：资本公积——其他资本公积(套期工具价值变动)　　15 050

　贷：套期工具——远期外汇合同(25 000–9 950)　　15 050

借：套期工具——远期外汇合同　　25 000

　贷：银行存款　　25 000

反映购入存货：

借：库存商品——商品A　　3 225 000

　贷：银行存款——美元户(50万美元×6.45)　　3 225 000

R公司将套期工具于套期期间形成的公允价值变动累计额(净损失)暂记在所有者权益中，于处置商品A影响企业损益的期间转出，并计入当期损益。如果该净损失在未来会计期间不能弥补，那么将其全部转出，并计入当期损益。

假定20×6年3月1日R公司将商品A出售，取得价款450万元人民币，会计分录如下：

借：银行存款　　4 500 000

　贷：主营业务收　　4 500 000

借：主营业务成本　　3 250 000

　贷：库存商品——商品A　　3 225 000

　　　资本公积——其他资本公积(套期工具价值变动)　　25 000

通过上述套期保值，主营业务成本为325万元人民币（50万美元×6.50），相当于将汇率锁定在1美元＝6.50元人民币的水平时的购进成本。

■ 6）对外币投资净额套期保值的会计处理

境外经营净投资是指企业在境外经营净资产中的权益份额，企业没有计划也没有可能在可预见的未来会计期间结算的长期外币货币性应收项目（含贷款）应当视同境外经营净投资的组成部分。但是，因销售商品或提供劳务等形成的期限较短的应收账款不构成境外经营净投资。我国企业会计准则规定：对境外经营净投资的套期，应当按照类似于上述现金流量套期会计的规定处理。套期工具形成的利得或损失中属于有效套期的部分，应当直接确认为所有者权益，并单列项目反映。处置境外经营时，上述在所有者权益中的利得或损失应当转出，计入当期损益。套期工具形成的利得或损失中属于无效套期的部分，应当计入当期损益。

【例4-7】20×5年12月1日，A公司持有欧元计价的境外经营净投资，价值人民币400万元，A公司将这一投资划分为长期股权投资，预期将在3个月后收回投资，为避免欧元的价值波动使得境外经营投资价值受损，A公司签订了一份3月期的远期外汇合约。合约规定A公司将于3个月后出售等值的欧元。20×5年12月31日，欧元贬值，投资缩水4 800元，远期合约的公允价值增加5 600元。20×6年2月28日，欧元继续贬值，投资缩水3 200元，远期合约的公允价值又增加了3 600元。

20×5年12月1日：

借：被套期项目——境外经营净投资	4 000 000	
贷：长期股权投资		4 000 000

20×5年12月31日，假定企业认定远期合约的公允价值变动与实际净投资的价值变动之间的差异为无效套期的部分，则套期中的有效部分计入所有者权益，而无效套期部分直接计入当期损益。

借：套期工具——远期外汇合约	5 600	
贷：资本公积——其他资本公积		4 800
公允价值变动损益		800
借：外币会计报表折算差额	4 800	
贷：被套期项目——境外经营净投资		4 800

20×6年2月28日：

借：套期工具——远期外汇合约	3 600	
贷：资本公积——其他资本公积		3 200
公允价值变动损益		400
借：外币会计报表折算差额	3 200	
贷：被套期项目——境外经营净投资		3 200
借：银行存款	9 200	
贷：套期工具——远期外汇合约		9 200

如果A公司不处置境外净投资，那么资本公积中的8 000元就一直在所有者权益中单独列示；如果A公司以账面价值处置了境外净投资，则会计处理为：

借：银行存款 3 992 000

贷：被套期项目——境外经营净投资 3 992 000

借：资本公积 8 000

贷：投资收益 8 000

由于对境外经营净投资做了套期保值，使得在折算外币会计报表的时候产生的折算差额被套期工具抵销了。A公司因此消除了汇率波动可能给公司报表带来的影响。但是，其中被企业认定为无效套期的部分，仍会影响报表的利润，并且最终计入资本公积的套期工具的利得共8 000元，必须在处置该被套期项目的时候转出，从而最终影响到处置该被套期项目的投资收益。

4.3.3 用期汇合约进行投机的会计处理

用于投机的期汇合约，旨在赚取预先约定的期汇汇率与实际交易日即期汇率之差而带来的益处。具体方法是利用期汇合约，通过预测汇率变动趋势，在买进或者卖出即期外汇的同时，卖出或者买进远期外汇。例如，某企业经过市场分析后认为，日元对美元的汇率会有一定的上涨，如从USD1=JPY100上升到USD1=JPY98，该企业可先抛售USD10 000，从而获取JPY1 000 000，订立一份远期合同以购入一笔远期交割的日元（JPY1 000 000,）然后在远期合同到期时以所获得日元换取更多的美元（USD10 204.082=JPY1 000 000÷JPY98/USD1），大于USD10 000。这种先买（日元）后卖（日元）的行为在投机市场上称为多头或者买空。反之，预计日元兑美元的汇价会下跌时，应该先在外汇市场上抛售日元，即订立期汇合约出售一笔于远期交割的日元，然后在期汇合约到期时以所得的美元换取更多的日元，这种先卖后买的行为在投机市场上称为空头或卖空。做多头时，应付期汇合约约定款是本国货币固定的，而应收期汇合约约定款则以外币计量；相反地，做空头时，应付期汇合约约定款以外币计量，而应收期汇合约约定款以本国货币固定。即无论做多头还是空头，都是想通过期汇合约，以某一数额的某种货币去获取更多的另一种货币。因此，作为投机者，将密切注视着期汇汇率（远期汇率）的变动，如果预期某远期汇率对己不利，那么投机者将转让该期汇合约，以实现更多的盈利或避免更多的损失。

投机者利用期汇合约进行营利，显然是一种实际发生的交易活动，对应收期汇合约约定款与应付期汇合约约定款，均应在正式的会计分录中反映。并且，由于远期汇率在期汇合约交易中始终是决定性因素，因此，对其中的外币货币性项目应按相应的远期汇率折算成记账本位币等值，汇率变动而引起的差异应计入当期损益。

4.3.4 外汇期货、期权交易会计

通常情况下，外汇市场的交易，除即期外汇交易、期汇合约交易外，还有外汇期货交易与外汇期权交易，以下着重介绍外汇期货交易与外汇期权交易的相关概念及会计处理问题。

■ 1）外汇期货交易的会计处理

外汇期货交易（forward exchange business），是指买卖双方在期货交易所以公开喊

价方式成交后，承诺在将来某一特定日期，以当前所约定的价格交付某种标准数量的外币。在目前国际市场上交易的外币期货合约，通常涉及的外汇包括美元、欧元、英镑和日元等；外汇期货通常以每一单位的外币兑换多少美元来报价，外汇期货合约交易的量是期货交易所规定的标准数量（交易单位）的倍数，如国际市场上的外汇期货合约规定的每张合约交易单位有25 000英镑、125 000美元等。

与期汇合约交易相比，两者都载明在将来某日以事先约定的价格付款或交割某种特定标准数量的外币，但其主要区别在于：（1）只要按规定交纳保证金，任何人均可通过外汇经纪人从事外汇期货交易，但期汇合约交易的参与者大多为专业化的证券交易商或与银行有良好关系的大厂商；（2）外汇期货交易者均需交纳保证金，并通过期货交易所逐日结算、计算盈亏，期汇合约交易者是否要交纳保证金视客户与经济银行的关系而定，且只有到合约到期时才结算盈亏；（3）外汇期货交易是在期货交易所以公开竞价的方式成交的，并且交易所对交易的品种、交割期、交易单位及价位变动都有限制，而期汇合约交易，都以电话或电传方式由买卖双方互为对手进行的，无上述各种限制；（4）外汇期货交易通常不实施现货交割，只对实际存在额差额部分才进行现货交割，对未结算的金额，逐日计算并通过保证金的增减来结算，而期汇合约交易要在交割日才进行结算和履行。

外汇期货是以某种外汇作为买卖标的物的期货合同。外汇期货会计属金融期货会计中的一种，同时按进行期货交易目的的不同，即是以套期保值为目的，回避现汇价格风险，还是以投机套利为目的，利用价格变动赚得收入，可将期货会计划分为套期外汇期货会计和套利外汇期货会计两类。

外汇期货套期保值，是指人们通过外汇期货交易，将汇率锁定于某一水平，从而将汇率变动造成的风险转移出去的行为，即买进或卖出与现货数量相等但交易方向相反的期货合约，以期在未来某一时间，通过平仓获利来补偿因现货市场价格变动带来的实际价格风险。

在企业实务操作中，可将外汇期货套期保值分为多头（买入）套期保值（long hedge）和空头（卖出）套期保值（short hedge）两种。外汇期货多头套期保值是指在即期外汇市场上拥有某种货币负债的主体，为防止将来偿付时该货币升值的风险，而在外汇期货市场上做一笔相应的买进该货币期货合约的交易，从而在即期外汇市场和外汇期货市场上建立盈亏冲抵机制，回避汇率变动风险。外汇期货空头套期保值是指交易主体在即期外汇市场上持有某种货币的资产，为防止未来该货币贬值，而在外汇期货市场上做一笔相应的空头交易，从而在即期外汇市场和外汇期货市场上建立盈亏冲抵机制，回避汇率变动风险。

现以卖出期货合约为例，简要介绍对国外实体净资产进行套期保值的账务处理：

【例4-8】美国A公司预计近期英镑可能贬值，为避免在英国的B子公司可能承受的汇率变动损失，于20×5年11月1日，卖出一份面值为200 000英镑的外汇期货合约，并指定对其英国B子公司年末预期净资产200 000英镑进行套期保值。在签订期货合约时，美国某公司按期货价格的10%缴纳了初始保证金。假设美国A公司于20×5年12月31日平仓，且英国B子公司在20×5年12月31日的实际净资产为210 000英镑。相关汇率见表4-7。

表4-7 **相关汇率一览表**

日期	即期汇率	远期汇率
20×5年11月1日	1英镑=1.5255美元	1英镑=1.5277美元
20×5年11月30日	1英镑=1.5243美元	1英镑=1.5244美元
20×5年12月31日	1英镑=1.5211美元	1英镑=1.5233美元

美国A公司有关账务处理如下：

20×5年11月1日，开仓并指定套期关系：

借：套期工具——应收期货合约款 305 540

　贷：套期工具——应付期货合约款（英镑户） 305 540

缴纳保证金：

借：应收保证金 30 554

　贷：银行存款 30 554

20×5年11月30日，反映套期工具公允价值变动损益：

借：应收保证金 660

　贷：资本公积——其他资本公积 660

20×5年12月31日，反映套期工具公允价值变动损益：

借：应收保证金 220

　贷：资本公积——其他资本公积 220

20×5年12月31日，平仓并解除套期关系：

借：套期工具——应付期货合约款（英镑户） 305 540

　贷：套期工具——应收期货合约款 305 540

20×7年12月31日，收回保证金：

借：银行存款 31 434

　贷：应收保证金 31 434

20×7年12月31日，结转资本公积：

借：资本公积——其他资本公积 880

　贷：外币会计报表折算损益 880

显然，英国B子公司净资产因汇率的不利变化而贬值924美元（210 000美元×（1.5255−1.5211）），但是采用外币期汇套期保值获得的期货合约收益抵减了其净资产的损失880美元（660美元+220美元），未抵减的44美元（924美元－880美元）是实际净资产（210 000英镑）超过预期净资产（200 000英镑）的差额部分（10 000英镑）的英镑贬值（从1.5255下降到1.5211）损失。

2）外汇期权交易的会计处理

外汇期权交易（foreign currency option transaction），是一种由交易双方按商定的汇率（期权的协定汇率）就将来在约定的某段时间内或某个时点就购买或出售某种货币的选择权所预先达成的合约。期权是一种选择权，在有效期内，买方有权决定是否履行合约，而卖方在买方提出履行要求时，必须按约履行。买方只会在预计履行合约对其有利时才会执行，从而，将汇率变动的大部分风险转嫁给了卖方，因此，在期权交易中，买方必须支付一定的权利金给卖方，这种权利金（premium）又叫期权价格或期权保证金。如果买方不履约，那么将损失这部分期权保证金而避免履约带来更大的损失。期权保证金的大小，主要受到现行外汇市场即期汇率、期权的协定汇率、预期汇率波动情况、合约限制、利率变动情况等的影响。

外币期权包括买权（call option）和卖权（put option），前者是指在到期日或到期日之前，按协定汇率买入事先约定数额的外币的权利，通常在预计外币会升值的情况下签订，又叫看涨期权；后者是指在到期日或者到期日之前，按照协定汇率卖出事先约定数额的外币的权利，又叫看跌期权。

外币期权在何日履行取决于该外币期权是欧式期权还是美式期权。只在到期日买方才能行使的外币期权是欧式期权，而在到期日之前的任何营业日买方均可行使的外币期权是美式期权。

外币期权和外汇期货的相同点是，两者均为远期合约、届时以合约中规定的条件进行交易。两者的主要区别是：（1）在外币期货交易中，买卖双方均有履约的义务，而在外币期权交易中，买方有是否履约的选择权，但卖方在买方提出履约要求时则有接受要求的义务；（2）在外汇期货交易中，买卖双方均应交纳保证金，而在外币期权交易中买方只需向卖方交纳一定的权利金，买方除将收取的权利金作为（部分）保证金外，还应交纳另一部分保证金；（3）外币期货的首次交易价格，由买卖双方的场内经纪人以公开喊价的方式决定，其后随行就市，不断变动，但外币期权的价格，在交易期内大多是不变的；（4）以外汇期货交易方式来避免汇率变动风险，可排除不利的风险损失，但也可能丧失有利的风险收益，而外币期权交易可以使买方“损失有限、利益无限”，使卖方“损失无限、利益有限”。

我国将期权的价值分为两个部分：内在价值和时间价值。前者为现在执行期权所能获得的收益，表现为期权合约中标的物的市场价格与合约约定的价格（执行价格）之差；后者是指由于在规定的期限内执行期权可能比现在执行期权具有更高价值而给予卖方的补偿，一般表现为期权费与内在价值的差额。《企业会计准则第24号——套期会计》指出：“对于期权，企业可以将期权的内在价值和时间价值分开，只将期权的内在价值变动指定为套期工具。”所以，根据外汇期权套期保值和投机的不同作用，对其进行确认和计量，就是其内在价值和时间价值的确认与计量。因此，在持有期内外汇期权的公允价值发生变动时，应区分其内在价值和时间价值的变化，并按公允价值的变动数额进行后续确认和计量。

由于外汇期权的应用主要有套期保值业务和投机业务两种，因此，套期保值又分为公允价值套期、现金流量套期和境外经营净投资套期三种。由于准则规定现金流量套期和境外经营净投资套期会计处理方法一致，因此，现只探讨前两种套期和投机业务的会计处理。

【例4-9】R公司于20×5年11月28日向美国一家公司销售商品，双方约定以美元结算货款，共计USD 100 000，付款期限为60天，当日美元兑人民币的汇率为1 : 6.53。为了规避美元贬值的风险，R公司在外汇市场上购入一份1月份到期的USD 100 000的看跌期权合约，合约的履约价格是1 : 6.53，支付期权费1 000元人民币。R公司在20×6年1月27日取得货款后执行了该期权合约。有关日期的汇率和外汇期权的市场价格见表4-8。

表4-8 **汇率和外汇期权的市场价格** 金额单位：人民币元

日期①	即期汇率②	期权市场价③	内在价值 ④=1 000 000×（6.53-②）	时间价值 ⑤=③-④
20×5年11月28日	1 : 6.53	1 000	0	1 000
20×5年12月31日	1 : 6.52	1 600	1 000	600
20×6年1月27日	1 : 6.51	2 000	2 000	0

在此例中，R公司即外汇期权的买方，而且由于该公司是对已确定能在60天后收回的应收账款进行套期保值，因此该公司对该项期权的会计处理应属于公允价值套期，《企业会计准则》规定其公允价值变动形成的利得或损失应当计入当期损益，具体处理如下：

（1）初始确认时：

20×5年11月28日，按实现的收入确认一笔应收账款，外汇期权就是对这笔应收账款进行公允价值套期：

借：应收账款（USD 100 000） 653 000

贷：主营业务收入 653 000

由于期权合约有一个初始投资额——实际支付的期权费，因此在20×5年11月28日（签约日）已经形成了一笔现实的交易而不是未来生效的合同，需要按交纳的期权费确认一项衍生工具：

借：衍生工具——外汇期权（内在价值） 0

——外汇期权（时间价值） 1 000

贷：银行存款 1 000

将外汇期权的内在价值确认为套期工具，同时将这笔应收账款确认为被套期项目：

借：套期工具——外汇期权（内在价值） 0

贷：衍生工具——外汇期权（内在价值） 0

借：被套期项目——应收账款（USD 100 000） 653 000

贷：应收账款（USD 100 000） 653 000

（2）后续计量时：

20×5年12月31日，根据当天的即期汇率调整“应收账款”账面余额，差额1 000元人民币（USD 100 000 ×（6.52-6.53））计入汇兑损益：

借：汇兑损益 1 000

贷：被套期项目——应收账款 1 000

汇率的变化以及时间的推进导致外汇期权的公允价值增加了600元人民币，其中内在价值增加1 000元人民币，时间价值减少400元人民币，应分别调整外汇期权的账面余额；同时，为了区分内在价值和时间价值的不同变动损益，且由于时间价值是随着期权到期日的临近不断减少的，实质上形成企业为获得内在价值而付出的一种损失，因此，应把时间价值变动的部分直接计入投资收益：

借：套期工具——外汇期权（内在价值）　1 000
　　投资收益　400
　贷：衍生工具——外汇期权（时间价值）　400
　　　公允价值变动损益　1 000

20×6年1月27日为终止确认日，外汇期权到期，由于执行合约对R公司有利，因此，R公司选择行权，会计处理如下：

以公允价值调整外汇期权账面余额，同时调整当期损益：

借：套期工具——外汇期权（内在价值）　1 000
　　投资收益　600
　贷：衍生工具——外汇期权（时间价值）　600
　　　公允价值变动损益　1 000

收到货款，冲销被套期项目：

借：银行存款（USD 100 000）　651 000
　　汇兑损益　1 000
　贷：被套期项目——应收账款（USD 100 000）　652 000

执行合约，结转套期工具和衍生工具，同时将原来记入“公允价值变动损益”的部分转入“投资收益”：

借：银行存款　653 000
　贷：银行存款（USD 100 000）　651 000
　　　套期工具——外汇期权（内在价值）　2 000
　　　衍生工具——外汇期权（时间价值）　0
借：公允价值变动损益　2 000
　贷：投资收益　2 000

【例4-10】承【例4-9】，若R公司20×5年11月28日只签订了供货合同，并未发货，到20×6年1月27日才按合同发货并收款。在此例中，R公司买入看跌期权只是对确定承诺以及由此承诺形成的交易带来的未来现金流量进行套期，相关准则规定：对确定承诺的外汇风险进行的套期，企业可以将其作为公允价值套期或现金流量套期处理。在此为区分前例，将其作为现金流量套期来做，其利得或损失中属于有效套期的部分应当直接确认为所有者权益并单列项目反映，其他处理则与公允价值套期基本相同，其相同的分录将不再赘述。

初始确认时：由于买入期权时收入没有形成，因此不用确认应收账款，也没有被套期项目，其他分录同公允价值套期。

后续计量时：没有在公允价值套期中这一部分的（1）的分录，只需将其（2）分录中内在价值变动的部分由原先记入“公允价值变动损益”改为记入“资本公积——其他资本公积”。

终止确认时：

（1）以公允价值调整外汇期权的账面余额，分录也只需将在公允价值套期中原先记入“公允价值变动损益”的部分改为记入“资本公积——其他资本公积”。

（2）收到货款并确认一笔收入：

借：银行存款（USD 100 000）　　651 000

　贷：主营业务收入　　651 000

（3）执行合约，结转套期工具和衍生工具的分录同公允价值套期，同时将记入“资本公积——其他资本公积”的部分转入“投资收益”。

【例4-11】仍承【例4-9】，若R公司并没有与美国公司发生购销业务，只是预测美元的汇率将下跌，因此买入美元汇率的看跌期权，以获取汇差收益。

在此例中，R公司买入看跌期权只是利用外汇期权进行投机，不涉及套期项目，不属于套期会计核算的内容，所以在核算时不用把外汇期权的内在价值和时间价值分开核算，只需比照“交易性金融资产”的相关规定进行处理，相应的会计处理如下：

初始确认时：买入外汇期权，交纳期权费1 000元人民币，确认一项衍生工具。

借：衍生工具——外汇期权　　1 000

　贷：银行存款　　1 000

后续计量时：20×5年12月31日，以当日期权的公允价值调整“外汇期权”的账面余额，共计600元人民币（1 600元-1 000元），计入当期损益。

借：衍生工具——外汇期权　　600

　贷：公允价值变动损益　　600

终止确认时：由于期权到期日的汇率有利于期权买方，因此R公司会选择行权，以6.51的汇率用651 000元人民币从市场上买回USD 100 000用于交割期权，得到人民币653 000元，并将差额2 000元转销外汇期权并确认当期损益。

借：银行存款　　653 000

　贷：银行存款（USD 100 000）　　651 000

　　　衍生工具——外汇期权　　1 600

　　　投资收益　　400

借：公允价值变动损益　　600

　贷：投资收益　　600

可以看出，在套期保值中，由于汇率变动，该公司的货款遭受2 000元人民币的汇兑损失，但由于公司买入了看跌期权，期权的内在价值增加的2 000元人民币正好抵偿了货款损失，而期权的时间价值减少了1 000元人民币，使得公司实际承担了1 000元人民币的净损失，利用外汇期权套期使该公司减少损失1 000元人民币。投机业务则使该公司获得了1 000元人民币（400元+600元）的净收益。

总结与结论

货币是市场存在与发展不可或缺的工具，货币计量作为现代会计基础之一，跨国经营为其赋予了新含义，产生了新概念——功能货币、记账本位币和列报货币，同时对外币货币性项目也要在资产负债表日按其即期汇率重新调整其记账本位币等值，进而对外币货币性项目平时还要采用复币记账的方式记录；外汇交易也区分为即期外汇交易与远期外汇交易，显然，外汇交易折算不同于外币兑换；外汇交易会计上的关键问题就是如何确定合适的折算汇率和如何处理汇率变动的损益；在折算汇率的确认上，要遵守如实反映原则和重要性原则；在汇兑损益的处理上，要遵守如实反映原则、权责发生制原则和稳健原则。此外，在远期外汇交易中，交易的目的与对象，对折算汇率的选择与汇兑损益的处理有重要影响。

关键概念

外汇交易（foreign exchange transaction）
外币兑换（foreign currency exchange）
外币折算（foreign currency translation）
功能货币（functional currency）
记账本位币（recording currency）
报告货币（disclosure currency）
即期汇率（spot exchange rate）
远期汇率（forward exchange rate）
复币记账（double currency bookkeeping）
套期（hedge）
投机（speculate）

章后练习

一、复习思考题

1. 什么是作为商品的货币、会计计量的货币、功能货币、记账本位币？

2. 什么是汇率？汇率有哪些表现形式？

3. 对于如何确认未结算交易的汇兑损益有哪些理论？

4. 请简要说明在单项交易观和两项交易观下国际贸易中赊购或赊销方式买卖货物的会计处理。

5. 请简要说明《企业会计准则第19号——外币折算》中对企业记账本位币和境外经营记账本位币的确定的相关规定。

6. 请总结近三年来IASC的行动特点与主旨。

7. 请简要说明衍生金融工具是如何帮助企业实现套期保值和投机的目的的？

二、分组讨论题

1. 本章“4.2.1　即期外币交易折算与外币兑换”中对未结算交易的汇兑损益是否

确认的三大理论：递延论、当期损益论和稳健处理论进行了描述，请说出你赞同哪种理论，理由是什么？

2. 本章讲述了使用衍生金融工具进行套期保值的会计处理问题。请查阅相关资料，谈一谈衍生金融工具除了会计处理问题外，是否存在会计监管的问题？若存在，请说出相应的应对措施。

三、业务分录题

1. 20×3年1月1日，一家美国公司向一英国制造商购买10万英镑的原材料，双方约定当年2月15日付款，有关汇率为：1月1日，£1=$1.50；1月31日，£1=$1.48；2月15日，£1=$1.49。

要求：(1) 用“一笔业务交易观点”编制美国公司会计分录。

(2) 用“两笔业务交易观点”编制美国公司会计分录。

2. 美国A企业于20×6年12月31日向银行借入3年期英镑借款£100 000，设当日汇率为$1. 7820/£1；20×7年12月31日的汇率为$ 1.8660/£1（英镑升值），20×8年12月31日的汇率为$ 1.8080/£1（英镑跌价）；20×9年12月31日归还这笔英镑借款时汇率为$ 1.8760/£1（英镑升值）。

要求作出必要的分录（略去有关利息的支付）：

（1）按当期损益法确认未实现汇兑损益法；

（2）按递延摊销法。

3. 我国甲公司于20×7年11月1日与美国乙公司合同，约定于20×8年1月31日以每吨6 000美元的价格购入1 000吨铜。甲公司为规避购入铜成本的外汇风险，于当日与某金融机构签订一项3个月到期的远期外汇合约，约定汇率为1美元=6.4元人民币、合同金额700万美元，当日该合约的公允价值为0。20×8年1月31日，甲公司以净额方式结算该远期外汇合约，并购入铜。

假定：(1) 20×7年12月31日，美元兑人民币1个月远期汇率为1美元=6.5元人民币；(2) 20×8年1月31日，1美元兑人民币即期汇率为1美元=6.55元人民币；(3) 该套期符合运用套期会计的条件；(4) 不考虑增值税等相关税费和远期外汇合约的远期要素

要求：(1) 若甲公司将上述套期划分为公允价值套期，分别编制20×7年11月1日、20×7年12月31日和20×8年1月31日有关会计分录。

(2) 若甲公司将上述套期划分为现金流量套期，分别编制20×7年11月1日、20×7年12月31日和20×8年1月31日的有关分录。

思政园地

第5章

外币会计报表折算

国际会计学

International Accounting

目标引领

思政引领

通过学习本章，掌握外币报表折算的理论和方法，提高职业素养和专业能力，了解外币报表折算对我国跨国企业高质量发展的意义。

知识引领

通过学习本章，读者应了解外币会计报表折算的含义和作用；熟悉外币会计报表折算的基本程序和折算外币会计报表的区分流动性-非流动性项目法、区分货币性-非货币性项目法；掌握外币折算时态法与现行汇率法。

教学重点与难点

在不同折算方法下，折算项目适用的折算汇率、折算损益的确定与处理，以及对应的理论依据。

5.1　外币会计报表折算概述

5.1.1　外币会计报表折算的本质

关于什么是外币会计报表折算，学术界至今还有分歧。概括地说，代表性的观点主要有两种：

一是翻译论。持这种观点的人认为外币会计报表的折算就是将以一种列报货币表述的报表用另一种通货来重新表述，相当于将一份以中文写作的作品转换成同内容的英文作品，或者反过来。这样，就需要寻找合适的转换中介——折算汇率。依照本书作者的看法，这样来描述外币会计报表折算的本质，太表面化了。因为即使是真正意义上的文字翻译，也存在着语言环境问题，或者说存在一个意境问题，这一意境，在外币会计报表折算中将主要受报表目标、会计计量尺度、计量单位与计量属性等因素的共同影响，显然，翻译论的如此表述，是无法将这一“意境”有机地融进去的。

二是重新计量论。持这种观点的人认为外币会计报表折算，说到底是一个计量问题。最表面化的东西就是要改变计量尺度，至于折算是否会改变计量属性，那要看进行外币会计报表折算的目的与采用何种折算汇率。应该说，重新计量论是对外币会计报表折算本质的恰当描述。会计的核心问题，更多的是计量问题，外币会计报表折算作为国际企业特有的会计问题，依然如此。当前通行的时态法和现行汇率法，都是在重新计量论下发展起来的。

5.1.2　折算外币会计报表的意义

外币会计报表折算主要涉及两大问题：一是采用何种汇率对外币会计报表项目进行折算；二是对由于报表各项目所使用的折算汇率不同所产生的外币会计报表折算差

额应该如何处理。

我国规定，我国企业在国外或港澳台有附属企业的（包括需要与本企业编制合并会计报表的被投资企业），如以当地货币作为记账本位币并编制会计报表，那么企业在将其国（境）内外子公司或分支机构的会计报表进行汇编和合并时，应将那些不是以人民币计量的会计报表折算成以人民币计量的会计报表，再与本企业的人民币报表进行汇编和合并。因此，企业编制合并报表是外币会计报表折算的第一种目的。当然，为了使习惯于特定货币计量（如中国人习惯以人民币计量，美国人习惯以美元计量）的报表使用者更容易理解，而将以一种货币计量的会计报表折算成以报表使用者习惯的货币计量的会计报表，这是外币会计报表折算的第二种目的。

5.1.3 不折算外币会计报表的情形

在大多数情况下，人们总要对国外主体的会计报表按照一定的程序与方法进行重新计量。然而在下列情况下不必折算：

■ 1）在极不稳定与很稳定的通货之间

假设国外主体的功能货币的币值与合并主体的币值，一个是极不稳定的，而另一个是很稳定的，那么无论使用什么折算方法，把一种通货折算成另一种通货都不会得出什么有意义的信息。例如，一家设在高通货膨胀国家的国外子公司，其所持的存货的人民币成本，对定价决策来说是很难有什么指导作用的。

■ 2）不是被合并主体的外币会计报表

对外币会计报表进行折算的主要目的之一是编制合并会计报表。然而，在实际中，并不是在任何情况下都要将集团的所有成员都纳入合并报表的范围。如果不需要将某一国外主体的会计报表纳入合并会计报表之中，那么对该国外主体的会计报表进行折算就失去了意义。例如，在通常情况下，不将那种在极端疲软的通货环境中经营的国外主体的会计报表与国内母公司会计报表进行合并，因为这样的合并不仅徒劳无益，而且可能会使合并会计报表信息使用者作出错误决策；如果要获取有关该国外主体的会计报表信息，可以要求国外主体提供单独报告。此外，那些与母公司经营性质完全不同的国外主体的会计报表，通常也被排除在合并会计报表之外等。

■ 3）以外币表述的专项管理报告

一位干练的国际经理应该能按照几种通货来评价报告主体的情况并作出恰当的决策，他们必须在涉及不同国家的通货中发展自己“多种语言”的能力。因此一些国际企业的内部合并会计报表可以设立几种不同通货的金额栏，而不必将某种或以某种外币计量的报表项目折算为按某一特定的通货计量的报表项目。

此外，还有一些情形不需要折算外币会计报表，如无法获取相关历史汇率信息，发布的报表不具有会计报表的功能等。

5.2 折算外币会计报表的基本方法

外币会计报表折算的方法实质上是关于如何选择恰当的折算汇率来折算外币会计

报表项目，使其成为合并主体的功能货币等值的会计处理。先后出现了区分流动性-非流动性项目法（current and non-current method）、区分货币性-非货币性项目法（monetary and non-monetary method）、时态法（temporal method）、现行汇率法（current rate method），后两者被广泛接受。

5.2.1 区分流动性-非流动性项目法

区分流动性-非流动性项目法的基本特征，就是把资产负债表上的资产、负债按流动性的不同分为流动性项目和非流动性项目，对于前者按现行汇率折算，对于后者应按历史汇率折算。区分流动性-非流动性项目法假设企业的收入和费用成本的发生是均匀的，所以在折算利润表项目时，可以使用利润表期间的平均汇率来折算这些项目。

【延伸思考5-1】在区分流动性-非流动性项目法下，为获得报表折算损益数据，应先折算资产负债表还是利润表，为什么，应该如何操作？

显然，这种方法没有理论依据，原因是外币会计报表折算的实质是“重新计量”而不是对报表项目的重新分类，自然地，试图通过将资产负债项目区分为流动性项目与非流动性项目来寻找折算它们的汇率，就失去了根基，所以无法解释：按现行汇率折算以历史成本计量的存货、按历史汇率折算长期借款究竟代表什么？是历史成本信息，还是现行成本信息，或者什么都不是？

【例5-1】假设R公司的功能货币为人民币，该公司在美国有一家子公司M，M公司选定的记账本位币为美元。20×5年12月31日，R公司为编制合并会计报表，需要先将M公司的美元会计报表折算为人民币会计报表。M公司的有关资料如下：20×5年1月1日汇率为1美元＝8.20元人民币，20×5年12月31日汇率为1美元＝8.60元人民币，20×5年的平均汇率为1美元＝8.40元人民币，R公司对M公司投资时的历史汇率为1美元＝8.00元人民币，固定资产取得日的汇率为1美元＝8.50元人民币，M公司对外进行长期股权投资时的汇率为1美元＝8.30元人民币，非流动负债发生日的汇率为1美元＝8.20元人民币。R公司采用区分流动性-非流动性项目法进行折算。

M公司的美元会计报表折算具体情况见表5-1和表5-2。

表5-1 **利润表及利润分配表（简化）**

编制单位：M公司 20×5年度

项目	折算前金额（美元）	折算汇率	折算后金额（人民币元）
一、营业收入	200 000	8.40	1 680 000
减：营业成本	120 000	8.40	1 008 000
销售费用	15 000	8.40	126 000
管理费用（不含折旧费）	14 000	8.40	117 600
折旧费	6 000	8.50	51 000
财务费用	3 000	8.40	25 200
加：投资收益	13 000	8.40	109 200
二、营业利润	55 000	…	461 400
加：营业外收入	14 000	8.40	117 600

续表

项目	折算前金额（美元）	折算汇率	折算后金额（人民币元）
三、利润总额	69 000	…	579 000
减：所得税费用	24 600	8.40	206 640
四、净利润	44 400	…	372 360
加：年初未分配利润	3 600	…	30 600
五、可供分配的利润	48 000	…	402 960
减：利润分配	39 600	8.40	332 640
六、年末未分配利润	8 400	—	70 320

表 5-2 **资产负债表（简化）**

编制单位：M公司 20×5年12月31日

资产	折算前（美元）	折算汇率	折算后（人民币元）	权益	折算前（美元）	折算汇率	折算后（人民币元）
货币资金	1 000	8.60	8 600	流动负债	30 000	8.60	258 000
应收账款	34 000	8.60	292 400	非流动负债	16 000	8.20	131 200
存货	65 000	8.60	559 000	实收资本	200 000	8.00	1 600 000
长期股权投资	86 000	8.30	713 800	未分配利润	8 400	—	70 320*
固定资产	68 400	8.50	581 400	报表折算损益	—	—	95 680**
资产总计	254 400	—	2 155 200	权益总计	254 400	—	2 155 200

注：*未分配利润项目70 320元人民币根据利润分配表（表5-1）中“年末未分配利润”项目的金额列示。

**外币会计报表折算差额 = 2 155 200−（258 000+131 200+1 600 000+70 320）= 95 680（元人民币）。

5.2.2 区分货币性-非货币性项目法

面对区分流动性-非流动性项目法的批评，塞缪尔·R.赫普华斯（Samual R. Hepworth）教授于1956年提出区分货币性-非货币性项目法，其认为项目的价值与汇率的关系不是由项目的流动性决定的，而是由项目的货币性决定的，应该把资产负债表上的资产、负债项目按货币性的不同区分为货币性项目和非货币性项目，货币性项目的记账本位币等值会随汇率的变动而变动，应按现行汇率折算；非货币性项目的记账本位币等值在交易发生日就与汇率变动“绝缘”了，不会随汇率的变动而变动，应按历史汇率折算。这是区分货币性-非货币性项目法的特征化思想。与区分流动性-非流动性项目法一样，该方法也假设企业的收入和费用成本的发生是均匀的，所以在折算利润表项目时，可以使用利润表期间的平均汇率来折算这些项目。

不难发现，相对于区分流动性-非流动性项目法，这种方法有所改进，但仍沿用“通过将资产负债项目的分类来寻找折算汇率”的老路，还是没有找到有理论依据的折算汇率，毕竟报表折算不是“报表项目的重分类”，而是“报表项目的重新计量”，因此，SFAS 8说得好：单单从区分货币性与非货币性项目中不可能推导出折算的全面原则。在不同情况下，非货币性资产和负债是根据不同基础来计量的，都按历史汇率折算不一定总是合适的。如果该项目是按历史成本表述的，那么按历史汇率折算非货币性项目能得出合理的结果，然而如果它是按外币的现行价格表述的，那就不可能得出合理的结果了。

【延伸思考5-2】举例诠释SFAS 8对区分货币性-非货币性项目的批评："在不同情况下，非货币性资产和负债是根据不同基础来计量的，都按历史汇率折算不一定总是合适的。"

【例5-2】沿用【例5-1】的有关资料，并假定M公司存货取得时的历史汇率为1美元＝8.45元人民币，利润支付日的汇率为1美元＝8.50元人民币。R公司采用区分货币性-非货币性项目法进行折算。

M公司的美元会计报表折算具体见表5-3和表5-4。

表5-3 资产负债表（简化）

编制单位：M公司 20×5年12月31日

资产	折算前（美元）	汇率	折算后（人民币元）	权益	折算前（美元）	汇率	折算后（人民币元）
货币资金	1 000	8.60	8 600	流动负债	30 000	8.60	258 000
应收账款	34 000	8.60	292 400	非流动负债	16 000	8.60	137 600
存货	65 000	8.45	549 250	实收资本	200 000	8.00	1 600 000
长期股权投资	86 000	8.30	713 800	未分配利润	8 400	—	149 850*
固定资产	68 400	8.50	581 400				
资产总计	254 400	—	2 145 450	权益总计	254 400	—	2 145 450

注：*未分配利润149 850元人民币（2 145 450-258 000-137 600-1 600 000），为轧平的数额。

表5-4 利润表与利润分配表（简化）

编制单位：M公司 20×5年度

项目	折算前金额（美元）	折算汇率	折算后金额（人民币元）
一、营业收入	200 000	8.40	1 680 000
减：营业成本	120 000	8.40	1 008 000
销售费用	15 000	8.40	126 000
管理费用（不含折旧费）	14 000	8.40	117 600
折旧费	6 000	8.50	51 000
财务费用	3 000	8.40	25 200
加：投资收益	13 000	8.40	109 200
二、营业利润	55 000	—	461 400
加：营业外收入	14 000	8.40	117 600
外币会计报表折算损益	—	—	83 490**
三、利润总额	69 000	—	662 490
减：所得税费用	24 600	8.40	206 640
四、净利润	44 400	—	455 850**
加：年初未分配利润	3 600	—	30 600
五、可供分配的利润	48 000	—	486 450
减：利润分配	39 600	8.50	336 600
六、年末未分配利润	8 400	—	149 850*

注：*年末未分配利润149 850元人民币来自表5-3折算后的数额。

**根据表5-4的折算后的相关数据、运用公式"营业利润＋营业外收入＋外币会计报表折算损益-营业外支出-所得税费用+年初未分配利润-本年利润分配＝年末未分配利润"，倒算出"外币会计报表折算损益"为83 490元人民币。

5.2.3 时态法

面对人们对区分流动性-非流动性项目法、区分货币性-非货币性项目法的种种批评，会计界已经在深入、系统地研究外币报告折算和编制合并会计报表的目的，以及实现这些目的所对应的会计手段了。研究发现，外币报告折算的主要目的是用母公司的列报货币来统一计量国际企业（集团）的合并会计报表。虽然关于合并报表的目标理论有：基于母公司观点的业主权理论——合并资产负债表中的业主（股东）权益，反映的是母公司的股东在整个集团中的权益；基于集团整体观点的主体理论——合并资产负债表中的股东权益既包括母公司的股东权益，又包括集团内各子公司的少数股东权益。然而，在当今世界范围内，流行的依然是母公司理论。在母公司观点下，应将外币会计报表所反映的经济业务视同母公司经营活动的海外扩展，外币会计报表折算相当于把那些本可以在平时就按两项交易观点折算的各笔外币交易，在平时并不进行折算，而选择在期末汇总后进行折算，这样，外币会计报表折算只是将用一种计量尺度（一种货币）转换成用另一种计量尺度（另一种货币）计量，并不改变其计量属性，从而对以历史成本表述的资产负债项目应按历史汇率折算，对以现行价格计量的资产负债项目就应按现行汇率折算，依照这样的逻辑，对利润表的各项目本应按交易发生日的汇率折算，但对一家正常经营的企业而言，大多数的经营性收入与经营性费用是经常地、均衡地发生的，因此一般可以将其简化为按交易发生期的平均汇率来折算，但对来自非货币性项目的本期转移部分（如固定资产折旧、无形资产摊销和营业成本等）应按相应的各非货币性项目获得时日的汇率来折算，这就是洛伦森（Leonard Loreuse）于1972年提出来的时态法原理。

可见，时态法依据的是母国通货观念，体现了外币会计报表折算的本质，反映了合并报表的母公司理论，有较严谨的理论依据。时态法被广泛采用，但当其面临的折算对象是一种独立实体的境外主体时，时态法将不适用了。同时，也有人批评说，时态法对不同报表项目采用不同折算汇率折算，改变了国外子公司原有的财务关系和财务结构。同样，支持时态法的人却从外币会计报表的折算意义并不在于要保持原有的财务关系和财务结构，而在于编制主要为母公司服务的合并报表的角度，反击了对时态法的指责。其实，更有力的指责应主要集中在对时态法下的折算差异的处理上。

【例5-3】仍沿用【例5-1】和【例5-2】的有关资料，并假定M公司本期发出存货按先进先出法计量、期末存货按成本与预期可收回净值计量，20×5年12月31日存货的预期可收回净值为65 800美元，R公司采用时态法折算M公司的美元会计报表。

折算M公司的美元会计报表的具体过程与结果见表5-5和表5-6。

外币会计报表折算损益根据表5-6，先运用“净利润＝年末未分配利润+本年利润分配-年初未分配利润”，倒算出“净利润”，然后运用公式“外币会计报表折算损益＝净利润+所得税费用-营业利润-营业外收入”，倒算出“外币会计报表折算损益”。

表5-5　　　**资产负债表（简化）**

编制单位：M公司　　　20×5年12月31日

资产	折算前（美元）	汇率	折算后（人民币元）	权益	折算前（美元）	汇率	折算后（人民币元）
货币资金	1 000	8.60	8 600	流动负债	30 000	8.60	258 000
应收账款	34 000	8.60	292 400	非流动负债	16 000	8.60	137 600
存货	65 000	8.60	559 000	实收资本	200 000	8.00	1 600 000
长期股权投资	86 000	8.60	739 600	未分配利润	8 400	—	185 400*
固定资产	68 400	8.50	581 400				
资产总计	254 400	—	2 181 000	权益总计	254 400	—	2 181 000

注：*未分配利润185 400元人民币（2 181 000-258 000-137 600-1 600 000），为轧平数额。

表5-6　　　**利润表及利润分配表（简化）**

编制单位：M公司　　　20×5年度

项目	折算前金额（美元）	折算汇率	折算后金额（人民币元）
一、营业收入	200 000	8.40	1 680 000
减：营业成本	120 000	8.40	1 008 000
销售费用	15 000	8.40	126 000
管理费用（不含折旧费）	14 000	8.40	117 600
折旧费	6 000	8.50	51 000
财务费用	3 000	8.40	25 200
加：投资收益	13 000	8.40	109 200
二、营业利润	55 000	—	461 400
加：营业外收入	14 000	8.40	117 600
外币会计报表折算损益	—	—	119 040**
三、利润总额	69 000	—	698 040
减：所得税费用	24 600	8.40	206 640
四、净利润	44 400	—	491 400**
加：年初未分配利润	3 600	—	30 600
五、可供分配的利润	48 000	—	522 000
减：利润分配	39 600	8.50	336 600
六、年末未分配利润	8 400	—	185 400*

注：*年末未分配利润185 400元人民币来自表5-5。

【延伸思考5-3】若在【例5-3】中，进一步假定有关存货及相关情况见表5-7，则表5-5的"存货"和表5-6的"营业成本"的折算后金额是多少？列出计算过程。

表5-7　　M公司存货及相关情况　　单位：万元人民币

项目名称	美元	相关汇率
20×5年1月1日结余	12 000	8.35
20×5年3月1日购入存货	42 500	8.45
20×5年6月1日购入存货	43 500	8.40
20×5年9月1日购入存货	43 500	8.43
20×5年12月1日购入存货	43 500	8.55

5.2.4 现行汇率法

保留外币会计报表上的原有财务比例与财务关系，也是人们构建外币会计报表折算方法所要考虑的一种因素。为此，较恰当的办法是，对所有外币资产和负债项目均按现行汇率折算，对所有收入和费用都按现行汇率或发生期内的加权平均汇率折算，这就是现行汇率法。这一方法在1986年就得到英格兰和威尔士特许会计师协会（ICAEW）的支持。支持者认为：（1）应用简便，并且保持了外币会计报表上原先的财务比率，还可以与采用历史汇率法的换算结果相比较，尤其在货币内含的国内物价水准变化紧密反映了有关汇率变化的情况下，更是如此。（2）改变的只是报表的形式，而不是报表的实质——报表上反映的特有的财务关系。折算，不过是为向有关股东或其他用户阅读本报表提供了一种方便。（3）以"净投资"为概念基础。大多数国外主体（国外子公司）是自主经营的国外实体，国外子公司的管理者可自行决定有关经营和财务决策，利用所在国的货币，发生成本和费用、收取货款以及安排借款，决定未分配利润的使用，母公司在国外子公司中的主要利益是每年的股利，如果每年股利分配令母公司股东满意，他们就不会去关心国外子公司的财务状况和经营成果，因此，母公司股东并不在意国外子公司具体的资产、负债、收入和费用项目，主要关心提供其股利来源的国外子公司的净投资——母公司在未来期间获取股利的源泉，从理论上本应选取一个合适的未来汇率来折算，但基于可靠性的考虑，现行汇率便是对未来汇率最好的预期，因此，资产负债表上所有资产、负债都应按现行汇率来折算。

但是，反对者认为：（1）现行汇率法与合并会计报表的基本目的在逻辑上不一致。因为合并报表主要是为了母公司股东的利益而要求采用母国通货这一单一通货观念来反映母公司及其子公司这一整体的经营成果和财务状况及其变动情况。在现行汇率法下，合并结果反映的却是其成果构成合并总额的若干国家的通货观念。（2）现行汇率法假设所有以当地货币计量的资产都将蒙受外汇变动的风险，其实这不完全符合事实，比如，独立经营的境外主体的存货和固定资产的价值一般会受到当地通货膨胀的支撑。（3）虽然"净投资"概念，能推论出折算资产负债的汇率的性质，但是，折算外币会计报表的基本用途是为编制合并报表，在编制合并报表时，需要将各子公司具体的资产、负债、收入、费用项目逐一和母公司的相应项目合并，这样，将直接导致一个以历史成本计价的资产在按现行汇率折算时，产生一个毫无经济意义的折算结果，也就是说，吻合于净投资概念的外币折算方法并不一定适用于具体的资产、负债、收入与费用项目，更为重要的是，编制合并会计报表的首要前提条件是母公司能实质性地控制子公司。但如果国外子公司具有很大的自主权，母公司对它的生产经营、财务决策不具有实质性的控制权，那么这一国外子公司也就不应被纳入合并范围内，它的报表也就无须进行折算了，母公司对子公司的投资只需以“长期投资”项目在母公司报表中列示。从这种意义上说，现行汇率法也存在理论缺陷，从保持财务关系不变的角度来解释现行汇率法下的折算汇率之选择，是非常牵强的。

【例5-4】沿用【例5-1】中R公司与M公司的相关资料，假定折算M公司报表采用现行汇率法。根据现行汇率法的基本原理，折算M公司美元会计报表折算具体过程与结果见表5-8和表5-9。

表5-8 **利润表及利润分配表（简化）**

编制单位：M公司 20×5年度

项目	折算前金额（美元）	折算汇率	折算后金额（人民币元）
一、营业收入	200 000	8.40	1 680 000
减：营业成本	120 000	8.40	1 008 000
销售费用	15 000	8.40	126 000
管理费用（不含折旧费）	14 000	8.40	117 600
折旧费	6 000	8.40	50 400
财务费用	3 000	8.40	25 200
加：投资收益	13 000	8.40	109 200
二、营业利润	55 000	—	462 000
加：营业外收入	14 000	8.40	117 600
三、利润总额	69 000	—	579 600
减：所得税费用	24 600	8.40	206 640
四、净利润	44 400	—	372 960
加：年初未分配利润	3 600	—	30 600
五、可供分配的利润	48 000	—	403 560
减：利润分配	39 600	8.40	332 640
六、年末未分配利润	8 400	—	70 920

表 5-9　　资产负债表（简化）

编制单位：M公司　　20×5年12月31日

资产	折算前（美元）	汇率	折算后（人民币元）	权益	折算前（美元）	汇率	折算后（人民币元）
货币资金	1 000	8.60	8 600	流动负债	30 000	8.60	258 000
应收账款	34 000	8.60	292 400	非流动负债	16 000	8.60	137 600
存货	65 000	8.60	559 000	实收资本	200 000	8.00	1 600 000
长期股权投资	86 000	8.60	739 600	未分配利润	8 400	—	70 920*
固定资产	68 400	8.60	588 240	外币会计报表折算差额	—	—	121 320**
资产总计	254 400	—	2 187 840	权益总计	254 400	—	2 187 840

注：*未分配利润项目70 920元人民币根据利润分配表中“年末未分配利润”项目的金额列示。

**外币会计报表折算差额 = 2 187 840−（258 000+137 600+1 600 000+70 920） = 121 320（元人民币）。

【延伸思考5-4】根据区分流动性-非流动性项目法、区分货币性-非货币性项目法、时态法和现行汇率法的基本原理，折算中产生的“外币会计报表折算损益”应归属于资产负债表还是利润表，为什么？这样的归属，对先折算资产负债表还是先折算利润表有怎样的影响？

5.3 折算外币会计报表的基本程序

上述有关外币会计报表的四种折算方法，实际上是为将以国外主体的列报货币计量的报表转换成以母公司的列报货币计量的报表，而对各报表项目的折算汇率进行恰当选择①的方法。这不仅与国外主体的功能货币的择定有关，而且与国外主体采用的记账本位币是否与功能货币一致有关。

5.3.1 国外主体的功能货币是当地通货的折算程序

当某国外主体的功能货币与记账本位币都是当地通货时，这一国外主体是在国外相对独立的经济实体，应按下列程序使用现行汇率法进行折算：

（1）对所有外币资产与负债都按资产负债表日的现行汇率折算为母公司的列报货币等值金额，对外币实收资本按获取资本之日的历史汇率折算。

（2）对外币收入与费用项目按交易日的历史汇率折算，但为了简便起见，可以按加权平均汇率折算。

（3）外币会计报表折算损益，来源于两个部分：①本期与期初折算汇率差异引起的期初外币净资产项目的列报货币等值金额的差额；②本期内加权平均汇率与期末汇率的差异对本期内外币净资产增减变动额的列报货币等值金额的差额，应将它们合计

① 进而也会影响“外币会计报表折算损益”的归宿与计算程序。

起来，作为股东权益的一个项目——“折算调整”，单独加以反映。

在外币会计报表折算实务的操作中，外币会计报表折算损益也可以采用如下程序得出：

第一步，通过折算外币损益与留存收益表，运用公式“期初留存收益+本期净损益-本期股利支出=期末留存收益”，得出期末资产负债表中“留存收益”[①]的期末列报货币等值金额。

第二步，通过折算外币会计报表中的资产、负债及除留存收益与折算调整外的股东权益项目，根据折算后的资产、负债与股东权益项目的列报货币等值金额，运用公式“资产-负债-实收资本-留存收益=折算调整额”可以得出外币会计报表折算损益，即折算调整额。

5.3.2　国外主体的功能货币是母公司的列报货币的折算程序

当母公司的列报货币是某国外主体的功能货币时，国外主体显然在本质上就是母公司的国外经营机构的有机组成部分，因而应运用时态法按如下程序折算国外主体的外币会计报表：

（1）用有关历史汇率折算那些历史成本表述的外币资产、负债与实收资本，按有关的现行汇率折算那些以现行成本或可变现净值或未来收入价值表述的外币资产和负债项目，然后运用公式“资产-负债-实收资本=留存收益”，得出期末“留存收益”的列报货币等值金额。

（2）用有关历史汇率折算与非货币性项目有关的外币费用项目（如销售成本、折旧费用与无形资产摊销费等），对外币收益表的其余项目用本期加权平均汇率折算，在此基础上可以运用来自折算后的资产负债表的留存收益的期末列报货币等值金额倒算出本期净收益的列报货币等值金额，进而倒算出外币会计报表折算损益，并将其列示在合并收益表上。

5.3.3　国外主体的功能货币是第三国通货、记账本位币是当地通货的折算程序

当某国外主体的功能货币与母公司的列报货币、其本身的记账本位币均不一致时，如一家母公司在中国境内的国际企业，其在中国香港的子公司的功能货币是英镑，记账本位币却是港币，在这种情况下，应按如下程序与折算方法来折算国外主体的会计报表：

（1）运用时态法将以记账本位币表述的会计报表重新计量为以国外主体的功能货币表述的会计报表。

（2）运用现行汇率法将以国外主体的功能货币表述的会计报表折算为以母公司的列报货币表述的会计报表。

【延伸阅读5-1】我们在第4章和本章已经对IASB、美国和我国会计准则有关外币交

① 留存收益，就是企业从净利润中提存的在当年没有分配的净利润，在我国会计中表现为盈余公积和年末未分配利润，前者可用于弥补亏损和转增股本，后者可与来年净利润一起分派给股东。

易和外币会计报表折算的相关规定做了简要的介绍，读者若要更系统地了解，则可进一步阅读IASB的IAS 21、IAS 29、IAS 36和IAS 39，美国的SFAS 52和我国的CAS 19。

总结与结论

折算外币会计报表的区分流动性-非流动性项目法、区分货币性-非货币性项目法、时态法和现行汇率法，实质上是用折算资产、负债项目的特征化汇率来命名的。相对而言，前两者没有理论依据，试图通过对外币资产负债项目的重分类来寻找相应的折算汇率，没有把握好外币会计报表折算的本质不是简单的会计报表重述，而是“重新计量”；后两者，坚持外币会计报表折算是会计报表项目的重新计量，但时态法坚持在重新计量中应保持原有的计量属性不变，而现行汇率法坚持在重新计量中应保持原有的财务关系与财务结构，使选择的折算汇率有本质性差异。相应地，时态法适用于对国外分支机构的报表折算，外币会计报表折算损益应归属于利润表；现行汇率法适用于对国外实体的报表折算，外币报表折算损益作为所有者权益的调整项目，应归属于资产负债表。然而，现实中的国外经营不是单纯的国外分支机构，也非单纯的国外实体，两类情况都存在，这样只使用一种方法折算外币会计报表就总存在不适用的情况，若两种方法都对应地使用，则折算结果表达的就是一种“混合物”。

关键概念

区分流动性-非流动性项目法（current and non-current method）

区分货币性-非货币性项目法（monetary and non-monetary method）

时态法（temporal method）

现行汇率法（current rate method）

折算调整（translation adjustment）

章后练习

一、复习思考题

1. 什么是外币会计报表折算？为什么要进行外币会计报表折算？

2. 外币折算的方法有哪几种？这些方法分别反映了什么会计原理？

3. 区分流动性-非流动性项目法和区分货币性-非货币性项目法为什么会被淘汰？

4. 折算外币会计报表的基本程序分哪几种情况，分别应如何进行？

二、分组讨论题

时态法和现行汇率法分别适用于什么情形？我国现行的外币会计报表折算方法是什么？你认为我国采用该种方法的合理之处在哪里？

思政园地

第6章 国际物价变动会计

国际会计学

International Accounting

目标引领

思政引领

通过学习本章，了解我国在保持物价平稳方面所付出的努力，学会辩证分析国际物价变动会计处理的复杂性及不同模式的优缺点。

知识引领

通过学习本章，读者应了解物价变动的会计学内涵与影响、国际物价变动会计处理的复杂性与国际动态；熟悉物价变动会计的基本目标、基本假设、基本原则和基本规则；掌握一般购买会计模式和现行价值会计模式的运用及其优缺点。

教学重点与难点

资本保持理论及在物价变动会计中的运用；货币性项目的购买力损益和非货币性资产的持有损益的含义、计算，以及它们对会计学收益和绩效评价的影响。

6.1　物价变动的会计学问题

绝大多数情况下，我们在币值不变假设下进行会计循环。但是，当社会经济活动中出现持续、剧烈的物价波动时，仍坚持币值不变假设，将使会计信息严重失真，有必要运用物价变动会计修正币值不变会计信息。

6.1.1　会计学视野中的物价变动

物价，一般是指交易中的商品或劳务的价值的货币表现。一定单位的货币可购买商品或劳务的数量即货币购买力。在物价上升时，持有特定数量的货币额可购买的商品、劳务数量将减少，即货币购买力下降，亦称货币贬值、物价上涨或通货膨胀；反之，货币购买力上升，亦称物价下跌、货币升值或通货紧缩，此两者通称为物价变动。

必须指出，会计学中的物价变动不是一般意义上的物价上涨或下跌，是商品（劳务）价格在一定时期内持续的、剧烈的上涨或下跌，可表现为一般物价变动和个别物价变动。一般物价水平的变动是指在通货膨胀（物价上涨）或通货紧缩（物价下跌）时期货币价值本身发生的变动。个别物价水平的变动不考虑货币本身的变动，是指单个商品价格水平的涨跌。个别物价水平变动与一般物价水平变动既相互联系又有所区别，二者并不总是完全一致的，有时甚至会出现相反的情况；个别物价变动具有相当的准确性和多样性；一般物价变动是总体现象，具有相对的准确性与普遍性；大量的个别物价水平变动综合影响的结果，将会引起一般物价水平向同一方向变动。

导致物价变动的因素很多，如劳动生产率的变化、技术革命、货币政策变动、供求关系、竞争和垄断等[①]。

长期以来，物价变动已成为世界范围内的一个基本经济现象，其影响具有持续性、

① 有兴趣的读者可进一步阅读宏观经济学方面的教材，或凯恩斯、弗里德曼的著作。

不可抵销性和重要性。对这一重要的经济现象，给币值不变会计带来了重大冲击。

6.1.2 物价变动对币值不变会计的影响

币值不变会计，是指那种不考虑货币本身价值变动的会计模式，也就是人们常说的历史成本会计模式。持续的、剧烈的物价变动对会计学的重要影响主要表现在：

■ 1）动摇币值不变假设

历史成本会计模式依赖着货币计量假设。这一假设的基本含义是，货币是相对其他计量尺度更好的计量尺度，并且货币本身的价值是不变的。这一假设为在不调整的情况下汇总不同时期的会计信息提供了坚实的理论依据。但是，在货币本身的价值发生长期的较大的变动时，仍坚持这一假设就只能是“一厢情愿”了，币值不变会计应走向币值变动会计。

■ 2）冲击历史成本原则

在物价较稳定或涨跌相抵或变动幅度很小的情况下，坚持历史成本原则，不仅在理论上无可非议，在实践上切实可行而且按历史成本原则提供的会计信息具有客观性、可靠性与相关性。但是，事实证明，当物价变动不是涨跌相抵或涨跌不大，而是持续、剧烈地上涨或下跌时，历史成本原则也就失去了现实基础，不能正确反映企业的财务状况与经营成果。

■ 3）降低历史成本会计信息的价值

人们设定币值不变假设、运用历史成本原则并不在于提供的信息本身，而在于信息质量被认可，并有助于使用者进行决策。但在物价变动的情况下，历史成本原则提供信息的质量难以保证，主要是信息的如实表述和可验证性缺失。就如实表述而言，在历史成本会计模式下，只有当资产是单项购置时才能精确确定其价格，否则，若成批购入，则必然在计量时要求会计人员选择分配标准，以便确定各项资产的历史成本，然而，这样的选择并不具有绝对的客观性，此外，在资产的转化过程中，会计还要进行一系列并不具有唯一性的选择，因此，历史成本会计信息并不能确切地代表所要表述的经济现象。特别是在物价变动的情况下，即使资产是单项购置的，将各时点上的资产的历史成本汇总起来，也不能如实表述欲表述的经济事物，因为实际上它们并不具有可叠加性，企业的会计收益也不能如实表达企业的资本保持与盈亏情况。就可验证性而言，财务会计信息的可验证，是指独立的评价者对某主体的财务会计信息采用同样的计量方法在实质上可复制出来。因此，可验证性只能保证某主体所使用的计量规则得到了遵守，计量者没有个人偏向，但并不能判别某主体所使用的方法恰当与否。这样，历史成本会计信息的可验证性实际上是名存实亡了。

另外，资产负债表项目可分为货币性项目和非货币性项目。在通货膨胀条件下持有货币性资产必然遭受到一般货币购买力下降所带来的损失（loses）；承担货币性负债却会获得购买力下降带来的利得（gains）。非货币性项目本身的实用价值虽然不会因币值变动而发生变化，但以货币为计量尺度所反映的账面价值却会随着物价水平的变化而变化，存在资产持有利得，在会计报表中，若不将这些货币性项目的购买力损益和非货币性项目的持有损益分离出来，将很可能扭曲企业的经营损益，导致虚假利润分配，损害资本保持（capital maintenance）。

6.2 物价变动会计的基础理论

严格地说，物价变动会计应包括通货膨胀会计和通货紧缩会计两类，但相对通货膨胀而言，通货紧缩不经常发生，持续的时间不长，产生的危害也相对较小，所以人们所说的物价变动会计多指通货膨胀会计。它们都是建立在历史成本会计系统之上的一种新的信息系统，是对历史成本会计模式的改进或发展。这样，物价变动会计，作为现代会计的重要组成部分，也应该有自己的模式、特征、目标、假设、计量与报告原则、核算规则，以及用来统驭它们的理论，所有这些都是物价变动会计的基础理论要探讨的问题。

6.2.1 物价变动会计：模式及其本质

物价变动会计，是指为了反映或消除物价变动对会计信息的影响，而利用特定的物价资料对传统会计报表进行修正及调整的一种会计方法和程序。具体地说，物价变动会计包括“不改变会计计量结构但可部分消除物价变动的会计影响的方法与程序”，以及“改变会计计量结构并消除物价变动对会计信息的影响的会计计量模式”。这两种不同的处理方式都属于物价变动会计的范畴，但人们通常所说的物价变动会计是指后者。

■ 1）不改变会计计量结构的会计调整模式

研究发现，改变会计计量结构以消除物价变动的影响，往往要花费较高的成本，如收集物价指数、寻找恰当的现行价值资料等，有时不符合成本效益原则，出现“得不偿失”的现象。因而，为了部分地消除物价变动对会计的影响，人们提出了不改变会计计量结构模式的单项调整模式，如改进存货计价方法，对固定资产折旧程序进行完善，对无形资产实行限期摊销，实行物价变动准备金制度等。

（1）利用物价指数来调整期末存货的余额和本期销售存货的成本。为此，企业要设计“存货价格变动分析表”和“存货变动表”，先计算存货物价变动指数，再运用这些指数将资产负债表中的“存货”和利润表中的“营业成本”的价值调整到同一时点的物价水平。

（2）调整固定资产与折旧。企业通常使用的方法包括“现行的资产计价法”、“固定资产定期重估价法”、“全国零售价总指数法”和“固定资产的加速折旧法”等。

“现行的资产计价法”。其前提是固定资产生产能力与其价格之间有很高的相关性。在这一前提下，企业就可以用生产能力（如加工能力、起重能力、装载能力等）作为固定资产计价的参数，将企业现有固定资产的生产能力与新的固定资产的生产能力进行比较，求得一个“固定资产约当率”，再以这个约当率乘以新资产的现行市价，就可得到企业现存资产的“现行约当成本”，有了这个现行价值，就可以计提本期折旧，同时调整累计折旧，其差异作为物价变动准备基金处理。

“固定资产定期重估价法”。定期按现行价值对固定资产进行重估，调整资产的账面价值，按调整后的账面价值计提折旧，并调整相关成本和利润，从而既保证了资产负债表上的固定资产是现行价值数据，又保证了利润表中与当期营业收入进行配比的折旧费用是当期成本。

"全国零售价总指数法"。在固定资产的存续期间，利用国家统计局制定的全国零售价总指数进行估价，计算现有固定资产因物价变动带来的增值，并计提相应的折旧，调整成本和利润。依此循环下去，直到资产的使用周期终了。

"固定资产的加速折旧法"。随着劳动生产率逐步提高以及科学技术转化为生产力的周期不断缩短，若要使固定资产投资成本被尽早收回，就得使用固定资产的加速折旧法，从而避免企业资本因物价变动而不断被侵蚀。

(3) 无形资产摊销实行限期摊销法。虽然无形资产具有独占性与超额收益性，但这些特性必须以在规定的期限内或没有新的或更优的无形资产替代为前提。事实上，专利权的价值主要存在于某主体刚刚获取该专利权的几年内，专用技术的保密措施有时很容易被破坏。因此，尽早收回具有一定时效性的无形资产的成本，将有利于迎接新技术革命的挑战，也有利于保持资本。

(4) 实行物价变动准备金制度。物价变动准备金是根据物价变动的幅度定期从产品成本中提取的，用于补偿因物价变动引起的资本流失的一项基金。按提取的标准不同，物价变动准备金可分为综合物价变动准备金和特种物价变动准备金。其中，综合物价变动准备金，以产品成本为计提基数，以综合的物价指数为计提率进行计提。因此，调整后固定资产原价=原价×当期物价指数÷购建时物价指数，调整后累计折旧=原累计折旧×当期物价指数÷购建时物价指数，相关调整分录是：

借：固定资产（重估增加的原价）　　×××

　　贷：累计折旧（重估增加的累计折旧）　　×××

　　　　资产价格变动准备　　×××

显然，分录中的"资产价格变动准备"不能作为利润的构成部分，应作为股东权益项目，计入资产负债表的所有者权益项目中。

当然，也可以按固定资产折旧费用与材料费用等在成本中的比重，对应地提取固定资产物价变动准备金和流动资产物价变动准备金。不难推论，从存货成本中提取的物价变动准备金的会计分录如下：

借：存货（重估增值）　　×××

　　贷：资产价格变动准备　　×××

■ 2）改变会计计量结构的会计模式

在会计计量中，最重要的因素是会计计量结构，由会计计量单位与会计计量属性组合而成。会计计量单位有名义货币单位与一般购买力单位之别，名义货币单位是不考虑购买力变动的货币单位，一般购买力单位又称不变购买力单位、稳值货币单位、不变币值单位等，是具有相同购买力的货币单位。在我国，会计计量属性有历史成本、重置成本、现值、可变现净值和公允价值五种，实际上后四者都是非历史成本计量属性，在后文的物价变动会计中用"现行价值"简称之。这样，历史成本会计模式就是历史成本/名义货币单位会计模式，而可以系统地消除物价变动的会计影响的会计模式有历史成本/一般购买力会计模式、现行价值/名义货币单位会计模式、现行价值/一般购买力会计模式。其中，历史成本/一般购买力会计模式，简称一般购买力会计模式。以历史成本为计量属性，以一般购买力货币为计量单位，其目的在于消除一般物价变动对财务会计报告的影响。现行价值/名义货币单位会计模式，简称现行价值会计模式。以现行价值为计量属性，以名义货币为计量单位，目的在于消除个别物价变动的会计影响。现行价值/一般购买力会计模式，以现行价值为计量属性，以一般购买力货币为计量单位，试图同时消除一般物价变动和个别物价变动的会计影响。

综上所述，物价变动会计实质上就是以历史成本会计系统为基础的、以消除物价变动对历史成本会计的不利影响为目标的某种或某些调整方法与程序的集合。

6.2.2 理论基础：资本保持理论

理论基础是那种能为特定的理论体系提供最终解释的理论，该理论能推导出需要解释的某理论体系中的缘由。综述相关研究，资本保持（capital maintenance）理论是物价变动会计的理论基础。

资本保持是指企业在确认收益时要保持资本在经营活动中的完整，即在确认和分配利润前，“资本已经完整无损地得到补偿”。企业在经营中要付出成本，要垫付资本从而获利。只有保证在收回资本的前提下额外获取的资本才算收益。当物价上涨时，仅仅在货币数量上保全资本是不够的，还必须谋求币值变动下质量上的资本保全。这就是物价变动会计存在的必要性，是为了保持期初投入企业的资本，因为企业只有在保持期初投入资本完整的前提下，才有盈利可言。

资本保持理论是经济学家亚当·斯密（Adam Smith）首先提出的，他在《国民财富的性质和原因的研究》（An Inquiry into the Nature and Cause of the Wealth of Nations，简称《国富论》）（1776）中指出，收益是那部分不侵蚀资本的可予消费的数额，在这里，收入（国民纯收入）与资本保持密切联系，为资本保持理论奠定了基础。后来，约翰·希克斯（John R. Hicks）在他的《价值与资本》（Value and Capital）中，发展了亚当·斯密的资本保持理论：“收益，就是一个人在周末与周初一样富裕的情况下，预计在本周内可供消费的最大数额。”依照约翰·希克斯的理论，我们要真实地确定企业收益，必须首先保持企业期末资本与期初资本一致，即：

$$\text{本期收益}=\text{期末股东权益}-\text{期初股东权益}-\text{本期股东投资}+\text{本期股东投资收回与股利派得}-\text{本期股东追加投资}$$

资本保持有财务资本保持（financial capital maintenance）与实体资本保持（physical capital maintenance）之别。财务资本保持观念认为，资本就是业主投入企业的货币或购买力，资本可以按名义货币单位计量，也可按不变购买力单位计量，在企业确定收益时，只有企业期末净资产的金额超过当期期初净资产的金额，并剔除当期任何业主投资、收回与派得款后，其超出额就是当期收益。实体资本保持观念认为，资本须按实物生产能力或经营能力或取得该能力所需的资源或资金计量，当企业确认收益时，只有当资本的期末实际生产能力或经营能力超出期初资本的实际生产能力或经营能力时，并剔除当期任何业主投资、收回与派得款后，其超出额才能计列为当期收益。

由此可见，不同的物价变动会计模式对应着不同的资本保持理论。若采用财务资本概念，则关注的是名义投入资本保持或投入资本的购买力保持情况；若采用实体资本保持，则关注的是企业实际生产或经营能力的保全。一般购买力会计模式基于财务资本保持观念，按不变的货币购买力计量企业资本的完整无损，也就是要保持企业在生产经营过程中购买范围极为广泛的商品和劳务的不变能力；现行价值会计模式基于实体资本保持观念，按相同水平的生产或经营能力计量资本的完整无损，也就是保持企业在生产经营过程中能够在相同或更好的生产、经营水平上以同等功能的资源来置换所有已消耗或售出的资源，在确认资本完整无损之后确定收益；现行价值/一般购买力会计模式同时以财务资本保持论和实物资本保持论为理论基础。

6.2.3 物价变动会计的基本目标

会计目标是会计系统在特定环境下所应达到的预期结果和根本要求，是整个财务会计管理系统运行的定向机制，是会计系统的出发点和归宿。会计目标的确定主要取决于社会需求会计干什么和会计能够干什么的理性均衡，因而与现代企业制度相适应的企业财务会计目标主要有三：一是为企业、国家、债权人等使用者提供有用的信息；二是合理组织资金运动，提高企业经济效益；三是维护投资者、债权人等利益相关者的合法权益。

上述三个目标中的一和三反映了会计信息质量的最基本特征：会计信息的决策有用性。物价变动会计恰恰旨在提高这种信息的有用性，使财务会计提供的信息在物价变动的情况下仍值得信息使用者信赖。另外，在资本保持理论中，特别是实物资本保持理论基础上的物价变动会计，在很大的程度上对保持企业的持续经营能力起到了重要的作用，保持企业的合理经营，提高企业经济效益，这和上述三个目标中的第二个目标相契合。因此，在某种程度上，可以说物价变动会计的目标与财务会计目标是一致的。

实际上，物价变动会计是对传统财务会计的发展，是以传统财务会计提供的以历史成本为基础的财务会计报告信息为处理对象，其目的是要提高传统财务会计报告在物价变动情况下对其使用者的有用性，并不谋求取代传统财务会计。自然地，不需要另行建立一套账簿体系，只要利用现有的传统财务会计信息和物价变动资料，做一些可能的调整，重述财务会计报告，以更好地反映企业的盈利能力、财务状况及其变动情况。

但是必须指出，无论是币值不变会计模式，还是一般购买力会计模式，或者现行价值会计模式，都不可能“复制”客观存在，都需要或存在一定意义上的估计。这时，物价变动会计信息会变得“模糊”，但只要其不“失真”就可以说物价变动会计的基本目标将基本实现。为实现物价变动会计的基本目标，要求：（1）传统财务会计信息必须经得起验证；（2）用作调整的工具（如物价变动指数、现行价值等）必须是权威的、公认的；（3）调整程序是规范的、正确的。

6.2.4 物价变动会计的基本假设

物价变动会计的基本假设，是实现物价变动会计的基本目标的基本前提，是对传统财务会计的基本假设的辩证否定。一般认为，传统财务会计的基本假设，主要包括会计主体假设、持续经营假设、会计分期假设与货币计量假设。显然，物价变动会计应全面承袭前三项假设，至于货币计量假设，在物价变动会计中只有部分适应，币值不变部分被否定了。

概而言之，物价变动会计的基本假设主要包括会计主体假设、持续经营假设、会计分期假设、货币计量假设、资产与货币价值经常变动假设。其中，资产与货币价值经常变动假设是物价变动会计赖以存在的重要前提。如果没有这一前提，物价变动会计就缺乏存在的客观现实。导致资产价值与货币价值经常变动的主要原因，前已述及，这里不再重述。当资产价值与货币价值只呈现一种微小的变动趋势时，在实务中，企业通常不考虑实施物价变动会计。至于资产价值与货币价值的变动状态是否会永久地持续下去，要回答这一问题，似乎是很困难的，因为现在的情况并不能代表未来也是如此，但所有这些并不妨碍资产价值与货币价值经常变动假设成为物价变动会计的一项重要假设。作为一项假设，不一定都能被验证，主要的问题是，它必须是人们通过必要的职业判断就能体会得到，并能承担起合理推导出本事物或事项的发展的某一或某些内容的职责。

6.2.5　物价变动会计的基本原则

会计原则是对多项会计工作或多个会计要素的确认、计量、记录、报告起约束和规范作用的行为标准或准绳。会计原则有：确认原则中的权责发生制原则、配比原则和实质重于形式原则；计量原则中的初始计量原则包括历史成本原则和重要性原则，后续计量原则包括价值计量原则和谨慎性原则；会计记录原则包括简明规范原则和账簿设置满足管理需要原则；会计报告原则包括充分披露原则和效益大于成本原则。

物价变动会计的基本原则，是物价变动会计基本目标与基本假设约束的结果，是对物价变动会计行为的基本要求，它并没有动摇上述会计原则中的权责发生制原则、实质重于形式原则、简明规范原则、账簿设置满足管理需要原则、充分披露原则，而对配比原则、历史成本原则、重要性原则、价值计量原则、谨慎性原则、效益大于成本原则进行了部分的否定或者赋予了某些新含义。

配比原则是在以利润表为中心的时代确认费用归属期的重要原则，按照配比原则的规定，一项营业支出，如果只与当期的收入相配比就作为费用被计入利润表；如果不能与本期收入配比就不能作为费用被计入利润表。在物价变动的情况下，将按现行价格计量的收入与按历史成本计量的成本费用进行配比，具有内在的矛盾性，违背了配比原则的本源。在现行销售价格模式下，是无须遵循配比原则的。但是，在其他物价变动会计模式下，存在当期收入与相关成本费用的配比问题。这里，必须将历史成本基础下的成本费用调整为一般购买力基础（一般购买力会计模式下）或现行价值基础（现行价值会计模式或现行价值/一般购买力会计模式）下的成本费用，可以说物价变动会计模式完善了币值不变会计模式下的配比原则。

历史成本原则要求无论是资产和负债的计价，还是收入与费用的计量，都应基于经济业务发生时的实际成本和交易价格进行列报。初始计量采用历史成本原则无可厚非，而且在物价稳定的条件下，按照历史成本原则进行资产和负债的后续计量，在实践和理论上都是切实可行的。但是如果在现实的经济生活中物价的变动是持续上涨或是持续下跌的，且较为频繁、剧烈，那么对后续计量采用历史成本原则就缺乏现实基础，以历史成本为计量基础提供的会计信息，就不能如实反映甚至严重歪曲企业当期的财务状况和经营成果。因此，价值计量原则在物价变动的会计中有其存在的必要性。但是，在会计原则中因遵循价值计量原则可选择的计量属性包括除历史成本以外的现值、可变现净值、公允价值和重置成本，而在物价变动会计中的概念为现行价值，对于现行价值和前述四种计量属性之间的关系较难确定。

重要性原则要求人们在实施某物价变动会计方案时，应以重要性为标准，选择会计方法、会计程序，确定哪些会计项目应予重估以及重估的精确程度。

谨慎性原则的宗旨是“宁可预计可能的损失，也不预计可能的收益”，许多物价变动会计模式都否定了这一原则，例如，在一般购买力会计模式下，无论发生的是购买力利得还是购买力损失，都计入了当期损益；在现行价值会计模式下，同样预计了非货币性资产的未实现持有利得等。但是也应该看到，几乎所有的物价变动会计方案又借用了谨慎性原则，在实施物价变动会计的过程中，尽可能选择那些能导致乐观程度最小的估价方案。在物价变动会计模式下，企业须对币值不变会计信息进行某些调整，但是这种调整不是任意的，必须符合客观规律、遵循一致性原则，此外，还要求将实施物价变动会计模式后的会计影响用恰当的方式，如括弧、脚注、补充说明或补充报表等，充分揭示那些不能详加表达的事项或情况。

成本效益原则，要求人们在实行某物价变动会计方案时，必须科学地估计该方案的可行性，其估计的标准是，采用该方案所带来的效益须不小于其成本。因此，不是在任何物价变动情况下都要运用在理论上最完美的物价变动会计方案，也不是某一物价变动会计方案一经采用就将使用到底。

6.2.6 物价变动会计的基本规则

与币值不变会计模式的正常运行有自身的规则一样，物价变动会计也有其独特的规则：

■ 1）一般物价水平变动将导致货币性项目的购买力损益

一般情况下，一般物价水平变动是个别物价变动与币值变动联合影响的结果。在通货膨胀时，一般物价水平会上升，即拥有货币性资产会发生购买力损失，承担货币性负债会获得购买力利得；相反，在通货紧缩时，一般物价水平会下降，也就是说，拥有货币性资产会发生购买力利得，而承担货币性负债会发生购买力损失。企业对某期发生的货币性项目净额的利得或损失的计算，参见本书6.3.1中的相关内容。

■ 2）个别物价变动会导致企业持有的非货币性资产产生持有损益

非货币性资产，如存货、固定资产等，由于在资产负债表日的未来可收回金额是不固定的，因而当个别物价上涨时，持有该非货币性资产，就存在着未实现持有利得，执行传统会计程序会导致低估资产、少计本期成本与费用、虚计企业收益，利润分配后，企业资本会受到侵蚀；相反，当个别物价下跌时，持有该非货币性资产，就存在着未实现的持有损失，执行传统会计程序会导致高估资产、多计本期成本与费用、少计企业收益，利润分配后，企业资本实力会得到增强，形成“秘密准备”。应当指出，由于影响物价变动的因素很多，因而，即使对同一企业在同一时期而言，无论在通货紧缩还是在通货膨胀的情况下，都可能出现有的资产价格上涨，有的资产价格下跌的情况。在物价变动会计模式下，为正确确认企业的净收益，有必要将资产持有利得或损失区分为：已实现资产持有利得或损失与未实现资产持有利得或损失，前者是指本期售出或消耗的非货币性资产中含有的持有利得或损失，如本期销货成本、折旧费用、无形资产摊销费等在各自现行价值与历史成本上的差额；后者是指期末或期初非货币性资产的现行价值与历史成本之差，具体计算过程参见本书6.4.1中的相关内容。

6.3 一般购买力会计

一般购买力会计模式的设计者认为，历史成本基础并没有什么缺陷，在物价变动时，问题就在于没有一个稳定可比的会计计量单位来计量特定会计主体的经济交易的过程和结果，需以期末一般物价指数为媒介重新计量各时点或期间的财务数据，这样可以增强财务数额的真实性和可比性。

6.3.1 一般购买力会计模式及应用

在实务操作中，一般购买力会计模式下的会计核算需经过如下四个步骤：

第一步，划分货币性项目和非货币性项目。可以参照FASB发布的SFAS 33（见表6-1），但更应考虑企业自身的经营性质和生产规模。

表6-1　**资产负债表项目的货币性分类**

资产负债表各项目 / 货币性分类	货币性项目	非货币性项目
资产	库存现金和银行定、即期存款	普通股上的投资
	投资（优先股和债券）	存货（不包括已订合同使用部分）
	应收账款和应收票据	财产、厂房和设备
	备抵坏账损失	累计折旧
	职工贷款	购货约定（按固定价格合同支付部分）
	应收长期账款	专利权
	可用发行债券代替的保证金	商品
	非合并结算的子公司预支款	特许权和配方权
	人寿保险退保金额	商誉
	供货商的预支款	递延资产取得成本
	递延所得税借项	其他无形资产及递延借项

续表

资产负债表各项目 / 货币性分类		货币性项目	非货币性项目
负债		应付账款和应付票据	销货契约（按固定价格合同收取部分）
		应计费用	保单义务
		应付现金股利	递延投资贷项
		顾客预付款（非固定价格合同部分）	
		购买契约上的应计损失	
		可用发行债券代替的保证金	
		应付债券和应付长期债务	
		债券或应付票据的未摊销溢价或折价	
		可转换的应付债券	
		递延所得税贷项	

第二步，按一般物价指数对非货币性项目进行调整。其中的物价指数一般采用国家发布的消费者物价指数（CPI）。调整的宗旨是要提高不同期间会计信息的可比性和决策有用性，因此，计算换算系数时要把其他时日的物价水平阐述为统一按期末物价水平来衡量，这样就不难理解表6-2了。

表6-2 **重新表述项目换算表**

重新表述的对象	换算系数
期末货币性项目	1
期初货币性项目	期末一般物价指数÷期初一般物价指数
期末非货币性项目	期末一般物价指数÷购置日一般物价指数
实收资本（股本）、资本公积项目	期末一般物价指数÷形成日一般物价指数
盈余公积项目	期末一般物价指数÷提取日一般物价指数
未分配利润项目	轧平项目
来自非货币性项目的本期转移部分的收益表项目	与重新表述该非货币性项目上的换算系数一致
均匀地、大量地发生的损益项目	期末一般物价指数÷本期平均一般物价指数

第三步，计算货币性项目的购买力损益。在通货膨胀的影响下，持有货币性资产，会导致企业发生损失，持有货币性负债，会导致企业产生利得，因此期末结余为

货币性净资产时，产生购买力净损失；期末结余为货币性净负债时，产生购买力净收益。在通货紧缩下，情况恰好相反。这些利得和损失统称购买力损益，从原理上说，计算购买力净损益的方法有倒计法和测算法。

倒计法是指依照一般购买力会计的原理，先重新表述历史成本基础的资产负债表，然后调整历史成本基础的收益表与留存收益表（利润分配表），可倒轧出“货币性项目净额购买力损益”。如此做法的基本原因是，“货币性项目净额购买力损益”应计入收益表，通过重新表述资产负债表，可得出重新表述利润分配表上所需的“未分配利润”，进而可倒推出“货币性项目净额购买力损益”。

测算法的计算公式是：货币性项目净购买力损益=期末应该持有的货币性项目净额-期末实际持有的货币性项目净额；期末应该持有的货币性项目净额=重述后期初货币性项目净额+重述后货币性收支项目本期增加净额=期初货币性项目净额×换算系数+本期货币性收入项目×换算系数-本期货币性支出项目×换算系数。

第四步，编制一般购买力会计模式下的会计报表。

为了读者能更明晰地掌握一般购买力会计模式的基本原理，现举如下简例，进一步说明有关操作方法。

设WPS公司于20×4年1月8日开业，20×6年历史成本基础的财务报表见表6-3和表6-4（例中US＄均略写为＄，下同），有关一般物价指数见表6-5。其他重要资料如下：

表6-3　**WPS公司收益及留存收益表（以历史成本为基础）**

20×6年（至12月31日止）　单位：美元

项　目	金额	
销售收入		422 400
销售成本	325 104	
年初存货	70 800	
本年购货	316 800	
年末存货	62 496	
销售毛利		97 296
折旧费	5 280	
其他费用	57 000	
所得税费用	17 000	
净收益		18 016
留存收益（20×5年12月31日）	11 024	
现金股利	20 000	
留存收益（20×6年12月31日）		9 040

表6-4 **WPS公司比较资产负债表（以历史成本为基础）**

20×5年12月31日和20×6年12月31日 单位：美元

项目	20×5年12月31日	20×6年12月31日
货币性资产	53 184	69 744
存货（先进先出法）	70 800	62 496
房屋与设备（净额）	42 240	36 960
土地	24 000	24 000
资产总额	190 224	193 200
货币性流动负债	19 200	24 160
货币性非流动负债	48 000	48 000
股东权益		
普通股	112 000	112 000
留存收益	11 024	9 040
权益总额	190 224	193 200

表6-5 **一般物价指数情况**

20×4年1月8日（开业时）	100
20×5年12月31日	120
20×6年12月31日	128
20×5年平均	115
20×6年平均	125
20×5年第四季度	118
20×6年第四季度	126

（1）每年均按先进先出法计量存货，每年年末的库存存货均为当年第四季度均匀地购入。

（2）房屋与设备、土地均于开业时一次购置，按10年、直线法计提房屋与设备的折旧，不考虑预计净残值。

（3）普通股均于开业时对外发行。

（4）当年的销货收入、购货成本、其他费用与所得税在当年内均匀发生。

（5）现金股利的分派在20×6年12月31日完成。

（6）一般购买力以年末美元购买力为准。

可根据如下步骤重编以一般购买力为基础的财务报表。

■ 1）按20×6年年末的美元价格重述资产负债表

在此，20×6年年末的货币性项目无须调整，但20×6年年初的货币性项目于20×6年年末拥有的各自购置日购置的非货币性项目以及普通股都应该按各自的调整系数进行调整，重述后的留存收益是依据会计恒等式倒算出来的。有关情况详见表6-6。

表6-6　　**WPS公司资产负债表项目调整工作底稿**　　金额单位：美元

项目名称	20×6年年初			20×6年年末		
	历史成本	调整系数	重述后金额	历史成本	调整系数	重述后金额
货币性资产	53 184	128÷120	56 729.60	69 744	1	69 744.00
存货	70 800	128÷118	76 800.00	62 496	128÷126	63 488.00
房屋与设备（净额）	42 240	128÷100	54 067.20	36 960	128÷100	47 308.80
土地	24 000	128÷100	30 720.00	24 000	128÷100	30 720.00
资产总额	190 224		218 316.80	193 200		211 260.80
货币性流动负债	19 200	128÷120	20 480.00	24 160	1	24 160.00
货币性非流动负债	48 000	128÷120	51 200.00	48 000	1	48 000.00
普通股	112 000	128÷100	143 360.00	112 000	128÷100	143 360.00
留存收益	11 040	（轧算）	3 276.80	9 040	（轧算）	（4 259.20）
权益总额	190 224		218 316.80	193 200		211 260.80

■　2）按20×6年12月31日的美元价格调整收益及留存收益表项目

在本例中，除折旧费用的换算系数应同房屋与设备的换算系数一致外，销货收入、购货成本、其他费用与所得税费用的换算系数是“年终一般物价指数÷全年平均一般物价指数”。由于现金股利在年末支付，因此其本身就代表年末的美元价格。有关收益及留存收益表的调整情况见表6-7。

表6-7　　**WPS公司收益及留存收益表调整底稿**

20×6年（至12月31日止）　　金额单位：美元

项　目	历史成本基础		调整系数	重述后金额
销售收入		422 400	128÷125	432 537.60
销售成本				
年初存货	70 800		128÷118	（76 800.00）
本年购货	316 800		128÷125	（324 403.20）
年末存货	62 496	325 104	128÷126	63 488.00
销售毛利		97 296		94 822.40
折旧费	5 280		128÷100	（6 758.40）
其他费用	57 000	62 280	128÷125	（58 368.00）
所得税费用		17 000	128÷125	（17 408.00）
货币性项目净额购买力损益			（见表6-5）	176.00
净收益		18 016		12 464.00
年初留存收益		11 024	（见表6-3）	3 276.80
现金股利		20 000	128÷128	（20 000.00）
年末留存收益		9 040		（4 259.20）

值得说明的是，货币性项目净额购买力损益$176可由表6-8得出，也可以根据表6-7的重述后其他项目倒算出来。

■ 3）计算货币性项目净额上的购买力损益

20×6年年末货币性资产为　$69 744

20×6年年末货币性负债为　$72 160（24 160+48 000）

20×6年年末货币性净额负债为　$2 416

由本例的物价指数可知，WPS公司在20×5年至20×6年一直在通货膨胀情况下进行经营，由于20×6年年末WPS公司货币性净额表现为货币性净负债，WPS公司在货币性净额上发生了购买力利得，可按表6-8计算之。

表6-8　**WPS公司购买力损益计算表**

20×6年度（按12月31日美元）　金额单位：美元

项目	按历史成本计量	调整系数	重述后金额
（一）20×6年年初货币性项目净额资产			
货币性资产	53 184	128÷120	56 729.60
减：货币性流动负债	19 200	128÷120	20 480.00
货币性非流动负债	48 000	128÷120	51 200.00
20×6年初货币性项目净额	（14 016）		（14 950.40）
（二）20×6年度货币性项目净额变动			
加：来源			
销售收入	422 400	128÷125	432 537.60
合计	408 384		417 587.20
减：运用			
购货成本	316 800	128÷125	324 403.20
其他费用	57 000	128÷125	58 368.00
所得税费用	17 000	128÷125	17 408.00
现金股利	20 000	128÷128	20 000.00
（三）20×6年年末货币性项目净额	（2 416）		（2 592.00）
（四）20×6年度货币性项目净额购买力损益（利得）：-2 416-（-2 592）=176			

根据表6-6，可以重编以一般购买力单位计量的资产负债表（见表6-9），根据表6-7可以重编以一般购买力单位计量的损益及留存收益表（见表6-10）。

表6-9　**WPS公司资产负债表（以一般购买力为基础）**

20×6年12月31日　单位：美元

货币性资产	69 744	货币性流动负债	24 160
存货	63 488	货币性长期负债	48 000
房屋与设备（净额）	47 308.80	普通股	143 360
土地	30 720	留存收益	（4 259.20）
资产总额	211 260.80	权益总额	211 260.80

表6-10　　WPS公司损益及留存收益表（以一般购买力为基础）

20×6年度（至12月31日止）　　单位：美元

销售收入	432 537.60
减：销售成本	337 715.20
销售毛利	94 822.40
减：折旧费用	6 758.40
其他费用	58 368.00
加：货币性项目净额购买力损益	176.00
利润总额	29 872.00
减：所得税费用	17 408.00
净收益	12 464.00
加：年初留存收益	3 276.80
减：现金股利	20 000.00
年末留存收益	（4 259.20）

6.3.2　对一般购买力会计模式的评价

通过以上介绍，我们不难发现一般购买力会计模式的主要优缺点：

一般购买力会计模式的主要特点是：运用一定的物价指数，将反映不等量购买力的货币单位，换算成反映恒等量购买力的货币单位，以便有一个适用于一切会计计量的计量单位，从而：（1）在物价变动的情况下，以历史成本为计量基础的会计信息更可比。（2）用来增加现有会计信息有用性的手段——物价指数，较易取得，而且客观易懂。（3）改进了收益计量，使收益的含义更完善，能较合理地反映物价变动对企业收益的影响。

一般购买力会计模式的主要缺陷是：（1）在将不同时点上的购买力换算成同一购买力的货币计量单位的过程中，假定物价变动对所有企业的所有各类资产、负债具有同等的影响，与客观实际并不相符。（2）将货币性项目净额上的购买力损益计入收益表容易给财务报表使用者造成一些错觉，即在通常情况下，人们认为，净收益是企业分派股利的物质基础或主要保证，是衡量经营业绩的重要指标，然而在通货膨胀的条件下，并依据历史成本会计，净收益并不意味着能给股利分派提供什么物资保证，也很难为评估企业业绩提供什么有用的信息，因为如果该企业在恶性通货膨胀期间，出现巨额货币性净负债，那么在企业净收益中必将包含巨额购买力利得，而这些利得并没有物质基础作支撑，也不能成为经营者经营能力的体现。（3）一般购买力会计信息，从本质上说，仍然是一种历史成本信息，面向过去，与财务报表信息使用者的要求——对决策（一种面向未来的行为）有用，并不直接相关。

6.4 现行价值会计

由于一般购买力会计模式的固有缺陷，人们开始了对消除个别物价变动影响的会计模式的研究。消除个别物价变动影响，更有利于保持资本，更有利于评估企业经营业绩，更有利于会计报表使用者进行决策。人们将这种旨在消除个别物价变动影响的会计方法与程序，统称为现行价值会计模式（current value accounting model），该模式的基本特点是以资产负债表日资产的现行价值为计量属性，以名义货币单位为计量单位，重编以历史成本/名义货币单位会计模式下的会计报表为基础的会计程序与方法。

6.4.1 现行价值的含义与形式

现行价值，是资产负债表日的资产的价值，从资产的流动方向看，现行价值包括现行入账价值与现行脱手价值。现行入账价值包括现行成本和现值，现行脱手价值包括现行销售价格和可实现净值。

现行成本又称重置成本（replacement cost），有时也与现行购入市价（current market value）同义，通常表示在资产负债表日重新购置或重新制造所持有的资产所需花费的一切合理支出。具体地说，重置成本有如下不同含义：重新购置同类新资产的市价；重新购置新资产的市价扣减持有资产已累计的折旧；重新购置具有相同生产能力的资产的市价；重新购置或制造同类资产的成本；重制同类资产的成本扣减已累计的折旧。

现值，即未来现金流量折现值（presentvalueof futurecashflow），又称资本化价值，即企业在资产负债表日的资产的未来预期现金流量的折现值。

现行销售价格（currentexit value），最早由澳大利亚会计学家罗伯特·J.钱伯斯（Robert J.Chambers）提出，他认为现行销售价格就是企业在资产负债表日的资产在正常清理条件下的变现值或现金等价，只有变现值才能反映企业及时适应市场变化能力的大小，过去的交易价格与企业预期将进行的决策或采取的行动不相关，未来的交易价格又未免有太大的不确定性。

可实现净值，是资产负债表日的资产在未来或在其他事项中预计可收回的净额，仅适用于计划在未来销售的资产或在未来清偿既定数额的负债的计量，无法适用于所有资产的计价。

6.4.2 现行价值会计模式及应用

现行价值会计模式的基本程序是：首先，明确会计报表的非货币性项目；其次，按现行价值调整非货币性项目金额，进而确定现行价值变动额——变动损益；最后，按现行价值调整有关会计记录并重编会计报表。在日常会计处理中须在进行传统财务会计核算的同时另设一套账簿，以资产的现时购买价格进行日常核算，即对日常购进的资产以现时成本入账，期末对结存资产和本期已耗资产的累计发生额，按其现时成本进行调整，在调整的基础上确定通货膨胀对企业本期损益的影响，并在编制传统会计报表的同时，根据所设置的现时成本会计账户体系中的各账户的期末余额和本期发生额编制现时成本会计报表，以反映和消除物价变动对企业财务信息的影响。

会计要素按现行价值计量，较科学地遵循了配比原则。因为在现行价值模式下，与以现行市价计量的收入相配比的费用，是已耗资产的现行价值。这样，拥有非货币性资产就会发生持有损益，即该非货币性资产的现行价值与历史成本之间会产生差额，若这种差额在期末仍置存在资产负债表上，则为未实现持有损益；若这种差额通过存货销售或消耗、固定资产折旧、无形资产摊销等形式，本期已转移到收益表上（转变为已实现资产持有损益），则其计算公式如下：

本期已实现的资产持有损益 = 现行成本基础下本期已售与已耗非货币性资产价值 − 历史成本基础下的已售与已耗非货币性资产价值

本期未实现资产的持有损益变动额 = 期末非货币性资产未实现持有损益 − 期初非货币性资产未实现持有损益

期末非货币性资产未实现持有损益 = 期末非货币性资产现行价值基础金额 − 期末非货币性资产历史成本基础金额

现行价值会计模式关注的是如何消除个别物价变动对会计信息的影响。货币性项目和销货收入、大量且均衡发生的费用项目本身就是按当时的价值来衡量的，因而，历史成本基础下的这些项目无须重述。但是，应以现行价值调整各该非货币性项目的历史成本金额；对本期发生的折旧费、销货成本与无形资产摊销费等非货币性项目的本期转移部分，应按相关的现行价值予以调整。

在现行价值会计模式下，严格地将企业收益区分为经营收益与资产持有损益。经营收益是在现行价值条件下的本期收入与费用的配比结果；资产持有损益，包括已实现资产持有损益与未实现资产持有损益。营业利润是企业真正的营业净利，它来自企业的经营活动，可以作为利润分配。未实现持有利益是企业资产持有期间由于价格上涨造成现行价值和历史成本之间的差额，不能作为利润分配。因此，营业利润不应包括未实现持有利益。这样，现行价值会计模式所应用的收益表模式见表6-11。

表6-11 **现行价值会计模式下的收益表模式** 单位：元

项目	金额
主营业务收入	××××
减：主营业务成本	××××
⋮	⋮
加：已实现持有损益	××××
现行价值下的经营利润	××××
加：未实现持有损益变动额	××××
现行价值下的净收益	××××

假定WPS公司有关非货币性资产的资料见表6-12，并假设公司采用直线法按10年计提折旧。

表6-12　**非货币性资产现行价值和历史成本**　单位：百万美元

项目名称	现行价值		现行价值净额		历史成本	
	20×5年年末	20×6年年末	20×5年年末	20×6年年末	20×1年年末	20×2年年末
存货	81 600	65 840			70 800	62 496
设备	62 400	66 000	49 920	46 200	42 240	36 960
土地	27 200	28 800			24 000	24 000

根据上述资料，我们可以计算出WPS公司已实现和未实现的资产持有损益（见表6-13和表6-14）。

表6-13　**WPS公司资产持有损益计算表**

（20×6年度）　单位：百万美元

项　目	现行价值基础（1）	历史成本基础（2）	已实现持有损益（3）=（1）-（2）
本年销货成本	345 600	325 104	20 496
本年折旧费用	（62 400+66 000）÷2÷10=6 420	5 280	1 140
合　计			21 636

表6-14　**未实现资产持有损益变动额**　单位：百万美元

非货币性项目	现行价值基础		历史成本基础		未实现持有损益		变动额
	20×6年年末（1）	20×6年年初（2）	20×6年年末（3）	20×6年年初（4）	20×6年年末（5）=（1）-（3）	20×6年年初（6）=（2）-（4）	（7）=（5）-（6）
存货	65 840	81 600	62 496	70 800	3 344	10 800	（7 456）
设备（净额）	46 200	49 920	36 960	42 240	9 240	7 680	1 560
土地	28 800	27 200	24 000	24 000	4 800	3 200	1 600
合　计	140 840	158 720	123 456	137 040	17 384	21 680	（4 296）

根据上述资料和理论，重编WPS公司收益及留存收益表、资产负债表见表6-15、表6-16。

表6-15　　WPS公司收益及留存收益表（以现行成本为基础）

20×6年度（至12月31日止）　　单位：百万美元

项　目	金　额
销售收入	422 400
减：销售成本	345 600
销售毛利	76 800
减：折旧费用	6 420
其他费用	57 000
税前利润	13 380
减：所得税费用	17 000
现行成本下的经营收益（亏损）	（3 620）
加：已实现资产持有利得	21 636
已实现净收益	18 016
加：未实现资产持有利得（减少）	（4 296）
现行成本下的净收益	13 720
年初留存收益	32 704
合计	46 424
减：现金股利	20 000
年末留存收益	26 424

表6-16　　WPS公司资产负债表（以现行成本为基础）

20×6年12月31日　　单位：百万美元

资　产		权　益	
货币性资产	69 744	货币性流动负债	24 160
存货	65 840	货币性非流动负债	48 000
		小计	72 160
房屋与设备（净额）	46 200	普通股	112 000
		留存收益	26 424
土地	28 800	小计	138 424
资产合计	210 584	权益合计	210 584

6.4.3 现行价值会计模式的特征及其评价

综上所述，现行价值会计模式的主要优点是：(1) 可以提供对决策更有用的信息。要使会计信息对决策有用就必须使会计信息与决策相关，即能提高决策者的“决策差别能力”，为此，这类会计信息必须是面向未来的而不是对过去情况的反映，相对而言，在正常情况下，现行价值会计信息比历史成本会计信息更相关。(2) 有利于正确地反映企业的经营业绩，在现行价值会计模式下，企业的净收益包括企业经营净收益与资产持有损益，而只有前者才能真正反映企业的经营业绩。在历史成本会计模式下，将以现行价格表述的收入与以历史成本表述的费用进行对比，决定企业的净收益，掩盖了非货币性资产的持有损益的影响，这就是在物价变动情况下历史成本会计信息不能正确反映企业的经营业绩的原因，因而，现行价值会计模式更有利于正确评估企业经营管理人员的业绩。(3) 有利于维护企业的实体资本，在现行价值会计模式下，与本期收入相配比的成本、费用以现行价值来计量，换言之，确定本期净收益的前提，必须使本期已出售或已耗用的资产能按其现行价值来补偿，因此，现行价值会计模式从计量结构上保证了收益决定的正确性，进而保证了企业资源重置与净收益分配的合理性。

现行价值会计模式的主要缺陷是：(1) 难以可靠地确定各项资产的现行价值，在现行价值会计模式下，对所有非货币性资产都要运用现行价值来重新计量，然而要正确确定这些现行价值，往往需要估价者做许多繁杂的工作，而这些工作不一定不折不扣地被完成了，也需要估价者运用自己的智慧与经验，进行一定的职业判断，从而具有不同程度的主观性。此外，有时确实很难找到可以参考的资料，因为很难在市场上找到相同的资产，而且即使在市场上找到了，影响其市价的因素有很多，各影响因素对该市价的影响力有多大也很不容易确定，至于那些在市场上根本找不到的、也很难重新制造的资产，判断其现行价值的主观性就更大了，也许正因为如此，现行价值会计模式至今仍不能被普遍运用。(2) 没有考虑货币性项目的购买力损益的影响。(3) 将资产的持有损益计入收益表，并未从根本上保持了实体资本。因为计入收益表的资产持有损益仍有可能被作为股利分配出去，因而，即使在流行现行价值会计模式的英联邦和西欧大陆国家，也大多将它作为资本准备列入股东权益之中。(4) 该模式的实施是否符合成本效益原则也颇具争议。

6.5 物价变动会计的国际性难题

从理论上构建物价变动会计模式并不是太难，问题是我们必须考虑它是否在实践中行得通。比如，是否有必要同时关注个别物价变动与一般物价变动对企业会计信息的影响，又怎样消除它的影响？对于一家国际企业而言，企业将遭受不同国家的不同程度的物价变动，对这些物价变动该怎样处理等，都是非常重要的论题。

6.5.1 同时消除个别物价变动和一般物价变动的会计影响

显然，一般购买力会计模式只消除了一般物价变动的会计影响，确认了货币性项目的购买力损益，而现行价值会计模式只消除了个别物价变动的会计影响，揭示了非货币性项目的持有损益及其变动情况。于是，完美主义者建议，将一般购买力会计模式与现行价值会计模式融合起来，建立一种旨在同时消除个别物价变动和一般物价变动的会计模式——现行价值/一般购买力会计模式。

现行价值/一般购买力会计模式采用的计量单位是一般购买力，计量属性为现行价值，运作的基本机制是仍然以历史成本条件下的会计报表为调整对象，运用一定物价指数和相关的现行价值资料，重述会计报表。一般要经过如下两个步骤：(1) 运用现行价值会计模式的原理，把历史成本条件下的会计报表转换成按"现行价值/名义货币单位"计量的会计报表；(2) 运用一定的物价指数，把按"现行价值/名义货币单位"计量的会计报表重述为按"现行价值/一般购买力"计量的会计报表，计算货币性项目的购买力损益。这里，在计算"非货币性项目的持有损益及其变动"时，要剔除一般物价变动的影响。

不难看出，按现行价值/一般购买力模式重述会计报表是非常繁杂的，至于其能否获得相应的信息效益，目前未获得统一的认同，这就是它在世界范围内至今还未被全面应用的主要原因。

6.5.2 国际通货膨胀：物价变动会计与外币会计报表折算问题

在世界经济一体化越来越明显也越来越重要的今天，各国物价变动通常表现为通货膨胀，并且相互影响，即几乎每一个国家的物价指数和汇率都不同程度地受到本国及其他相关国家和地区的政治、经济和文化等因素的影响，同时，物价指数和汇率又相互影响，在这种情况下，从会计的角度看，人们在外币会计报表折算和消除物价变动的会计影响方面遇到了较大的困难，其中，最主要的是外币会计报表折算与消除通货膨胀的会计影响（或称"重新表述"）的会计程序问题。

实践证明，一国的通货膨胀率和它的通货对外价值成反比。因而，若用现行汇率来折算处于通货膨胀环境下的非货币性资产，那么最终得出的（母公司）列报货币等值将远低于其原始计量基础，这样一来，将出现较高的折算收益，并使股东权益偏高，从而对以股东权益为分母的财务比率有重大影响，可能会导致对国外主体未来获利能力的错误预期，因此，在存在通货膨胀的情况下，对外币会计报表进行折算时，应考虑消除通货膨胀的影响。对此，本书介绍如下三种方法：

■ 1）重新表述-折算法

这种方法由泽诺夫（Zenoff）和兹维克（Zwick）提出，要求先将国外主体的会计报表项目按当地通货的一般购买力重新计量，然后在此基础上按现行汇率法折算外币会计报表。其优点是：(1) 使报表使用者既能按当地货币来评价一般经营成果，又能评价通货膨胀对这些成果的分别影响；(2) 能使管理层更好地判断、评价在"保持"国外主体财务资本的前提下的经营业绩；(3) 能使管理层确定任何通货贬值对国外主体经营成果的全部影响。

重新表述-折算法的主要缺点在于：(1) 将导致在合并财务报表的计量单位上反映了一般购买力的多重计量标准；(2) 由于用来折算的汇率本身就包含通货膨胀的影响因素，因此这种方法对当地的通货膨胀作了“重复”计算；(3) 仍保持历史成本估价基础，不一定对会计报表使用者的决策有用。

■ 2) 折算-重新表述法

这种方法由洛伦森（Lorenson）与罗森菲尔德（Rosenfield）提出，要求先将国外主体的会计报表按现行汇率法进行折算，然后在此基础上，按母公司的列报货币的一般购买力进行调整。这种方法的主要优点在于：(1) 简便，在这种方法下，先将国外主体的会计报表折算成母公司列报货币等值报表，然后，只需要作一次有关通货膨胀的重新计量，而不需要像重新表述-折算法那样对每一种外国货币都进行重新计量；(2) 不仅能显示出外汇汇率变动对会计报表的影响，而且能揭示出母国的通货膨胀对母国投资者投资预期的影响；(3) 能使合并报表的计量单位统一到同一计量标准——母国通货上来。

折算-重新表述法的主要缺点在于：(1) 掩盖了各国不同的通货膨胀的不同影响；(2) 仍然坚持历史成本估价模式；(3) 不一定与报表使用者决策所需的信息相关。

■ 3) 全面重新表述-折算法

这种方法由乔伊（Choi）和米勒（Mueller）提出，要求首先对所有国内外主体的会计报表以及母公司的会计报表都按特定物价水平（现行价值）重新计量，然后在此基础上，按现行汇率或基年汇率将所有国外主体的会计报表折算成母公司的列报货币等值报表。

这种方法的主要理论依据是，投资者大多关心企业创造股利的潜在能力，而这一能力又直接与企业生产商品及提供劳务的能力有关。因而，投资者关注的是按特定物价水平而不是一般购买力水平调整的报表。同时，这一方法把外币会计报表的计量属性统一在现行价值上，使折算外币会计报表的时态法与现行汇率法对合并报表的母公司观点、实体观点等的内在矛盾被调和了。

然而，无论是重新表述-折算法，还是折算-重新表述法，提供的都是关于个别国家的按一般购买力水平调整的报表，即无论先“重新表述”，还是后“重新表述”，严格地说，只有现行价值信息才是与决策相关的信息。

全面重新表述-折算法，不仅可以切合实际地揭示投资者可能派得的股利的最大金额，而且便于预测未来现金流量，较容易比较与评估被合并的各个企业的经营成果。当然，由于很难准确地找到各报表项目的现行价值，并正确地评价其合理性，因而这一方法在实际中并未得到广泛的应用。

总结与结论

持续的、剧烈的物价变动动摇了传统会计中的币值不变假设、冲击着历史成本原则和降低了会计信息质量，为此物价变动会计应运而生。广义的物价变动会计，既包括通货膨胀会计，又包括通货紧缩会计，但由于通货膨胀特别的危害性和相对的常发性，人们常用通货膨胀会计替代物价变动会计；既包括不改变计量结构的会计信息调整模式，又包括改变计量结构的会计报表重述模式，人们通常说的物价变动会计指的是后者，包括一般购买力会计、现行价值会计和一般购买力/现行价值会计，前两者运用得更广泛，第三种模式理论上似乎集中了前两者的优点，但实际上很少运用。一般购买力会计、现行价值会计的实质，都是对历史成本基础的会计报表的重新表述，但不同的是：(1) 分别秉承财务资本保持、实体资本保持；(2) 在重述中，要分别计算货币性资产的购买力损益和非货币性资产的持有损益。

在国际企业中，若把外币报表折算与消除物价变动对币值不变会计信息的不利影响联系起来，无论采用重新表述–折算法，还是折算–重新表述法，抑或全面重新表述–折算法，都容易顾此失彼！

关键概念

物价变动会计（price variation accounting）

资本保持（capital maintenance）

一般购买力会计模式（constant purchasing power accounting model）

现行价值会计模式（current value accounting model）

资产持有损益（asset holding gain or loss）

章后练习

一、复习思考题

1. 为什么说“物价变动会计实质上就是以历史成本会计系统为基础的、以消除物价变动对历史成本会计的不利影响为目标的某种或某些调整方法与程序的集合”？

2. 物价变动会计的理论基础是什么？

3. 一般购买力会计模式和现行价值模式的主要差异是什么？这两种模式的优缺点是什么？

4. 在通货膨胀的情况下，企业对外币会计报表进行折算时，有哪些折算方法？为什么说无论采用这些方法中的哪个均会顾此失彼？

二、分组讨论题

1. 如果您是一位跨国集团的CEO，面对一个处于物价剧烈变动的国家中的公司时，您希望该公司给您一份什么样的财务报告？

2. 您怎么评价现行价值/一般购买力模式？

思政园地

第7章

国际合并财务报告

国际会计学

International Accounting

目标引领

思政引领

通过学习本章，掌握合并报表的编制方法，提高专业能力，树立诚信守正的意识，坚守不做假账的情操。

知识引领

通过学习本章，读者应了解合并财务报告的含义、意义和国际动态；熟悉编制合并会计报表的目的、原则、调整程序和应纳入合并会计报表的范围；掌握编制合并会计报表的概念依据、抵销程序与技术。

教学重点与难点

编制合并会计报表的概念依据、原则、程序和抵销内部交易的方法和技术。

7.1 合并财务报告概述

国际企业中，人们折算外币会计报表的主要目的之一就是编制合并财务报告(consolidated financial reports)，国际企业的合并财务报告与一般企业的合并财务报告的核心部分都是一样的，主要差别在于国际企业的合并财务报告常常与外币会计报表折算、物价变动会计联系在一起，因而变得非常复杂。

7.1.1 合并财务报告的含义

合并财务报告就是以合并会计报表为核心的报告体系。为更好地反映合并财务报告的实际情况、更好地理解和编制合并财务报告，我们将合并财务报告定义为："以母公司和子公司的个别会计报表为基础，由母公司编制的，用来综合反映集团与集团以外的利益主体之间的交易及其结果的报告性文件"。这样，不仅明确了谁来编制合并财务报告，以什么为资料，反映什么，更为重要的是突出了合并财务报告内容的实质是集团与集团以外的成员之间的交易结果，不能包括集团内部的交易结果，如果再考虑到合并财务报告是以母、子公司的个别会计报表为基础编制而成的，那么我们将很容易理解，在编制合并财务报告时，为什么需要抵销程序、抵销什么、怎样抵销等问题。

与一般财务会计报告一样，合并会计报表是合并财务报告的核心，至少包括合并资产负债表、合并利润表、合并现金流量表等。

7.1.2 合并财务报告的主体

上已述及，合并财务报告是关于集团的财务会计报告，而合并财务报告中的"集团"，一因母公司与子公司的资本关系而变得不可分割，二因它是会计上为完整地反映母公司、子公司不可分割的状态而特设的一个会计报告主体概念，所以与母公司、子公司这类实质性整体有根本差别。从严格意义上说，这里的"集团"，并不是一种实际存在的实体，在我国近30年来的实践中，"集团"的概念被搞乱了，出现了各种不好解释的所谓的“集团”，深入分析，我们将发现，这些所谓的“集团”，或者是对传统的行政机构的“换牌”（也就是那种在形式上是企业，而实际上仍然带有明显的行政色彩的“非政非企”的利益体），或者是一种管理母公司与子公司的行政（政府）管理机构（这一机构实际应归属于母公司的一个职能部门），将它独立并冠以“某某集团公司”的名称，所有这些所谓的“集团”，并不是我们合并财务报告所要报告的主体。合并财务报告中说的“集团”是会计上把母公司、子公司“看作”一个整体来对待的“主体”。这样，集团内的各成员还应编制各自的财务会计报告，合并财务报告不过是在这些报告的基础上的新的“加工品”。

当然，不是任何经营主体都可以成为集团的成员。要判断某企业是不是某集团的成员，关键要看在它们中是否存在控制关系，若有，则它们就同属于一个集团。集团内的母公司与子公司，是各自独立的或相对独立的法律实体、税务实体，有各自独立的完整的会计账簿体系与会计报告体系。但是，集团不需要有自己独立的会计账簿体系。

7.1.3 合并财务报告的价值

合并财务报告则主要是为满足母、子公司的所有者、债权人以及其他有关方面全面了解企业集团整体财务状况和经营成果的需要而编制的。与个别会计报表相比，合并会计报表的主要特点是：(1) 合并会计报表反映的内容是母公司和子公司所组成的集团这一整体经营成果、财务状况的即期变动情况，反映的对象是由若干法人组成的利益体，集团是会计意义上的利益主体，而不是法律意义上的主体。个别会计报表反映的则是单个法人的财务状况和经营成果，反映的对象是单一的企业法人。(2) 合并会计报表是由企业集团中对其他企业有控制权的母公司编制的，个别会计报表是由独立的法人企业编制的，只反映本企业与其他企业、单位和个人的交易及其结果，而合并会计报表反映的是集团与集团以外的企业和个人的交易结果。(3) 合并会计报表是以个别会计报表为基础编制的，即编制合并会计报表的“原料”不直接来自账簿，而是母公司、子公司编制的个别会计报表。母公司、子公司编制个别会计报表，从设置账簿、编制分录、登记账簿到编制报表，都有一套完整的会计核算方法体系。合并会计报表的编制，并不需要在现行会计核算方法体系之外设立一套独立的账簿体系，只需要以需纳入合并会计报表范围的企业的个别会计报表为基础，再根据其他有关资料进行调整、抵销那些反映在个别会计报表中但不应反映在合并会计报表中的会计事项。(4) 合并会计报表有其独特的编制方法和程序。其一般要在个别会计报表的基础上，通过调整未真实反映集团整体情况、抵销集团内的交易与事项，然后合并个别会计报表各项目的数额来编制。

合并财务报告最早出现于美国，第二次世界大战后，由于企业经营的集团化发展，各种形式的企业集团不断涌现，合并财务报告的作用日益重要。合并财务报告之所以受到世界各国重视，并且日益流行起来，是因为合并财务报告具有其他会计报表不可替代的作用。首先，合并财务报告能够对外提供反映由母公司、子公司组成的企业集团全貌的信息。在控股经营的情况下，母公司和子公司都是独立的法人实体，分别编报自身的会计报表，但这些会计报表并不能够有效地反映整个企业集团的会计信息。为此，要了解母公司整体经营情况，就需要将包括母公司与被控制的子公司的会计报表进行合并，通过编制合并会计报表，反映集团的综合信息，以满足企业集团管理层加强对被控股企业管理或管制的需要。其次，编制合并会计报表将有利于避免一些企业集团利用内部控股关系，人为粉饰报表的情况发生。母公司的发展也带来了一系列的问题，一些母公司利用其对子公司的控制，可以运用转移价格等手段，操纵公司盈亏，达到合法避税或人为提高经营业绩等目的。

合并财务报告在发挥重要作用的同时，也存在一些缺陷，主要表现为：(1) 合并会计报表所提供的信息，主要是财务信息、非精确的信息。(2) 合并财务报告主要反映已经发生的业务和事项的财务结果，是经济决策的重要信息之一，只有与来自其他方面的社会、经济和政治信息等结合起来使用，才能有效地发挥作用。(3) 合并财务报告不能反映企业集团内各法律主体的经营状况和财务状况。因为合并财务报告拓展了会计主体的观念，把两个或更多的独立法律主体的资源和业务活动，作为一个实体，按照实质重于形式的原则，把合并主体的资源和业务活动结合在一起，强调的是经济实体，而不是法律主体。集团内母公司与各子公司的个别经营状况和经济绩效，在合并财务报告中得不到揭示。对集团内某一个别公司的债权人来讲，这样的财务报告就不能满足其对信息的需要，因为企业集团内个别子公司的债权人需要了解的是该子公司这一独立法人的还债能力，假如该子公司不能清偿债务，那么债权人无权要求母公司偿还其债务。此外，债权人以合并财务报告提供的信息来进行决策，可能会因误解而导致决策失误。比如，合并资产负债表中反映的债务对资产总额的比率，可能向子公司的债权人提供不同于按法律主体计算的资产保障率，因此，合并财务报告提供的财务信息，对各子公司的债权人有一定的局限性。合并财务报告是把整个集团的所有成员结合在一起，其中某一家子公司的财务状况不好，可能被另一家子公司良好的财务状况所抵销。(4) 合并财务报告中所反映的总资产，并不是企业集团所能动用的总资产。比如，有些企业虽然是企业集团的子公司，但母公司并不一定拥有子公司的全部股份，未拥有的那部分股份为子公司的少数股东所拥有，拥有少数股权的股东还需要使用子公司单独的会计报表。此外，还包括合并财务报告中未披露但集团公司可动用的资产，例如，非永久性控股关系的子公司的资产；母公司拥有子公司实际发行的有表决权股份的50%以上，但子公司处于法律上规定的改组或破产过程中；母公司与子公司各自经营的业务性质完全不同，子公司所在国实行严格的外汇管制，子公司的外汇收入不能自由支配等。(5) 合并财务报告虽然能向母公司的股东提供整个企业集团的财务状况、经营成果和现金流量的信息，但它不能为股东预测和评价母公司和所有子公司将来的股利分派提供依据。股利分派取决于每个企业的留存收益政策、资产构成、法律限制，以及企业对将来的财务预测等。所以，合并资产负债表中即使存在大量的合并留存收益以及较强的现金流转能力，也不能保证纳入合并财务报告中的每家公司都能够分派现金股利。同样，母公司、子公司法律上是独立的，子公司所实现的净收益在股利分派之前，母公司并不能动用。在跨行业多样化经营的公司中，母公司及子公司的经营范围、经营内容相差很大，合并财务报告的数据不能按行业标准比率分析。依据合并财务报告计算出来的各种比率，如存货周转率、资产利润率等，往往既不能反映子公司的绩效，又不能代表母公司的绩效。(6) 在一些跨国公司的合并财务报告中，其金额是按选定的某一汇率对不同国家的货币折算的结果。但是在不同的国家，货币购买力水平是不同的，特别是在外汇市场变动频繁的今天，这种折算还受外汇汇率、利率、各国经济政策等多种因素的影响。外币会计报表的换算方法又有流动与非流动法、货币与非货币法、时态法、现行汇率法等多种方法，所在国的会计理论和惯例也不尽相同，这样一来，合并财务报告的编制相当复杂，即使是集团的各子公司采用相同的折算方法，各国货币购买力水平不同也制约着合并财务报告信息的真实性。况且，要求上百家甚至上千家跨国公司在编制合并财务报告时，采用相同的折算方法又谈何容易？更何况如果在合并财务报告的目标理论上实行母公司理论，那么只有时态法与之匹配，而时态法却适用于对国外分支机构报表的折算。可见，外币会计报表折算与合并财务报告编制有某些内在的冲突。(7) 合并理论的不成熟性制约着合并财务报告的使用。企业合并的会计处理方法通常有购买法和权益集合法，合并企业选择哪一种方法有着十分明显的主观性，两种方法在合并财务报告编制的处理上有许多差异，对方法的选择会影响企业合并的各个方面。例如，采用购买法时，被合并企业由母公司控制的资产、负债项目按公允价值合并到母公司中，这有悖于历史成本原则，因此对后续产生的公允价值和账面价值的差额的处理又有多种意见，有的认为应把差额记为商誉，而商誉的处理又有三种不同的方法。采用权益结合法虽然不会出现商誉和资产增值等问题，但它可能给合并者带来由于会计技术而增加留存收益等虚假现象，从而受到许多严格限制，比如，美国会计原则委员会（APB）第16号意见书中，明确规定采用权益结合法的企业，应同时满足12项条件。这样，合并财务报告信息的可比性就受到了较大的限制。

7.2 合并财务报告：性质与目标

7.2.1 合并财务报告的性质

对于合并财务报告的性质存在许多不同观点，这些观点通常从合并财务报告与个别财务报告的关系来论述合并财务报告的性质，具有代表性的有补充报告论、主要报告论和难分主次论等。

■ 1）补充报告论

合并财务报告不过是对母公司、子公司提供的个别会计报表的一种有效补充，这种理论产生在合并财务报告形成的初期，在那时的人们看来，报表的使用者主要关心的是自己借出的债务是否可以按既定的金额及时收回，从而推测个别会计报表比合并财务报告更重要。但是，追求资本增值始终是资本的本性，只是在有些时候，必须克制这一本性的外露或膨胀。于是，人们在关心个别会计报表信息的同时，也关心着合并财务报告信息。此外，把合并财务报告置于辅助地位，简略地对外披露，这也与当时人们对它不够了解有关，更与不成熟的合并技术有关。补充报告论的主要表现是：企业集团常将合并财务报告与个别会计报表一并提供；合并财务报告信息很简单，并反映在不重要的位置上。

■　2）主要报告论

合并财务报告是主要依据母公司观点编制的信息系统，在具有控制关系的各经济主体中，母公司股东的利益不仅与其本身的经营成果、财务状况及其变动情况有关，还在很大程度上与被控制者的相关情况有关，只有合并财务报告才能全面地、综合地反映母公司股东所关注的会计信息，母公司、子公司提供的个别会计报表是对合并财务报告的有效补充。主要报告论的主要表现是：企业集团常将合并财务报告与个别会计报表一并提供，合并财务报告信息很详细，并反映在重要的位置上，与合并财务报告一并反映的个别会计报表几乎只有母公司的会计报表。

■　3）难分主次论

在现代企业经济这种多维体系中，对某一事项或事物在整个体系中的职能或作用，有时很难分清谁主谁次。合并财务报告与母公司、子公司的个别会计报表的关系也是如此，它们都是反映具有控制关系的各经济主体的经营成果、财务状况及其变动情况不可或缺的一部分，在反映集团的有关情况方面，合并财务报告更具优势，在反映母公司的债权人利益、子公司的少数股东和债权人的利益方面，母公司、子公司的个别会计报表更有意义，若母公司在对外提供报表时，将合并财务报告与母公司、子公司的报表一并提供，将扬长避短、相得益彰。

7.2.2　合并财务报告目标理论

实际上，合并财务报告的目标包括两大问题：一是合并财务报告为谁服务；二是合并财务报告是侧重于受托经管责任还是侧重于决策有用，或者兼而有之，来满足人们对合并会计信息的需要。

关于合并财务报告的目标，具有代表性的理论有母公司理论、实体理论和所有权理论。

■　1）母公司理论

母公司理论认为合并财务报告应主要为母公司股东提供信息。该理论认为，合并财务报告不过是母公司财务会计报告的一种延伸；合并股东权益是关于母公司股东的权益，“少数股东权益”应反映在合并资产负债表中；合并利润表是关于属于母公司股东净损益形成情况的报表，“少数股东损益”应作为一项费用项目列示在合并利润表中；合并利润分配表是关于属于母公司股东净损益分配情况的报表；母公司以收买方式获取控股权时形成的商誉，只确认其中属于母公司的部分。

显然，母公司理论是按重要性原则建立的，并且考虑了这样一个事实：任何报表都不能满足所有使用者的一切要求，只能满足其主要利益主体的主要需求；普通股股东是企业的主要利益主体，控制者是集团最重要的利益主体；只要满足了控制者对会计信息的主要需求，其他利益主体对会计信息的基本要求也会得到大体上的满足。这是赞成者们的理论依据，他也不难在实践中找到支持它的事项。

但是反对者们认为，母公司理论过分强调了母公司股东与少数股东的差别，将少数股东视为债权人处理，违背了股份经济的基本法则“同股同权”。假设一个集团是由控制着若干子公司的母公司及其子公司构成的，不考虑一个集团也可以由两个或两个以上规模相当的公司共同控制某一或几个子公司的情况，有违事实。由于收买合并，必然存在某种商誉，而计算商誉时，在母公司观念的引导下，必然只对被收买者净资产的母公司部分按现时成本计价，而对属于少数股东的部分就按历史成本计价，从而，在合并财务报告中，对同一事项按多种计价基础计量，有违一致性原则。

另外，合并财务报告的使命应该主要是提供决策有用信息，应按现时成本计量，但从合并财务报告的应用实务看，却主要用历史成本作为基础来计量。换言之，现实中的合并财务报告主要提供母公司股东所需的"受托经管责任"信息，与人们的期望还有一段距离。

■ 2）实体理论

实体理论是从企业集团各成员企业构成的经济联合体的角度来考虑合并财务报告为谁服务的问题，强调的是企业集团中所有成员企业所构成的经济体，合并财务报告就应为这一经济体服务，应一视同仁地对待拥有控股权的股东和少数股东，认为只要是企业集团各成员企业的股东，无论其股份多少，都是该经济体的股东，在合并财务报告信息的供给上，应享受同等待遇。这样，在合并股东权益和合并净收益中，就不再需要单独确认少数股东权益和少数股东损益了；对被收购的子公司的资产也就不存在有的按历史成本计量，有的按现时成本计价的情况了，即必须百分之百地确认合并商誉，而不是只确认属于母公司的那部分商誉。

显然，实体理论也考虑了这样一个事实，即任何报表都不能满足所有使用者的一切要求，只能满足其主要利益主体的主要需求；普通股股东，无论是集团内各成员企业的哪一家企业的股东，都是集团这一经济体的股东，是企业的主要利益主体，只要满足了他们对会计信息的主要需求，其他利益主体对会计信息的基本要求也会得到大体上的满足，这是赞成者的理论依据。

但反对者认为，实体理论过分强调了母公司股东与少数股东的共性，即他们都是股东，但事实上，若从控股权的角度或重要决策的决定权的角度说，母公司的股东与少数股东是有本质差别的，在这一意义上，少数股东与债权人并没有本质上的不同，因此，实体理论的反对者成了母公司理论的支持者，而母公司理论的反对者却成了实体理论的支持者，母公司理论与实体理论的支持与反对，总是相反的。

■ 3）所有权理论

所有权理论是指在编制合并财务报告时，既不强调企业集团中多数股权的特殊作用，也不强调企业集团各构成企业股东的共同性，而是强调编制合并财务报告的企业对另一家企业的经济活动和财务决策具有重大影响的所有权。在所有权理论下，有重大影响的投资者应按投资比例将被投资者的资产、负债、收入和费用等项目的金额纳入相应项目的合计之中，不属于所有者的部分在合并财务报告中不予反映。

所有权理论能够较好地解决没有大股东的集团的会计报表的合并问题，而这一问题，无论是母公司理论还是实体理论都不能解决，因为母公司理论与实体理论存在争执的重要方面是，集团中是否存在真正意义上的大股东，并把它普遍化。

依照上述说法，似乎这三大理论是不可调和的，其实不然。事实上，它们不过是特定环境下从特定的角度出发，对合并财务报告主要为谁服务的某种抽象，我们可以用表 7-1 来总结以上三大目标理论的特点，并可直观地发现用“控制者服务论”来包容它们的可能性与价值。

表 7-1　　**合并报表三大目标理论对比表**

比较项目 / 目标理论	母公司理论	实体理论	所有权理论
子公司的股东是否有大小之分	有	有	无
对待子公司少数股东的立场	视为债权人	与大股东一样	—
合并报表主要为谁服务	母公司股东	全体股东	控制者
子公司的资产、负债（扣除内部交易）怎样进入合并报表	全额	全额	按控制比例
子公司的收入、费用（扣除内部交易）怎样进入合并报表	全额	全额	按控制比例
少数股东权益怎样进入合并报表	列入合并负债项目	列入合并股东权益	—
少数股东损益怎样进入合并报表	列入合并费用项目	列入合并净利润	—
确认合并商誉的方式	属于母公司的部分	全部	按控制比例

控制者服务论，是指合并财务报告应主要为集团的控制者在评价经管者经营能力与业绩、进行未来投资决策和选定经理者阶层等提供有用的信息。这一理论强调：“合并财务报告应主要为控制者服务”。合并财务报告信息，理论上应是现行成本信息和历史成本信息的有机融合，这样，被投资者的报表是否应被纳入合并财务报告的范围，取决于在控制者看来是否重要，而决定其重要性的主要条件是：被投资者在正常经营之中，并且控制者能正常行使控制权。这样，一方面，非被控制者的报表肯定不能被纳入合并财务报告的范围；另一方面，被控制者的报表也不一定能被纳入合并财务报告的范围，如关停并转的、正在清理整顿的、已宣告破产的、非持续经营的所有者权益为负数的、资金调度受到长期严格限制的、控制者只打算短期拥有的等情况下，被控制者的报表不应被纳入合并财务报告的范围。

合并财务报告与个别财务报表的关系，取决于控制关系的复杂性。在集团产生的初期，控制者一般只拥有一家子公司，控制关系简单，在控制者看来，合并财务报告不过是对母公司、子公司提供的个别报表的一种有效补充。而随着股份的大众化，在集团中，控制者不仅不止一个，而且股东之间常相互持股，控制关系日益复杂，控制者以为，其利益不仅与母公司本身的经营成果、财务状况及其变动情况有关，还在很大程度上与被控制者的相关情况有关，只有合并财务报告才能全面地、综合地反映控制者投资决策关注的会计信息，母公司、子公司提供的个别报表是对合并财务报告的有效补充。时至今日，包括控制关系在内的各种经济关系变得越来越复杂，合并财务报告与母公司、子公司的个别报表，都不能独立地、准确地反映这些经济关系的财务结果，在反映集团的综合情况方面，合并财务报告更具优势；在反映母公司、子公司个别的偿债责任与能力、盈利能力与现金流转能力等方面，个别报表更有价值，若有效地将它们配搭起来使用，将获得更好的效果。

合并财务报告是与控制者评价经理者阶层业绩、未来投资和聘请经理者阶层决策等相关的信息的大熔炉。从形成合并财务报告的初始动机来看，编制合并财务报告，主要是为集团的利益主体更全面地把握投资决策服务，在理论上，合并财务报告应主要提供与决策更相关的现行价值信息，而不是旨在反映过去的财务责任的完成情况的历史成本信息。但是，随着股份经济的深入发展，人们发现，正确评价和选定经理者阶层，对实现投资者财富最大化，也非常有意义。这样，提供有用的历史成本信息，依然是必不可少的。也就是说，合并财务报告既不拒绝历史成本信息，也不拒绝现行价值信息；既使用定量报告，又采纳定性说明。

合并财务报告主要为谁服务，取决于控制者的单一性或多元性。总体上说，合并财务报告主要为控制者的决策服务，但在不同控制关系中，服务的重点会有所不同：当普通股股东对被投资者实施独立控制时，合并财务报告的服务重点应是母公司股东；当任何单个普通股股东对被投资者无法实施控制，只有“联合”该被投资者的其他控制者才能实施控制时，合并财务报告的服务重点应是集团的全体股东，实质上，也就是全体控制者。所有这些，依据的理念是：在决策权方面，控制者与非控制者是不可能平等的。

7.3 控制：合并财务报告的概念依据

一种有效的理论，常常是由若干有特色的基本概念组合而成的体系，在诸多概念中，应该有属于它们的最本源的概念，即下文所说的概念依据，它衍生出属于本理论体系的其他概念与方法等。合并财务报告理论体系应由合并财务报告的基础理论与应用理论构成。其中，合并财务报告的基础理论主要包括合并财务报告的目标理论、性质理论、构成要素理论与质量标准理论等。合并财务报告的应用理论是对其基础理论的应用，是对合并财务报告实务的一般概括，主要包括合并财务报告的前提、范围、原则和程序等。在这一理论体系中，其概念依据是“控制”。

7.3.1 控制的含义与发展

控制，是凭借某种特定的条件使特定的对象依照自己的意识运行的存在方式，如行政控制、法律控制、军事控制和经济控制等。行政控制是凭借行政权力对作用对象产生影响，以保证政令畅通的管理权；法律控制是凭借法律的权威或强制力对作用对象产生影响，以保证社会行为规范化的管理权；军事控制是通过军队所特有的武力对特定的人、地点和机构等，实行的“只得从命”的管制。本书的控制仅限于经济控制，经济控制的核心是希望通过控制获得最大的经济利益，这种经济利益有时就表现在眼前，有时却在遥远的未来。按照市场法则运行的经济控制，必须以资本作为后盾，也只有这样的控制者做出的决策，才是经得起历史考验的、负责的、有效的和公平的。

在企业经济管理中，控制的最基本特征是：（1）控制者一般是被投资者的普通股股东。普通股股东以“收益不确定、投出的资本可能受损”为代价，来换取对被投资者的经营决策与财务决策的决定权，并以此来防止这一代价从可能变成现实，使资本收益的命运掌握在自己的手中。换言之，企业经营的“指挥棒”，应是普通股股东的意志而不是债权投资者的意志的表现。（2）投资者在被投资者重要经济问题上有决定权。在股份大众化的社会里，普通股股东大多并不直接管理被投资者，他们常雇用一些擅长经营管理的人去营运，只有重要的经济问题，普通股股东才过问；同样，普通股股东虽然都有决策权，但只有大股东才有对企业重要经济问题的决定权，即只有大股东才是企业的控制者。（3）控制作用的对象主要是被投资者的重要财务决策与经营决策。这是由股份的社会化、资源的稀缺性、正确决策在经营中的重要性等因素共同决定的。

因此，控制实质上是那种能使被投资者的重要财务决策、经营决策是自己的经营意志和经营策略具体表现的权益性资本关系。控制者不是一般的普通股股东，其必须是对被投资者的经营决策和财务决策有决定权的权益性资本投资者。

控制者主要关心什么事项具有阶段性，这种阶段性也就带来了合并财务报告发展的阶段性：（1）以资产为核心阶段。15 世纪以前，人们主要关注企业财产的保护性价值，资产越多，财富就越多，这是当时人们的共识。（2）以收益为核心阶段。15 世纪至 20 世纪 70 年代，人们发现对企业利益集团利益的保障总是直接取决于企业的盈利能力，利润与每股收益额便成了人们关注的重点。（3）以现金流转为核心阶段。20 世纪 70 年代以后，影响股价的核心力量是企业的净现金流入的数额、时间和偶然性。同样，合并财务报告体系也经历了合并资产负债表中心论、合并收益表中心论、合并现金流量表中心论三部曲，只是在出现的时间上有所推后。

在现行会计准则中，对于“控制”的定义如下：控制，是指投资方拥有对被投资方的权力，通过参与被投资方的相关活动而享有可变回报，并且有能力运用对被投资方的权力影响其回报金额。而企业要实现控制，必须具备两项基本要素：一是因涉入被投资方而享有可变回报；二是拥有对被投资方的权力，并且有能力运用对被投资方的权力影响其回报金额。企业只有同时具备上述两个要素时，才能控制被投资方。

实际工作中，企业在判断其能否控制被投资方时，应综合考虑所有相关事实和情况，以判断是否同时满足控制的这两个要素。相关事实和情况主要包括：（1）被投资方的设立目的和设计；（2）被投资方的相关活动以及如何对相关活动进行决策；（3）企业享有的权利是否使其目前有能力主导被投资方的相关活动；（4）企业是否通过参与被投资方的相关活动而享有可变回报；（5）企业是否有能力运用对被投资方的权力影响其回报金额；（6）企业与其他方的关系。其中，对被投资方的设立目的和设计的分析贯穿于判断控制的始终，这也是分析上述其他事实和情况的基础。如果事实和情况表明上述控制要素中的一个或多个发生变化，那么企业应当重新判断其还能否控制被投资方。

7.3.2 控制与合并财务报告的目标理论

在合并财务报告理论体系中，目标理论是起导向性作用的理论，决定着合并财务报告的运行方向与内容。合并财务报告也是一个人造系统，所有行为都应围绕既定的目标来展开。在目标既定的情况下，接下来的任务是怎样实现这一目标，从而合并财务报告的前提、范围和编制规则与程序等，就是必须要考虑和设计的内容。

正如前所述，母公司理论与实体理论的主要区别在于对待少数股东的态度不同：前者认为，合并财务报告应主要为母公司股东服务，详细地反映属于母公司股东的权益与损益等；后者认为母公司股东与子公司的少数股东都是子公司的股东，没有质的区别，应同等对待。这两种理论的共同点是：在消除公司间痕迹的前提下，对被投资企业的资产、负债、收入、费用都按其全额（而不像所有权理论要求的那样按控制者的控股比例）计算列入合并财务报告。在财务决策权、经营决策权的行使效果上，子公司的少数股东与其债权人并没有什么质的差别，却与控制者有质的不同，因此，在这一层面上，“母公司理论过分地强调了母公司股东与少数股东的差别”的说法是欠妥的。然而，“实体理论过分地强调了母公司股东与少数股东的共性”的说法确实恰如其分，进而言之，“实体理论并不是一种真正的理论”的说法也就可以理解了。相对而言，母公司理论更贴近控制者进行控股投资的动机与对会计信息的需要，也更能体现任何报表都不能使所有使用者都满意，只能满足利益主体的主要需要这一事实。依照这样的思路，在将共同控制实体的报表纳入合并财务报告之中时，母公司理论也就衍化成了所有权理论。这样，母公司理论与所有权理论都可以统一到“控制者服务论”这面旗帜下。

从“控制”的概念出发，合并财务报告目标的“三大理论”不过是不同控制形式下，合并财务报告对控制者的基本会计信息需要所做出的能动反应。

纵观合并财务报告理论与实务的发展史，我们不难发现，只要控制者的地位与需要等发生变化，合并财务报告——为控制者服务的形式与内容都会发生某种变化。如前已述及的所有权理论是应控制形式的变化而对母公司理论的发展，就是由于控制者在被投资者重要经济决策中的地位从“独立”决定转变到“联合”决定而引起的，合并财务报告的主表从过去的主要反映“偿债能力”“盈利能力”到如今的主要反映“现金流转能力”，合并财务报告的补充资料越来越多等，都说明了控制者投资决策所需的会计信息的变化对合并财务报告的影响。

7.3.3 控制与合并报表编制的关系

在合并财务报告体系中，最基本的概念包括集团编制合并财务报告的目标、前提、范围与原则等，这些概念应是相互联系的，并且应该有一个基本的概念来统驭或衍化出它们的核心内容来，这一概念我们称之为“概念依据”。关于合并财务报告的概念依据，学术界有两种不同的观点：一是“实质胜于形式观”；二是“控制观”。

实质胜于形式观认为，当一个公司多数有表决权的股份为某一投资者所拥有时，投资者与被投资者在形式上是各自独立的，各自承担自己的财务责任和社会责任等，但实质上在经营和财务上，都无法分割地联系在一起了，单一地考察它们，很难得出正确的认识，有时甚至会发生错误的判断等，这样，会计上应逾越形式与实质的差别，对会计主体进行创新，提出集团的概念，并把集团与集团以外成员之间的交易及其结果反映在不同于母公司、子公司的个别报表——合并财务报告上。虽然，“实质胜于形式观”有能力解释或导出合并财务报告的报告主体——集团和为什么要编制合并财务报告，但不能直接导出编制合并财务报告的目标、前提、范围与原则等。

在“控制观”下，情况就完全不同了。

首先，我们来考察控制与合并财务报告主体的关系。由于控制者将一部分资金投入了子公司，一方面，控制者的经营成果、财务状况及其变动情况将受到子公司的经营成果、财务状况及其变动情况的影响；另一方面，子公司的财务决策权和经营决策权掌握在控制者的手中，从而，子公司的经营成果、财务状况及其变动情况在很大程度上又是由母公司决定的，这样，在经营成果与财务状况及其变化情况上，控制者与被控制者相互影响、互为一体，与控制者有资本关系的各个企业不再是市场上“单枪匹马的战士”，而是“盛衰与共的集团军”，于是，在会计信息披露上，披露单一个体的财务会计报告是不够的，即在财务会计报告的报告主体上，必须突破“对外报告会计信息的主体只有法律实体”的旧观念。一句话，控制将投资者与被投资者紧密地联系在一起，使财务会计报告理论必须新增“集团”这一合并会计报表的报告主体。这一逻辑可这样描述：控制⇨集团⇨合并财务报告的报告主体。

其次，从控制与合并财务报告前提之间的关系看。控制带来了“集团”概念的创新，但集团毕竟不是一个法人，不过是会计观念上的一个整体。这样，一方面，作为同一报告主体的会计信息应是相同会计政策与相同会计期间的被报告主体与其他利益主体的交易结果的综合反映[①]，但另一方面，母公司、子公司又是各自独立的经济实体，有权利也有必要采用符合各自利益的，而且合乎GAAP要求的会计政策，使用符合各自情况的会计期间，于是，控制不能消除个别会计报表在会计政策与会计期间上的差别，但在控制观下，集团的每一成员都必须依照统一的意志来行事，即合并财务报告必须是若干经济主体在相同会计政策与会计期间条件下的、与外界交易结果的综合反映。于是，统一会计政策和统一会计期间，便成了编制合并财务报告的首要前提。此外，编制合并财务报告还有一个前提，那就是，“对子公司股权投资”应采用权益法核算。这里有两个原因：一方面由于投资者控制着被投资者，控制者更期望自己的“对子公司股权投资”账户能随时反映其在被投资者中的权益变动过程与变动结果；另一方面控制者的“对子公司股权投资”账户的期末余额与子公司所有者权益的期末余额的控制者部分应对应起来。所有这些，如果不按照权益法核算“对子公司股权投资”，是做不到的。总而言之，在合并会计报表理论体系中，必然存在这样的逻辑结构：控制⇨集团⇨统一会计政策与会计期间，按权益法核算“对子公司股权投资”。

① 在实务中，通常是指在重要方面基本一致，而不强调全面一致，并且以母公司采用的会计政策、使用的会计期间为标准。

再次，从控制与编制合并财务报告的目标、范围的关系看。前面已经论及，合并财务报告的基本目标就是为控制者服务，在这里，控制与合并财务报告的目标的关系，再清楚不过了。至于控制与合并财务报告的范围，我们回顾一下会发现，合并财务报告的范围，无论从应纳入合并的范围看，还是从不应纳入合并范围的角度考虑，都贯彻着这样一个思想：只要控制者能正常地发挥控制力，能使控制者获得正常的控制利益，该子公司的会计报表一般就应被纳入合并的范围，否则不应被纳入合并的范围。

最后，从控制与编制合并财务报告的基本程序与原则看。由于控制的形成，导致了集团的存在，而集团不过是一种观念上的整体，既没有必要也没有可能为其创建一套账簿体系，在编制合并财务报告的原料——个别会计报表中，可能包括不同会计政策和会计期间环境的信息，也可能包括在各独立主体看来是对外的交易结果，但从集团的角度看，它们却是内部交易的结果，面对这种局面，需要以"为控制者服务"为目标，历经"调整"、"抵销"和"合计"程序，"消除公司间关系的一切痕迹"。

调整，就是要在一切重要方面，以控制者采用的会计政策和会计期间为标准，调整子公司个别会计报表所采用的会计政策和所归属的会计期间。调整的核心就是从控制者的本位利益出发，统一重要会计政策、会计期间和计量基础。

抵销，就是要消除那些已反映在个别会计报表上但属于内部交易的事项，这一会计行为的根基也在于控制，因为控制而将投资者与被投资者紧密联系在一起，同样也是因为控制，使得原本是独立对外的经济交易，在合并财务报告的报告主体看来，却成了非独立的内部交易，不应在合并财务报告中留下痕迹。然而，这些痕迹却留在母公司、子公司的个别会计报表上，应在编制合并财务报告的过程中予以消除。

综上所述，只有控制才能演绎出"集团"这一概念，才能较好地解释编制合并财务报告的动因，以及为什么合并财务报告应为控制者服务；编制合并会计报表时，应以母公司的会计政策与会计期间为标准统一纳入合并财务报告范围的个别报表的会计政策与会计期间；只有那些能让控制者正常行使控制权的被投资者的报表才被纳入合并财务报告范围；当控制的形式与内容改变后，合并财务报告的目标的具体内容也会紧随其变动。

我们不难发现：(1) 合并财务报告基础理论是依照如下模式逐级决定的：控制、集团、控制者、合并财务报告的性质与目标（为控制者服务）、合并财务报告的构成要素与质量标准、编制合并财务报告的前提与程序等。(2) 在合并财务报告理论的发展历程中，"本位主义"与"财权分化与集中"分别是促进合并财务报告理论不断完善的哲学基础与经济动力。本位主义，促使人们为了自身利益的最大化，不断聚积财富，并以自己现有的财富去驾驭、运营包括他人财富在内的资产，以赚取更多的利润。如此循环，定会应用"控制"、形成集团、产生对合并财务报告信息的强烈需求。而这一需求的实现，有赖于企业财权的集中与分化，没有财权的集中与分化就无所谓大股东，也就无所谓快速、高效地聚积财富，所有这些，必将导致企业组织的创新，带来合并财务报告理论的不断改进。(3) 合并财务报告的功能正在从偏重协调经济利益分配关系转向偏重优化经济资源配置。合并财务报告通过综合地反映集团的经营成果、财务状况及其变动情况，来协调国家与集团，集团与其他企业，集团的大股东与少数股东、债权人等之间的分配关系。现在，人们逐渐用追求利润、经济利益、社会责任与公平等方面的综合结果最大化观念，代替对利润或经济利益最大化的单一观念，这种转变孕育着合并财务报告功能的转化，意味着合并财务报告将为整个社会资源的有效配置决策服务。

7.4　编制合并财务报告的基本原理

7.4.1　编制合并财务报表的基本前提

合并财务报表的编制涉及几个法人企业。为了使编制的合并财务报表准确、全面地反映企业集团的真实情况，必须做好一系列的前提准备事项。这些前提准备事项主要有如下几项：

■　1）统一母公司、子公司的资产负债表日及会计期间

财务报表总是反映某一特定日期的财务状况和一定会计期间的经营成果的，母公司和子公司的个别财务报表只有在反映财务状况的日期和反映经营成果的会计期间一致的情况下，才能进行合并。为了编制合并财务报表，必须统一企业集团内所有子公司的资产负债表日和会计期间，使子公司的资产负债表日和会计期间与母公司的资产负债表日和会计期间保持一致，以便子公司向报表使用者提供相同资产负债表日和会计期间的财务报表。对于境外子公司，由于当地法律法规限制确实不能与母公司财务报表决算日和会计期间一致的，母公司应当按照自身的资产负债表日和会计期间对子公司的财务报表进行调整，以调整后的子公司财务报表为基础编制合并财务报表，也可以要求子公司按照母公司的资产负债表日和会计期间另行编制并报送其个别财务报表。

■　2）统一母公司、子公司的会计政策

会计政策是指企业进行会计核算和编制财务报表时所采用的会计原则、会计程序和会计处理方法，是编制财务报表的基础，统一母公司和子公司的会计政策是保证母公司、子公司财务报表各项目反映内容一致的基础。为此，在编制财务报表前，应当尽可能统一母公司和子公司的会计政策，统一要求子公司所采用的会计政策与母公司保持一致。对于一些境外子公司，由于所在国家或地区法律、会计准则等方面的原因，确实无法使其采用的会计政策与母公司所采用的会计政策保持一致的，应当要求其按照母公司所采用的会计政策，重新编报财务报表，也可以由母公司根据自身所采用的会计政策对境外子公司报送的财务报表进行调整，以重编或调整编制的境外子公司财务报表作为编制合并财务报表的基础。

■　3）对子公司以外币表示的财务报表进行折算

对母公司和子公司的财务报表进行合并，其前提必须是母公司、子公司个别财务报表所采用的货币计量尺度一致。在我国允许外币业务比较多的企业采用某一外币作为记账本位币，境外企业一般也是采用其所在国家或地区的货币作为其记账本位币。

在将这些企业的财务报表纳入合并时，必须将其折算为母公司所采用的记账本位币表示的财务报表。有关外币财务报表的具体折算方法在外币业务中已做论述，在此不再重复。

■ 4）收集编制合并财务报表的相关资料

合并财务报表以母公司和其子公司的财务报表以及其他有关资料为依据，由母公司进行编制。为编制合并财务报表，母公司应当要求子公司及时提供下列有关资料：（1）子公司相应期间的财务报表；（2）与母公司及与其他子公司之间发生的内部购销交易、债权债务、投资及其产生的现金流量和未实现内部销售损益的期初、期末余额及变动情况等资料；（3）子公司所有者权益变动和利润分配的有关资料；（4）编制合并财务报表所需要的其他资料。

7.4.2 编制合并财务报表的基本原则

合并财务报表的编制除应遵循财务报表编制的一般原则和要求，除了真实可靠、内容完整之外，还应当遵循以下原则和要求：

■ 1）以个别财务报表为基础编制

合并财务报表并不是直接根据母公司和子公司账簿编制，而是利用母公司和子公司编制的反映各自财务状况和经营成果的财务报表提供的数据，通过合并财务报表的特有方法进行编制。以纳入合并范围的个别财务报表为基础，可以说是客观性原则在合并财务报表编制时的具体体现。

■ 2）一体性原则

合并财务报表反映的是企业集团的财务状况和经营成果，反映的是由多个法人企业组成的一个会计主体的财务状况和经营成果，在编制合并财务报表时应当将母公司和所有子公司作为整体来看待，视为一个会计主体，母公司和子公司发生的经营活动都应当从企业集团这一整体的角度进行考虑。因此，在编制合并财务报表时，对于母公司与子公司、子公司相互之间发生的经济业务，应当视同同一会计主体内部业务处理。

■ 3）重要性原则

与个别财务报表相比，合并财务报表涉及多个法人主体，涉及的经营活动的范围很广，母公司与子公司经营活动往往跨越不同行业，有时母公司与子公司经营活动相差很大。这样，合并财务报表要综合反映这样的会计主体的财务状况和经营成果，必然要涉及重要性的判断问题。特别是在拥有众多子公司的情况下更是如此。在编制合并财务报表时，必须特别强调重要性原则的运用。如一些项目对于企业集团中的某一企业具有重要性，但对于整个企业集团则不一定具有重要性，在这种情况下根据重要性的要求对财务报表项目进行取舍，则具有重要的意义。此外，母公司与子公司、子公司相互之间发生的经济业务，对整个企业集团财务状况和经营成果影响不大时，为简化合并手续也应根据重要性原则进行取舍，可以不编制抵销分录而直接编制合并财务报表。

编制合并财务报表是为有关利益主体的经济决策服务的，合并财务报表涉及多个法人，这些法人可能分布在不同的国家或地区，有不同的规模和经营范围等，为把集团的综合实力展现给合并财务报表的使用者，还需要考虑会计信息的成本效益，遵守重要性原则，解决合并财务报表项目的安排、内部交易事项的抵销与否等问题。

在很大程度上，某会计事项是否重要，是一个价值判断问题，在具体实务中，会计师在进行有关判断时，应注意如下因素的影响：（1）项目的性质。要判断的项目越重要，就越应引起会计师的高度重视（应充分地反映）。如企业有违约风险时的会计变更、改变流动和非流动资产分类的资产分类错误、异常业务的金额等都是具有重要性的项目，因为它们足以影响信息使用者的决策。（2）项目的精确度要求。不同项目的估计有不同的精确度要求。例如，与诉讼风险或其他或有负债相比，企业通常能更准确地估计可收回的应收账款的金额。所以，前者认为无所谓的偏差，对后者却具有重要性。（3）以往的经验。在一家企业，以往会计师对项目判断的经验，若比较适当，则可作为今后判断同一项目是否重要的依据。（4）有关法规对财务会计的要求。在会计准则没有提供统一的重要性判断标准时，应注意有关法规（特别是公司法、上市公司信息披露准则等）、经典判例的影响，以免涉讼。（5）企业的经营规模。企业的经营规模不同，项目的重要性程度也可能不一样。如大企业视而不见的一笔坏账或损失，可能威胁小企业的生存。所以，大企业认为不重要的常规项目对小企业可能非常重要。

具体到合并财务报告实务中，有若干事项值得特别注意。比如，统一会计政策和统一会计期间，不是绝对的，而只是要求合并范围内的各公司在重要会计政策上的基本一致，一般认为有关资产和收入的确认、计量和报告的原则、方法和程序，是特别重要的，必须统一。会计期间的统一，实际上要求合并范围内的各公司使用的会计期间相差不大，一般可以相差3个月，而决定这种“相差不大”的依据是，这种相差不会使会计信息使用者产生错误的决定。再如，在抵销程序中，也不是所有的内部交易事项都应予以抵销，在确定是否应予以抵销时，有如下因素应予以注意：（1）这一事项的性质是否重要；（2）这一事项是否经常发生，且金额较大；（3）抵销起来是否符合“成本效益原则”。对这三个问题，若回答“是”，则相关内部交易事项是重要的，应予以抵销，否则不应抵销。

7.4.3　编制合并财务报表的程序

编制合并财务报表是一项将报告主体从单一的利益主体转换为多个利益主体的联合体的过程。在这一过程中，必须以母公司、子公司提供的个别报表为基础，但最终要反映的是集团的经营成果、财务状况及其变动情况。

■　1）编制合并工作底稿

合并工作底稿的作用是为合并财务报表的编制提供基础。在合并工作底稿中，对母公司和纳入合并范围的子公司的个别财务报表各项目的金额进行汇总和抵销处理，最终计算得出合并财务报表各项目的合并金额。

将母公司、纳入合并范围的子公司的个别资产负债表、利润表及所有者权益变动表各项目的数据过入合并工作底稿，并在合并工作底稿中对母公司和子公司个别财务报表各项目的数据进行加总，计算得出个别资产负债表、个别利润表及个别所有者权益变动表各项目合计数额。

■ 2）编制调整分录和抵销分录

编制调整分录与抵销分录，将母公司与子公司、子公司相互之间发生的经济业务对个别财务报表有关项目的影响进行调整与抵销处理。编制调整分录与抵销分录，进行调整与抵销处理是合并财务报表编制的关键和主要内容，其目的在于将因会计政策及计量基础的差异而对个别财务报表的影响进行调整，以及将个别财务报表各项目的加总数据中重复的因素等予以抵销。例如，母公司与子公司、子公司相互之间销售商品，期末未实现对外销售而形成存货、固定资产、在建工程、无形资产等资产的，在抵销销售商品的营业收入和营业成本的同时，还应当将各项资产所包含的未实现内部销售损益予以抵销。在对母公司与子公司、子公司相互之间销售商品形成的固定资产或无形资产所包含的未实现内部销售损益进行抵销的同时，也应当对固定资产的折旧额或无形资产的摊销额与未实现内部销售损益相关的部分进行抵销。母公司向子公司出售资产（顺流交易）所发生的未实现内部交易损益，应当全额抵销“归属于母公司所有者的净利润”。子公司向母公司出售资产（逆流交易）所发生的未实现内部交易损益，应当按照母公司对该子公司的分配比例在“归属于母公司所有者的净利润”和“少数股东损益”之间分配抵销。子公司之间出售资产所发生的未实现内部交易损益，应当按照母公司对出售方子公司的分配比例在“归属于母公司所有者的净利润”和“少数股东损益”之间分配抵销。

对属于非同一控制下企业合并中取得的子公司的个别财务报表进行合并时，应当首先根据母公司为该子公司设置的备查簿的记录，以记录的非同一控制下企业合并中取得的子公司各项可辨认资产、负债及或有负债等在购买日的公允价值为基础，通过编制调整分录，对该子公司提供的个别财务报表进行调整，以使子公司的个别财务报表反映为在购买日公允价值基础上确定的可辨认资产、负债及或有负债在本期资产负债表日的金额。对于子公司所采用的会计政策与母公司不一致的和子公司的会计期间与母公司不一致的，如果母公司自行对子公司的个别财务报表进行调整，那么也应当在合并工作底稿中通过编制调整分录予以调整。在编制合并财务报表时，应将对子公司的长期股权投资的成本法调整为权益法，需要在合并工作底稿中通过编制调整分录予以调整，而不改变母公司“长期股权投资”账簿记录。

抵销的宗旨是要在合并财务报表的工作底稿上，消除集团的内部交易对个别财务报表的影响，使编制后的合并财务报表没有集团内交易（以下简称内部交易）的痕迹。产生抵销程序的原因在于：(1）集团没有自己的账簿体系，编制合并财务报表不像编制个别财务报表那样有直接的账簿资料可依，只能以个别财务报表为基础“原料”；(2）合并财务报表只能反映集团与集团以外的成员的交易及其结果，但可用的基础“原料”中却包含了集团内各成员之间的交易及其结果；(3）抵销工作只在编制合并财务报表的工作底稿上进行，而不登记在有关的账簿上，因此，每次编制的抵销分录，只对该次编制合并财务报表有影响，这种影响不能延续到以后的合并财务报表的编制。

调整分录和抵销分录，是一种做在合并财务报表工作底稿上的示意分录，并不入账，只影响到当年的合并财务报表；抵销的对象是内部交易在个别财务报表上的反映；在抵销分录中，应借应贷的方向与发生该业务时有关主体的会计记录方向相反，应借应贷的科目与金额就是该内部交易在个别报表上反映的项目名称和金额，可能是余额，也可能是发生额，关键是看该内部交易的影响所处的状态——是存量还是流量，若为前者则应为余额，若为后者则应为本期发生额。

■　3）计算合并财务报表各项目的合并数额

在母公司和纳入合并范围的子公司个别财务报表各项目加总数额的基础上，分别计算财务报表中的资产项目、负债项目、所有者权益项目、收入项目和费用项目的合并数。其计算方法如下：

（1）资产类项目。其合并数根据该项目加总的数额，加上该项目调整分录与抵销分录的借方发生额，减去该项目调整分录与抵销分录的贷方发生额计算确定。

（2）负债类项目和所有者权益类项目。其合并数根据该项目加总的数额，减去该项目调整分录与抵销分录的借方发生额，加上该项目调整分录与抵销分录的贷方发生额计算确定。

（3）有关收益类项目。其合并数根据该项目加总的数额，减去该项目调整分录与抵销分录的借方发生额，加上该项目调整分录与抵销分录的贷方发生额计算确定。

（4）有关成本费用类项目和有关利润分配项目。其合并数根据该项目加总的数额，加上该项目调整分录与抵销分录的借方发生额，减去该项目调整分录与抵销分录的贷方发生额计算确定。

■　4）填列合并财务报表

根据合并工作底稿中计算出的资产类、负债类、所有者权益类、收入类、成本费用类各项目的合并数，填列正式的合并财务报表。

以上工作都必须在合并财务报表的工作底稿（其样式见表 7–2）上完成。

表 7–2　**合并财务报表工作底稿（部分）**

项　目	母公司	子公司	合计数	调整分录		抵销分录		少数股权	合并数
				借方	贷方	借方	贷方		
（利润表项目）									
营业收入									
营业成本									
⋮									
净利润									
（所有者权益变动表项目）									
年初未分配利润									
提取盈余公积									
⋮									
年末未分配利润									
（资产负债表项目）									

续表

项　目	母公司	子公司	合计数	调整分录		抵销分录		少数股权	合并数
				借方	贷方	借方	贷方		
货币资金									
⋮									
短期借款									
⋮									
股本									
⋮									
未分配利润									
少数股东权益									
⋮									

7.4.4 编制抵销分录的一般技术

在母公司、子公司的会计政策与会计期间的差异影响消除以后，编制合并财务报告最关键的程序就是抵销。抵销的宗旨就是要在合并财务报告的工作底稿上消除集团内的交易对个别会计报表的影响，使编制后的合并财务报告没有集团内交易（以下简称内部交易）的痕迹。产生抵销程序的原因在于：(1) 集团没有也无法有自己的账簿体系，编制合并财务报告不像编制个别会计报表那样有直接的账簿资料可依，只能以母公司、子公司的个别会计报表为基础“原料”；(2) 合并财务报告只能反映集团与集团以外的成员的交易及其结果，但可用的基础“原料”中却包含了集团内各成员之间的交易及其结果；(3) 抵销工作只在编制合并会计报表的工作底稿上进行，而不登记在有关账簿上，因此，每次编制的抵销分录只对该次编制合并会计报表有影响，而且这种影响不能延续到以后的合并财务报告的编制。

抵销内部交易的影响主要有两种模式：一是按报表的类别分别进行，这种模式的编制成本太高；二是按内部交易的类别分别进行，只要每一内部交易的影响消除后，合并会计报表的抵销程序也就完成了。在这种模式下，可以将所有内部交易事项分为如下五类予以抵销：

■ 1）内部债权债务的抵销

内部债权债务的抵销包括对内部债权债务的期末余额和提取的内部坏账准备的抵销，其基本模式如下：

(1) 内部债权债务期末余额的抵销：

借：债务类项目　　×××
　贷：债权类项目　　×××

(2) 内部坏账准备的抵销：

借：应收账款（期末余额）　　×××
　贷：管理费用（本期内部坏账费用）　　×××

贷：年初未分配利润（期初内部坏账准备余额）　×××

在这一抵销分录中之所以用“年初未分配利润”，其原因是抵销的对象是公司以前年度提取的内部坏账费用，增加了提取当年的“管理费用”，进而降低了当年的“净利润”和“年末未分配利润”，也就是编制合并报表抵销分录当年的“年初未分配利润”。

【延伸思考7-1】在上述分录中，抵销的依据是在计提“坏账准备”时把集团内部的应收账款与集团外部的应收账款一并计提了“坏账准备”，但集团内部的应收账款是不存在坏账问题的，所以在编制合并报表时需要抵销此影响。同样，在后文将进行表述的内部存货购销的抵销、内部债券与股票买卖的抵销、内部固定资产购销的抵销中，同样会涉及相关资产减值准备的抵销问题，请读者依照“做抵销分录的目的就是要抵销所有对个别报表有影响但对合并报表没有影响的内部交易”的原则，参照上述抵销“内部”坏账准备的原理，思考抵销“内部”存货跌价准备、“内部”债券投资减值准备、“内部”股权投资减值准备、“内部”固定资产减值准备等的影响。

■ 2）内部债券筹资与投资的抵销

内部债券的筹资与投资是指集团内一成员发行债券，另一成员购买其债券的交易。从会计事项的性质来说，这应包括两方面的内容：一是对该部分债券期末存量的抵销；二是对该部分债券本期的利息收入与支出的抵销。

（1）抵销内部债券投资与应付债券的存量：

借：应付债券（期末余额）　×××

　贷：债权投资[①]　×××

（2）抵销内部债券的利息的影响：

借：投资收益（本期发生额）　×××

　贷：财务费用　×××[②]

在这两个抵销分录中，若借、贷金额有差异，则计入商誉。

■ 3）内部存货购销的抵销

内部存货购销，包括母公司的存货销售给子公司（顺销），子公司的存货销售给母公司（逆销），以及一家子公司的存货销售给另一家子公司三种情况。内部存货购销的抵销，实际上就是要抵销存货销售的内部毛利（或损失）在购、销双方个别会计报表上的表现。在我国的会计实务中，是不区分顺销和逆销的，把所有的内部销售都作为顺销来对待，在内部交易量不大的情况下，如此简化的做法，是符合重要性原则的，但当内部交易量较大时，仍然不区分顺销与逆销的抵销政策，就没有全面体现个体观念（合并财务报告应以集团为报告主体）[③]。

在实务中，内部存货购销的抵销，可以分为如下两类情况来展开（假定在内部销

① 这里的项目，究竟用“债权投资”，还是用“其他债权投资”，取决于投资者购买债券是准备持有至到期，还是准备随时出售。

② 在实际记录中，不一定都记入“财务费用”项目，但在编制合并会计报表时，从重要性出发，假定相关部分都记入了债券发行者的“财务费用”项目。

③ 姚明安．对改进我国合并会计报表实务的建议［J］．会计研究，1998（7）．

售时产生内部毛利）：

（1）抵销本期内部销售存货引起的事项：

借：主营业务收入（本期内部销售收入） ×××

　贷：存货（期末未实现的内部毛利） ×××

　　　主营业务成本（本期内部销售成本与已转销的内部毛利） ×××

（2）抵销上期期末未实现的内部毛利的本期变化：

借：期初未分配利润（年初未实现内部毛利） ×××

　贷：主营业务成本（本期实现内部毛利） ×××

　　　存货（期末仍未实现内部毛利） ×××

【延伸思考7-2】（1）在上述内部存货购销的抵销中，有没有抵销内部购销产生的税收？（2）在上述案例中，假定销售方实现的不是毛利而是损失，请问上述抵销分录应如何变化？

■ 4）内部固定资产购销的抵销

内部固定资产购销的抵销，实际上，也是在抵销因内部购买或销售固定资产而发生的损益在个别报表上的反映，这种抵销与内部存货购销的抵销相比，其差别是由内部损益的转销（实现）方式不同引起的，内部存货购销引起的内部损益，随存货对外出售而实现（被一次性地转入“主营业务成本”）；内部固定资产购销形成的内部损益，将通过“累计折旧”分次转销或实现。在这里同样存在如内部存货购销的抵销那样，是否需要区分顺销还是逆销的问题，我国现行实务中采用的政策依然是“不加区分”。

假如A公司、B公司是某集团的两个成员，2×16年6月5日，A公司将成本为8万元的商品作价10万元卖给B公司作为固定资产，B公司在当月即将其投入使用，预计使用5年，不计净残值，按直线法计提折旧，则有关的抵销分录如下：

（1）使用期间，内部购销固定资产各年的抵销情况（见表7-3）：

表7-3 使用期间内部购销固定资产的抵销分录汇总表 单位：万元

应借应贷关系	2×16年	2×17年	2×18年	2×19年	2×20年	2×21年
抵销内部毛利总额： 借：主营业务收入 　期初未分配利润 　贷：主营业务成本 　　固定资产原价	10 8 2	2 2	2 2	2 2	2 2	2 2
抵销内部毛利对折旧的影响： 借：累计折旧 　贷：期初未分配利润 　　管理费用	$(\frac{2}{5}\div 2)$ 0.2 0.2	0.6 0.2 0.4	1 0.6 0.4	1.4 1 0.4	1.8 1.4 0.4	2 1.8 0.2

（2）折旧期满、仍在使用固定资产的各年的抵销：

借：累计折旧 20 000

贷：固定资产（原值）　　20 000

（3）内部购销固定资产报废当年的抵销情况（见表7-4）：

表7-4　**内部购销固定资产报废当年的抵销分录**　单位：万元

若提前 （比如2×18年6月）报废	若折旧期满当年 （2×21年6月后）报废	若超龄使用后 （比如2×23年1月）报废
借：期初未分配利润　1.2 　贷：管理费用　0.2 　　营业外收入　1	借：期初未分配利润　0.2 　贷：管理费用　0.2	不需做抵销分录

【延伸思考7-3】（1）内部存货购销的抵销与内部固定资产购销的抵销有何异同？（2）在上述案例中，假定销售方不是产生毛利而是发生损失，请问上述抵销分录应如何变化？

■　5）内部股权筹资与投资的抵销

内部股权筹资与投资的抵销实际上是对母公司“对子公司长期股权投资”与子公司所有者权益的母公司部分的抵销，以及属于少数股东权益的独立确认，抵销时的基本模式是：

借：所有者权益（期末子公司）　×××
　贷：长期股权投资（对子公司）　×××
　　少数股东权益　×××

上述分录的借贷之差，应被列作“商誉”反映。

子公司期末的所有者权益是由实收资本（股本）、资本公积、盈余公积和期末未分配利润四部分组成的，其中，期末未分配利润=期初未分配利润+本期净利润-本期净利润分配，本期净利润又可分为属于母公司的本期净利润（反映在母公司的“投资收益”中）和少数股东利润，本期净利润分配由提取盈余公积和利润分配等项目共同组成。这样，上述抵销模式可进一步演化为下述抵销分录：

借：实收资本（股本）（子公司，期末）　×××
　资本公积（子公司，期末）　×××
　盈余公积（子公司，期末）　×××
　年初未分配利润（子公司，期初）　×××
　投资收益（母公司，本期）　×××
　少数股东损益（子公司本年净收益×少数股权比例）　×××
　贷：提取盈余公积（子公司，本期）　×××
　　利润分配（子公司，本期）　×××
　　长期股权投资（母公司，期末）　×××
　　少数股东权益（子公司期末所有者权益×少数股权比例）　×××

若上述分录的借、贷金额的合计数存在差异，则记入“商誉”项目之中。

7.5 股权取得日的合并报表的编制

股权取得日，是指权益性资本投资者拥有被投资者50%以上有表决权的股份之时，或者虽然不拥有被投资者50%以上有表决权的股份但拥有对被投资者的重要经营决策和财务决策的决定权之时。

7.5.1 控股权取得日的确定

在企业取得控股权的过程中，控制者往往要以一定的代价，比如支付一定的货币资金或放弃一定的非现金资产，甚至发行一些债券或股票等，来获取被购并者多数有表决权的股份。在此，必然涉及一些重要日期，主要包括购并协议签订日、董事会批准日、股东大会批准日、购并公告日、营业执照变更日、产权交割日、资产评估基准日等。在这些日期中，哪个日期是购并日或控股权取得日？

一般认为，股权取得日不可能在协议签订前，更不可能在股东大会批准实施之前，而应该是被购并企业对净资产和经营活动的控制权实质上转让给购买企业之日。这里的“实质上转让”的含义包括：(1) 控股企业开始行使对被合并企业的财务和经营决策的决定权；(2) 控股企业承担被合并企业的相关风险和享有获取被合并企业利益的权力。在一项控股合并计划方案得到批准实施之前，被购并企业的原股东依然承担一切与资产有关的风险和享受一切与资产有关的权利，此日，被购并企业的控制权没有转移。

购并协议，只是双方的一种意向和计划，类似于商品购销合同，并不一定总会全部执行，在未发生之前，并不是会计上要予以反映的事项，因此，购并协议日也不能成为购买日。

董事会通过收购方案之日，也不能被视为购买日。因为根据我国《公司法》第三十八条和第四十六条的相关规定，董事会有权拟订公司合并、分立、变更公司形式、解散方案，决定与批准权属于股东大会。股东大会批准实施，才表明协议具有法律效力，此日，与资产有关的权利和义务才发生转移，因此在现行法规框架之内，股东大会的批准日才应被视为购买日。至于公告日只是协议生效后对外公告的时间，由于时滞原因而产生，在此之前，购并业务实质上已经发生。

从会计技术角度考虑，资产评估基准日和审计基准日一般定在离制定协议最近的会计决算日，所以多数公司上半年签订购并协议的，评估基准日和审计基准日一般被定为1月1日；下半年签订重组协议的，评估基准日和审计基准日一般定为6月30日。不过，也有不少公司将其定于其中的某个月末，这可能会给有关合并业务的会计核算带来不便。

此外，交割日只是对合并协议的具体履行日，在此之前与资产有关的风险和权利实际上已经转移。企业变更注册登记日，只是履行国家对企业的经营管理的一种法律手续而已，并没有实质上的会计学意义。

正确确定控股权取得日的意义主要在于：(1) 何时企业应对外发布购并日的合并财务报告，以便帮助中小投资者降低投资决策的不确定性；(2) 正确地把购并前的利润与购并后的利润分开，以恰当地评价控股公司经营者的经营业绩。

7.5.2 同一控制下股权取得日的合并财务报表的编制

企业取得控制权的方式，可以通过购买方式（purchase-type），也可以通过股权结合方式（pooling-type）。从参与合并的企业间的关系看，又可以分为同一控制下的企业合并和非同一控制下的企业合并。企业应当在合并日（或购买日，下同）确认因企业合并取得的资产、负债。合并日是指合并方实际取得对被合并方控制权的日期，即被合并方的净资产或生产经营决策的控制权转移给合并方的日期。同时满足下列条件的，通常可被确认为实现了控制权的转移：（1）企业合并合同或协议已获股东大会通过；（2）企业合并事项需要经过国家有关主管部门审批的，已获得批准；（3）参与合并各方已办理了必要的财产交接手续；（4）合并方已支付了合并价款的大部分（一般应超过50%），并且有能力、有计划支付剩余款项。在合并日，合并方取得被合并方的控制权。

企业合并形成母子公司关系的，母公司应当编制合并日的合并资产负债表、合并利润表和合并现金流量表。合并资产负债表中被合并方的各项资产、负债，应当按其账面价值计量。合并利润表应当包括参与合并各方自合并当期期初至合并日所发生的收入、费用和利润。被合并方在合并前实现的净利润，应当在合并利润表中单列项目反映。合并现金流量表应当包括参与合并各方自合并当期期初至合并日的现金流量。

毫无疑问，在编制合并会计报表时，按照上述编制合并会计报表的原则与程序，不仅要统一参与合并各方的会计政策与会计期间，而且要抵销合并各方之间参与的内部交易。为节省篇幅，本章只阐述合并日有关合并资产负债表中的抵销问题。本节只讨论同一控制下编制合并日的合并资产负债表的抵销分录，非同一控制下的相关问题在本章的下一节讨论。为更清楚地说明同一控制下合并日编制合并资产负债表的抵销分录的原理，现举简例说明之。

【例7-1】P公司与S公司均为M公司的控股子公司，20×6年1月5日（合并日），P公司以银行存款920 000元获得S公司60%有表决权的股份。在合并过程中发生的审计费、评估费和法律咨询费等共计50 000元，P公司以银行存款支付。P公司与S公司合并日资产负债表账面资料见表7-5。

表7-5　**P公司与S公司合并日资产负债表账面资料**　单位：元

资产项目	公司名称		权益项目	公司名称	
	P公司	S公司		P公司	S公司
银行存款	2 500 000	1 850 000	应付账款	1 800 000	800 000
原材料	2 600 000	1 000 000	短期借款	2 200 000	700 000
固定资产	6 000 000	1 000 000	应付债券	4 100 000	650 000
			负债合计	8 100 000	2 150 000
			股本	2 150 000	1 000 000
			资本公积	400 000	350 000
			盈余公积	350 000	250 000
			未分配利润	100 000	100 000
			股东权益合计	3 000 000	1 700 000
资产总计	11 100 000	3 850 000	权益总计	11 100 000	3 850 000

S公司60%的股东权益为1 020 000元（1 700 000元×60%），但P公司为此只付出了920 000元，差额为100 000元，按照我国企业合并准则的规定，P公司应调增其资本公积，对S公司股权投资的成本为1 020 000元。

借：长期股权投资　　1 020 000
　贷：银行存款　　920 000
　　资本公积　　100 000

在合并过程中，P公司以银行存款支付的审计费、评估费和法律咨询费等共计50 000元，计入P公司当期损益（管理费用），假设不考虑税收，也不考虑利润分配的影响，则这50 000元将使P公司的期末未分配利润下降50 000元。

借：管理费用　　50 000
　贷：银行存款　　50 000

在记录了这些交易与事项后，P公司、S公司的有关资产负债表资料见表7-6。

表7-6　**P公司与S公司合并日合并交易后的资产负债表资料**　单位：元

资产项目	公司名称		权益项目	公司名称	
	P公司	S公司		P公司	S公司
银行存款	1 530 000	1 850 000	应付账款	1 800 000	800 000
原材料	2 600 000	1 000 000	短期借款	2 200 000	700 000
长期股权投资	1 020 000		应付债券	4 100 000	650 000
固定资产	6 000 000	1 000 000	负债合计	8 100 000	2 150 000
			股本	2 150 000	1 000 000
			资本公积	500 000	350 000
			盈余公积	350 000	250 000
			未分配利润	50 000	100 000
			股东权益合计	3 050 000	1 700 000
资产总计	11 150 000	3 850 000	权益总计	11 150 000	3 850 000

在表7-6的基础上，结合P公司对S公司的长期股权投资反映在“长期股权投资”项目中的金额，可以编制合并日的合并资产负债表的抵销P公司对S公司股权投资的分录如下：

借：股本　　1 000 000
　资本公积　　350 000
　盈余公积　　250 000
　未分配利润　　100 000
　贷：长期股权投资　　1 020 000
　　少数股东权益　　680 000

有关合并资产负债表的工作底稿见表7-7。根据表7-7可以编制合并日的合并资产负债表，见表7-8。

表 7-7　　**P公司与S公司合并日合并资产负债表工作底稿**　　单位：元

项目名称	公司名称		抵　销		合　计
	P公司	S公司	借记	贷记	
银行存款	1 530 000	1 850 000			3 380 000
存货	2 600 000	1 000 000			3 600 000
长期股权投资	1 020 000			1 020 000	0
固定资产	6 000 000	1 000 000			7 000 000
资产总计	11 150 000	3 850 000		1 020 000	13 980 000
应付账款	1 800 000	800 000			2 600 000
短期借款	2 200 000	700 000			2 900 000
应付债券	4 100 000	650 000			4 750 000
负债合计	8 100 000	2 150 000			10 250 000
少数股东权益				680 000	680 000
股本	2 150 000	1 000 000	1 000 000		2 150 000
资本公积	500 000	350 000	350 000		500 000
盈余公积	350 000	250 000	250 000		350 000
未分配利润	50 000	100 000	100 000		50 000
股东权益合计	3 050 000	1 700 000	1 700 000	680 000	3 730 000
权益总计	11 150 000	3 850 000	1 700 000	680 000	13 980 000

表 7-8　　**PS集团合并资产负债表**

20×6 年 1 月 5 日　　单位：元

资　产	期末余额	负债与股东权益	期末余额
银行存款	3 380 000	应付账款	2 600 000
存货	3 600 000	短期借款	2 900 000
固定资产	7 000 000	应付债券	4 750 000
		负债合计	10 250 000
		少数股东权益	680 000
		股本	2 150 000
		资本公积	500 000
		盈余公积	350 000
		未分配利润	50 000
		股东权益合计	3 730 000
资产总计	13 980 000	负债与股东权益总计	13 980 000

7.5.3 非同一控制下股权取得日的合并财务报表的编制

在非同一控制下的企业合并中，参与合并各方在合并前后不受同一方或相同的多方最终控制，所以在合并中发生的交易是公平的，购买方取得的被购买方的股权份额的成本是为获得该股权份额而付出的代价（包括支付的对价资产、承担的债务或发行的权益性证券）的公允价值。应将购买成本大于获得的股权份额的公允价值的部分，确认为商誉；购买成本小于获得的股权份额的公允价值的部分，应首先复核从被购买方取得的各项可辨认资产、负债的公允价值和合并成本，此后仍有差异的计入当期损益。对价资产的公允价值与账面价值的差额计入当期损益。非同一控制下的企业合并的上述计量特点将使非同一控制下的企业合并在合并日的报表合并与同一控制下的企业合并在合并日的报表合并有所不同。现举一简例说明非同一控制下的企业合并在合并日的报表合并原理。

【例7-2】A公司与B公司在合并前后均不受相同的任何其他一方控制，20×6年1月5日（合并日），A公司通过发行每股面值为1元、每股市价为1.5元的普通股80万股，去交换B公司55％的股权，股票发行佣金为50 000元，实现非同一控制下的企业合并。在合并日，A公司与B公司的资产负债表的账面价值与B公司净资产的公允价值见表7-9。此外，在合并中，A公司以银行存款支付审计费、评估费和法律咨询费等共200 000元，均以银行存款支付。B公司无或有负债。

表7-9　**A公司与B公司合并日资产与权益情况**　单位：元

项目名称	A公司	B公司	
		账面价值	公允价值
银行存款	2 500 000	1 800 000	1 800 000
存货	2 600 000	1 000 000	840 000
固定资产	6 000 000	1 000 000	1 200 000
资产总计	11 100 000	3 800 000	3 840 000
应付账款	1 800 000	800 000	800 000
短期借款	2 200 000	700 000	700 000
应付债券	4 100 000	650 000	650 000
负债合计	8 100 000	2 150 000	2 150 000
股本	2 150 000	1 000 000	1 000 000
资本公积	400 000	350 000	390 000
盈余公积	350 000	250 000	250 000
未分配利润	100 000	50 000	50 000
股东权益合计	3 000 000	1 650 000	1 690 000
负债与股东权益总计	11 100 000	3 800 000	3 840 000

依照企业合并准则，A公司应确认对B公司的长期股权投资成本为1 350 000元，其对应的股权份额的公允价值为929 500元（1 690 000元×55%），两者的差额420 500元（1 350 000元−929 500元）应被确认为商誉。同时，A公司应分别增记“股本”“资本公积”800 000元、350 000元；减记“银行存款”200 000元。A公司的相关账面资料见表7−10。

表7−10　**A公司合并日资产与权益情况**　单位：元

资产		负债与股东权益	
银行存款	2 300 000	应付账款	1 800 000
存货	2 600 000	短期借款	2 200 000
长期股权投资	1 350 000	应付债券	4 100 000
固定资产	6 000 000	负债合计	8 100 000
		股本	2 950 000
		资本公积	750 000
		盈余公积	350 000
		未分配利润	100 000
		股东权益合计	4 150 000
资产总计	12 250 000	负债与股东权益总计	12 250 000

抵销A公司对B公司股权投资影响的分录为：

借：股本　1 000 000
　　资本公积　372 000
　　盈余公积　250 000
　　未分配利润　50 000
　　商誉　420 500
　贷：长期股权投资　1 350 000
　　　少数股东权益　742 500

在上述抵销分录中，“资本公积”包括原账面价值（350 000元）和B公司可辨认净资产的升值（40 000元）中属于A公司的部分22 000元（40 000元×55%）。即在编制合并报表时，对B公司可辨认资产、负债中属于A公司的部分应按公允价值计量，属于少数股东的部分仍按账面价值计量。这样，B公司的“存货”账面价值由1 000 000元变为912 000元，“固定资产”账面价值由1 000 000元变为1 110 000元，“资本公积”账面价值由350 000元变为372 000元。有关合并资产负债表的工作底稿见表7−11。

根据A公司与B公司合并日合并资产负债表的工作底稿可以编制合并资产负债表，见表7−12。

表7-11　　A公司与B公司合并日合并资产负债表工作底稿　　单位：元

项目名称	公司资料		抵销		合计
	A公司	B公司	借记	贷记	
银行存款	2 300 000	1 800 000			4 100 000
存货	2 600 000	912 000			3 512 000
长期股权投资	1 350 000			1 350 000	0
固定资产	6 000 000	1 110 000			7 110 000
商誉			420 500		420 500
资产总计	12 250 000	3 822 000	420 500	1 350 000	15 142 500
应付账款	1 800 000	800 000			2 600 000
短期借款	2 200 000	700 000			2 900 000
应付债券	4 100 000	650 000			4 750 000
负债合计	8 100 000	2 150 000			10 250 000
少数股东权益				742 500	742 500
股本	2 950 000	1 000 000	1 000 000		2 950 000
资本公积	750 000	372 000	372 000		750 000
盈余公积	350 000	250 000	250 000		350 000
未分配利润	100 000	50 000	50 000		100 000
股东权益合计	4 150 000	1 672 000			4 150 000
权益总计	12 250 000	3 822 000			15 142 500

表7-12　　AB集团合并资产负债表

20×6年1月5日　　单位：元

资产	期末余额	负债与股东权益	期末余额
银行存款	4 100 000	应付账款	2 600 000
存货	3 512 000	短期借款	2 900 000
固定资产	7 110 000	应付债券	4 750 000
商誉	420 500	负债合计	10 250 000
		少数股东权益	742 500
		股本	2 950 000
		资本公积	750 000
		盈余公积	350 000
		未分配利润	100 000
		股东权益合计	4 150 000
资产总计	15 142 500	负债与股东权益总计	15 142 500

7.6 股权取得日后的合并报表的编制

7.6.1 按权益法调整对子公司的长期股权投资

在合并工作底稿中，应按权益法调整对子公司的长期股权投资，也可直接在对子公司的长期股权投资采用成本法核算的基础上编制合并财务报表，但是所生成的合并财务报表应当符合合并报表准则的相关规定。

【例7-3】P公司于20×6年1月1日以货币资金2 000万元购得S公司60%的股权（假定P公司与S公司的企业合并属于非同一控制下的企业合并）。20×6年12月31日，P公司个别资产负债表中对S公司的长期股权投资的金额为4 000万元。P公司在个别资产负债表中采用成本法核算该项长期股权投资。

20×6年1月1日，S公司股东权益的账面价值为3 000万元（其中，股本为2 000万元，资本公积为1 000万元），该日，S公司可辨认资产、负债及或有负债的公允价值与账面价值存在一项差异，即固定资产的公允价值高于账面价值的差额为100万元，尚可使用年限为20年，按年限平均法计提折旧，假定该固定资产用于管理。

20×6年，S公司实现净利润1 000万元，提取法定公积金100万元，向P公司分派现金股利360万元，向其他股东分派现金股利240万元，未分配利润为300万元。S公司因持有的其他债权投资的公允价值变动计入当期资本公积的金额为100万元。20×6年12月31日，S公司股东权益总额为3 500万元，其中，股本为2 000万元，资本公积为1 100万元，盈余公积为100万元，未分配利润为300万元。

假定S公司的会计政策与会计期间同P公司一致，不考虑P公司和S公司及合并资产、负债的所得税影响。

（1）在合并工作底稿中应编制的调整分录如下：

借：管理费用　　50 000

　贷：固定资产　　50 000

据此，以S公司20×6年1月1日各项可辨认资产等的公允价值为基础，重新确定的S公司20×6年的净利润为995万元（1 000万元–5万元）。

（2）根据合并报表准则的规定，在合并工作底稿中将对S公司的长期股权投资由成本法调整为权益法。有关调整分录如下：

①确认P公司在20×6年S公司实现的净利润995万元中所享有的份额为597万元（995万元×60%）：

借：长期股权投资　　5 970 000

　贷：投资收益　　5 970 000

②确认P公司收到S公司20×6年分派的现金股利，同时抵销原按成本法确认的投资收益360万元：

借：投资收益　　3 600 000

　贷：长期股权投资　　3 600 000

③确认P公司在20×6年S公司除净损益以外所有者权益的其他变动中所享有的份额为60万元（资本公积的增加额100万元×60%）：

借：长期股权投资　　600 000

　贷：资本公积　　600 000

在连续编制合并财务报表的情况下，应编制如下调整分录：

借：长期股权投资（5 970 000-3 600 000+600 000）　　2 970 000

　贷：未分配利润——年初　　2 370 000

　　资本公积　　600 000

7.6.2　综合案例

【例7-4】接【例7-3】，其余资料如下：

P公司与S公司个别财务报表见表7-13的（1）（2）（3）栏，20×6年度P公司与S公司发生的内部交易如下：

（1）S公司出售库存商品给P公司，售价（不含增值税）为2 000万元，成本为1 500万元，应收货款2 000万元在年末已结清50%。P公司从S公司购入的上述库存商品至20×6年12月31日尚有60%未出售给集团以外的经济主体。P公司按应收账款余额的1%计提坏账准备。

（2）P公司20×6年6月30日以2 000万元的价格出售一台公司管理用设备给S公司，账款已结清。该台设备账面原价为4 000万元，至出售日的累计折旧为2 400万元，剩余使用年限为4年。P公司采用直线法对这台管理设备计提折旧，折旧年限为10年，预计净残值为零。S公司购入这台管理设备后，以2 000万元作为固定资产的入账价值，采用直线法计提折旧，折旧年限为4年，预计净残值为零。

（3）20×6年7月1日，P公司按面值发行两年期债券6 000万元，其中2 000万元出售给S公司，债券票面年利率为5%，单利计息，到期一次还本付息，S公司拟将其持有至到期。P公司发行债券所筹集的资金用于在建工程。

相关调整分录见【例7-3】及表7-13。

根据以上资料，P公司在编制20×6年度合并财务报表时应编制以下抵销分录：

1.抵销内部应收、应付账款及内部坏账准备

（5）借：应付账款　　10 000 000

　　　贷：应收账款　　10 000 000

（6）借：应收账款　　100 000

　　　贷：资产减值损失　　100 000

2.抵销内部存货的购销

（7）借：主营业务收入　　20 000 000

　　　贷：主营业务成本　　20 000 000

（8）借：主营业务成本　　3 000 000

　　　贷：存货　　3 000 000

3.抵销内部固定资产的购销

(9) 借：营业外收入　4 000 000

　　贷：固定资产　4 000 000

(10) 借：固定资产（4 000 000元÷4÷12×6）　500 000

　　贷：管理费用　500 000

4.抵销内部债券筹资与投资

(11) 借：应付债券　20 500 000

　　贷：债权投资　20 500 000

(12) 借：投资收益　500 000

　　贷：在建工程　500 000

5.抵销内部股权投资与筹资

(13) 借：股本　20 000 000

　　资本公积　12 000 000

　　盈余公积　1 000 000

　　利润分配——未分配利润（年末）(3 000 000元-50 000元)

　　2 950 000

　　商誉　1 400 000

　　贷：长期股权投资（20 000 000元+5 970 000元-3 600 000元+600 000元）

　　22 970 000

　　少数股东权益（(35 000 000元+1 000 000元-50 000元）×40%)

　　14 380 000

(14) 借：投资收益　5 970 000

　　少数股东损益　3 980 000

　　利润分配——未分配利润（年初）　0

　　贷：提取盈余公积　1 000 000

　　应付股利（对所有者（或股东）的分配）　6 000 000

　　利润分配——未分配利润——年末（3 000 000元-50 000元）

　　2 950 000

以上抵销分录都必须在合并财务报表的工作底稿（见表7-13）的 (4) (5) (6) 栏中完成。

根据表7-13可以编制PS公司合并利润表（见表7-14）和合并资产负债表（见表7-15）。

表 7-13　**PS公司合并财务报表工作底稿（简表）**

20×6 年 12 月 31 日　单位：万元

项目 (1)	P公司 (2)	S公司 (3)	调整及抵销分录 借方 (4)	调整及抵销分录 贷方 (5)	少数股权	合并数额 (6)
利润表项目（部分）						
营业收入	34 000	16 000	(7) 2 000			48 000

续表

项目 (1)	P公司 (2)	S公司 (3)	调整及抵销分录 借方 (4)	调整及抵销分录 贷方 (5)	少数股权	合并数额 (6)
减：营业成本	19 600	10 000	(8) 300	(8) 2 000		27 900
销售费用	2 700	1 500				4 200
管理费用	3 100	1 600	(1) 5	(10) 50		4 655
财务费用	4 000	850				4 850
资产减值损失	1 100	400		(6) 10		1 490
加：投资收益	600	150	(3) 360 (12) 50 (14) 597	(2) 597		340
营业外收入	460		(9) 400			60
减：营业外支出	1 000	200				1 200
利润总额	3 560	1 600	3 712	2 657		4 105
所得税费用	800	600				1 400
净利润	2 760	1 000	3 712	2 657		2 705
少数股东损益			(14) 398			398
归属于母公司所有者的净利润						
股东权益变动表项目（部分）						
年初未分配利润			(14) 0			0
可供分配利润	2 760	1 000	4 110	2 657		2 307
减：提取盈余公积	276	100		(14) 100		276
对所有者（或股东）的分配		600		(14) 600		0
未分配利润	2 484	300	(13) 295 4 405	(14) 295 3 652		2 031
资产负债表项目（部分）						
货币资金	3 000	2 000				5 000
应收账款	4 000	2 000	(6) 10	(5) 1 000		5 010
存货	2 660	2 800		(8) 300		5 160
长期股权投资	2 000		(2) 597 (4) 60	(3) 360 (13) 2 297		0
债权投资	2 050			(11) 2 050		0
固定资产	6 125	3 700	100[①] (10) 50	(1) 5 (9) 400		9 570
在建工程	1 600			(12) 50		1 550

续表

项目 (1)	P公司 (2)	S公司 (3)	调整及抵销分录		少数股权	合并数额 (6)
			借方 (4)	贷方 (5)		
商誉			(13) 140			140
资产总计	21 435	10 500	957	6 462		26 430
短期借款	2 000	5 000				7 000
应付账款	1 000	2 000	(5) 1 000			2 000
⋮	⋮	⋮				⋮
应付债券	7 675		(11) 2 050			5 125
负债合计	10 675	7 000	3 050			14 625
股本	6 000	2 000	(13) 2 000			6 000
资本公积	1 000	1 100	(13) 1 200	100① (4) 60		1 060
盈余公积	1 276	100	(13) 100			1 276
未分配利润	2 484	300	(1) 5 (3) 360 (7) 2000 (8) 300 (9) 400 (12) 50 (13) 295 (14) 597 (14) 398 (14) 0	(2) 597 (6) 10 (7) 2000 (10) 50 (14) 100 (14) 600 (14) 295	(14) 398	2 031
少数股东权益					(13) 1 438	1 438
股东权益合计	10 760	3 500	7 705	3 812	1 438	11 825
负债及股东权益总计	21 435	10 500	10 755	3 812	1 438	26 430

注：①此金额由P公司备查簿中记录的“公允价值与账面价值的差额”100万元直接转入。

表 7-14 **PS公司合并利润表（简表）**

20×6 年度 单位：万元

项 目	合并数额
一、营业总收入	48 000
其中：营业收入	48 000
二、营业总成本	43 095
其中：营业成本	27 900
销售费用	4 200
管理费用	4 655
财务费用	4 850
资产减值损失	1 490
加：投资收益	340
三、营业利润	5 245
加：营业外收入	60
减：营业外支出	1 200
四、利润总额	4 105
减：所得税费用	1 400
五、净利润	2 705
归属于母公司所有者的净利润	2 407
少数股东损益	398
六、每股收益	
（一）基本每股收益	
（二）稀释每股收益	

表 7-15 **PS公司合并资产负债表（简表）**

20×6 年 12 月 31 日 单位：万元

资 产	金 额	负债及股东权益	金 额
货币资金	5 000	短期借款	7 000
应收账款	5 010	应付账款	2 000
存货	5 160	⋮	⋮
长期股权投资	0	应付债券	5 125
债权投资	0	负债合计	14 625
固定资产	9 570	股本	6 000
在建工程	1 550	资本公积	1 060
商誉	140	盈余公积	1 276
		未分配利润	2 031
		少数股东权益	1 438
		股东权益合计	11 825
资产总计	26 430	负债及股东权益总计	26 430

7.6.3 其他合并财务报表

■ 1）合并所有者权益变动表

合并所有者权益变动表应当以母公司和子公司的所有者权益变动表为基础，在抵销母公司与子公司、子公司相互之间发生的内部交易对合并所有者权益变动表的影响后，由母公司合并编制。这些应当抵销的事项主要包括：(1) 母公司对子公司的长期股权投资与母公司在子公司所有者权益中所享有的份额，各子公司之间的长期股权投资以及子公司对母公司的长期股权投资与其对应的子公司或母公司所有者权益中所享有的份额；(2) 母公司对子公司、子公司相互之间持有对方长期股权投资的投资收益；(3) 母公司与子公司、子公司相互之间发生的其他内部交易对所有者权益变动的影响。

合并所有者权益变动表也可以根据合并资产负债表和合并利润表进行编制。

有少数股东的，应当在合并所有者权益变动表中增加“少数股东权益”栏目，反映少数股东权益变动的情况。

■ 2）合并现金流量表

合并现金流量表是综合反映集团在一定时期内的现金流入、现金流出以及增减变动原因的财务报表。母公司应以母公司、子公司提供的现金流量表为基础，采用一定的编制程序和方法编制合并现金流量表。

合并现金流量表是现金流量表的衍生财务报表。现金流量表是以收付实现制为基础编制的，根据反映经营活动提供的现金流量的方法不同，其编制方法有直接法和间接法之别。我国规定，企业须用直接法编制现金流量表。所谓直接法，就是以应计制下的利润表的营业收入为起点，通过调整与经营活动有关的项目的增减变动，来反映经营活动的现金流量的方法。在采用直接法的情况下，以合并利润表有关项目的数据为基础，通过调整得出本期的现金流入和现金流出数量，把企业在一定期间的现金流量区别为经营活动产生的现金流量、投资活动产生的现金流量、筹资活动产生的现金流量等三大类，分别加以反映。

在理论上，合并现金流量表的编制方法有两种：一种方法是以合并资产负债表和合并利润表为基础，采用与编制个别现金流量表相同的方法编制出合并现金流量表；另一种方法则是以母公司和纳入合并范围的子公司的个别现金流量表为基础，通过编制抵销分录，将母公司与纳入合并范围的子公司以及子公司相互之间发生的经济业务对个别现金流量表中的现金流量的影响予以抵销，从而编制出合并现金流量表。

以个别现金流量表为基础编制合并现金流量表的编制原理、编制方法和编制程序与合并资产负债表、合并利润表的编制原理、编制方法和编制程序相同。即首先编制合并工作底稿，将母公司和子公司个别现金流量表各项目的数据全部过入合并工作底稿，然后根据当期母公司与子公司以及子公司相互之间发生的影响其现金流量增减变动的经济业务，编制相应的抵销分录，通过抵销分录将个别现金流量表中重复反映的现金流入数量和现金流出数量予以抵销。最后，在此基础上计算出合并现金流量表各项目的合并数，并编制合并现金流量表。

编制合并现金流量表应当抵销的事项包括：(1) 母公司与子公司、子公司相互之间当期以现金投资或收购股权增加的投资所产生的现金流量；(2) 母公司与子公司、子公司相互之间当期取得投资收益收到的现金，应当与分配股利、利润或偿付利息支付的现金相互抵销；(3) 母公司与子公司、子公司相互之间以现金结算债权与债务所产生的现金流量；(4) 母公司与子公司、子公司相互之间当期销售商品所产生的现金流量；(5) 母公司与子公司、子公司相互之间处置固定资产、无形资产和其他长期资产收回的现金净额，应当与购建固定资产、无形资产和其他长期资产支付的现金相互抵销；(6) 母公司与子公司、子公司相互之间当期发生的其他内部交易所产生的现金流量。

母公司在报告期内因同一控制下企业合并增加的子公司，应当将该子公司合并当期期初至报告期末的现金流量纳入合并现金流量表。因非同一控制下企业合并增加的子公司，应当将该子公司购买日至报告期末的现金流量纳入合并现金流量表。

母公司在报告期内处置子公司，应当将该子公司期初至处置日的现金流量纳入合并现金流量表。

与编制个别现金流量表相比，编制合并现金流量表的特殊问题，就是如何处理子公司与其少数股东之间的现金流入和流出问题。对于子公司与少数股东之间发生的现金流入和现金流出，从整个企业集团来看，也影响到其整体的现金流入和流出数量的增减变动，必须在合并现金流量表中予以反映。子公司与少数股东之间发生的影响现金流入和现金流出的经济业务包括：少数股东对子公司增加权益性投资、少数股东依法从子公司中抽回权益性投资、子公司向其少数股东支付现金股利等。为了便于母公司的股东、债权人等投资者了解并掌握其现金流量的情况，有必要将与子公司少数股东之间的现金流入和现金流出情况单独予以反映。

对于子公司的少数股东增加在子公司中的权益性投资，在合并现金流量表中应当在“筹资活动产生的现金流量”之下的“吸收投资收到的现金”项目（其中包含的“其中：子公司吸收少数股东投资收到的现金”项目）中反映。

对于子公司的少数股东依法抽回在子公司中的权益性投资，在合并现金流量表中应当在“筹资活动产生的现金流量”之下的“支付其他与筹资活动有关的现金”项目中反映。

对于子公司向少数股东支付现金股利或利润，应当在“筹资活动产生的现金流量”之下的“分配股利、利润或偿付利息支付的现金”项目（其中包含的“其中：子公司支付给少数股东的股利、利润”项目）中反映。

7.6.4 合并财务报表附注

集团在披露合并财务报表附注时不仅要遵守《企业会计准则第30号——财务报表列报》对财务报表附注的有关规定，而且要遵守《企业会计准则第33号——合并财务报表》的有关规定。

附注是财务报表不可或缺的组成部分，报表使用者了解企业的财务状况、经营成果和现金流量，应当全面阅读附注，附注相对于报表而言，同样具有重要性。附注应当按照一定的结构进行系统、合理的排列和分类，有顺序地披露信息。企业应当按照《企业会计准则第1号——存货》等多项具体会计准则要求在附注中至少披露下列内容，但非重要项目除外。企业金融工具业务重大的，应当比照商业银行附注中相关规定进行披露。

■　1）企业的基本情况

企业的基本情况包括：企业注册地、组织形式和总部地址；企业的业务性质和主要经营活动；母公司以及集团最终母公司的名称；财务报告的批准报出者和财务报告批准报出日；按照有关法律、行政法规等规定，企业所有者或其他方面有权对报出的财务报告进行修改的事实。

■　2）财务报表的编制基础

财务报表的编制基础包括会计年度、记账本位币、会计计量所运用的计量基础、现金和现金等价物的构成等。

■　3）遵循企业会计准则的声明

企业应当明确说明编制的财务报表符合企业会计准则体系的要求，真实、公允地反映了企业的财务状况、经营成果和现金流量。

■　4）重要会计政策和会计估计

企业应当披露重要的会计政策和会计估计。判断会计政策和会计估计是否重要，应当考虑与会计政策或会计估计相关项目的性质和金额。企业应当披露会计政策的确定依据。例如，如何判断持有的金融资产为持有至到期的投资而不是交易性投资；对于拥有的持股不足50%的企业，如何判断企业拥有控制权并因此将其纳入合并范围；如何判断与租赁资产相关的所有风险和报酬已转移给企业；以及投资性房地产的判断标准等，这些判断对报表中确认的项目金额具有重要影响。企业应当披露会计估计中所采用的关键假设和不确定因素的确定依据。例如，固定资产可收回金额的计算需要根据其公允价值减去处置费用后的净额与预计未来现金流量的现值两者之间的较高者确定；在计算资产预计未来现金流量的现值时需要对未来现金流量进行预测，选择适当的折现率，并应当在附注中披露未来现金流量预测所采用的假设及其依据、所选择的折现率的合理性等。

企业主要应当披露的重要会计政策包括：存货、投资性房地产、固定资产、生物资产、无形资产、资产减值、股份支付、债务重组、收入、建造合同、所得税、外币折算、金融工具、租赁、企业合并等业务的确认、计量与报告的政策。

■　5）会计政策和会计估计变更以及差错更正的说明

会计政策和会计估计变更以及差错更正的说明包括：会计政策变更的性质、内容和原因；当期和各个列报前期财务报表中受影响的项目名称和调整金额；会计政策变更无法进行追溯调整的事实和原因以及开始应用变更后的会计政策的时点、具体应用情况；会计估计变更的内容和原因；会计估计变更对当期和未来期间的影响金额；会计估计变更的影响数不能确定的事实和原因；前期差错的性质；各个列报前期财务报表中受影响的项目名称和更正金额；前期差错对当期财务报表也有影响的，还应披露当期财务报表中受影响的项目名称和金额；前期差错无法进行追溯重述的事实和原因以及对前期差错开始进行更正的时点、具体更正情况。

■ 6）重要报表项目的说明

企业应当尽可能以列表形式披露重要报表项目的构成或当期增减变动情况。对重要报表项目的明细说明，应当按照资产负债表、利润表、现金流量表、所有者权益变动表的顺序以及报表项目列示的顺序进行披露，应当以文字和数字描述相结合的方式进行披露，并与报表项目相互参照。资产减值准备明细表、分部报表、现金流量表补充资料应当在附注中单独披露，不作为报表附表。如资产负债表中的货币资金、应收款项与坏账准备、交易性金融资产、存货、债权投资、其他债权投资、投资性房地产、生物资产、油气资产、固定资产和无形资产、应付职工薪酬、应交税费等有关项目的年初与年末余额等具体情况，如利润表中的营业收入、分部收入、营业成本、资产减值损失、公允价值变动、投资收益、营业外收入与营业外支出、所得税费用和净利润等情况的构成。

■ 7）或有和承诺事项的说明

或有和承诺事项的说明包括：预计负债的种类、形成原因以及经济利益流出不确定性的说明；与预计负债有关的预期补偿金额和本期已确认的预期补偿金额；或有负债的种类、形成原因及经济利益流出不确定性的说明；或有负债预计产生的财务影响，以及获得补偿的可能性，无法预计的，应当说明原因；或有资产很可能会给企业带来经济利益的，其形成的原因、预计产生的财务影响等；在涉及未决诉讼、未决仲裁的情况下，披露全部或部分信息预期对企业造成重大不利影响的，该未决诉讼、未决仲裁的性质以及没有披露这些信息的事实和原因。

■ 8）资产负债表日后事项的说明

资产负债表日后事项的说明包括：每项重要的资产负债表日后非调整事项的性质、内容，及其对财务状况和经营成果的影响，无法做出估计的，应当说明原因。

■ 9）关联方关系及其交易的说明

关联方关系及其交易的说明包括母公司和子公司的名称（母公司不是该企业最终控制方的，说明最终控制方名称，母公司和最终控制方均不对外提供财务报表的，说明母公司之上与其最相近的对外提供财务报表的母公司名称），母公司和子公司的业务性质、注册地、注册资本（或实收资本、股本）及其当期发生的变化；母公司对该企业或者该企业对子公司的持股比例和表决权比例；企业与关联方发生关联方交易的，该关联方关系的性质、交易类型及交易要素（至少应当包括交易的金额，未结算项目的金额、条款和条件，以及有关提供或取得担保的信息，未结算应收项目的坏账准备金额）；定价政策。

此外，还应当在附注中披露下列信息：（1）子公司的清单，包括企业名称、注册地、业务性质、母公司的持股比例和表决权比例；（2）母公司直接或通过子公司间接拥有被投资单位表决权不足半数但能对其形成控制的原因；（3）母公司直接或通过其他子公司间接拥有被投资单位半数以上的表决权但未能对其形成控制的原因；（4）子公司所采用的与母公司不一致的会计政策，编制合并财务报表的处理方法及其影响；（5）子公司与母公司不一致的会计期间，编制合并财务报表的处理方法及其影响；

（6）本期增加子公司，按照《企业会计准则第20号——企业合并》的规定进行披露；（7）本期不再纳入合并范围的原子公司，说明原子公司的名称、注册地、业务性质、母公司的持股比例和表决权比例，本期不再成为子公司的原因，其在处置日和上一会计期间资产负债表日资产、负债和所有者权益的金额以及本期期初至处置日的收入、费用和利润的金额；（8）子公司向母公司转移资金的能力受到严格限制的情况；（9）需要在附注中说明的其他事项。

7.7 合并财务报告中的国际性难题

至今为止，我们一直在一个“纯净”的世界里阐述有关合并会计报表的基本理论与实务问题，我们发现它已经够复杂了。然而，若将合并会计报表的问题置于国际环境中加以讨论，那么这一问题将变得更为复杂，甚至说“我们会计界是多么无能”也不过分。

合并财务报告成为国际性难题的关键不在于合并财务报告本身的复杂性，而在于它与外币会计报表折算方法选择、国际物价变动消除等“搅和”在一起时，如何取得逻辑上的一致和实务操作上的方便，现实中人们常常顾此失彼。在此，必须回答的最基本的问题包括：（1）是否对国外子公司的会计报表进行合并？（2）若合并，则怎样解决外币会计报表折算方法、通货膨胀与合并会计报表之间的矛盾？

回顾前述有关合并会计报表和外币会计报表折算的基本理论与实务，我们不难发现，外币会计报表折算很难与编制合并会计报表在概念依据上取得一致。其原因是：第一，编制合并会计报表时主要运用的是“母公司理论”，然而被合并的国外主体的会计报表欲进入合并的范围，就必须首先进行折算，在外币会计报表的折算方法中，只有时态法依据的概念与“母公司理论”一致，换言之，欲使外币会计报表折算与编制合并会计报表在概念依据上一致，就必须不论国外主体是母公司的国外营业的有机组成部分，还是国外实体，都要采用时态法进行折算，但在这里，对国外实体的会计报表用时态法进行折算，显然又不合逻辑；第二，除非国际企业的国外主体是“纯”母公司的国外营业的有机组成部分，否则欲保持运用外币会计报表折算方法本身的合理性，必将导致合并会计报表不过是形式上的合并，实质上的拼凑；第三，若国外主体的会计报表遵循的会计准则与母公司会计报表遵循的会计准则不一致（这很常见），那么依照编制合并会计报表的基本原则，应以母公司会计报表遵循的会计准则为标准调整国外主体的会计报表，这与时态法的要求一致，却与现行汇率法的要求相悖。显然，合并财务报告与外币会计报表折算，是坐在同一块“跷跷板”两端的“捣蛋鬼”，一个降下来，另一个却升上去。

此外，各国的物价变动程度是各不相同的，若不消除物价变动的影响，那么合并会计报表必然无法体现物价变动的综合影响。若要消除物价变动的影响，且坚持基本会计报表以历史成本为基础，就必须采用“折算—消除—合并”程序，但这消除的是母公司本国货币的物价变动的影响，符合时态法的货币观点，不符合对国外实体会计报表的折算要求；相反，若要消除当地物价变动的影响，就必须采用“消除—折算—

合并”程序，然而这又改变了被合并会计报表的历史成本计量结构。

综上所述，在历史成本会计模式下，难以消除物价变动对合并会计报表的影响。正因如此，一些国家（如德国、意大利等）流行不对国外主体的会计报表进行合并，一些国家（如荷兰等）流行分情况与层次编制几套合并会计报表，其分类的标准主要有：折算外币会计报表的方法、物价变动的相似程度等。这样对合并会计报表进行适当“分解”或许是有益的，但是无法彻底解决上述矛盾。

在这种情况下，合并报表的功能货币将是母国通货与当地通货的“杂合”，学术界为此伤透了脑筋，似乎找不到什么可行的办法。其实，若我们抛弃“一套报表就应满足母公司股东的主要需要”的思维定式，牢记“合并报表不过是投资决策所需的一种重要信息”这一信条，就可以找到解决这一问题的某种方法：（1）对全部合并主体的报表都按“现行成本／名义货币单位”会计模式重新表述后再折算，这样，一方面，从折算结果看，时态法与现行汇率法是一致的，实现了合并主体在功能货币上的统一；另一方面，又使合并报表信息是一种与决策更相关的现行成本信息，有利于实现合并报表基本目标。（2）按国外主体是母公司国外经营的有机组成部分还是国外实体，分别用时态法、现行汇率法将它们折算后，再编制“分片”的合并报表。（3）将不重要的国外实体的报表排除在合并报表的范围之外，但以补充信息的方式反映等。这样，虽然从某个角度看，解决了一些问题，但从正统的观点出发，以上方案似乎什么问题都没有解决，仍有很大的改进空间。

总结与结论

当一家公司对另一家公司的财务决策和经营决策拥有决定权时，就实质上处在控制状态。控制是合并会计报表理论与实务的概念依据，可以合乎逻辑地推论合并报表的主体、原则、程序及实现技术。其中核心的理论要素是：合并报表是反映集团与集团以外的主体的交易结果的会计文件，无论在编制股权取得日的合并报表还是股权取得日后的合并报表，都要以纳入合并报表的母公司、子公司各自的会计报表为依据，以集团为报告主体，调整与反映集团整体经营成果与财务状况，抵销个别报表上反映的集团内部交易的结果。

仅编制国内的合并报表就已经很复杂了，若将其置于国际环境，汇率问题和通货膨胀（或通货紧缩）问题会分别（或联合起来）影响合并报表的编制，进而成为会计学的难题之一。

关键概念

合并财务报告（consolidated financial report）
母公司理论（parent company theory）
实体理论（entity theory）
所有权理论（ownership theory）

章后练习

一、复习思考题

1. 什么是合并财务报告？它与个别财务报告的区别和联系在哪里？为什么要编制合并财务报告？

2. 为什么说合并财务报告也存在缺陷？

3. 合并财务报告的目标理论有哪些？这些理论的基础是什么？

4. 什么是控制？控制与合并财务报告的目标理论是如何联系起来的？

5. 控制的概念是如何推导出集团和合并财务报告主体概念的？

6. 请简要描述编制合并财务报告的基本前提和原则。

7. 请简要描述按权益法调整对子公司的长期股权投资的会计处理。

二、分组讨论题

1. 本章讲解了三大合并财务报告的目标理论。

（1）三大合并财务报告的目标理论中，您倾向于支持哪个？为什么？

（2）请查阅相关资料，说明为什么很多学者认为实体理论必将取代母公司理论。

2. 控制有哪些形式？请分别举例说明。

三、业务分录题

1. 甲公司为一家上市的集团公司，原持有乙公司30%股权，能够对乙公司施加重大影响。20×7年1月1日，甲公司从乙公司的控股股东——丙公司处受让乙公司50%股权，受让价格为13 000万元，款项已用银行存款支付，并办理了股东变更登记手续。甲公司受让乙公司50%股权后，共计持有乙公司80%股权，能够对乙公司实施控制。甲公司受让乙公司50%股权时，所持乙公司30%股权的账面价值为5 400万元，其中，投资成本4 500万元，损益调整870万元，其他权益变动30万元，其公允价值为6 200万元。

要求：计算甲公司20×7年度个别报表中受让乙公司50%股权后长期股权投资的初始投资成本，并编制与取得该股权相关的会计分录。

2. 20×8年甲公司与其全资子公司乙公司之间发生了下列内部交易：

（1）2月19日，甲公司向乙公司销售A商品100 000元，毛利率为15%，款项已存入银行。乙公司将所购商品作为管理用固定资产使用，该固定资产预计使用年限为5年，预计净残值为0，从20×8年3月起计提折旧。

（2）5月12日，甲公司向乙公司销售B商品160 000元，毛利率为20%，收回银行存款80 000元，其余款项尚未收回（应收账款）。乙公司从甲公司购入的商品在12月31日前尚未实现销售。

（3）12月31日，甲公司对其应收账款计提了10%的坏账准备。

要求：根据上述资料编制甲公司20×8年度合并工作底稿中的抵销分录。

思政园地

第 8 章

国际管理会计

国际会计学

International Accounting

目标引领

思政引领

通过学习本章，了解国际投融资会计对促进跨国企业融入国际大循环的重要意义，了解国际管理会计对促进企业高质量发展所发挥的重要作用。

知识引领

通过学习本章，应了解国际管理会计的基本内容体系、国际战略会计的内容；熟悉影响国际筹资、投资的各种因素；掌握国际融资、投资战略的制定与评价。

教学重点与难点

会计如何服务于国际企业的国际筹资和投资。

8.1　国际管理会计概述

跟踪管理输出的国际资本输出，进而为后续国际资本的投资决策提供有意义的服务，国际管理会计也就应运而生了。

8.1.1　国际管理会计的特点

中外学者对“国际管理会计”究竟是什么，至今莫衷一是。目前对国际管理会计的理解主要有两种：一种认为国际管理会计是现代管理会计的基本原理和方法结合跨国经营活动的环境和条件进行具体运用的一个新领域，它着重研究在当代国际经济趋于一体化的条件下，如何在跨国经营活动中，为最大限度地提高经济的配置效益和使用效益提供有用的信息；另一种认为国际管理会计是管理会计的基本原理与国际企业经营管理的具体情况相结合的结晶。国际管理会计应结合国际企业所面临的国内外的社会、经济、政治环境，把管理会计的基本原理应用于其中，重在解决国际企业经营管理对管理会计提出的特殊问题。

在第1章我们就论述了不能简单地将国际会计等同于跨国公司会计，同样不能简单地将“国际管理会计”等同于“跨国公司管理会计”，因为“跨国公司管理会计”不能确切地反映出国际管理会计的全部内涵和它应有的丰富实践。国际管理会计的内涵理应体现管理会计和国际会计的双重特性（史习民，1994）。即国际管理会计作为管理会计的一个分支，首先，它是一国范围内的微观管理会计在国际范围内的延伸和扩展，既包含微观管理会计的基本范畴，又具有国际化特色，不能脱离国际会计的基础理论和一般框架而独立存在；其次，相对于一般企业的内部管理而言，国际企业的内部管理更复杂，对会计信息的利用也更必要、更困难，在决定和实施战略决策时，会受到国际企业诸投资者所在国的法律、行为习惯、企业的组织结构、外汇风险、物价变动和政治风险等因素的影响（王善平，2001）。国际管理会计具有以下特点：(1) 面临的生态环境的复杂性。不仅要面临国内外的经济问题，还要面临相互影响的国内外政治问题、法律问题，甚至人文习惯等许许多多的非经济问题，即使在经济问题内部也特别复杂，比如财政与金融、会计、法律的变动问题，就业问题，出口问题，技术开发与保护问题，以及它们之间的相互影响等。（2）处理的信息的宏观性和不确定性。这是由面临的生态环境的复杂性，再加上一般会计的优势与缺陷共同决定的，进而使国际管理会计成为国际企业经营管理不可或缺的一部分。

8.1.2 国际管理会计的基本内容体系

F.D.S.Choi 和 G.G.Mueller（1988）认为国际管理会计包括“国外投资分析”、“风险管理”、“管理信息系统和控制”和“国外经营责任评价”。王德升、白肇鲁、阎金锷教授（1992），以及王松年、钱嘉福教授（1991）等也有类似的观点。这类观点的主要缺陷是：（1）把国际管理会计的研究范围局限在跨国公司上；（2）在跨国战略管理上未对管理会计信息给予应有的关注。

于晓镭（1993）认为，国际管理会计主要反映和控制国际经营与规划、国际资金的筹集、调度和投向，以实施国际再生产过程中国际资金运动的方向、数量与时间最优化组合和最有效控制，国际管理会计包括国际战略规划会计、国际决策会计和国际责任会计三部分。我们认为，这类观点反映出国际管理会计是当代世界经济一体化和国际企业不断发展的产物，也是管理会计的基本原理与国际企业经营管理的具体情况相结合的产物。国际管理会计应帮助国际企业的经管者在全球范围内正确决定或修正国际企业的经营模式、经营规模、经营结构、融资或筹资战略市场营销的构建与开展、外汇风险的转移等。所以，国际管理会计的总体目标是帮助国际企业管理部门做出资源最优配置，实现价值最大化的战略决策，具体目标包括：（1）进行国际战略规划。从国际企业生产经营特点及发展趋势出发，分析企业和竞争对手的优势、劣势，预测企业内外部环境的变化，制定合理的企业目标和竞争战略。（2）合理配置经济资源。保障资金在国际企业间的流动，协助管理人员做出正确的筹资、投资、收益分配决策，利用竞争战略手段扩大销售市场，提高商品的市场占有率，就地利用国外自然资源和人力资源，实现人、财、物的占用和流动状态最佳。（3）调节控制经营活动。国际管理会计将成本核算与成本决策相结合，进行预防和前馈性调节和控制，并根据业绩报告和评价指标体系进行反馈性调节和控制，保证各项目标的顺利实现。（4）评价分部经营业绩。运用财务指标和非财务指标对分部业绩报告做出评价与考核，实行有效的激励机制，促进国际企业分部协调和合作，并为战略分析提供支持性信息，为战略实施提供控制性信息。

综上所述，国际管理会计主要研究的领域是：国际战略管理、国际资本筹集管理、国际资本投资的预测与决策，以及国际企业责任评价等问题，即国际管理会计由国际战略管理会计、国际筹资会计、国际投资决策会计和国际责任会计组成。

8.2 国际战略管理会计

随着世界各国政治、经济联系上的日益紧密，国际企业所面临的社会环境也日趋复杂，科技进步和金融创新使国际企业面临的环境更为复杂，国际企业若不从全局、长远角度来谋划未来，实施战略管理，将寸步难行。为国际企业战略经营而开展的筹资战略决策、投资战略决策等，是国际企业战略谋划的核心。

8.2.1　国际企业经营战略的内涵和特征

“战略”（strategy），源于希腊语strategos，意为“将军”，原意是指挥军队的艺术和学问。后来，其含义被广义化了，一般是指一个组织为实现特定的长远目标，通过综合分析其面临的内外环境而拟定的某种规划。国际企业的经营战略，就是国际企业在复杂多变的环境中，为实现国际企业价值的最大化，对国际企业所有的经济活动进行的全盘谋划。也有人认为，国际企业经营战略是用来指导国际企业行为的一系列规则，包括国际企业在现在和未来要达到的目标；发展国际企业与外部环境关系的规则；设计国际企业内部关系与运转的规则；国际企业的作业规则等。国际企业经营战略的基本特点是：

■　1）全局性

战略总是以国际企业的目标为核心，以国际企业全局的生存与发展为对象，例如，为国际企业整体利益最大化而在世界范围内的布局、资源配置和年度重点项目等方面。根据国际企业总体的生存与发展的需要来制定国际企业总体行动，需要协调国际企业内部各组成部分的目标、行动方案与总体的目标、行动方案的矛盾，并使其统一到总体的战略上来，这一点对国际企业这种在多个国家、由多个子公司或分部组成的集团来说，尤其重要。

■　2）长期性

严格地说，战略最具特征的标志在于它的长远性，是对国际企业未来较长时期内生存与发展（特别是竞争优势的获得）的通盘筹划。在短期内，战略的效应可能显示不出来，而在经历了一段时期后，特别是在国际企业面临的政治、经济和科技环境变化不定的情况下，科学的战略效应将非常大。

■　3）抗争性

国际企业战略的重要性只有在国际企业面临激烈的竞争，并且只有战胜对手后才能生存和发展时，才显得尤其重要。这是战略与那些不考虑激烈竞争而只为改善国际企业现状、提高国际企业效益的行动方案的主要区别之一。

■　4）纲领性

战略是关于国际企业总体的、长远的抗争性行动方案的总和，基本上是无先例可循的，有太多的不确定情况需要考虑，不可能很具体，只是对未来情况的原则性谋划。

■　5）国际性

与经营范围仅限于国内的企业战略管理相比，国际企业战略管理的特征在于它的国际性。这就是说，国际企业在进行战略管理过程中，不仅要着眼于国内部分这一子系统，而且更要从全球的角度来研究、决定国际企业在国内、国外以及全球性的战略目标和实现战略目标的途径。

8.2.2　国际战略管理会计的特征化方法与基本观念

国际企业战略管理会计是国际企业战略决策的支持系统，这种支持，首先来自国际企业的目标必须落实到财务上，其次，管理会计有能力为国际企业的战略决策提供必要的信息支持。

国际战略管理会计的最终目标应与企业的总体目标一致，它的具体目标包括：协助管理层确定战略目标、协助管理层制定战略规划、协助管理层实施战略规划、协助管理层评价战略管理业绩。国际战略管理会计的主要内容应包括战略目标制定、战略成本管理、经营投资决策、人力资源管理和风险管理。

■ 1）国际战略管理会计的主要方法

（1）产品生命周期法

任何产品从投放市场到最终退出市场，都有一个有限的生命周期，在这一过程中，一般包括投放期、增长期、成熟期和衰退期。经验表明，在产品投放期，人们基本上不了解该产品，投入大而销售收入少，一般会亏损；随着产品接受程度的提高，单位利润迅速增长；到了成熟期，单位利润开始下降，国际企业应考虑将其逐步退出市场。对应的战略成本管理策略是，在投放期和成长期，应以创业为使命，努力提高产品的市场占有率；在成熟期应以保持市场份额为使命，并着手开发新产品；在衰退期应以收获为使命，尽可能地实现短期利润和现金流入最大化。

（2）增长-份额矩阵法

该方法按照产品的市场份额（国际企业产品的盈利水平和生成现金的能力）和市场的增长（国际企业的现金需求）情况，将国际企业的各种产品进行分类，见表8-1。

表8-1 **增长-份额矩阵**

市场份额 / 市场增长		相对市场份额	
		高	低
市场增长	高	明星：现金生成者或现金吸收者	野猫：现金吸收者
	低	现金牛：大量现金生成者	落水狗：少量现金生成者或现金吸收者

对于不同的产品矩阵，应有不同的战略与之对应。比如，对于明星产品，应以保持市场份额为主要目标；对于野猫产品，应加大投资，使其迅速成为明星产品；对于现金牛产品，应尽量延长收获时间，不宜再进一步增加市场份额；对于落水狗产品，则应采取退出策略。不同的产品矩阵，会形成不同的现金情况，如果实施产品组合战略，将有利于充分发挥它们的效能，比如，可以用现金牛产品生成的现金来扶持野猫产品的生产，进而使野猫产品成为明星产品和现金牛产品，保持持久的竞争优势。国际战略管理会计就是要根据战略管理目标的需要，设计资金筹集战略和资本投放战略，以及实现它们的战略步骤和方法等。

（3）价值链分析法

价值链分析法是美国学者Poter首先提出来的，包括横向和纵向价值链分析两种。从横向的角度看，国际企业的经济活动，包括一般管理、人力资源管理、技术发展、采购、内勤、经营、外勤、营销和服务，所有这些都有自身的经营成本和资产，每项活动的成本都要受到所分配的资产数量和效率的影响，为此，需要分析每项活动的成本动因及其性质，并且要衡量竞争对手的成本优势，设法使自身价值链上的所有活动的总成本小于竞争对手的总成本，以赢得成本优势。从纵向看，将整个行业的价值活动分解为一系列的相关战略活动，纵向价值链分析，有利于国际企业准确地把握其在整个行业中的位置，有利于国际企业整体的盈利能力分析。

（4）作业成本法

表面上看，作业成本法是对传统产品成本法的一种改革，实质上它是在新技术和适时制（JIT）环境下的应成本控制之需而设计的新的成本控制系统。这一控制制度，通过对所有作业活动进行动态反映，以更好地发挥作业成本在决策、计划和控制中的作用，与传统的产品成本制度相比，作业成本法从“产品”中心转移到了“作业”中心，通过对作业成本的确认、计量，尽可能地消除“不增加价值的作业”、改进“增加价值的作业”提供及时、准确的信息，把损失与浪费降到最低点。

作业成本法最重要的特点表现在如下两个方面：一是不就成本论成本，而把着眼点放在成本发生的前因后果上，不仅要从资源消耗对顾客价值增加的角度来关注从产品设计到产品销售及其以后的全过程，而且要动态地分析各作业链对价值链的效应与效率；二是改进了对制造费用的分摊，包括增加分配标准（由单标准改为按引起制造费用的多“成本动因”分配）和缩小分配范围（由全厂统一分配改为由若干“成本库”分别分配）（余绪缨，1995；王光远，1995）。从传统产品成本法转变到作业成本法，将有利于改善制造费用的分配，进而提供“相对准确”的成本信息，更有利于作业成本决策和各作业中心的责任管理。

上述方法是国际战略管理会计的特征化方法，这并不排除对传统管理会计方法的运用，事实上，在国际战略管理会计中，还经常大量地使用一些传统管理会计方法，如本量利分析法、差量分析法等。

■ 2）国际战略管理会计的基本观念

（1）市场观念

传统管理会计主要针对国际企业内部环境，依据国际企业内部的生产经营条件和责任评价等因素，提供决策分析信息。国际战略管理会计提供的决策信息，强调依据国际企业的内外部环境设计战略方案，特别关注顾客的需求、竞争对手的实力和该国际企业产品的生命周期等，倡导用“企业引导市场”经营策略来替代“需求决定型”经营模式。

（2）整体观念

强调把国际企业各组成部分的目标统一到国际企业整体的长远目标上来，实现过程控制与结果控制的有机结合。一个合格的国际战略管理会计人员不仅要与技术、生产和管理各领域人员密切配合，而且要不断地拓宽自己的知识面、更新自己的知识结构。

（3）长远观念

未来学家认为，国际企业长盛不衰的两个主要因素为：一是现存竞争上的比较优势，二是对未来的合理谋划，这就要求国际战略管理会计人员不仅要为国际企业设计一个较长远的总体目标，还要为国际企业围绕这个总体目标，合理地设计年度目标和各组成部分的分目标。

综上所述，国际战略管理会计的主要内容包括战略目标设计、成本战略管理、筹资战略管理、投资战略管理和人力资源战略管理。在这些内容中，几乎每一项都涉及风险战略管理问题。

一般情况下，国际战略管理会计人员都要为国际企业战略决策者设计国际企业的战略目标提供相关的会计信息，应在国际企业未来的经营方向、经营范围是什么，在全球的哪些市场进行竞争，用什么产品和劳务来与对手展开竞争，怎样创造和维持自己的竞争优势等方面提供信息支持。

实现国际企业的战略目标的路径是多样的，实施有效的战略成本管理当然是必不可少的环节。需要从战略的角度来考虑影响各环节的成本因素，进而寻找降低国际企业战略成本的方式和方法。基本的成本动因包括：（1）与国际企业战略目标有关的成本动因，如国际企业的规模、技术、经营方针、质量管理和人力资源管理等；（2）与国际企业作业相关联的成本动因，如产品生产的批别、存货搬运的次数等。可见，国际企业可以通过确定国际企业适合的规模、详尽的市场调研、恰当的研究和开发策略以及合理的工艺安排等路径，来降低国际企业的战略成本。

至于战略筹资会计、战略投资会计和人力资源管理，其核心是从全局的、长期的角度来考虑国际企业的筹资方式、筹资规模、资本结构、筹资时间、投资方向、投资规模、投资对象、投资的时间分布、责任单位的划分、指标的确定与分解、责任单位的业绩考核与奖惩等方面，提供以财务信息为主的信息支持。

8.3 国际筹资会计

国际筹资会计，主要是为国际企业在国际资本市场上筹集资本时，提供与决策有关的会计信息的系统，其中，最重要的工作是国际筹资的基本环境分析和国际资本结构的确定。

8.3.1 国际筹资的基本环境分析

国际筹资的基本环境实际上是影响国际资本筹集的各因素的总和。一方面，国际企业必须适时地筹集到所需的资本，以便有资金供国际企业生产经营活动使用；另一方面，国际企业所筹集的资本必须是代价合理、风险较小的，不至于给自身带来危险。因此，国际资本筹集的基本环境分析，必须分析国际资本筹集的目标与方式，国际资本筹集的经济环境、法律环境、政治环境和文化环境等。事实上，这些因素都是共同影响的，很少能独立地发挥作用。

■ 1）国际资本筹集的环境分析

（1）国际资本筹集的经济环境。

国际资本筹集经济环境分析就是要从全球战略的角度，考察相关国家或地区的动态经济周期、经济发展水平、经济体制、市场化程度、金融制度和金融状况及税收制度等。

在市场经济条件下，经济总是呈现出波浪式的发展态势，不断循环，这种动态经济周期，必然对国际企业的资本筹集产生一定的影响。比如，在经济萧条阶段，产销量下降，投资规模锐减，资金供应紧张，资本筹集困难；在经济繁荣阶段，则相反。由于全球经济一体化的影响，各国的动态经济周期的联动性特点越来越明显，国际企业要提高资本筹集的效益，就必须审时度势。

特定国家和地区的经济发展水平及其趋势，基本上体现该国家和地区的经济发达程度或经济增长情况。一般情况下，经济发达或经济增长较快的国家和地区，投资和筹资活动都比较活跃，总体上，金融创新能力较强，筹资方式较多，是筹集国际资本的好地方，这主要得益于其发达的经济和较快的发展速度，人们比较富裕，有较充裕的资本供给，同时，资本的社会平均投资回报率也较高。

经济体制是一定国家和地区的有限经济资源配置的运行机制。从世界的范围看，包括计划经济体制和市场经济体制。不同的经济体制将导致不同的资源配置的运行条件、作用基础、运行方向、作用力度及其结果等，资本筹集的过程也是资本拥有者选择经济体制的过程。在不同的经济体制下，政府对国际企业的筹资行为的干预程度和管理方式都不相同，在某种程度上，经济体制影响到筹资的自由度和灵活性，甚至关系到资本筹集的成败，对国际资本筹集尤为关注。国际企业应全面掌握情况，以免与东道国政府或有关的管理机构产生不必要的冲突或纠纷，要力争东道国的支持和保护。

金融制度和金融状况也是影响国际资本筹集的重要因素，包括对银行贷款、债券发行和股票发行与交易等方面的管理。在一定意义上，金融制度将受到各国经济体制、政治制度、经济发展水平和宏观经济政策等因素的影响。

此外，市场规模和发达程度主要通过影响企业产品和劳务的消费，进而影响企业的投资回报率。税收制度主要对产品和劳务的销售量、资本成本等产生影响，进而影响国际企业的资本筹集。

（2）国际资本筹集的法律环境。

在国际资本筹集活动中，法律的效应越来越重要。国际资本筹集必须是符合东道国法律法规或国际法规定的经济活动。东道国的法律法规和国际法的规定在许多方面对国际资本筹集有不同程度的影响，比如，资本筹集可能因为公平竞争、环境保护等原因，而受到《反托拉斯法》《防止污染法》等法律法规的约束或鼓励。

（3）国际资本筹集的政治环境。

根据大多数政治学家的认识，政治与经济是一对孪生兄弟，政治是为某种经济利益谋取某种权力而进行的活动。一般情况下，一个国家的政治环境常常由政体、政党和政策等要素组成。

在西方，不同的政党执政，将有不同的施政纲领和执政措施，对有限的资金有不同的配置方式、规模和偏爱。也就是说，国际企业将存在不同的合理而有效的资本筹集方式、规模、空间分布和时间安排等。

实际上，政权的稳定性、政权更迭的有序性，以及政府的特殊偏好等，会在税收政策、财政信用政策、金融制度等方面体现出来，从而对来自国外的筹资者有某种约束或鼓励和保护等。

（4）国际资本筹集的文化环境。

文化，非常复杂，要精确定义之，或许就是徒劳。美国社会学者霍夫斯泰德（Hofstede）认为，应从如下四个方面来研究社会文化的内涵：①崇尚个人主义还是集体主义；②权力距离大还是小；③对不明朗因素的反应是强还是弱；④是阳刚的还是阴柔的。一个国家总有自己特定的文化，这些文化是自生文化与外来文化的有机融合，不仅会影响人们的政治意愿、对利益的态度，而且会影响人们的社会行为与经济活动等。

其中，宗教的力量是不容忽视的。比如，佛教和印度教就主张禁欲，贬斥对物质财富的追求；基督教把积累财富视为上帝的恩宠，同时又提倡勤俭节约，为资本的原始积累做出了贡献；伊斯兰教禁放高利贷，视重利盘剥为罪恶等。显然，这些将以某种方式影响所有者的投资，进而将影响国际资本需求者的筹资方式、规模和成本等。

■ 2）择定国际资本筹集的目标

表面上看，资本筹集的目标是筹集所需的资金，并使企业的财务状况处在安全状态之中。实际上，筹资是为企业经营服务的，因而企业的筹资目标最终将归结到财务管理的目标上。关于企业财务管理的目标，真可谓众说纷纭，具代表性的观点有如下四类：

（1）利润最大化或净现值最大化。

从传统的观点看，企业是一种谋求利润的经济组织，尽可能多地获取利润是企业的基本使命。这一观点主要考虑了业主的利益，在独自经营的情况下，利润最大化是一种合理选择。当企业的资本股份化、大众化以后，出现了所有者与经营者分离的情况，只考虑所有者的利益而无视经营者的利益，将是非理性的。现在，企业所面临的风险越来越大，利润最大化既没有考虑风险价值，也没有考虑时间价值，而且很容易诱导经营者行为短期化。为克服这些缺陷，有学者主张对此观点进行改良，提出了净现值最大化的观点。但是，净现值最大化没有充分考虑长期收益的风险价值，也不尽合理。

（2）资本成本最小化及公司价值最大化。

在这里，资本成本最小化是指公司的加权平均成本最小化。如果企业能够筹集到生产经营所需的资本，并且结构合理，保证企业可以安全运行，那么企业的资本成本最小化，这在一定程度上意味着企业的价值最大化。这种观点也存在诸多缺陷，比如，资本筹集只是企业从事的经济活动的一部分，资本成本最小化，不一定能保证企业的有关利益主体的经济利益最大化，也没有考虑时间价值和风险价值等。

（3）股东财富最大化。

一般情况下，股东财富最大化就是企业股票市值最大化，也就是要使企业的股票市值持续地处在最优的价位上。股票市值是企业现在和未来盈利能力、时间价值和风险价值等因素的综合反映，股票市值的最大化，实际上意味着企业利润的最大化、净现值最大化和公司价值最大化，至少可保证普通股股东利益的最大化，但不能保证企业的债权性资本价值和优先股价值最大化，也不能保证企业的经营者和职工利益最大化。

（4）相关者财富最大化。

以上三种观点其实都不完美，于是宋常（1996）提出了“相关者财富最大化”的观点。

企业是包括股东、债权人、经理者阶层、职工、顾客和供应者等各种利益主体的集合，他们的利益是各不相同的，如果协调不当的话，可能会导致企业经营失败。为此，必须做好筹资安排（资本筹集的规模、时间、结构），做好投资活动，制订好利益分配计划等。

在资本筹集的目标上，国际企业与一般企业既有共性，也有个性。从个性的角度看，国际资本筹集的目标，应该是这样“三合一”式的目标体系：一是长期整体利益最大化。这是最基本也是最重要的目标，要求国际企业在筹集资本时，应该关注长期的、集团这一国际性整体的利益最大化。二是集团不良资产最小化，其要求国际企业的资本筹集，要从国际企业的国内外协调的角度，关注国际企业这一整体的资产的盈利能力和变现能力最大化。三是集团股票市值最大化。

■ 3）国际资本筹集的特点、渠道与方式

与国内一般企业相比，国际资本筹集有其特殊性，主要表现在：①资金需求量大，资本筹集任务较重。②资金来源上，既需要国际企业内部各成员的支持，又需要（也是更重要的）在国际市场上筹集资金。③筹资的机会与渠道较多，筹资的风险较大，不仅要在国内市场上筹集资金，而且要在国际市场上筹集资金，国际市场的政治气候、法律环境、经济环境和文化氛围都在不断变化，而且不确定性很大。④筹资决策，需要从战略发展的角度，考虑、均衡各种复杂因素的影响，比如，既要考虑筹资成本最小化，又要避免和降低筹资风险；既要考虑母公司或某子公司的某种利益，又要考虑国际企业这一整体的利益。这些因素，不总是目标一致的，常常有某种矛盾，这类矛盾有时甚至是非常尖锐的。

筹资渠道和筹资方式常常被混用，其实二者是有差别的。筹资渠道是指取得资本的途径，比如，国际企业的主要筹资渠道包括国际内部筹资、在母国筹资、在东道国筹资和在国际筹资（在除母国和东道国之外的第三国或国际金融机构筹资，或在国际资本市场筹资等）。国际企业的筹资方式是指国际企业取得资金的形式，主要包括国际企业保留盈余筹资、国际股份筹资和国际举债筹资。以上国际筹资方式各有优劣（宋常，1998），国际企业筹资不可能只是依赖某种筹资方式，而是需要对可能和有效的筹资方式进行科学的组合。一般情况下，如果在若干种筹资方式中择一的话，筹资方式的优选顺序是：内部保留盈余筹资、外部举债、发行股票（伍中信，1999）。

8.3.2 国际企业的资本结构及其优化

在我国，人们常常把资本结构与资产结构、资金结构混在一起使用。长期以来，在计划经济体制下，资源配置实行计划配置，由于计划安排错误等因素的影响，在建立社会主义市场经济体制后，我国国有企业的效益问题、偿债问题日益凸显出来。由于受到苏联会计学的影响，会计上总是从来源和占用两方面来研究资金，即资金是资产与权益（资本）的集合，因而，资金结构应该是资产结构与权益（资本）结构的集合（夏冬林，1994）。具体地说，其包括资产内部各组成部分与企业资产总额的比例关系，也包括资本内部各组成部分与资本总额的比例关系，还包括有关资产与资本之间的某种比例关系，如资产负债率等。可见，资金结构概念的内涵是非常广泛的。

我国在建立市场经济体制以后，必须明确资产这种“能带来未来经济利益的经济资源”所带来的利益究竟应归属于谁，从而，权益概念的作用被提到了前所未有的高度，资本正式登上了我国会计学的殿堂，再加上市场经济的风险给企业带来的潜在损失或机遇，资本结构问题便成了我国会计界研究的重要课题。对企业而言，承担的短期债务几乎是无筹资成本的，因此人们在研究资本结构时，基本上不研究短期债务与企业资本（权益）总额或债务总额的比例关系，主要研究长期债务资本、权益性资本的组成及其比例关系。

显然，提出资本结构问题本身就意味着不同的筹资组合会给企业带来不同的财务结果，也就是说，企业的资本结构总有一个最佳状态。从规范方法的角度分析，企业只靠举债筹资，虽然能获得节税利益和保持权益性投资现存利益格局，但是企业要承担较严重的破产风险，并且没有一定的法定资本，公司法也不允许，债权人也认为自己的债权投资没有必要的金融保障，从而不会对该企业进行债权性资本投资，企业仅靠债务筹资将“夭折”。另外，企业仅靠权益性资本筹资，虽然将筹集到可供长久使用的资本，但不能获得筹资上的节税利益，导致筹资成本较高，并且在筹资时必须提供“措辞谨慎”的招股说明书，现有股东的权益还可能被“稀释”，这样一来，对一些企业而言，要筹集到足够的权益性资本可能是困难的。换言之，企业筹资不能只依靠举债，也不能只依赖股权募集，必须对债务筹资和股权筹资进行合理的组合，即企业总存在最佳的资本结构。人们用数学方法证明了它的存在（傅元略，1999）。

最佳资本结构这一问题比较复杂，因为这一问题不仅涉及筹资问题，还涉及企业的经营战略、投资结构、代理人的激励、企业破产制度和税收制度等，它们都会以某种方式影响资本结构的选择，从这个意义上说，最佳资本结构是“满意”资本结构的代名词。评价最佳资本结构的标准不应是唯一的，而应当是多维的。一般而言，应同时满足如下三个条件：①充分供应经营所需的资金量。其包括充分供给企业在投资、利润分派和偿债等方面所需的现金或现金等价物，如果做不到这一点，那么企业实际上处在非正常的经营状态之下，资本结构优化就无从谈起。②资本加权平均成本最小化。资本加权平均成本最小化是企业取得较好经济利益的一个增量，在其他条件不变的情况下，资本加权平均成本最小化本身就意味着筹资对利润的贡献的最大化。③相关者利益最大化。这是资本结构优化的落脚点，实际上，相关者利益最大化是所有企业管理工作必须遵守的宗旨，保证资本供应量及其加权平均成本最小化，只是落实这一宗旨的前提之一，此外还要注意保证债务资本与股权资本的合理结构、债务资本内部的短期资本与长期资本的合理结构，只有这样才能获得债务资本的财务杠杆效应的最大化，并且保证债务风险可控，实现利益相关者权益最大化。

面对评价企业最佳资本结构的标准，我国国有企业资本结构存在的主要问题是

“负债过度”和“股权结构单一”。实际上，问题的关键不在于如此高比例的负债，而在于形成它的机制，在完全的市场经济条件下，无论股权融资还是债权融资，都是投资者自由选择的结果，企业负债高，也有可能是经营效益好的表现，而不应简单地认为这是企业出现财务危机的征兆。银行不是真正的投资者，企业经理和股东并不对企业的负债承担什么责任，而企业的偿债意识、风险意识在20世纪90年代才开始形成，可惜，此时国有企业的财务危机已积重难返。实际上，国有企业的高负债只是资本结构问题的表象，真正的问题在于股权结构单一，也就是“投资主体错位”。

我国国有企业的股权结构单一，是指国有企业的股份几乎都是国有股，有积极性和有能力控制企业的投资者被安排成了债权人，而不能直接有效控制企业的投资者却成了股东，而且是最大的股东，有的甚至是唯一的股东。作为国有股代表的国有控股公司的官员有选择经营者的权力，但不需要对选择经营者失误承担什么责任，而有资本的人们只能将资本存入银行，作为债权人。可以说，国有企业的投资主体错位问题不解决，就不会有真正的职业经理，现存的国有企业的资本结构优化问题也就无法解决。近几年，国家试图通过明晰国有企业的股东身份，来解决政企不分、政资不分和保值增值问题，进而优化国有企业的资本结构。要优化国有企业的资本结构，须将国有股权变成债权，而不是“贷改拨”，实现投资主体的大换位。这样，才可能形成真正的经理市场，培育真正的职业经理，企业才可能有较好的、持续的盈利基础，才可能将企业资本结构优化落到实处。

我国的国际企业大部分为国有企业，在资本结构上，也存在着一般国有企业存在的上述问题。同时还有一些特殊问题，比如：①资本结构将承受汇率风险的影响。②除了要注意非流动负债与股权之间比例关系外，还要注意流动负债与非流动负债及用于偿债的相关资产配搭关系，外币短期负债过于集中可能会给国际企业带来灾难性的后果，这也是酿成东南亚金融危机的一个重要原因。③引进和加强知识资本的分量。在传统企业及其资本结构中，几乎只强调金融（财务）资本的结构，没有考虑知识资本的效能，然而，在现代国际企业的竞争中，越来越依靠一批又一批技术和管理创新人才的努力，知识资本者分享剩余索取权将是国际企业的必然选择（王善平，1999）。

8.4　国际投资决策会计

国际企业的投资是实现国际企业目标的基本手段之一，不同于一般国内投资，其涉及各种复杂的不确定因素，并且国际企业又是一个在国外有直接投资的、旨在获取最大的全球利益的集团，需要考虑集团整体的利益最大化，着眼于长远与全球，要在国际市场上争得更多的份额，因而国际企业投资决策是一种战略决策。国际企业投资决策会计需要把投资项目经济评价的基本原理和方法，与国际企业的经济活动的基本环境相结合，专门研究国际企业在投资管理上的特殊问题，如国际投资项目经济评价的指标体系、国际运营资本的优化问题等。

8.4.1 国际投资经济评价

由于国际投资是国际企业在全球范围内进行的资源配置活动，国际投资当然包括国际直接投资与国际间接投资，但由于我们讨论的是关于国际企业的有关问题，国际企业是在国外有直接投资的经济组织，再加上篇幅的限制，本教材只讨论有关国际直接投资的一些典型问题，如对谁评价、评价的依据等。

■ 1）评价谁：集团还是其他主体

母公司和国外子公司都是独立的经济实体，它们有各自的利益与战略。母公司在国外投资，设立国外子公司，无疑要对国外子公司进行经济评价，作为国际投资，仅此还不够。因为这种投资是实现国际全球战略的重要手段之一，必须从集团全局的角度进行经济评价，这就是说，国际投资的经济评价主体不仅是国外子公司，更重要的是集团。

■ 2）所用资料及其调整问题

（1）原始投资额问题。

一般情况下，原始投资额是按所获资产的原始成本计价的，但在国际投资项目中，原始投资额的确定还会遇到一定的特殊问题，比如，在投资项目计划中包含了动用原“冻结资金”，此时，在集团看来，该“冻结资金”是一项收益，在国外投资项目中，应将其视为对原始投资额的扣减。如果该“冻结资金”在解冻后别无他用，按面值从原始投资额中扣减；若在解冻后还有其他用途，能获取某种收益，这种收益就是它的机会成本，在确定该投资项目的原始投资额时，应扣除该机会成本。

（2）外币现金流量问题。

现金流量始终是评价项目投资的基本财务资料。在国际投资决策分析中，必须明确：这里的现金流量是现金流入量还是现金净流量，是税前的现金净流量还是税后的现金净流量，是按东道国货币计量还是按母国货币计量，是否要考虑可汇回的问题。

要回答这些问题，必须从国际投资战略管理的高度加以考虑。

国际投资，最终必须使股东财富最大化，因而，用来评价国际投资决策的现金流量当然是指税后现金净流入量①。由于国际投资是对外投资，在通常情况下，获取的是以当地通货计量的资财，若东道国对外国公司赚取的现金净流量的汇回母国部分实行严格的法律限制，那么在对国际投资项目进行经济评价时，就应把“不可汇回额”从可能获取的税后现金净流量中扣除。

至于现金净流量应按何种通货来计量，问题的产生源于国际投资评价的主体是国际企业这一整体，这样，用来计量国际投资的现金净流量可能是东道国的通货，也可能是母国的通货，但不可能同时使用这两类通货。究竟使用何种通货呢？这主要取决于集团的功能货币是东道国通货还是母国通货。如果集团的功能货币是东道国通货，

① 如果母国的所得税税率与东道国的所得税税率不一致，则在计算税后现金净流量，考虑所得税费用时，应从高计算，以便比较稳健地处理税后现金净流量。

那么应使用东道国通货；否则，就应使用母国通货。

此外，这里还要考虑由于在某国设立了子公司，东道国对母国产品和劳务出口实行了一定的限制，或者因为该子公司的经营，使得原属于母公司的一部分出口利润丧失了，实际上，集团丧失的这种出口利润是该国际投资的机会成本。

（3）折现率问题。

国际投资经济评价，必然要使用现值概念，而在使用现值概念时，必须正确确定折现率。折现率是投资必须达到的最低收益率。由于国际投资是在国外投资，面临的政治、经济、法律等环境的不确定性较大，再加上投资回收期长，综合性风险将很大，这就不能考虑“折现率的风险调整”问题。“按风险调整后的折现率”肯定会比“无风险的折现率”高，至于高多少，应根据有关的政治、经济、法律情况及其发展趋势，进行综合研究决定。

3）国际投资项目经济评价的指标

对国际投资项目进行经济效益的评价，是国际投资项目决策的核心内容。国际投资项目经济效益评价的基本指标包括：

（1）投资利润率。

投资利润率即单位投资获得的利润。其计算公式为：

$$\text{投资利润率}=\frac{\text{年利润或年均利润}}{\text{总投资额}} \tag{8.1}$$

该指标不受建设期的长短、投资方式及净现金流量大小等条件的影响，但该指标没有考虑货币时间价值和现金流量。

（2）静态回收期。

静态回收期是指通过隔年净现金流量收回总投资额所需的年数。其计算公式为：

$$\text{静态回收期}=\frac{\text{原投资额}}{\text{年净现金流量}} \tag{8.2}$$

若每年净现金流量不相等，则回收期为累计净现金流量等于原投资额这一年。该指标考虑了净现金流量但没有考虑货币时间价值。

（3）动态回收期。

动态回收期是指按设定的折现率对贴现的营业净现金流量补偿原始投资现值所需的时间。其计算公式为：

$$\text{动态回收期}=\left(\frac{\text{累计的贴现净现金流量}}{\text{第一次出现正值的年份}}-1\right)+\frac{\text{上年年末累计的贴现净现金流量}}{\text{该年贴现的净现金流量}} \tag{8.3}$$

（4）盈亏临界点。

盈亏临界点表明项目在该点上处于不盈不亏的状态。其计算公式为：

$$\text{盈亏临界点销售量}=\frac{\text{固定成本总额}}{\text{单位售价}-\text{单位变动成本}} \tag{8.4}$$

（5）净现值。

净现值是指投资项目未来现金流入量的总现值与现金流出量的总现值之差。其计算公式为：

$$\text{净现值}=\text{投资项目现金流入量的总现值}-\text{该项目现金流出量的总现值} \tag{8.5}$$

由于该指标是用绝对数来评价的，因此，对投资额不等的方案评价缺乏可比性。

（6）获利指数。

其计算公式为：

$$获利指数=\frac{投资项目现金流入量的总现值}{该项目现金流出量的总现值} \tag{8.6}$$

（7）内含报酬率。

内含报酬率是指一项投资方案在其寿命期内按现值计算的实际投资报酬率，即该项目净现值为零的报酬率。

当每期现金净流量相等时，内含报酬率计算如下：

①计算年金现值系数。

$$年金现值系数=\frac{原投资额现值}{每期的现金净流量} \tag{8.7}$$

②查年金现值表，在相同期数内找出与上述年金现值相近的较大和较小的两个贴现率。

③根据上述两个贴现率和年金现值系数，采用内插法求内含报酬率。

当每期现金净流量不相等时，内含报酬率计算如下：

①先估计一个贴现率，并按此率计算净现值。若净现值为正，则说明所估计的贴现率小于内含报酬率；若净现值为负，则说明所估计的贴现率大于内含报酬率。

②如上所述，反复测试，直至找出由正到负的两个相邻的贴现率。

③根据上述两个贴现率用内插法求内含报酬率。

（8）风险率和风险价值。

①计算投资项目的期望值。期望值是指一个概率分布中所有可能出现的数值，以各自相应的概率为权数计算的加权平均数，以X表示。其计算方法如下：

$$\overline{X}=\sum_{i=1}^{n}X_i \cdot P_i \tag{8.8}$$

式中：X_i——可能出现的数值；

P_i——可能出现的数值的概率。

②计算标准离差。标准离差是反映各种可能出现的数值与期望值之差的平方根。其计算公式如下：

$$d=\sqrt{\sum_{i=1}^{n}(X_i-\overline{X})^2 \cdot P_i} \tag{8.9}$$

式中：d——标准离差；

$\overline{X}$——期望值。

③计算标准离差率。标准离差率是指标准离差与期望值的比率。其计算方法如下：

$$CV=\frac{d}{\overline{X}} \tag{8.10}$$

式中：CV——标准离差率。

④计算风险率。其计算方法如下：

风险率=风险价值系数×标准离差率

其中：风险价值系数由投资者评定。

⑤计算风险价值。其计算方法如下：

$$风险价值=期望值\times\left(1-\frac{1}{1+风险率}\right)$$

（9）外汇效果。

这是国际投资者极为重视的一项综合指标，其包括内容如下：

①净外汇流量现值=（每年外汇流入量-每年外汇流出量）×普通复利现值之和　(8.11)

其中：每年贴现率一般取外汇借款综合利率。

$$②换汇成本=\frac{出口产品国内资源成本}{出口产品净外汇} \tag{8.12}$$

$$③投资创汇率=\frac{出口产品净创汇}{外汇投资额} \tag{8.13}$$

$$④外汇返回比=\frac{返回外汇（美元）}{税后利润}\times100\% \tag{8.14}$$

8.4.2　国际运营资本优化

运营资本（working capital）是指流动资产与流动负债之差，是在某一时日用企业的流动资产偿还流动负债后的节余或不足。设计这一指标，主要的理由有两个：一是在信用经济时代，企业的财务危机首先来源于对流动负债的不及时或不足额支付，而正常情况下偿还流动负债的基本经济资源是流动资产；二是在通常情况下，流动负债的增减与流动资产的增减有某种依存关系，流动资产，特别是存货和应收账款等流动资产周转的加快，对企业现金净流量的增加很有益处。

1）国际运营资本存量优化

国际运营资本存量优化，比国内企业的运营资本优化所遇到的问题更多，也更复杂。除了要遵守运营资本存量管理的一般原理（如既要保证企业生产经营的正常进行，又要降低资金的使用成本等）外，还要考虑国际企业的特点，如各种风险的影响等。这里，尤其要注意优化现金、应收账款和存货等项目的存量。

关于现金的优化管理，要解决的主要问题包括：（1）选择恰当的币种，主要取决于国际交易对特定币种的需要，当然，货币的坚挺性和国际通用性也是重要的影响因素。（2）从安全性、流动性和收益性的角度，考虑持有的现金的方式，是库存现金还是活期或定期存款，或者是有价证券，或者是它们的某种组合。（3）最佳现金持有量的决定。考虑现金需求的交易动机因素，W.Baumol在1952年提出了平方根法则，1956年，J.Tobin从现金交易需求的利率弹性角度论述了类似的平方根法则，他们说，最佳现金持有量与变现成本、交易总量成正比，与利率成反比，并且现金持有量的增长率低于交易总量的增长率。M.Miller和D.Orr把货币需求的预防动机考虑在现金持有量模式之中，有如下公式：

$$R=\sqrt[3]{\frac{3ba^2}{4i}}+L \tag{8.15}$$

式中：a——每日现金流量的变动数；

b——变现成本；

i——利率；

L——现金存量的下限。

四是现金管理策略，即“集中存储”与“跨国调度”问题。“集中存储”要求分散在世界各地的子公司只保留其日常交易所需的正常现金存量，闲置现金都集中存储在母公司设立的现金总库里，以便更快捷、更经济地应付集团各成员的非预期的现金需求。而“跨国调度”则围绕“交易需求量”由母公司从全局利益最大化出发，进行跨国间的现金均衡，因此“跨国调度”实际上是“集中存储”发挥作用的延续。

在国际企业中，把“集中存储”与“跨国调度”有机结合起来，能最大限度地从总体上降低资金的使用成本，提高资金的使用效率，避免或降低集团的财务风险。建立在现代科技基础上的信息网络，完全可以帮助母公司了解各子公司现金余缺的瞬时变化，并在世界范围内适时调拨所需的现金，顺利达到跨国间现金均衡调度的目的。

关于应收账款的优化问题。应收账款是商业信用的结晶，信用期越长，应收账款占用的资金就越多。企业为扩大市场份额，大量采用赊销和延长信用期的方式，这是重要的增收措施。但是，这也会带来一些副作用，主要是存在一定的坏账风险，此外，许多用外币计量的应收账款，还会受到汇率变动风险的影响。因此，在优化应收账款所占用的资金时，不能孤立地就占用量论占用量，还应权衡各种相关因素的利弊得失，以正确确定应收账款的总量、结构和信用期等。

关于存货存量的优化问题。存货存量的优化，在适时生产系统中，国际企业的跨国经营管理同样要遵循一般国内企业经营上的、关于存货的“经济订货量”、“保险储备量”和“提前期”的确定原理。但是，国际企业经营环境的不确定性比国内企业经营环境的不确定性要大得多。通过计算，我们可以发现，在进口价格、当地货币贬值率、当地短期投资收益率等因素分别增加而其他因素保持不变时，存货的储存量也应相应地增加；在当地通货贬值率增加，而其他因素保持不变时，存货的储存量应相应地增加；在当地资本的短期投资收益率增加，而其他因素保持不变时，存货的储存量应相应地减少。

■ 2）国际运营资本流量优化

优化国际运营资本流量，就是要从国际企业整体的角度，通过对运营资本的统筹安排和调剂，使运营资本在国际企业内部合理流动，达到最大限度地提高国际企业整体的经济效益的目的。一般情况下，都是通过运营资本在国际企业内部的合理转移来实现的，如通过：专利权、商标权等无形资产的转让，提供专业服务，借贷款，股利分派，有关专业设备和存货的转移等方式来完成。

国际企业实施这些转让业务，目的可能不是某个单方面的。比如，为解救某一成员在流动资金需求上的暂时性困难，为国际避税，为帮助某一国外企业迅速获取一定的市场份额，为避免东道国在资金转移上的限制，为规避外汇变动风险等。

国际企业为实现上述某一个或某几个或全部目标，可能面临这样一些矛盾：国际企业整体利益最大化与某成员利益最大化不一致、国际企业利益最大化与东道国利益最大化不一致、国际企业内部契约与东道国法律法规相悖等。

面对这些矛盾，国际企业应认真对待，并制定有前瞻性的、全面的、系统的应对战略与措施。其一般包括熟悉东道国法律法规并将其应用于经营管理之中，确定合理合规的经济合同，加强与东道国政府的沟通与联系，确定合理的国际转让价格，建立适时的内部信息网络等。

8.5 国际责任会计

国际责任会计，以国际企业内部的各种责任实体为基础，以保证公司国际战略、策略和规划的顺利进行和实现利润最大化为目的，通过建立各级责任中心、编制责任预算、实施责任控制、进行业绩评价等方法，对公司内部各责任实体的国际生产经营过程所开展的一项管理活动。这里，必须明确评价主体、编制责任预算、实施责任控制和进行责任评价等。

8.5.1 国际责任会计与国际企业内部责任主体

■ 1）国际责任会计的特点

（1）与国际公司的国际经营责任制相联系。

国际责任会计担负着国际公司国际经营责任中的责任落实、责任控制与责任考核的重任，它是国际公司经济责任制的基础。

（2）以激励为重点。

国际责任会计采取不同的办法激励各国员工的创造力、积极性及工作热情，促进国际公司内部各责任实体相互关系的协调和完善。

（3）国际公司根据自身的具体特点和情况制定特有制度，并将其作为行为规范和准则。

■ 2）国际企业内部责任主体结构的类型

一个合理的国际责任会计体系，必须服从国际企业的战略目标、国际企业的经营环境的需要，同时要遵守责任会计的基本原则，这些原则主要包括全球性原则、可控性原则和相融性原则。这就是说，国际企业的责任会计，特别是责任主体的划分、责任指标的设计、责任业绩的考核，提高国际企业内部各责任主体的活力是重要的，但提高它们的合力同样是重要的。为此，把各责任主体的责、权、利与国际企业整体的战略目标、各责任主体对相关责任的可控性，以及各责任主体所处的环境与其承担的责任的相融性紧密联系起来，是不可或缺的。

■ 3）国际企业内部责任主体的特点

国际企业的内部责任主体是指国际公司内部各自独立经营、独立核算、独立承担经济责任的各种类型的组织机构和形式。国际企业究竟设置何种类型的内部责任主体，将受到国际企业所处的内、外社会经济环境的影响，进而影响到国际企业的责任评价系统。

传统管理会计将企业内部责任主体分为“成本中心”、“收入中心”、“利润中心”和“投资中心”。但在尚志强（1998）看来，把国际企业的内部责任主体或业绩考核主体定位在这四种中心上，有四大缺陷：（1）无法提供国际企业战略管理所需的信息；（2）以行政组织系统为依据，只强调了经理人员的责任，不便于对经营单位的考核；（3）在实际中，完全满足这四种中心的经营单位非常少；（4）在设置考核指标时，只限于财务责任指标，缺少对责任主体非财务指标的考核。在此基础上，应将国际企业的责任主体分为“预算单位”和“战略经营单位”。这样划分的意义在于，可以把对国际企业经理人员的责任业绩考核与责任单位的责任业绩考核合理地区分开来。

其中，预算单位是指在国际企业中单独编制预算并以预算为标准进行考核的部门。在惯例中，各级管理者相当重视，每年预算的编制与执行，对各子公司或分部的责任考核也是以是否完成预算为依据的，这样，预算的范围常常被限制在经理人员能控制的区域内，有关财务指标和一些可数量化的非财务指标，都被纳入了预算的内容。可见，预算单位是评价责任人——经理人员的责任主体。战略经营单位是指国际企业进行战略分析和实施战略方案的相对独立的完整的生产经营系统。国际企业为提高各组成部分的经营合力，取得战略竞争优势，每一个具体的行业或产品的经营者都可能成为一个战略经营单位。一个行业包括的子公司或分部可能不止一个，同样一家子公司或分部可能执行几个不同战略经营单位的职能。考核经营单位的业绩将主要从战略经营的角度展开。有资料表明，目前国际企业的责任评价系统正从以评价子公司为中心，转向以评价战略经营单位为中心。

无论是预算单位还是战略经营单位，其特点可能是下述特点中的一种或几种，以应对复杂的经营环境及其变化：（1）职能型。主要以供应、生产、销售、财务、研究与发展等职能为主线设置组织结构，这样的结构有利于各职能部门各司其职。其缺陷是，可能不利于产品的多样化经营，也可能导致各职能部门之间缺少配合和不必要的重复管理工作。这样的组织结构较适用于那种产品结构简单、市场结构较为稳定的国际企业。（2）地区型。主要以地区为主线来设置责任主体，这里的地区，不一定就是地理区域，还可能是按生产的集中程度，或市场分布等标准来划分的。其主要优点在于，强化了各责任主体作为利润中心的地位；主要缺点是，容易诱导“地区割据”，搞“小而全”。这种结构较适用于生产工艺技术较为成熟和工序较简单的国际企业。（3）产品型。主要以产品类型为主线来设置责任主体，把国际企业的主要注意力集中在产品技术与产品市场上。其主要优点在于强化了产品的多样化和高级化经营，以及以产品为核心的各职能部门的密切配合；其主要缺点是容易引发各职能部门之间的重复建设和不必要的内部竞争等。这种结构较适用于处在成长期的产业，特别是产品种类繁多或国际企业内部各产品差异大的国际企业。④过程型。主要以国际企业的经营过程的不同阶段为主线来设置责任主体，把国际企业的主要注意力集中在产品技术与产品市场上。这样设置责任主体，分工细致，各职能部门联系紧密，便于考核各职能主体的业绩；其主要缺点是容易引发各职能部门之间的重复建设等。

8.5.2 国际责任会计内部责任控制与预算的特点

国际企业的国外子公司既是当地的一个独立经济实体，又是母公司所拥有的企业。母公司要求子公司的经营活动遵循其国际经营的总体战略，按其意愿办事，并提供最大的利润和其他利益。但是，随着国际经营活动规模的扩大和多样化，以及国际市场竞争的日益加剧，也应加强各子公司的经营自主权。在此，关键是要实行有效的内部责任控制与预算。

■ 1）国际企业内部责任控制的特点

国际企业内部责任控制是对国际企业经营的全过程控制与全方位控制的有机统一。国际企业内部责任的全过程控制主要包括：（1）在国际企业经营战略确定之后，董事会应确定国际企业的中长期财务目标（主要是利润和投资目标）。（2）内部各责任实体根据国际企业的中长期财务目标，制订各自的中期生产、经营、投资滚动计划。（3）内部责任实体根据上述计划制定中期财务预测与下年度的预算。（4）国际企业将各内部责任实体的中期财务预测与下年度预算汇总，并与总财务目标对比后，制定国际企业的财务预测与下一年度预算。（5）严格控制预算的执行，使之尽可能达到预算目标。（6）将预算执行结果与中期财务目标相比较，如客观情况发生变化，必要时修正中期财务目标。（7）研究中期财务目标修正对国际企业经营战略的影响及其程度。

国际企业内部责任的全方位控制主要包括：（1）按照国际企业内部管理与控制要求，建立内部管理所用的国际管理信息系统。（2）编制预算，并对预算执行情况进行反馈与考核。（3）统一筹集和调度资金。（4）开展外汇风险统一控制，努力降低外汇风险带来的损失。（5）对现金和银行借款实行高度集中控制，同时应给予各内部责任实体一定的自主权。（6）对销售货款与信贷，国际企业总部实行周密指导。（7）编制纳税计划，用转让价格进行国际避税。（8）参与各种国际投资项目的可行性论证，从财务方面进行审查和把关。

■ 2）国际企业内部责任预算的特点

国际企业内部责任预算是实现国际经营战略目标的组织手段，是内部责任主体的具体奋斗目标。其一般具有如下特点：

（1）根据中期生产经营投资滚动计划制订中期财务预测和年度生产经营、投资计划，制定年度内部责任预算，并提交董事会审议通过。

（2）年度内部责任预算的主要内容包括关于销售、利润、净资产、投资、利息、还贷计划、现金流入与流出、税收、工资等各方面的事项。

（3）年度内部责任预算的制定，总是建立在大量、充分调查和研究的基础上，其中必然涉及许多重要因素，难以估计。

（4）内部责任实体必须在每月、每季、每半年的头几天，上报其上月、上季度、上半年的内部预算执行情况，凡执行情况与年度预算有极大差异的，都必须做出详细分析。

（5）内部责任预算一经确定，则是硬性的，一般不得更改。

8.5.3 国际责任会计内部责任评价指标体系

国际企业的内部责任评价，就是要把一定的责任主体对责任任务的实际完成情况与相关标准相对照，确定其完成情况。表面上看，这似乎是一项把相关标准订立起来，根据各责任主体提供的内部责任报告进行分析，进而找出差异的较为简单的管理工作。但是，管理工作是对人的工作，“上有政策，下有对策”绝不仅仅是“下”的错，如果一家企业的实际运营偏离了企业的战略目标，那么这大多与企业设计的运营机制不当有关，这里就与“考核谁”、用“何种指标或指标体系”来考核直接相关。关于前者，已在前面述及了（即预算单位和战略经营单位），后者是这里将重点讨论的问题。

责任评价应该把评价对象与评价指标紧密结合起来，评价战略经营单位的目的在于战略经营分析和对资本预算的再评估，并不是为考核具体的某个执行者；评价预算单位的主要目标就是各级经理对战略的完成情况。这样，应使用不同评价指标体系来评价相应的评价对象，为此，要确定相关责任指标的质量特征。

1990年，Dixon、Nanni和Vollman在《The New Performance Challenge: Measuring Operating for World-Class Competition》一书中指出：总体来说，一个好的计量系统应是公司特殊的指标与现有流行指标的一种混合，这种组合应该与时俱进，一般包括具有下述23个特征指标的组合，其中一些是财务指标，另一些是非财务指标：支持或与一个组织的目标、行动、人员、文化、关键成功因素相一致；战略的相关性及促进性；实施起来比较简单；由顾客提出；使职能部门之间有机结合；适合不同的组织层次（一般来说，在低的经营层次强调非财务指标，而在高的经营、战略层次强调财务指标）；适合外部环境（一般来说，在复杂的、不确定的及竞争激烈的环境中强调非财务指标，而在简单的、稳定的和竞争不激烈的环境中强调财务指标）；促进组织中的横向和纵向合作；可以说明被计量的行动所产生的结果；在恰当的情况下，应是自上而下或自下而上共同努力开发出来的；在组织中相关部分进行过沟通；具备可理解性；具备认同性；具备现实性；直接指向重要影响因素；直接与行动相联系，使因果关系清楚；关注对资源和投入的管理，而不仅仅是成本；适应提供实时反馈的要求；保证提供行动方面的反馈（越是有形业绩的控制，越应强调对行动方面的计划）；并不一定是可加指标，即不同职能和不同管理层的指标不必一定是可以相加的；有助于个人或组织的学习；促进持续和永久的提高。

尽管以上论述较为全面，但是将评价经理人员的指标特征和评价部门的指标特征融合在一起，人们会感到无所适从，一套指标体系几乎没有办法全部满足上述标准。同时，一个战略经营单位的范围往往比一家子公司或分部要大，一家子公司或分部的经营业绩怎样，需放在一个战略经营单位里评价，才能得出较为正确的答案。战略分析要求责任评价系统提供的信息能反映公司在某一战略经营单位领域内的优势及劣势、与该领域外部环境配合的情况，并及早发出趋势性信息，以便提前做出预测与决策，争取主动权。对资本预算进行再评估则要求责任评价系统提供的信息应与资本预算的口径相一致。基于以上要求，战略经营单位的责任评价指标体系应具备以下几个基本质量特征：（1）在财务指标与非财务指标中，体现国际企业的关键成功因素；（2）起记录、理解过去、预测未来的作用；（3）着重体现国际企业的战略重点；（4）体现对竞争对手的优势或劣势；（5）与预算指标口径一致；（6）体现国际企业的整体性。

同样，评价预算单位的责任评价指标体系，也有相应的质量特征：（1）与国际企业的战略目标相一致；（2）能反映经理人员是否努力及其程度；（3）全面；（4）可理解；（5）评价者与被评价者均认同该指标体系是战略实施所必要的和可控制的；

（6）可计量；（7）能促使各预算单位加强与其他主体的合作。

常用的财务评价指标一般包括：经营利润、销售利润率、资产收益率、产权收益率、对EPS的贡献；经营活动的现金净流量；对总公司的现金净流量；剩余收益。必须指出，虽然目前还没有一套指标能替代财务评价指标，但财务评价指标的缺陷依然存在，因为财务评价指标是以财务会计的有关数据为基础加工而成的，必然受到财务会计信息的一些限制。此外，它无法反映管理人员的工作努力情况，受内部其他单位关联决策的影响较大，会诱导被评价者的机会主义行为等。对此，一些成功的国际企业大量采用了非财务指标来加以补充、完善。不同的国际企业对非财务指标的重视度是不同的，每个国际企业均根据自身的特点设计了一些不尽相同的非财务指标来评价预算单位和战略经营单位。

乔伊和米勒在1984年出版的《国际会计》中指出，国际企业的重要非财务指标包括：以销售额或订货额在市场总销售额中所占比重计量的市场份额；人员的开发（用提升的人数和可提升的职工人数之比来计量）；职工的精神面貌（通过内部的意见调查来确定）；投入产出率；履行社会责任情况；与东道国政府的关系等。

在综合评价国际企业的责任主体的方法方面，卡普兰和诺顿（1992、1993）提出的平衡计分卡（balanced score card，BSC）比较科学实用。

【全球视野8-1】

跨国公司业绩评估的国际比较

根据对美国、英国、瑞士、瑞典、法国、德国和日本等国家的88家主要的跨国公司进行调查，我们发现，跨国公司业绩评估的基本目的都是保证利润最大化。发现问题以及优化资源配置也是众多跨国公司进行业绩时评估时考虑的重要目标。

在业绩评估指标的选择上，财务指标占有主导地位。美国和其他国家的跨国公司都认为最重要的财务指标是预算利润和实际利润的比较，其次是投资报酬率。另外，预算收入和实际收入的比较，销售报酬率、资产报酬率、预算投资报酬率和实际投资报酬率的比较以及经营活动现金流量等也是重要的财务指标。

但是在经营活动的现金流量方面，美国公司偏重于流向母公司的现金流，其他国家的公司更重视流向国外附属公司的现金流。

在使用投资报酬率指标时，美国公司既有用税前利润的，也有用税后利润的，而其他国家的公司一般选择税前利润。

在是否将总部费用和外币折算调整数字包括在国外附属公司的报告中这一问题上，美国公司存在着两种处理方式，而其他国家的公司倾向于将它们剔除在附属公司的报告之外，因为许多公司认为某些费用项目不是附属公司经理所能控制的，其他公司认定某些费用是不能归属于特定单位的。

在对交易损益的处理上，美国公司和其他国家的公司的做法是一致的，即通常将其包括在国外附属公司和经理人员的业绩指标中。而对于折算损益，美国公司倾向于将其包括在国外附属公司的业绩指标中，但其他国家的公司认为应由公司的高层负责，而将国外附属公司和经理人员从此项责任中解脱出来。

总结与结论

国际管理会计是企业全球化经营的必然产物，与一般管理会计相比，其最大的不同就是在考虑相关问题时，首先必须重视企业生存环境的全球性而不是局限于某国或某几国，其次要通盘考虑所有在不同国家、地区的企业对融资、投资和责任评价的整体影响和战略影响。国际管理会计由国际战略管理会计、国际筹资会计、国际投资决策会计和国际责任会计四者共同组成。

关键概念

国际管理会计（International Management Accounting）

国际责任会计（International Responsibility Accounting）

章后练习

一、复习思考题

1.什么是国际管理会计？国际管理会计的主要内容有哪些？

2.“国际管理会计”与“跨国公司管理会计”有什么差异？

3.国际战略管理会计的基本特点有哪些？

4.国际战略管理会计的主要方法有哪些？

5.国际筹资会计的工作内容有哪些？

6.我国的国际企业资本结构存在哪些问题？

二、分组讨论题

1.您认为我国的跨国企业是否也存在资本结构的问题？如果存在，您认为我国国际企业应如何解决资本结构的问题？

2.查找国际投资战略成功和失败的相关案例，并对其进行分析。

思政园地

第9章

国际税务会计

国际会计学

International Accounting

目标引领

思政引领

通过学习本章，了解税务会计在我国的历史沿革，领会税务会计对营造良好的营商环境所发挥的作用。

知识引领

通过学习本章，读者应能够系统地掌握国际税务会计的基本理论和知识；熟悉国际税收实务，提高其分析实际问题和解决实际问题的能力，从而实现培养具有国际化视野、专业知识扎实、科研能力较强、实践能力突出的高素质复合型人才的育人目标。

教学重点与难点

居民与非居民的判定标准和纳税义务；国际重复征税的解决办法；国际转移定价；国际税收协定条款的理解和应用。

国际税务会计是一门实务性较强的课程，将书本上的知识和原理应用到具体实践中有一定的复杂性和不确定性，很多国际税务会计问题的解决还需要丰富的实践经验和使用惯例。

当今世界经济是高度国际化的经济，在跨越国界的大量经济活动中，充当主体角色的是为数众多的跨国公司，对于它们来说，进行经济活动要涉及许多国家不同的税收制度。比较各国的税收制度，从中寻求最大的利益，成为决定跨国公司投资流向的一个重要因素。这样，国际税务成了跨国公司经营决策中需要考虑的重要因素之一。对国际企业而言，税务会计问题因此更为复杂。企业的本性是追求股东财富最大化，正确计算企业应承担的各种税务，是税务会计的基本使命。仅仅如此还不够，在国际税务会计中，要求跨国公司的会计人员要随时了解各国税收制度方面的各种新变化，熟悉各国税制的形式、内容及其对会计实务的影响，学会如何减轻国际重复课税的法律规范及计算方法，学会如何利用合法手段进行国际纳税筹划。

9.1　税务会计：若干基本理论问题辨析

在西方，税务会计历史悠久，非常盛行。在我国，它还是一门非常“年轻”的学问，人们对关于它的许多理论问题，还认识得不够清楚，仍处在探索阶段。比如，税务会计究竟是什么？税务会计是否需要从财务会计中分离出来？所得税究竟是一种费用还是一项利润分配？对这些问题的认识将怎样影响有关的会计处理，怎样影响财务会计报告使用者的经济决策？这些都有待于我们认真研究。

9.1.1　税务会计的内涵与价值

关于税务会计是什么，我国会计界有三种认识：(1) 税务会计是关于企业所有应交税收的计算、缴纳和报告的信息系统；(2) 税务会计是关于企业应交所得税的计算、缴纳和报告的信息系统；(3) 税务会计是关于企业应交所得税的计算、缴纳和报告，以及为使企业总税务最小化而进行的税务筹划的总和。

在我国，税务会计最早是在1985年由何明凤提出的，他认为：税务会计是会计基本原理、原则运用于企业税务方面的专门会计。盖地教授认为：税务会计是以国家现行税收法令为准绳，以货币计量为基本形式，运用会计学的理论和核算方法，连续、系统、全面地对税款的形成、计算和缴纳，即税务活动引起的资金运动进行核算和监督的一门专业会计。其实，顾名思义，税务会计是关于税务的会计，税务，是一种组合词，即特定主体在税收上的负担或义务，在这一意义上，税务会计又可以称为“税负会计”。在多数情况下，人们把自己的研究对象定位在企业-社会经济细胞上，因而，这里的“特定主体”常指企业这种经济组织。本书所说的税务会计的会计主体就是企业，不是国家或为国家依法收取税收的税务机关。这是税务会计的第一层含义。

税务会计的第二层含义，是税务会计有广义与狭义之分。通常所说的税务会计就是狭义的税务会计，即所得税会计。广义的税务会计是指包括企业所有税负的会计，主要包括流转税会计和所得税会计两部分。企业应负担的流转税大体上有三种去向，一是资本化为特定资产的价值，二是作为费用计入当期利润表，三是从特定的销项税额中抵扣。在这三方面，企业的财务会计处理与税法规定不会有较大差异，因此，关于流转税的会计处理常常作为财务会计的一部分被包含在财务会计之中。只有所得税比较特别，由于企业的会计利润与应税收益可能存在较大的差别，并且对这些差异的会计处理方法不是唯一的，把对所得税的会计处理问题单独拿出来进行研究是很有意义的。于是，在会计核算这一层面上，我们不难理解，为什么在说到税务会计时，人们会立即想到所得税会计。

税务会计的第三层含义，是税务会计在内容上的划分：（1）关于所得税的核算。（2）关于特定企业的税务筹划。这是一个较新的课题，在我国要被接受还需要时日，因为人们很容易把它与“偷税”“漏税”画上等号。于长春教授认为，税务会计是以现行税收法规为准绳，运用会计学的理论和技术，并融汇其他学科的方法，以货币计价的形式，连续、系统、全面地综合反映、监督和筹划纳税人的税务活动，以便正确、及时、足额、经济地缴纳税费，并将这一信息提供给纳税人管理当局和税收机关的一门专门会计。依据此概念，税务会计包括纳税筹划（对内报告会计）和对外报告会计。涂龙力教授认为，税务会计是以纳税人为会计主体，以货币为主要计量单位，依据现行税收法规，运用会计基本理论与方法，对税务资金运动进行连续、系统、全面的核算与筹划，旨在使纳税人在不违反税法的前提下，及时、足额、经济地缴纳税费和向税务征管机关提供纳税信息的一门专业会计。此概念明确了一点：税务会计包括纳税筹划。

9.1.2 税务会计与财务会计：合还是分

这一标题本身就隐含了“税务会计源于财务会计”的意思。在这里我们将要讨论，是否需要将税务会计从财务会计中独立出来。从理论上说，两者既紧密联系，又有所区别。税务会计本身是对财务会计的合理加工和发展补充。税务会计和财务会计都必须对涉税业务进行会计处理，但税务会计不是对财务会计涉税业务会计核算的简单重复。财务会计按会计准则对税费进行会计处理；税务会计对财务会计处理的过程和结果按税法规定进行调整，计算出应税收入和应税所得，进行纳税申报和税务筹划，并记录于税务会计凭证、账簿和报表中；财务会计对会计收益与应税所得、会计收入与应税收入区分时间性差异和永久性差异，进行跨期摊配。两者的主要区别在于：(1) 核算依据和目的不同，财务会计主要依据会计准则，税务会计则依据税法；(2) 财务会计主要是向外部利益关系人提供会计主体财务状况及其变动、经营成果的会计信息，税务会计则主要是向会计主体的经营管理者和国家税务机关提供会计主体有关纳税方面的会计信息。总之，财务会计核算是税务会计的基础；税务会计是会计和税法共同发展的结果，财务会计是税务会计的前提、基础和依据。

从世界范围看，有的国家（如美国）就主张税务会计与财务会计分离，即“分离论”；有的国家（如法国）就实施税务会计与财务会计合一政策，即“统一论”。我国会计理论界从20世纪80年代开始也展开了争论。一种观点认为税务会计应从财务会计中分离出来，赞成这种观点的学者较多，这种观点可称为分离派或独立派，即税务会计的模式应为财税分离的模式。另一种观点认为税务会计不应从财务会计中分离出来，财务会计与税务会计应统一、协调，这种观点可称为统一派或协调派，即税务会计的模式应为财税合一的模式。

“分离论”者认为，税务会计和财务会计在目标、法律依据、核算规则等方面的差异，必然导致税务会计从财务会计中凸显出来：(1) 两者的目标不同。财务会计的目标是向信息的使用者提供有助于经济决策的信息，必须真实、客观、公允地反映企业的经营成果、财务状况及其变化情况，应遵守会计准则，生成会计信息，尽可能地避免国家税法变动的影响；税务会计的目标是保证国家税收收入、调节经济和社会分配。当企业选用的会计政策不利于国家税收法规的有关规定时，国家可以通过立法，通过对会计数据的调整，实现国家税收的最大化。(2) 两者的法律依据不同。财务会计应以会计法规（特别是会计准则）为依据，强调应计制、收入与费用的配比、稳健和会计政策的一贯性等；税务会计依照的是税法，不强调应税收益是应计制原则、配比原则、稳健原则和一贯性原则的结果，不仅与会计收益存在永久性差异，而且存在时间性差异。(3) 两者的核算原则不同。由于经济发展的不确定性，财务会计少不了“持续经营假设”，也少不了对一些收入和费用（或损失）的预计，特别是在“人们对失败的敏感程度强于对成功的敏感程度”时，稳健地处理一些可能的收益和损失，是一个必然的命题。然而在税法方面，基于保障国家税收的目的，不容许对收入与费用进行估计，尤其不允许采用稳健原则来确认应税收益。

“统一论”者也主要从这三个方面，来阐述反对税务会计与财务会计分离的理由。他们认为，“从各国实践看，在处理会计目标与税收目标的关系上，既存在相互协调的模式，也存在不相协调的模式。在中国，会计准则是由政府制定的，会计与税法之间更有着充分的可协调性。这样，一个尖锐的问题就提到我们面前来了：为什么法国、日本、德国可以做到会计收益与应税所得之间的差异比较小，而在我国两者之间的差异本来就很小，为什么必须扩大两者的差异，实行税务会计与财务会计的分离呢？税务会计与财务会计是否应该分离取决于应税所得与会计收益之间的差异程度。应税所得与会计收益的差异有两类：一类是永久性差异；一类是时间性差异。永久性差异是由计算一定期间会计收益与应税所得的内容（口径）不同而发生的，是在以后各期不能转回的差异。由于永久性差异的会计处理并不涉及深奥的理论或复杂的会计方法，因而尽管它属于税务会计的一项内容，但一般不作为实行税务会计与财务会计分离的理由。时间性差异是由一定期间会计收益与应税所得所包含项目计算时间不同而产生的，是在以后期间可以转回的差异。时间性差异的核算涉及有一定深度的理论和复杂的会计方法。正是由于税务会计实际上主要是研究核算时间性差异的理论和方法，因而税务会计是否要与财务会计相分离，最终取决于时间性差异的程度和时间性差异是否具有可控性。时间性差异尽管包括许多内容，但在我国实际上主要是折旧，以及长期合同的收益计算等几个问题。我们认为，这些问题是应当可以通过税收政策、财务政策与会计政策之间的协调予以控制的。在我国，税收政策、财务政策和会计政策同出于财政机构，因此对核算原则差别的协调更为有力。例如，我国财务制度中规定，企业可以根据实际情况计提坏账准备，同时规定了计提坏账准备的方法和计提比例，并为所得税条例所认可。这样，在这方面也就不会发生什么时间性差异了。

在“统一论”者看来，我国税法与财务会计在目的、法律依据和核算原则上的差异是可以协调是可以控制的；如果扩大两者的差异，只能把问题变得更复杂。如果将这样的观点置于国有独资企业的环境中，显然是很适合的，但问题在于：（1）我们面临的企业不仅仅只有国有独资企业，还有股份制企业，外商投资企业等，其股东不仅包括国家、法人，也包括含外商在内的自然人，他们在财务会计信息的使用权方面应该是平等的，但如果依照“统一论”者的观点，其明显偏爱了国有股股东；（2）在国际上固然存在税务会计与财务会计的统一模式，但这种模式并不完美，也存在一些缺陷，如财务会计信息不能真实公允地反映纳税人的财务状况和经营成果，也削弱了财务会计的应有作用等；（3）过去实施的那种税收政策、财务制度和会计政策高度统一的模式，在计划经济时代或许是有用的，但在市场经济时代，由于财务关系的多样化，由“一元化”的财务制度模式来统一调节各种形式的企业的各种财务关系，将是不可想象的，甚至是无效的，即由国家来统一制定财务制度已没有什么必要了，按照我国的情况，税法、会计准则和财务制度的制定权和修改权，应分别归属于全国人民代表大会、会计准则委员会和个别企业，因此将来税法、会计准则和财务制度之间的差异将是一种客观必然。

9.1.3 所得税披露：业主权说与实体说

关于怎样反映“所得税”，涉及怎样理解所得税的性质，这里有两种不同的观点：一是依据“业主权说”，认为企业所得税是企业为获得收益而发生的一种代价，如同企业经营中发生的其他代价一样，是一项费用，应在利润表上反映。二是依据“实体说”，认为所得税是一种利润分配，企业向政府缴纳的企业所得税与向股东分配的股利一样，具有分配企业收益的性质，只不过分配的对象是国家而已。会计在确认一项所得税负债的同时，所要确认的另一个会计要素项目是属于所有者权益的“利润分配——应交所得税”，应在利润分配表上反映。

“业主权说”认为资产是业主所拥有的，负债是业主应承担的义务，业主权代表业主所拥有的企业净值，认同的会计等式是“资产-负债=业主权益”，在这一会计等式中，业主居于中心地位。当企业刚刚成立时，企业净值等于业主的投资，在经营过程中，企业净值等于原始投资加新增投资，加上累计的净收益，减去业主提款。站在业主的角度，企业的收入即为业主权的增加，企业的费用就是业主权的减少，收入超过费用所形成的净收益，直接归属于业主权的增长；反之，应反映为业主财富的减少。企业的债务利息与所得税一样，都被视为企业的费用，属于应归属于业主的净收益的必要扣除。将“所得税”视为企业的费用，IASC于1979年公布的第12号会计准则《所得税会计》支持这一观点。

“实体说”认为企业是独立于其他利益主体（包括政府、业主和债权人等）之外的一个实体，在权利与义务上，应与业主和其他权益持有人的权利与义务分开。它依据的会计等式是“资产=负债+股东权益”，在这一等式中，资产成为人们关注的重点，负债不过是对债权人权益的另一种形式的表述。企业的净收益是企业运用自身拥有的资产进行运作的经济结果，应属于与企业有法律约定的经济关系的所有利益人，包括为企业提供“公共品”的政府、可供企业在一定时期使用的资金的提供者——债权人、可供企业长期使用的资金的提供者——股东等，这样，所得税、债务利息和宣告分配的现金股利，都是同质的，即都是企业将利润在相关利益主体之间进行分配的表现。美国会计学会（AAA）1957年发表的《公司会计报表和以前报表及其附录的会计与陈报准则》规定：利息费用、所得税和实际利润的分配都不是企业净收益的决定因素。

综上所述，“业主权说”和“实体说”都有一定的道理，很难说孰优孰劣。虽然“业主权说”较适用于独资企业和合伙企业，但笔者还是较倾向于支持“业主权说”。其原因有以下几点：

（1）在现代会计中，财务会计报告的主要目标就是向报告的使用者提供“有助于经济决策”的会计信息。企业财务会计报告的使用者是多种多样的，对会计信息的要求或关注会计信息的侧重点是各不相同的，他们总是站在各自不同的立场来看待和使用企业的财务会计报告，关心企业的资本收益能力、股票价格的涨落、偿债能力的大小等。资本收益能力是按净收益反映的，是向股东发放股利的源泉；从成熟的资本市场的运作规律来看，每股净收益增减变化是企业股票价格变动的基础力量；偿债能力的高低归根结底依赖于企业的净收益。一家盈利能力不强的企业，肯定不会有持续稳定的净现金流入，与此相关联，也不会有较强的筹资能力，当然不会对企业的偿债能力提供什么保证。因此，以投资者需要为导向的财务会计报告应以“净收益”为核心，着重揭示企业净收益的构成及其分配情况，以及净收益对企业现金流量的影响情况。综上所述，将所得税作为实现净收益所必须支付的费用处理，完全符合会计报表目标，有助于会计报表目标的实现。

（2）从企业利润分配的特征看，所得税不是一种利润分配。在现代企业制度下，企业利润分配应符合两个特征：①由股东大会决定；②按照股权比例进行分配。所得税是依照税法课征的，具有强制性，不以股东大会的意志为转移，也不是依据股权比例分配的，依照税法的规定，只要企业有所得，均要依法纳税。

(3) 从费用要素的定义看，费用是“一个主体在某一期间由于销售或生产货物、提供劳务或从事构成该主体不断进行的主要经营活动的其他业务而发生的现金流出或其他资产的耗用或负债的承担，或两者兼而有之”。可见，费用作为企业在一定期间进行主要经营活动必需的现金流出，这些现金流出，或者为企业带来即时或未来的现金流入，如广告费支出、工资支出等，或者不能带来某种现金流入，却是企业维持生存必须支付出的项目，如各种税费，因为如果企业不依法纳税，将被停止营业，此时，无论企业有多大的盈利潜能，都不能给企业带来任何经济利益。所得税，是一项与企业持续经营相关联的现金流出，当然不是一项损失，而是一项经营费用。换言之，一定期间企业收入的取得，所得税支出是有某种功劳的，所得税是企业取得税后利润所必须花费的代价，若没有收入（税后利润）自然也无须花费这笔支出，从这个意义上讲，把所得税作为企业的费用处理符合配比的原则，符合财务会计关于费用的定义。

9.1.4 会计收益与应税收益的差别

会计收益与应税收益两者都是以生产经营所得或收入扣除费用后的余额作为计税基础的，相互之间有一定的联系。但两者确认、计量和报告的依据不完全相同，即两者收入和费用确认的计量标准所遵循的原则规范的对象等不完全相同，因此两者又是相互独立的。会计收益也称账面收益、报告收益，是一个期间内扣除所得税费用前的净损益（利润总额），也就是在一个期间内来自非业主交易的权益（净资产）的全部变动。会计收益是由财务会计核算的，其确认、计量和报告的依据是企业会计准则、企业会计制度，对收益的确认严格遵循会计制度确定的权责发生制原则，对成本和费用的确认严格遵循与收入配比的原则。为了使企业会计报表真实反映企业期末的财务状况和期间的生产经营成果，企业可以在遵循一致性及可比性原则的前提下，自由选择会计准则与会计制度允许的会计处理方法。应税收益是与会计收益相对应的一个概念，它是指一个期间内企业根据税务部门的规定确定的利润（亏损），企业据此缴纳所得税（收回），它是由所得税会计核算的，其确认、计量和报告的依据是税法及有关规定，对收入和准予扣除项目的界定标准是税法规定的收入和费用的定义及特征。

应税收益是按照税法的规定确认的，特定企业在一定时期内应缴纳所得税的利润，又叫应纳税所得额，其计算公式为：

应纳税所得额=收入总额-准予扣除项目金额

其中，收入总额包括：①销售货物收入；②提供劳务收入；③转让财产收入；④股息、红利等权益性投资收益；⑤利息收入；⑥租金收入；⑦特许权使用费收入；⑧接受捐赠收入；⑨其他收入。

准予扣除项目包括：①成本；②费用；③税费；④损失；⑤其他支出。

在企业进行核算时，由于财务会计与税务会计在目标、法律依据和核算规则上的不同，根据会计准则计算出来的会计收益（利润）与按照税法计算的应税收益（纳税所得），对同一企业在同一会计期间的经营成果的计算结果会产生差异。这种差异根据其产生原因和性质的不同，分为永久性差异和时间性差异。

永久性差异是指在某一会计期间，由于会计准则和税法在确认收入、费用时的口径（内容）不同，所产生的税前会计利润与纳税所得额之间的差异。在同一时期，只要还在实施某税法和某会计准则，对于同一经济事项（可能是收入，可能是费用，也可能是损失），若在计算所得税时确认为收入/费用（或不确认），那么必将在财务会计上对应地不确认为收入/费用（或确认），显然，这种差异只要在本期形成，就不会在以后各期转回或转销。一般情况下，永久性差异的主要类别见表9-1。

表9-1 **永久性差异的类别**

会计 税法	收入		费用	
收入	确认 不确认	不确认 确认		
费用			确认 不确认	不确认 确认

永久性差异的内容包括：

（1）可免税收入。

有些项目的收入，会计上列为收入，但税法则不将其作为应纳税所得额。例如，企业购买国库券的利息收入依法免税，但会计上将其列为投资收益，纳入利润总额。又如，企业从国内其他单位分回的已纳税利润，若其已纳的税额是按25%的税率计算的，则分回的已纳税利润按税法规定不再缴纳所得税，但会计上将此投资收益纳入利润总额。

（2）不可扣除的费用或损失。

有些支出在会计上应列为费用或损失，但税法上不予认定，因而使应税利润比会计利润高，计算应税利润时，应将这些项目金额加到利润总额中。这些项目主要有两种：一是范围不同，即会计上作为费用或损失的项目，在税法上不作为扣除项目处理；二是标准不同，即有些在会计上作为费用或损失的项目，税法上可作为扣除项目，但规定了计税开支的标准限额，超限额部分在会计上仍被列为费用或损失，但税法上不允许抵扣应税利润。范围不同的项目主要有：①违法经营的罚款和被没收财物的损失。②各项税收的滞纳金和罚款。③各种非救济公益性捐赠和赞助支出。标准不同的项目主要有：①利息支出。②工资性支出。③“三项经费”。④公益、救济性捐赠。⑤业务招待费。根据永久性差异的特点，永久性差异对会计信息的影响，只存在于发生的当期，不会延续到以后期间。

时间性差异是指企业的税前会计利润和纳税所得虽然计算的口径一致，但由于二者的确认时间不同而产生的差异。这种差异在某一时期产生以后，虽应按税法规定在当期调整，使之符合纳税所得计算的要求，但可以在以后一期或若干期内转回，最终使得整个纳税期间税前会计利润和纳税所得相互一致。根据其对某期“所得税费用”

的影响，时间性差异可以进一步分为应纳税暂时性差异（应纳税时间性差异）和可抵扣暂时性差异（可抵扣时间性差异）。

应纳税暂时性差异在未来转回期间会增加转回期间应纳税所得额和应交所得税，因此在形成期间，应确认相关“递延所得税负债”。

可抵扣暂时性差异在未来转回期间会减少转回期间应纳税所得额和应交所得税，因此在形成期间，应确认相关“递延所得税资产”。

时间性差异的内容包括：

（1）企业获得的某项收益，按照会计制度应当确认为当期收益，但按照税法规定需待以后期间确认为应税所得。如按照会计制度规定，对长期投资采用权益法核算的企业，应在期末按照被投资企业的净利润以及投资比例确认投资收益，但按照税法规定，如果投资企业的所得税税率大于被投资企业的所得税税率，那么投资企业从被投资企业分得的利润要补缴所得税，这部分投资收益补缴的所得税需待被投资企业实际分配利润或于被投资企业宣告分派利润时才计入应税所得，从而产生应纳税时间性差异。这里的应纳税时间性差异是指未来应增加应税所得的时间性差异。

（2）企业发生的某项费用或损失，按照会计制度应当确认为当期费用或损失，但按照税法规定需待以后期间从应税所得中扣减。如产品保修费用，按照权责发生制原则可于产品销售的当期计提，但按照税法规定于实际发生时从应税所得中扣减，从而产生可抵减时间性差异。这里的可抵减时间性差异是指未来可以从应税所得中扣除的时间性差异。

（3）企业获得某项收益，按照会计制度应当于以后期间确认收益，但按照税法规定需计入当期应税所得。如某些收益按照税法规定在逾期一定时期后仍然未支付的，应确认为收益，计入应税所得；但按照会计制度确定的原则，可以视具体情况于以后期间确认收益，从而产生可抵减时间性差异。

（4）企业发生的某项费用或损失，按照会计制度应当于以后期间确认为费用或损失，但按照税法规定可以从当期应税所得中扣减。如固定资产折旧，按照税法规定可以采用加速折旧方法；出于财务会计目的采用直线法，在固定资产使用初期，从应税所得中扣减的折旧金额会大于计入当期损益的折旧金额，从而产生应纳税时间性差异。

显然，时间性差异对会计信息的影响，不只存在于发生的当期，还会延续到以后期间。在时间性差异的形成与转销的期间内，时间性差异的纳税影响的总和是零。

9.1.5 计算所得税：应付税款法与纳税影响会计法

实际上，应付税款法与纳税影响会计法的主要差别就在于，时间性差异的纳税影响是否递延。前者反对递延时间性差异的纳税影响，后者则主张递延时间性差异的纳税影响。

■ 1）应付税款法

应付税款法是指按照税法计提企业本期应付所得税，把应付所得税列作当期的所得税支出处理。此法适用于永久性差异。应用应付税款法计算应税收益时，不需另外设置会计科目进行核算，只需按税法规定对会计收益进行相应调整后计算，记入所得税账户，即不管企业采用何种会计核算原则和核算方法，对当期的纳税均不产生影响，影响的只是税后的净利润部分。

【例9-1】某企业核定的全年计税工资为100万元，20×6年应发工资为105万元。该企业利润总额为1 000万元，其中包括国库券利息收入3万元。另外，营业外支出中包括滞纳金2万元，该企业适用的所得税税率为25％。

根据上述资料，按照应付税款法，该企业的应纳所得税会计处理为：

①纳税调整数=105-100+2-3=4（万元）

②纳税收益=1 000+4=1 004（万元）

③应纳所得税=1 004×25％=251（万元）

其会计分录如下：

借：所得税费用　　2 510 000

　贷：应交税费——应交所得税　　2 510 000

④税后净利润=1 000-251=749（万元）

应付税款法的基本特征是，本期“所得税费用”和“应交所得税”金额相等。这就是说，在应付税款法下：第一，不需要设置“递延所得税资产”“递延所得税负债”科目来核算时间性差异的纳税影响；第二，永久性差异与时间性差异的会计影响是无差别的，或者说，把时间性差异的纳税影响当期化。无论企业怎样核算利润，所得税和应交所得税的大小都必须依照国家有关税收的法律法规来确定应纳税所得额，进而确定应交所得税。这种方法存在的不足有：第一，不利于正确地考察企业的经营业绩。因为在这种方法下，企业所得税的大小会随着国家税收政策的变化而变化，而这种变化，企业管理者是无力控制的。第二，在会计机制上存在无法回避的矛盾，这就是说，时间性差异的纳税影响本应是在本期形成而在以后某期或若干期内转销的，但应付税款法却无视这一现实，将其本期化，以致会计揭示的形式与揭示对象的经济实质矛盾。此外，应付税款法应是关于所得税的“利润分配观”的结果，“所得税费用”应反映在利润分配表上，但实际上流行的做法是反映在利润表上，在此又引发了新的矛盾——利润表各项目应是应计制原则和配比原则发生作用的产物，但“所得税费用”项目却不是运用这些原则的结果，而是对有关税收的法律法规的反映。可见，只要纳税企业存在时间性差异，应付税款法的不合理性就不会消失。

■　2）纳税影响会计法

纳税影响会计法是用来专门处理时间性差异的纳税影响的会计方法，其基本原理是：第一，时间性差异的纳税影响在本期形成，一般情况下会在以后有关期间转销。第二，需要设置“所得税费用”“递延所得税资产”“递延所得税负债”“应交税费——应交所得税”科目分别核算纳税企业本期应承担的所得税费用、时间性差异纳税影响的形成和转销、本期应交所得税。第三，除税率或税种发生变动的情况外，在时间性差异的形成期内，本期时间性差异的纳税影响应等于本期的时间性差异乘以当年的适用税率；在时间性差异的转销期内，本期转销时间性差异的纳税影响应等于本期转销的时间性差异乘以当年的适用税率。

这里，如果把稳健主义应用于所得税会计之中，在预计并确认时间性差异的纳税影响时，应考虑其是否在可预计的将来有足够的税前会计利润可供抵减。

对可抵扣暂时性差异，在形成时应做会计分录：

借：所得税费用　　×××

　　递延所得税资产　　×××

　贷：应交税费——应交所得税　　×××分录（1）

在其转回时，应做会计分录：

借：所得税费用　　×××

　贷：递延所得税资产　　×××

　　　应交税费——应交所得税　　×××分录（2）

依照谨慎原则和资产确认的基本法则，在编制分录（1）时，必须有足够的证据证明，在该时间性差异转回的当年有足够的税前会计利润来抵销该时间性差异的纳税影响。否则，分录（1）将意味着少记了所得税费用，或者说，把应在当期确认的所得税费用推迟到以后（时间性差异转销期）才确认，有失稳健。在这种情况下，有必要改"纳税影响会计法"为"应付税款法"。

同样，对应纳税暂时性差异，在形成时应做会计分录：

借：所得税费用　　×××

　贷：应交税费——应交所得税　　×××

　　　递延所得税负债　　×××

在其转回时，应做会计分录：

借：所得税费用　　×××

　　递延所得税负债　　×××

　贷：应交税费——应交所得税　　×××

9.2 应税收益的国际差别

应税收益是依照有关税收法规而确认的收入与费用之差，又叫应纳税所得额。各国由于经济、政治、文化等因素的不同，在应税收益的确定上存在许多明显的差异。应税收益的问题，实际上是纳税人与有关政府、当地政府与母公司所在国政府的此增彼减问题，对国际企业而言，是关于税负的大小问题，进而将影响国际企业在哪里设立企业，经营多长时间，安排多少资本等，此外，还涉及国际双重税收问题。

9.2.1 原因分析

一般情况下，几乎每一个国家的税收都总是高举"公平与效率"的大旗，有的国家在此时更注重公平的功能，在彼时却更注重效率的作用。比如，在第二次世界大战之前，西方各国税收政策的主要目标是经济效率，第二次世界大战以后，许多西方国家，如美国、加拿大、英国、丹麦、瑞典、芬兰、瑞士、新西兰等都奉行"福利国家"政策，从而，税收政策的目标或侧重点开始转移到"公平"上来。另一些国家，特别是发展中国家，由于受到战争的严重破坏，百业待举，通过税收来刺激经济增长、追求效率是第一位的。由于各国在效率与公平上的不同侧重，再加上其他原因的影响，各国在税收管辖权、税种、税率、税制结构和计税依据等方面存在重要差异，进而引起同一收益在有的国家和地区要征税，而在其他国家却不需缴税或者缴纳较少的税。

■　1）税收管辖权差异

税收管辖权，是一个国家在处理该国主权范围内的税收事务的管理权。它包括地域税收管辖权和居民（公民）税收管辖权两种。

地域税收管辖权又叫属地原则，是指一个国家以地域的概念为指导原则行使其征税权力。在这一原则下，一国政府只能对其领土内发生的收益行使征税权，而不管纳税人是否为本国的居民或公民，只要其在本国领土内取得了收益就应纳税，对纳税人来自国外的任何收入不征税。阿根廷、巴拿马、瑞士等国家都采用这一原则征税。

居民（公民）税收管辖权又叫属人原则，是指一国政府以人的概念为指导原则行使其征税权力。按照属人原则，一国政府在行使征税权力时，必须受人的概念的制约，只能对该国的居民或公民（包括自然人和法人）获取的所得行使征税权。更具体地说，无论本国居民或公民在世界何地从事经济活动而获得收入或财产，均须向本国政府纳税；相反，对非本国公民或居民取得或拥有的收入及财产，即使收入与财产来源于本国，也不予征税。按照属人原则确立的税收管辖权有两种具体类型：一种是居民税收管辖权，它的特征是对本国居民纳税人来自国内外的一切所得同等征税，对外国居民，即使其有来源于本国的所得也不征税；另一种是公民税收管辖权，它的特征是只对具有本国国籍的人来自国内外的全部所得征税，对非本国公民，即使有来自本国的所得也不征税。换而言之，在属人原则下，既不是本国公民也不是本国居民的自然人和法人，有来自本国收入的，将不需要纳税，显然，国际企业可以把公司设在实行属地原则的国家而在实行属人原则的国家和地区从事经营活动，以少缴甚至不缴税。

不同的税收管辖权体现出不同国家的财权利益。发达国家资本输出较多，它们的跨国纳税人来自世界各地的所得也较多，扩大本国的居民管辖权的实施范围较为有利。相反，发展中国家来自发达国家的资本输入较多，外资企业在本国经济中占有相当重要的地位，扩大本国地域管辖权的实施范围较为有利。正是这样，对同一国际企业的同一经济业务而言，在应税收益的纳税义务方面将存在某种程度的差异，就税负而言，资本总是流向税负最低的地方；同时，各国在行使税收管辖权方面的差异，也将导致国际双重征税。

实现税收收入最大化，几乎是所有国家的共同目标。为防止逃税现象的出现，在设计税收制度时，往往可能同时运用属地原则和属人原则。因为，如果只运用居民管辖权，则会丧失对外国居民来自本国所得应征的税收；如果只运用地域管辖权，则会丧失对本国居民来自境外所得应征的税收。因此，现在许多国家同时运用两种税收管辖权对跨国纳税人的跨国所得征税，这就既行使了居民管辖权，又行使了地域管辖权。对本国居民则运用居民管辖权，对其来自国内外的全部所得征税；对本国非居民，则运用地域管辖权，对其来自本国境内的那部分所得征税。日本、英国、法国等都是行使双重管辖权的国家。

■ 2）税种差异

即使在实施相同税收管辖权的两个国家，对同一经济业务的税负，也可能因为税种的不同而存在差异。从最终的结果看，税种对税负的影响主要通过计税依据、税率和计税方法等因素共同表现出来。

税种，主要解决对什么征税的问题，主要包括流转税、所得税和财产行为税。流转税主要是对商品和劳务的流转额所征的税，如增值税、消费税等；所得税是对纳税人的净收益征收的一种税；财产行为税是以财产价值或特定行为为课税对象的税种，如遗产税、固定资产投资方向调节税等。

对同一商品的销售行为，如果一个国家要征收增值税，另一个国家却征收营业税的话，那么，前者的计税依据将是该购销行为而引起的增值额，后者的计税依据却是该购销行为的销售总额，单就这一方面而论，都会导致税负上的国际差异。在西方发达国家，对商品和劳务销售一般征收增值税；在发展中国家，由于税收管理工具落后，有的征收增值税，有的征收营业税。

至于计税方法，主要与税率相关联，包括按比例计税法、全额累进计税法、超额累进计税法、超率累进税率计税法和定额计税法等。

■ 3）税率差异

在税种既定的情况下，税率是用来衡量应纳税额与应税对象尺度，是决定企业税负的关键要素，是各国税制结构中最活跃、最有活力的因素。为了维护公平与提升效率，几乎每个国家都要在适当的时候对特定税种的适用税率进行某种程度的调整。在世界范围内，税率主要有如下表现形式：比例税率、全额累进税率、超额累进税率、超率累进税率和定额税率等。

在世界范围内，即使是同一税种，其税率也不相同，如在1994年至1996年，关于增值税税率，英国为15%，法国为7%~33%，挪威为20%，我国为6%或17%。又如公司所得税税率，在1996年，阿根廷为30%，澳大利亚为36%，奥地利为34%，法国为36.3%，德国为45%，英国为33%，美国为15%~35%。

■ 4）税制结构差异

税制结构，是指特定国家法定的税收制度规定的各税种在全部税种中的地位。从各国税收制度演变史来看，税制结构大体上包括单一税制结构和复合税制结构。

单一税制结构主张一个国家的税收由一个税类或少数几个税种构成，如消费单一税制、所得单一税制等，其特点是，征税范围小，征税费用低，对简化税制有积极作用，但无法实现普遍课税，容易引起税负不公。现在几乎没有一个国家的税制结构还属于单一税制结构。

复合税制结构主张一个国家的税收由多个税类的多个税种构成一个完整的税收体系，在这些税种中，总有以哪一个税种为主的问题。在第二次世界大战以后，许多发达国家为“公平”而采用了以所得税为主的税制结构；大多数发展中国家主要为了效率优先采用了以流转税为主的税制结构，这样既可以稳定政府的财政收入，同时使征税变得更简便了。

在世界范围内，以所得税为主的税制结构有两种表现形式：以个人所得税为主的税制结构和以企业所得税为主的税制结构。一个国家究竟采用何种税制结构，情况非常复杂，主要影响因素包括企业资本构成、经济发展水平、国家财力、征管能力等。与税种、税率的国际差异对应税收益的影响相比，税制结构的国际差异对应税收益的影响要更综合一些，因为税制结构本身就是有关税种、税率、计税依据等决定的国家税收收入（在纳税人看来为税负）有效搭配的结果。

■　5）计税依据差异

计税依据又叫税基，是关于哪些收入应课征或不课征某税种，有关费用或支出是否可在本期应税收入中扣除的问题。这里既有关于一国内的时间性差异与永久性差异的问题，又有关于不同国家在同一收入和费用是否应征税、征收多少、在何时征收等方面的差异问题。因为"应税收益=应税收入-准许扣除费用"。比如，在有的国家，任何股利都要在公司宣告日计征所得税，而有的国家却规定只有当外商将从本国获取的股利汇出本国时才计征所得税；又如，一些崇尚稳健主义的国家，在税收上也允许企业采用加速折旧法计提折旧费，从而在同一企业的相同事项上的折旧费有较大的国际差异。

9.2.2　国际双重征税问题

国际双重征税（对双重征税和多重征税的统称），是有关两个或两个以上的国家对同一纳税人就同一征税对象在同一时期征收类似税种的税收行为。在某种意义上，对某国而言，这种行为有利于其增加财政收入，但前提是，该收入获取者愿意在该国成为纳税人。国际双重征税实质上增加了纳税人的税负，纳税人可以通过改变资本流向等方式，来免除或减轻国际双重征税，其效果将对另一国家不利。

引起国际双重征税的根本原因是各国都以对"我"有利为基本出发点行使税收管辖权。比如，PWSK公司在中国设立总部，在美国设立了子公司，若1999年在美国取得了100万美元的利润，由于中国和美国都采用属人原则来设计各自的税收制度，这100万美元除在美国要缴纳企业所得税之外，在中国还要再缴纳相应的企业所得税。可见，国际双重征税的解除或减轻不是有关国际企业能解决的问题，需要国与国之间的沟通与协调。

总体说来，避免国际双重征税的主要方法有：国际税收免除、国际税收扣除、国际税收抵免和国际税收饶让等，所有这些，一般都要由国际税收协定来加以规范和强化。

■　1）国际税收免除

国际税收免除（免税法），是指居住国（国籍国）政府对本国居民（公民）来源于国外（非居住国或非国籍国，下同）的收入免予课税，包括全部豁免和有条件豁免。其指导原则是，承认非居住国地域管辖权优先执行的地位，对本国居民（公民）来源于国外并已在国外纳税的那部分所得或财产，在一定条件下，放弃行使居民（公民）管辖权，以免除国际双重征税。

免税法又分为全额免税法和累进免税法两种。全额免税法是指居住国（国籍国）政府在运用其对居民（公民）纳税人的国内所得或财产进行课税所适用的税率时，不考虑纳税人已被本国免于征税的那部分国外所得或财产。其计算公式可表示为：在本国应纳税额 = 国内所得或财产额×本国税率。累进免税法是指在量能课税的原则下，尽管居住国（国籍国）政府对本国居民（公民）纳税人已向外国政府纳税的国外所得或财产给予免税，但在确定本国内部的所得或财产所适用的累进税率时，仍需将已免于征税的国外所得或财产考虑在内。其计算公式可表示为：在本国应纳税额 = 国内外所得或财产总额×本国税率×（国内所得或财产额÷国内外所得或财产总额）。

在执行免税法的过程中，当居住国（国籍国）的税率高于收入来源国时，其实际免除的税额会大于国外已纳税额，从而使居住国（国籍国）少征部分税款，因此，采用此法的国家为数不多，即使采用此法，也往往要附加一些限制性条款。例如，澳大利亚规定，免税法仅对国外的经营所得适用；法国规定，来自国外的投资所得即利息、股息和特许权使用费不适用免税法。目前，实行免税法的国家有波兰、丹麦（限于股息和常设机构的所得）、法国（限于常设机构的所得）、爱尔兰（限于专利权使用费）、瑞士（限于常设机构和不动产所得）、罗马尼亚、澳大利亚（限于英联邦以外的国家和地区）、斐济、新西兰（限于股息）、玻利维亚、巴西、智利、多米尼加、哥斯达黎加、厄瓜多尔、萨尔瓦多（限于法人所得）、危地马拉、尼加拉瓜、巴拿马、巴拉圭、委内瑞拉、文莱、尼泊尔、孟加拉等。欧洲联盟1990年第435号指令（简称母子公司指令）规定，成员国对合格子公司分配给母公司的利润必须予以免税，以避免对欧洲联盟合格母子公司间的利润分配造成双重课税。

■ 2）国际税收扣除

国际税收扣除（扣除法），是避免国际双重征税的另一种方法，就是居住国（国籍国）政府允许本国居民（公民）用已缴非居住国的所得税税额作为一个扣除项目，冲抵本国应税所得后，就其余额计征所得税或财产税。扣除法的指导原则是对本国居民（公民）有限度地放弃居民（公民）管辖权。显然，这一方式未完全消除国外收入的双重征税。其计算公式是：

居住国应纳税额=（境内外全部应税所得−境外所得的应交税款）×居住国相关税率

对世界经济和国际企业而言，这种方式是有益的，但由于扣除法对本国居民（公民）的国外已纳税额只是给予了部分扣除，而并没有免除纳税人国际双重征税的负担，目前采用此法的国家不多，即使采用也往往要附加一定的限制性条件。实行扣税法的国家有秘鲁、挪威、西班牙、葡萄牙、哥伦比亚、肯尼亚、泰国等。有些国家，如美国、英国、加拿大等，把扣除法作为避免国际双重征税的一种辅助措施，在抵免法不能适用时，才使用扣除法。

■ 3）国际税收抵免

国际税收抵免（抵免法），是指居住国（国籍国）政府允许本国居民（公民）在本国税法规定的限度内，用已缴非居住国的所得税或财产税税款，来抵免应汇总缴纳本国政府相应税额的一部分。抵免法的指导原则是资本输出中性原则（capital export neutrality），即拥有国外收入的居民（公民）在纳税地位上应当与那些仅有来源于本国收入的纳税人相同，或者至少不优于纯国内收入的纳税人。按照不同的分类标准，抵免法可分为多种不同的类型。按照居民纳税人与收入来源国征纳关系的不同，可分为直接抵免和间接抵免两种。

（1）直接抵免。

这是适用于同一个经济实体的跨国纳税人的抵免方法，这里所讲的同一经济实体的跨国纳税人是指由于税收管辖权重叠导致法律性国际双重征税的同一经济实体的跨国纳税人，包括同一跨国自然人和同一跨国法人的总分支机构在内。所谓“直接”，是指对跨国纳税人在收入来源国直接缴纳的税款的抵免。例如，对个人在来源国缴纳的工资、薪金等收入的所得税额的抵免，对居住国总公司的国外分公司在来源国缴纳的税款进行抵免。直接抵免又有全额抵免和限额抵免之分。

①全额抵免。

全额抵免是指允许本国居民（公民）纳税人将已向外国政府缴纳的所得税或财产税款全部在本国应纳税额中抵免，即使在非居住国缴纳的税款多于应向居住国缴纳的所得税款，也给予抵免。其计算公式可表示如下：

本国应纳税额 = 国内外所得或财产总额×本国税率−非居住国已纳税额

全额抵免仅在少数国家之间的国际税收协定中被采用，原因主要是在外国的平均税率高于居住国（国籍国）的情况下，显然对纳税人是十分有利的，但居住国（国籍国）的财政利益会因此受到损害，即纳税人国内所得的本国应纳税额中也会扣除部分国外已缴税额。

②限额抵免（亦称普通抵免）。

限额抵免是指允许本国居民（公民）依据其在非居住国（非国籍国）已缴纳的所得税或财产税税额抵免本国应纳税额，但抵免额不得超过其国外所得或财产按国内税法规定计算的应纳税额，即抵免限额。其计算公式可表示如下：

本国应纳税额 = 国内外所得或财产总额 × 本国税率 − 非居住国已纳税额（当外国平均税率低于或等于本国时）或抵免限额（当外国平均税率高于本国时）

抵免限额的计算公式可表示如下：

抵免限额 = 国内外所得或财产总额×本国税率×（非居住国所得或财产÷国内外所得或财产总额）

目前，很多国家在本国的税收法规中主动做出直接抵免的规定，使抵免制的使用扩大到包括非缔约国在内的一切国家。如我国的《企业所得税法》第十二条、《外商投资企业和外国企业所得税》第十二条和《个人所得税法》第七条均做出规定，纳税义务人从中国境外取得的所得，准予其在应纳税额中扣除已在境外缴纳的个人所得税额，但扣除额不得超过该纳税义务人境外所得依照本国税法规定计算的应纳税额。

（2）间接抵免。

间接抵免，是指允许跨国纳税人依据其在非居住国（非国籍国）间接缴纳的税款抵免在本国应缴纳的税款，它适用于跨国母子公司之间的抵免。母子公司及多层母子公司是当今跨国公司的重要组织形式，母公司和子公司分别是两个独立的经济实体，子公司缴纳的公司所得税不能像分公司那样在母公司所在国获得直接抵免。显然，当母公司向居住国政府申报应纳税所得额时，不能把外国子公司的全部所得并入计算，只能合并计算母公司从外国子公司取得的股息所还原出来的那部分所得。与此相适应，子公司在外国缴纳的所得税也不能全额在母公司抵免，所能抵免的只是子公司分配给母公司的股息应承担的那部分所得税。

按照国际上通行的原则，享受间接抵免待遇必须符合下列条件：第一，享受者必须是法人股东，而不是自然人股东；第二，享受间接抵免的法人股东必须是直接投资者，而不是坐享股息的证券投资者；第三，作为直接投资者的法人股东在付出股息公司中所拥有的股份必须达到一定的数量。

间接抵免又分为一层间接抵免（母公司与子公司）和多层间接抵免（母公司、子公司、孙公司、曾孙公司……）。无论公司间有多少层附属关系，只要恰当运用多层间接抵免法的计算原理，都可以正确处理各公司与其所在国政府之间发生的这类税收分配关系。计算的基本原理是：以下一层附属公司（假定为A公司）分给上一层公司（假定为B公司）的股息，连同这笔股息应承担的A公司已缴纳的公司所得税（通常在抵免限额的前提下，这笔已缴纳的公司所得税是可以获得B公司所在国认可并抵免的），作为上一层B公司的所得，加上B公司本身的所得，计算B公司获抵免后所应缴纳的本国公司所得税。然后，再以B公司缴纳公司所得税后的净所得，按控股比例将其中一部分股息分给更上一层公司（假定为C公司），这时，需将这笔股息连同其应承担的A公司和B公司已缴纳的本国所得税，并入C公司所得内，据以计算该公司应缴纳的本国公司所得税。若C公司还是某一公司D的附属公司，则仍需按上述计算原理，计算应支付给D公司的股息和该股息应承担的所得税以及可抵免的数额等。

这种方法承认属地税收管辖权的优先地位，同时居住国（国籍国）并不放弃行使居民（公民）税收管辖权，既避免了对同一笔所得的双重征税，又在一定程度上防止了国际逃税和避税，保证了对一笔所得必征一次税，因而被世界上大多数国家所普遍接受和采用，成为各国税务实践中用于消除国际双重征税的最有效、最常见的方法之一。大多数国家规定，运用这种方法时必须满足“境外应税所得的应交税款”不得高于按居住国税法规定的应交税额的条件。

■ 4）国际税收饶让

严格说来，国际税收饶让不能算是一种独立的免除国际重复征税的方法，它只是抵免的内容附加或延伸，是在抵免的基础上为贯彻某种经济政策而采取的优惠措施。到目前为止，国际税收饶让一般是通过有关国家之间签订税收协定的方式加以规定的。从理论上讲，国际税收饶让的优惠是互利的，但在实践中，由于世界各国经济发展不平衡，发展中国家多是资本输入国，发达国家多是资本输出国，因此发展中国家对此多持积极的态度，而发达国家对此认识并不一致，英国、法国、德国、瑞典、日本等对国际税收饶让都给予了承认，但有的国家（如美国）至今对国际税收饶让仍不予承认。

不难看出，在上述有关避免国际税收双重征税的方法中，完全免除国际双重征税几乎是行不通的。总体说来，抵免法对世界经济效率是最优的，但这样会导致资本输出过多，对资本输出国不一定最优，将受到资本输出国的反对或限制；扣除法的采用，虽然不会导致国际双重征税的完全免除，但有利于居住国和非居住国的经济福利，因而受到多数国家的偏爱，与此同时，又受到资本输出者的抵制。这样看来，在世界范围内，避免国际双重征税的方法必然呈现出多样化的局面。国际税务会计的重要任务之一就是要在充分了解各国税收政策的基础上，从自身税负最小化出发，选择资本投向、资本规模、资本投入时间等，为国际企业正确填报包括境内外收入在内的纳税申报单，恰当确定纳税义务和正确报告税务会计信息服务。

9.3　国际税务利益的利用问题

如果从国际企业的角度来观察国际税收，那么特定的国际税收就是该国际企业的国际税务。如果国际企业能利用合法的手段或方式使国际企业少缴纳某一种税，那将意味着该国际企业获取了一定的税务利益。一般而言，这种税务利益常常来自对避税港、国际转移价格和国际税务会计筹划的恰当运用。

9.3.1　避税港

避税港是指以免征某些税收或压低税率的办法，为国外投资者提供不纳税或少纳税条件的国家或地区。避税港主要靠少征税或不征税来吸引国际资本投资，在避税港设立的公司，实际的经营活动往往并不发生在避税港所在地，却将其收益集中在避税港申报，以获取税务利益，或许正因为如此，人们称这种公司为“信箱公司”(mailbox companies)。

对避税港类型的选择取决于该国家或该地区的政治、经济、社会、地理位置等因素，通常分为三种类型：

1）纯国际避税地

纯国际避税地是指没有个人所得税、公司所得税、净财富税、遗产税或赠与税的国家和地区。这类地方有：巴哈马共和国、百慕大群岛、开曼群岛、瑙鲁、新赫布里底、特克斯和凯科斯群岛、新喀里多尼亚、格陵兰岛等。这一类避税地的特征是没有直接税，并以有利于外国企业和个人的各种立法而成为避税活动的中心。

以巴哈马共和国为例，巴哈马共和国位于北美洲，与美国的佛罗里达州隔海相望(最近处相隔仅80多千米)，是一个旅游观光的胜地。巴哈马作为一个避税地，没有所得税、资本利得税、遗产税或继承税，对股息、利息或特许权使用费没有预提税，也没有工资税，连营业税也没有。巴哈马的财政收入主要是进口关税、印花税、旅馆客人税、离境税、公司注册费等。

2）完全放弃居民税收管辖权，只行使地域管辖权的国家和地区

这类国家和地区有：安哥拉、安提瓜和巴布达、巴林、巴巴多斯、以色列、英属维尔京群岛、列支敦士登、荷属安的列斯群岛、蒙特塞拉特群岛、圣海伦娜岛、马恩岛、斯瓦尔巴群岛、瑞士、新加坡、马来西亚、利比里亚、巴拿马、哥斯达黎加、中国澳门、中国香港等。这类避税地的主要特征是，征收某些直接税，但税率较低或提供大量税收优惠，以及对境外所得完全免税。它是被跨国公司广泛用来从事国际避税活动的有利场所，被公认为典型的避税地。以中国香港为例，中国香港实行分类所得税制，征收薪金税、利润税、利息税和财产收益税，各税平均税率为15%左右。此外，还有遗产税、印花税和进出口关税（仅对烟草、酒、甲醇、碳氢四类货物征

收），特许权使用费收益税率为1.5%（个人）和1.65%（公司），对银行等金融机构的境外所得仅征5%的所得税。由于中国香港在直接税方面的低税率并且免征大部分关税，不仅成为一个国际避税地，而且成为有名的自由港。

■ 3）实行正常课税，但提供某些税收优惠的国家和地区

这类地方有：加拿大、希腊、英国、卢森堡、爱尔兰、荷兰、菲律宾等。这一类国家和地区均有完备的所得税制度和财产税制度，其税率并不亚于其他国家，其中大部分实际上可归于高税率国之列。然而，这类国家和地区在某些行业或特定的经营形式下给予企业极大的税收优惠，从而成为跨国纳税人可以利用的避税地。如希腊以海运业和制造业，英国以国际金融业，卢森堡以控股公司，荷兰以不动产投资公司而成为著名的国际避税地。

一般情况下，避税港一般是小型岛国或缺乏天然资源的地区。国际避税港具有如下特点：①政治稳定；②至少对所得税或所得一类的收入不课税或实行低税率；③交通便利，通信发达；④有严格的保守银行秘密和商业秘密的传统，即使在国际协定中也不愿意打破这一传统；⑤金融业相当发达；⑥对外国人存取外币不加控制等。

对国际企业而言，避税港的主要作用在于：①降低税务；②对经营活动保密；③国外投资者的财产和税收利益受到当地政府的保护。对避税港所在地而言，政府虽然获得了较少的所得税，但可以吸引外资流入，有利于平衡国际收支，有利于优化产业结构，有利于引进先进的科学技术和管理经验，有利于扩大就业等。

跨国纳税人利用避税地的手段是多样的，但主要的避税手段是建立基地公司，也叫信箱公司或挂牌公司。这些公司主要是为经济活动实质仍在各高税收国家的关联公司（企业集团）规避和减轻税负充当基地或中介。其避税形式主要有：

（1）把基地公司作为中转销售公司。

这种避税形式是把基地公司当作一个“信箱”，仅办理传递票据、转销母公司或联属子公司及其他公司的商品。例如，设在A国的a母公司，在B国设有子公司b，在C国设有子公司c。b公司或D国非联属公司d的产品实际上是直接运给c公司对外销售的，但由于A、B、C、D四国均为高税收国家，所以为避税需在避税地E设一基地公司e。

（2）基地公司为控股公司。

利用某些国家对控股公司免税的优惠条件设立控股公司，要求关联子公司将所获利润以股利形式汇到基地公司以实现避税。需明确指出，设在避税地的控股公司并不是最终的控股公司，而常常是介于最终控制股权的母公司与子公司、孙公司之间的中继站。它可利用自身的免税或低税优势，发挥转盘作用，通过把筹集来的资金再投资出去，赚到新的免税收入。

9.3.2 国际转移价格

转移价格又称转移定价，是指跨国公司内部母公司与子公司、子公司与子公司之间进行商品、劳务或技术交易时所采用的内部价格，它不受国际市场供求关系的影响，只服从于跨国公司的全球战略目标和跨国公司全球利益最大化目标。举例来说，

一家在华外商直接投资企业从其国外的母公司购买原材料，加工成完工产品后返销给其母公司，这一交易过程中产生的价格就是转移价格。在实践中，相当多的外商投资企业通过“高进低出”“低进高出”，甚至“主观列支”的方式，可以达到调节利润、享受优惠、优化资产配置、减少和避免各类风险，进而达到对公司进行战略性总体调控的目的。西方国家对国际转移价格问题的研究和实践已经有了很大进展，也比较成熟，我国理论界对此问题的认识刚刚起步，有许多问题需要研究。

■ 1）国际转移价格：仅为国际避税吗

一般情况下，人们总是把国际转移价格与国际避税直接联系起来，这可能是因为国际企业在运用国际转移价格的初期通过转移价格把利润从高税负的国家和地区转移到低税负的国家和地区，或者把费用和损失从低税负的国家和地区转移到高税负的国家和地区。母公司从全球观点出发统筹安排国际企业的生产、销售、原材料供应、研究与开发等活动，采取统一规划、集中决策控制与分散经营的办法，实行全面的国际分工协作，进行大规模的全球性投资，对其跨国收入和费用进行全盘考虑，并利用各国税收制度上的差异、避税港的优惠政策及区域性关税同盟等，通过国际转移价格直接或间接地转移利润，实现全球净利最大化。各国际企业都要分析和研究各国在应税所得的确认方式及范围、费用确认的时间及标准、课税的种类及税率等方面的差异，并在不违背国际惯例的前提下，制定出使全球总税负最低的转移定价策略与协调机制。例如：①通过控制零部件和原材料的进出口价格及固定资产的出售价格和使用年限来影响产品成本；通过调整子公司欠母公司的无形资产的价款、贷款资本利率和各种特殊服务费等来影响产品成本，以便调整国际企业的利润分布，进而减轻国际企业的总税负。②利用区域性关税同盟及有关协定，或通过向处于高关税国家的子公司以偏低的国际转移价格发货来减少纳税基数和纳税额，降低子公司的从价进口关税。③以低价供货来代替支付股息、租金、特许权使用费等，以减轻税负。

国际转移价格在实现国际企业的全球战略、有效筹划资金调配、规避政治与经济风险的不利影响、有效应对东道国的货币政策和财政政策、提高海外企业的市场效应等，发挥着日益重要的作用。即，国际转移价格的效应包括：国际避税效应、资金定位效应、全球市场效应等。资金定位包括资金的币种定位和资金的地点定位。资金的币种定位主要解决国际企业的资金应以何种货币形式存在，存放或投资于何地最安全、最能增值和最容易集中调度等问题。资金定位效应产生于运用国际转移价格避免东道国政府对利润汇回时间和数量的严格限制之中，产生于对外国资产的暂时性冻结到永久性没收的危险之中。利用国际转移价格高价转出商品以及劳务、尽量采取子公司股本投资最小化政策，提高债务投资，以利息与特许权使用费等形式加速资金回收，从而使资金在全球范围内得以自如地被调配到可能获利最大和最安全的地方。资金的地点定位应提高企业在海外的市场效率，为帮助子公司迅速在国外打开局面，树立良好的企业形象，国际企业可以利用国际转移价格，比如，给予新的子公司以原料、中间产品和服务方面的低价格，并以较高的国际转移价格转出，使子公司的会计报表显示出较高的盈利水平，以提高子公司的信用级别，扩大海外市场份额，增强子公司在当地的筹资能力。

■ 2）国际转移价格定价基础：成本与市价

国际转移价格的表现形式多种多样，但从其决定基础的角度看，主要有成本基础和市价基础两种。

以成本为基础的定价方法，其转移价格是以供货企业的实际成本为基础，加上一个固定比率的毛利来确定。其主要优点是成本数据容易获得和使用简单，它特别适用于以成本中心作为财务管理体制的公司；另一个优点是可以通过间接费用的分摊，加强国外子公司的竞争能力，调节利润，减少税负，从而达到国际企业的整体经营目标，也能体现国际企业集中统一管理的战略目标。但是，如果决定国际转移价格的基础是完全实际成本的话，客观上存在不能刺激转让商品和劳务的单位去降低成本的可能。因为，在这种模式下，商品和劳务的输出者可以用提高价格的办法将高成本转嫁给购买商品和劳务的公司，不利于经济资源在国际企业内的优化配置。为此，采用成本基础定价的国际企业，有的在实际成本基础上进行一定的修正，进而形成了诸如完全变动成本基础、完全标准成本基础和标准变动成本基础等。但是，使用以成本为基础的定价方法也有缺陷。一方面，这种方法会使产品拨出单位缺乏降低产品成本的动力，对这些单位不断改善经营管理和提高经济效益不利；另一方面，会使产品拨入单位难以控制其成本，从而难以对其经营成果进行客观评价。

以市价为基础的定价方法就是以转移产品时的外部市场价格作为企业内部价格基础的一种方法，它是国际企业确定国际转移价格使用最多的方法。以市价为基础决定国际转移价格，基本上建立在独立竞争原则的基础上。理论上（或在多数情况下）其优点是，容易被东道国政府接受，也便于人们评价有关主体的经营业绩，在国际上被视为最有效的结转价格。但在实践中，有不少中间产品有一定的特殊性，有时在市场上甚至找不到可比产品，要确定真正意义上的市价是困难的，甚至是不可能的。采用这种方法时，产品最后的内部售出价格要从市价中间取一个固定比率的折让，以给购买单位留下获利的余地。

有很多国际企业都采用以市价为基础的定价方法来确定转移价格。这是因为：首先，这种方法符合“正常交易”的原则（即无论是对子公司还是对非子公司，同样产品都是支付同样的价格，因而它是公平合理的），可以促进各子公司降低成本，达到激励子公司有效地使用人力和物力资源的目的，并且有助于客观评价子公司的经营成果。其次，这种方法更容易被东道国监管当局接受。此外，这种定价方法可以防止相关人员任意操纵会计数据、篡改利润和逃避税负，从而有利于当地政府对国际企业的控制。但是国际企业采用以市价为基础的定价方法来确定转移价格也有一些缺点：首先，这种方法缺乏必要的灵活性，不利于国际企业有效地运用内部转移价格策略，不利于其在国际市场上提升竞争力、扩大利润和减少税负；其次，当市场上缺乏中间产品或半成品的市场价格时，这种方法会使得国际企业无法确定转移价格。

影响国际企业决定国际转移价格的因素有很多，如公司的组织形式、介入国际经营的程度、产品的特殊性与国际转移价格的战略目标等。所以，任何一家国际企业都不会只选择一种定价基础，而往往选择多种定价基础。

从组织形式看，国际企业有集权型的和分权型之分。高度分权经营的国际企业的内部依赖程度相对较弱，通常以市价基础为主；高度集权型的国际企业内部各公司间相互依赖程度较大，以成本基础为主。大多数大型公司介入国际经营的程度较深，并且处于垄断市场，在决定国际转移价格时可以较多地考虑国际企业的整体利益，以成本基础为主；小规模的国际企业开放经营，无法形成垄断市场，只好接受市价。

从产品的特点看，半成品或零部件等中间产品的特殊性越高就越缺乏可比较的外部市价，而诸如专利权、无形资产使用费和管理服务费等，客观上更难以比较，因而一般是凭“信息”的讨价还价来决定。

从国际转移价格战略目标来看，如果国际企业强调海外发展，以提高国际企业的市场效率、处理好东道国政府的关系为主要战略目标的话，则企业应以市价基础为主，辅之以成本基础，这样既适合于海外主体初期发展的实际情况，又能体现“本国中心定价”的思想；既遵循了国际惯例，又鼓励各子公司尽力适应外部环境变化，有效地利用资源，互相渗透。当海外主体发展到相当成熟的阶段，积累了一定的竞争实力和管理经验时，其战略目标应从全球观点出发统筹安排生产、销售等，实行全面的国际分工协作，在全球范围内进行大规模的投资活动，开展国际避税。此时，应以成本基础为主，辅之以市价基础。

■ 3）跨国公司采用转移定价的四种方式

第一种是实物交易中的转移定价。实物交易中的转移定价具体包括产品、设备、原材料、零部件购销，投入资产估价等业务中实行的转移定价，这是目前转移定价最重要，也是使用最频繁的一种方式。其主要手段是采取“高进低出”或“低进高出”，借此转移利润或避税。

第二种是货币、证券交易中的转移定价。这主要是指跨国公司关联企业之间货币、证券借贷业务中采用的转移定价，通过自行提高或降低利率，在跨国公司内部重新分配利润。例如，某中国内地与中国香港合资的企业向其香港关联公司举借年利率高达15%的贷款，超过同期香港市场商业银行贷款利率一倍，贷款利息作为费用可免除所得税，纳税时应予以扣除，借此大量转移利润，还能同时享受“开始获利年度”的税收时间优惠待遇，推迟纳税时间。

第三种是劳务、租赁中的转移定价。劳务、租赁中的转移定价存在于境内外关联企业之间相互提供的劳务和租赁服务中，它们通过高报或少报，甚至不报服务费用，更有甚者，竟通过将境外企业发生的管理费用摊销到境内公司，来转移利润，逃避纳税。

第四种是无形资产的转移定价。这主要是指获得专有技术、注册商标、专利权等无形资产过程中的转移定价。跨国公司企业间通过签订许可证合同或技术援助协议、咨询合同等，提高约定的支付价格，来转移利润。由于其价格的确定存在着极大的困难，对关联企业间的非专利技术和注册商标使用权的转让，我国没有明确的收费规定。

9.3.3 国际税务会计筹划

从字义上说，筹划就是在某项或某些事情发生之前就“想办法，定规划”的意思。推而论之，企业税务会计筹划就是站在企业的角度，在企业实际税务未发生之前就想办法制订计划。根据西方经济学的基本原理（“人是理性的利己主义者”），企业税务会计筹划是企业会计人员在企业投资决策和经营决策中，在不违反税法的前提下，以节税为目的，比较和选择节税方法的过程，是对传统的税务会计核算的延伸，有自身的规律性。在国际企业经济管理中运用税务会计筹划，有特定的内容和特殊的作用。

■ 1）税务会计筹划的基本内容

与企业税务有关的经济活动包括投资活动，供、产、销等经营活动，收益分配活动和破产清算等，税务会计筹划应围绕这些活动展开。

企业投资税务会计筹划，是指会计人员在企业申请营业执照和办理税务登记证之前，在决定企业类型、注册地点、经营项目和注册资本等项目时，都要根据国家的税收优惠政策和企业面临的实际情况，以税负最小为重要约束条件，准备决策所需的方案。企业投资的税务会计筹划，必须以国家相应的税收优惠或税收差别为条件。比如，我国对以下类型的企业实行税收优惠：民政部门主管的社会福利生产企业、教委主管的普通学校校办企业、水利部门主管的企业、科技部门主管的高新技术企业、对外贸易经济委员会主管的外商投资企业、文化部门主管的企业等。国家对在国家高新技术开发区、经济特区、沿海经济开放区、经济技术开发区、上海浦东新区、国家确定的中国革命老根据地、少数民族地区、边远地区和贫困地区、遭受严重自然灾害的地区等设立的企业给予一定的税收优惠。国家对经营以下项目的企业实行税收优惠：被列入科学技术部和国家发展和改革委员会（国家发展改革委）试制计划的新产品、利用“三废”的产品、避孕药具等某些国家规定的减免税产品、高新技术产品等。国家对小微企业和新办第三产业企业也实行税收优惠。此外，在投资方式中，提高固定资产和无形资产的投资比例（由于折旧费和摊销费可计入成本费用）也可产生节税效应。企业会计人员可充分利用税收优惠或差别政策，通过计算和比较有关税负，对决策者提供有关决策所需的税负差别报告，帮助决策者恰当选择企业类型、设在哪里、生产经营什么和注册资本的最低限额等。

企业生产经营税务会计筹划，是指企业会计人员在开办期间就以节税为目的，从未来战略的高度，选择好企业资产与收入的确认与计量方法、成本费用的计算方法和利润分配方法的过程。任何会计方法都有一定的适用条件，并且运用不同的会计方法，即使对同一企业的同一经济业务都会产生不同的财务结果。优秀的税务会计筹划者，必须熟悉各种会计方法的税收效应，并以战略家的眼光，系统地决定存货计价方法、对外投资核算方法、固定资产折旧方法、无形资产和递延资产摊销方法、成本计算方法、汇兑损益核算方法、收入确认方法等，以便在较长的时期内保持会计政策的相对稳定性，同时又能合法地减轻企业税负。

企业利润分配税务会计筹划，主要是通过兼并亏损企业，用税前利润弥补被兼并企业的亏损，实现低成本扩张；在实行累进所得税税率时，通过控制高税率的利润来减轻税负；利用再投资退税政策，将企业利润用于增加注册资本、开办新公司或投资于其他企业等，以减轻股利方面的税负。

企业解散清算税务会计筹划，主要以节税为目的，决定恰当的解散清算日期，并对清算资产的计价和处理方式与方法、清算损益核算方法等进行筹划。

■　2）税务会计：核算与筹划

我们不难发现，税务会计核算与税务会计筹划的主要区别表现在：

第一，目的及实现途径不同。税务会计筹划，是在企业投资决策和经营决策过程中，对企业战略决策与税负的相关性进行研究，以企业未来整体税务最小（或尽可能小）为目的，通过对企业组织形式、投资地点、投资方式、投资金额、投资时间、经营范围与品种、资产与收入的确认与计量、费用归宿、利润分配等方案，进行比较和选择，做好税务会计筹划等一系列前瞻性工作来实现的。税务会计核算，是在企业经济业务发生后，以正确反映企业的实际税务为目的，通过运用现行税法和会计知识，对企业的实际税负进行计算、记录和报告来实现的。

第二，使用的方法不同。税务会计筹划，主要采用调查、比较和计划的方法，通过对国家税收政策的研究，在企业投资决策和经营决策中，对各种备选方案的税负进行比较，从中选择税基与（或）税率最（较）小的方案。税务会计核算主要采用分类反映方法，对企业经济业务发生后的各种实际税负进行计算，并按税种分类反映。

第三，节税作用不同。税务会计筹划，因在经济业务发生前，比较和选定了税负最（较）小的投资与经营方案，具有直接的节税作用。税务会计核算是在经济业务发生后进行的，其节税作用很有限。

第四，对执行者的要求不同。一个优秀的税务会计筹划者，必须有全面而系统的税法知识、投资知识、会计知识和掌管企业全盘经营的能力等，必须有一定的战略眼光，其基本职责是谋划好未来的税务。而合格的税务会计核算者，主要应具备相应的会计知识和税收法规知识，其职责是反映好过去的税务。

然而，税务会计筹划与税务会计核算也有一定的联系，任何税务会计筹划都必须用到企业税负会计核算的计算原理，税务会计筹划实质上是对企业未来的实际税务的一种计划或谋划，因而也可以说现在的税务会计核算实际上是对过去的税务会计筹划的落实或反映。当然，税务会计筹划的结果与实际情况并不一定完全一致，但这种差异很可能是未来税务会计筹划取得更大成功不可或缺的。

■　3）国际税务会计筹划：特点与问题

在国际经营环境中，税务会计筹划的目的与方法，与国内经济环境下税务会计筹划的目的与方法基本上是相同的，只不过筹划的范围更大了，面临的环境更复杂了，国际税务会计筹划的地位更重要了。

（1）国际纳税筹划是一种不违法的行为。国际纳税筹划不必冒触犯税法的风险，只是合理利用纳税规则。其合法性完全取决于一国法律的规范性和严密性。纳税筹划者对某国税法规定必须遵守的条款绝不违反，但对税法没有规定的事项，在筹划中就可以合理优化。由于各国在征税范围、税率高低、奖限政策及征管手段等方面都存在很大差异，跨国投资者或专门的纳税筹划者，在研究各国税法的基础上，可以利用两个或两个以上国家在税法和国际税收协定方面的差别，避重就轻，避繁就简，寻找合适的机会，达到避税的目的。

（2）国际纳税筹划是一种跨越国境、税境的避税行为。所谓跨越国境、税境，是指纳税人从一国税收管辖权范围内脱出，转移到另一国税收管辖权范围之内，或者置于两国管辖权范围都顾及不到的“真空地带”，从而规避部分或全部纳税义务。国际税务会计筹划具有国际性，筹划者必须熟悉各国（或重要国家和地区）的正常的和优惠的税收政策，并能正确地测算各种政策可能给国际企业带来的税务利益，而且要求筹划者在利用各国税收政策时，不仅仅要考虑税收利益，还要考虑有效实现国际税务利益的恰当途径，除税收政策外，影响因素还包括各国不同的通货膨胀、不同外汇管理体制和政治制度及政治局势等。

（3）国际税务会计筹划具有不确定性。这主要是指各国既定税收政策的不稳定性及其对国际企业设定地、国外公司的类型、经营范围、投资规模与进度等因素的影响的难以确知性。各国的政治、经济、文化、法律的变迁，不总是按照既定的范式进行，常常有一些现有的管理当局无法预知、无法控制的事件发生，特别是当东道国政府发生不正常更迭时，先撇开既定的税收优惠政策不论，就连企业开展正常生产经营、获取正常利润所需的基本社会经济环境都不具备了。在这种情况下，国际企业获取国际税务利益将成为一句空话，国际税务会计筹划就是一种不能实现的令人向往的计划。也许正是这种不确定性在无止境地吸引着希望在国际税务会计筹划上有所作为、获得国际税务利益的人们不断地探索。

（4）国际税务会计筹划没有统一模式。国际税务会计筹划就是要在全球范围内，通过比较各国税收政策的差别，进而确定其给企业将带来的税务利益差异，以节税为主要目标，决定把国外企业设在哪个国家或地区、以何种形式注册、经营何种商品、经营多长时间、投入多少资本等问题。由于这些不仅仅受税收政策的影响，还受其他多种因素的影响，而且各因素的影响方式、影响程度等，在不同的国家或地区将有不同的表现。

国际税务会计筹划需重点考虑的问题有两个：一是以何种形式开展国外经营活动；二是在哪里开展国外经营活动。

（1）国外经营形式的选择。一般情况下，国外经营形式有出口产品或劳务、建立国外分支机构、建立国外子公司等三种。它们各有其适用性。企业常常选择税收优惠较为丰厚的方案，并且这里所说的税收主要是指所得税，当然也包括有关流转税，既包括在进口地的税收，又包括在母公司所在国的税收，国际企业选择的基本法则就是使自身总税负最小（或尽可能地小）。因为在国际经济交易中，总存在着一定程度的国际双重征税，所以，可能存在这样的情况：在国外获得的税收优惠却在母公司所在国的纳税环节被抵销了。

在向国外出口产品或提供劳务时，企业应在由国内提供还是由国外的子公司直接提供方面进行合理选择。例如，如果一家美国企业符合美国国内的国际销售公司的条件，那么它往往会选择从美国本土向国外（甚至避税地）销售的方案。否则应考虑利用设在海外的销售机构使企业享受到国内销售公司的税收优惠。

由于国外分支机构的收益不能递延，处于亏损状态的分支机构能起到抵减公司总部应税利润的作用。这常常成为解释“国际企业在进入某国经营的初期一般采用设立分支机构的方式”的最主要依据。但是，当国外分支机构进入持续盈利阶段后，国外分支机构这种形式就显得不那么理想了，因为它不能享受税收递延的优惠。

设立国外子公司的优点在于，其国外收益可递延至股利汇回母公司时才予纳税，从而，获得了纳税时差上的收益。但是，国外子公司的亏损往往不能会同国内母公司的盈利一并计征所得税。跨国企业不同的企业组织方式在税收待遇上有很大的差别，如采用分公司和子公司时：子公司由于在国外是以独立的法人身份出现的，因而可享受所在国提供的包括免税期在内的税收优惠政策，而分公司则是企业的一部分派往国外，不能享受税收优惠，但子公司的亏损不能汇入国内总公司，而分公司的亏损则可汇入总公司。因此跨国企业在经营时，可根据所在国企业的实际情况采取不同的组织形式来达到减轻税负的目的。

转让定价是指关联企业之间内部转让交易确定的价格，通常不同于一般市场上的价格，转让定价可以高于、低于或等于产品成本。国际关联企业的转让定价往往受跨国公司集团利益的支配，不易受市场一般供求关系约束。由于在现代国际贸易中，跨国公司的内部交易占有很大的比例，因而可利用高低税收差异，借助转移价格实现利润的转移，以减轻公司的总体税负，从而保证整个公司系统获取最大利润。

（2）国外经营地的选择。选择国外经营地，一般应主要考虑三个因素：税收政策的优惠性，政局的稳定性和市场前景。是否存在着税收优惠及其程度的大小，会非常直观地影响国际企业海外投资回报和现金净流入量现值。这里的税收政策的优惠性，既包括有关的免税、减税、低税率政策，也包括有关的国际税务协定等。国际税务协定中有关股利、利息和特许权使用费的扣缴税的规定，对国际企业海外投资的现金流量有着重大的影响。至于政局的稳定性与市场前景，虽然不能直接节税，甚至根本就没有节税的功能，但是在决定国外的经营地时还是必须考虑的。因为若海外主体所在地政局不稳，那么现时的税收优惠都可能是暂时的，或许连投入的原始资本都不一定能收回。此外，市场前景虽不具有节税作用，但是如果所在地市场饱和或者人们拒绝消费国际企业提供的商品或劳务，那将意味着国际企业在此不会获得什么收入，毫无疑问，对国际企业而言，这样的国外投资是没有任何意义的。

在跨国企业经营中，不同的国家和地区的税收负担水平有很大差别，各国也都规定有各种税收优惠政策，如加速折旧、税收抵免、差别税率和亏损结转等。选择有较多税收优惠政策的国家和地区进行投资，必能长期受益，获得较高的投资回报率，从而提高企业在国际市场上的竞争力。同时，还应考虑投资地对企业的利润汇出有无限制。因为一些发展中国家，一方面以低所得税甚至免所得税来吸引投资；另一方面又对外资企业的利润汇出实行限制，希望以此促使外商进行再投资。此外，在跨国投资中，投资者还会遇到国际双重征税问题，规避国际双重征税也是跨国投资者在选择投资地点时必须考虑的因素，应尽量选择与母公司所在国签订有国际税收协定的国家和地区，以规避国际双重征税。

（3）尽量选择在国际避税地进行投资。目前，世界各国普遍使用三种税制模式，即以直接税为主体的税制模式、以间接税为主体的税制模式和低税制模式。实行低税制模式的国家和地区一般被称为“避税地”。

另外，跨国企业还会通过避免设立常设机构来进行国际税收筹划。常设机构是指企业进行全部或部分营业的固定场所，包括管理场所、分支机构、办事处、工厂和作业场所等。它已成为许多缔约国判定对非居民营业利润征税与否的标准。对于跨国企业经营而言，避免了常设机构也就避免了立刻在非居住国的有限纳税义务。特别是当非居住国税率高于居住国税率时，这一点显得更为重要。因而，跨国经营者可通过货物仓储、存货管理、广告宣传或其他辅助性营业活动而并非设立常设机构来达到在非居住国免税的目的。

（4）通过选择有利的会计处理方法进行国际税收筹划。会计方法的多样性为税收筹划提供了保障，跨国企业应选择符合国际税务环境的会计核算方法。为减轻对外投资建立的公司的税务负担，跨国企业经营要注重对东道国税务会计的研究，巧妙地使用各种会计处理方法，以减轻税负或延缓纳税。如平均费用分摊是最大限度地抵销利润、减轻纳税的最佳方法。

总结与结论

本章首先对国际税务会计若干基本理论进行了辨析，对一些基本问题进行了区分，如税务会计的内涵与价值、税务会计与财务会计的关系、所得税的性质、应税收益与会计收益的差别、应付税款法与纳税影响会计法等。其次，揭示了应税收益国际差别的几个重要原因，以及由此造成了国际双重征税问题，并提出了利用国际税务利益的若干措施，包括利用避税港、国际转移定价。最后，对国际税务会计筹划问题进行了较为全面的阐述，为实务工作者提供了一些建议。

关键概念

税务会计（tax accounting）
会计收益（accounting income）
应税收益（taxable income）
永久性差异（permanent difference）
时间性差异（timing difference）
税收管辖权（tax jurisdiction）
国际双重征税（international double taxation）
国际税收免除（免税法）（international tax exemption（tax-free method））
国际税收扣除（扣除法）（international tax deduction （net method））
国际税收抵免（抵免法）（international tax credit （credit method））
避税港（tax haven）
转移价格（transfer price）
企业税务会计筹划（accounting of corporate tax planning）

章后练习

一、复习思考题

1.什么是税务会计？

2.什么是所得税披露的“业主权说”与“实体说”？“业主权说”有哪些优点？

3. 什么是时间性差异？时间性差异有哪些类型？

4. 各国应税收益差异的来源是什么？

5. 为避免国际双重课税有哪些方法？

6. 国际转移价格的定价方法主要有哪些？各有什么优点？

二、分组讨论题

1. 您更认同税务会计“统一论”还是“分离论”？为什么？

2. 如果您是跨国集团CFO，您会如何进行税收筹划工作？

思政园地

主要参考文献

［1］ CALLAO S，FERRER C，JARNE J，et al.The impact of IFRS on the European Union：Is it related to the accounting tradition of the countries［J］. Journal of Applied Accounting Research，2009（10）：33-55.

［2］ CHOI D S，MUELLER G G. International accounting［M］. New Jersey：PrenticeHall，1984.

［3］ CHOI D S，FROST C A，MEEK G K. International accounting［M］. 3rd Edition，New Jersey：Prentice Hall，1999.

［4］ IASB.Exposure Draft IFRS：Financial Instruments，2009.

［5］ IASB.Exposure Draft on Financial Instruments：Amortised Cost and Impairment，2009.

［6］ IASB.IFRS7：Financial Instruments：Disclosure.2010.

［7］ IASB.IFRS10：Consolidated Financial Statements.2010.

［8］ IASB.The Conceptual Framework for Financial Reporting.2010.

［9］ IASB.Exposure Draft ED：Hedge Accounting.2010.

［10］ IASB.Exposure Draft IFRS：Revenue.2011.

［11］ IASB.IFRS9：Financial Instruments.2013.

［12］ IASB.A Review of the Conceptual Framework for Financial Reporting.2013.

［13］ IASB.Conceptual Framework for Financial Reporting （Exposure Draft）.2015.

［14］ IASB.Conceptual Framework for Financial Reporting .2018.

［15］ IFAC.Handbook of Technical Pronouncements on Ethics and Auditing.2000.

［16］ RADEBAUGH L H，GRAY S J. International accounting and multinational enterprises［M］. New York：John Wiley & Sons，1993：100-450.

［17］ URASAKI N. Institutions and accounting standard transformation：Observations from Japan［J］. China Journal of Accounting Research，2014（7）：51-64.

［18］ KAPLAN R S，NORTON D P. The balanced scorecard：Measures that drive performance［J］. Harvard Business Review，1992：71-79.